国家出版基金项目
NATIONAL PUBLICATION FOUNDATION

曾巩
ZENG GONG

研究
YANJIU

书系
SHUXI

闵定庆 主编

研究

曾巩接受史

黎清 刘双琴 著

ZENG GONG
JIESHOUSHI YANJIU

江西高校出版社
JIANGXI UNIVERSITIES AND COLLEGES PRESS

图书在版编目（CIP）数据

曾巩接受史研究/黎清，刘双琴著.-- 南昌：江西高校出版社，2020.12
（曾巩研究书系/闵定庆主编）
ISBN 978-7-5762-0758-3

Ⅰ.①曾… Ⅱ.①黎… ②刘… Ⅲ.①曾巩（1019 - 1083）—人物研究 Ⅳ.①K825.6

中国版本图书馆CIP数据核字（2020）第271345号

出版发行　江西高校出版社
社　　址　江西省南昌市洪都北大道96号
总编室电话　（0791）88504319
网　　址　www.juacp.com
印　　刷　浙江海虹彩色印务有限公司
经　　销　全国新华书店
开　　本　700mm×1000mm　1/16
印　　张　24
字　　数　326千字
版　　次　2020年12月第1版
　　　　　2020年12月第1次印刷
书　　号　ISBN 978-7-5762-0758-3
定　　价　72.00元

赣版权登字 -07-2020-1448

主编简介

　　闵定庆，男，江西永修人，1964 年生，苏州大学中国古代文学博士、中山大学中国古代文学博士后。现任华南师范大学文学院中国近代文学研究室主任，教授。主要研究方向为唐宋文学、近代文学、古籍整理。

作者简介

　　黎清，男，江西吉水人，1980 年生，江西省社会科学院文学研究所副研究员。主要从事宋代文学与江西地域文化研究。出版《宋代江西文学家族研究》等多部著作，在《江西社会科学》等学术期刊发表学术论文数十篇。

　　刘双琴，女，湖北建始人，1983 年生，江西省社会科学院文学研究所副研究员。主要从事宋代文学及江西地域文化研究。出版《〈六一词〉接受史研究》等多部著作，在《江西社会科学》等学术期刊发表学术论文 20 余篇。

总　序

　　曾巩（1019—1083），字子固，北宋建昌军南丰（今江西省南丰县）人，北宋文学家、史学家、政治家，人称"南丰先生"。曾巩早年遭逢变故，一方面"经营食众口，四方走遑遑"，一方面刻苦治学，备尝艰辛困苦，迟至三十九岁才得中进士。虽偃蹇不偶，却久负才名，在文学、经学、史学、金石、治政等方面皆取得巨大成就。他追随欧阳修进行诗文革新，成为北宋古文运动的骨干，其文在当时极受欢迎，"学士大夫手抄口诵，唯恐得之晚"。在学术方面，敬承欧学之"醇"，与欧阳修一起推动"孟子升格"运动，又折冲于张载、二程之间，上续孟韩，下启濂洛，对"宋学"的形成起到了不可替代的作用；馆阁九年，校勘古籍，成就斐然，尽传向、歆校雠学的精髓。在为政方面，他不愿卷入无谓的政治争斗，自求外放，相继主政七州，居官勤政廉洁，积极造福一方，深受百姓的爱戴，南昌"子固路"，济南"南丰祠""南丰桥""曾堤"等"活地名"，就是当地百姓对这位地方长官的肯定。

　　曾巩是两宋时期一颗极其耀眼的"明星"，当时有"两宋文人半江西"之说，曾巩与众多江西文人一起谱写了江西文化史上最璀璨的篇章。他有力推动了"宋学"的建立，在很大程度上改变了中国封建后期文化史的建设，为后学奉为"千古醇儒"。一代宗师欧阳修视其为"传人"，亲授经史、文学之"秘"。王安石有诗赞云："曾子文章众无有，水之江汉星之斗。"陈师道有诗称道:"向来一瓣香,敬为曾南丰。"朱熹更奠定了"曾巩崇拜"的基调,他说:"公之文高矣,自孟、韩以来,作者之盛,未有至于斯。"故《宋史·曾巩传》做了以下"定论":"曾巩立言于欧阳修、王安石间,纡徐而不烦,简奥而不晦,卓然自成一家,可谓难矣。……宋之中叶,文学法理,咸精其能,若刘氏、曾氏之家学,盖有两汉之风焉。"明初朱右创辑《八先生文集》,由此开启中国文化史上独具特色的"唐宋八大家"选学系统与文脉体系。清初张伯行编《唐宋八大家文钞》,于曾文情有独钟,选文一百二十八篇,略等于欧、三苏、王之文的总和。清乾隆帝《唐宋文醇》不但选曾文最多,且于评点中再三致意,抉出"醇儒"风致。曾巩,作为一个"文学－文化现象",很早就为人所瞩目,并一度形成了"曾巩崇拜"。无论是就中国文化史而言,还是就中国文学史而言,曾巩作为一个标志性人物,一直是人们无法绕过去的"明星般的存在"。

1983年,江西省有关部门发起、组织了曾巩逝世九百周年的纪念活动,会议论文集结为《曾巩研究论文集》,引发了曾巩研究的热潮。2019年,适逢曾巩诞辰一千年。我们认为,最好的纪念便是恢复曾巩本来的面目,既可消除"唐宋八大家""千古醇儒"等标签化认知,又可祛"唐宋八大家中最不受重视的一个"等论述的"悲情"之魅。在全球化的文化语境中,如何以现代的、宏通的视野,按严格的学术规范,对曾巩其人其文进行新的整合、新的理解、新的思考,描摹其内在精神、个性特征、独特内涵,并做好传统价值的转换工作,揭示其现实意义,运圆览之力,收会通之功,塑造出一个南丰的、江西的、中国的、世界的曾巩形象,是我们应该担当起的一项迫切而光荣的使命。

有鉴于此,我们诚邀海内外曾巩研究专家共襄盛举。他们当中既有学有夙成的文化名家,也有崭露头角的学术新锐,大家分工协作,从曾巩的家族、年谱、传记、思想、诗歌、散文、学术及接受史等方面切入,运用了新材料和新发现,多维、立体、全面地展现曾巩的文学造诣、学术成就，及他对中华优秀传统文化的发展所做出的重大贡献。各书稿均为重新撰作，充分吸收学界的研究成果，并在此基础上有所出新，体现出材料新、语境新、观点新的特点。我们深知，由于学力有限，见闻不广，必然出现这样或那样的问题，在此，热切期盼各位方家、读者批评指正，在以后的研究和写作中一定加以改进、提高。

闵定庆

己亥五月于华南师范大学

目　录

绪 言

南丰曾氏为江西巨族，在宋代涌现了一大批人才，有人就慨叹说"何南丰曾氏之多贤"！[①] 其中，比较著名的有曾巩与曾肇、曾布、曾纡、曾纮、曾协、曾惇，被称为"南丰七曾"。而曾巩无疑又是其中最为著名的，被列为"唐宋八大家"之一，影响深远。

曾巩为嘉祐二年（1057）章衡榜进士，官至中书舍人，后追谥"文定"，著有《元丰类稿》五十卷，《续元丰类稿》四十卷，《外集》十卷及《隆平集》二十卷等。曾巩在许多方面有不俗的表现，如在为政方面，"公所领州多号难治，及公为之，令行禁止，莫敢不自尽。政巨细毕举，庭无留事，图圄屡空……故不劳而治也。吏民初或惮公严，已而皆安其政，既去，久而弥思之"[②]；校勘方面，他常"手自雠对"，《战国策目录序》《李白诗集后序》就是其校对之作；史学方面，神宗皇帝将《五朝国史》"专以付曾巩"，且其著有《隆平集》，文天祥亦称其"晋裁大典，为史学优"（《回钟编校尧俞》）[③]；金石学方面，他曾集古今篆刻，编为《金石录》五百卷

① 罗月霞主编：《宋濂全集》，浙江古籍出版社，1999年，第598页。
② 〔宋〕曾巩著，陈杏珍、晁继周点校：《曾巩集·附录》之曾肇撰《行状》，中华书局，1984年版、1998年重印，第794页。
③ 〔宋〕文天祥著，熊飞等校点：《文天祥全集》，江西人民出版社，1987年，第191页。

（已佚）。但是在历史上，曾巩还是以文学最为著名，本书即专论其文学在宋代至清代之接受。

一

作为"唐宋八大家"之一的曾巩，在文学史上享有盛名：生前为一代文宗欧阳修所器重，成为北宋古文革新运动的骨干，与欧阳修并称于世；明代，茅坤将其选入"唐宋八大家"，影响更是巨大；清代，康熙、乾隆两位皇帝对曾巩颇为认可，且影响文坛二百余年的桐城派亦多师法于曾巩。

然而由于科举考试制度的取消，"五四"新文化运动以来白话文的兴起，曾巩研究与接受经历过一段比较长的沉寂时期，20世纪80年代以前，有关曾巩的研究所见甚少。虽然文学史上仍尊其为"唐宋八大家"之一，但往往是附带论及，难以深入。如在游国恩主编的《中国文学史》中，对曾巩的论述仅是在欧阳修后附带提及，而且只有一段文字，200字左右的篇幅。据王亚菲所辑《曾巩研究论文索引》看，1980年前有关曾巩的研究文章总共才5篇，其中只有王焕镳的《曾南丰先生年谱》影响比较大。

曾巩研究在1983年迎来了一个良好的开端。1983年12月由江西省社联、江西省文学艺术研究所等几家单位联合举办的"纪念曾巩逝世九百周年学术讨论会"在江西南丰举行。此次会议收到全国各地的研究论文多达几十篇，涉及到曾巩的古文、诗歌、史学、哲学、学术、生平等诸多方面，为"五四"以来曾巩研究最为全面的一次集体展示。学术讨论会后，还结集出版了《曾巩研究论文集》及《曾巩纪念集》。

此后，曾巩研究逐渐为人们所重视，研究也更趋深入和全面。在文集校注和资料汇辑方面主要有：1984年由陈杏珍、晁继周点校，中华书局出版的《曾巩集》面世，为人们研究曾巩提供了文本基础；洪本健的《宋文六大家活动编年》，以宋文六大家为背景，对曾巩的生平和交游作了辑录；而李震的《曾巩年谱》在吸收旧有年谱的基础上，广引时事和相关材料，是一部较为详赡的曾巩年谱。后来他还编有《曾巩资料汇编》；"唐宋八大家"的有关资料汇辑也涉及曾巩，如高海夫主编的《唐宋八大家文钞校注集评·南丰文钞》及吴小林编的《唐宋八大家汇评》等，其中便包括一些历代品评曾巩的材料。除资料汇辑取得一定成果外，在有关曾巩研究专著方面，亦有可喜突破。这主要有：刘云、黄南南合著的《散文名家曾巩》，王琦珍的《曾巩评传》《曾巩传》，夏汉宁的《曾巩》，宋友贤的《曾巩传》，李俊标的《曾巩研究》，魏王妙樱的《曾巩文学与北宋诗文革新运动》，罗伽禄的《曾巩家族》等。虽然在曾巩研究方面出现了以上这些专著，但与欧阳修、王安石、苏轼等的研究情况相比，曾巩研究仍有进一步加强的必要和挖掘的空间。

随着学界对曾巩研究的逐步重视，一些文学史著作亦注意增加曾巩书写的比重，如在郭预衡的《中国散文史》中，"曾巩的儒者之文"便单独列为一节；马茂军的《宋代散文史论》亦将"曾巩的散文成就与接受史上的差异性研究"列为专节。这对于人们重新认识曾巩具有积极意义。

因之，相关研究论文逐渐增多，无论是在广度还是深度上都有了很大的推进，展示了曾巩研究的新面貌。如辑佚、考证辨析方面有：叶建华的《〈隆平集〉作者考辨》，王河的《曾巩佚著〈南丰杂识〉辑考》，金程宇的《新发现〈永乐大典〉残卷中的曾巩佚文》，邹陈惠仪的《曾巩诗文版本概况与辑佚》，李俊标的《曾巩"短于韵语"论辨析》，王琦珍的《曾巩题王安石像赞辨正》等。在曾巩诗歌研究方面主要有：刘乃昌的《简谈曾巩的诗歌》，胡守仁的《论曾巩诗》，倪惠颖的《论曾巩前期诗歌创作——兼论宋调开创之艰难》，曾少波的《曾巩律诗用韵考》等。对曾巩古文的研究仍然是重点，这方面主要有：周楚汉的《曾巩文章论》，王琦珍的《学术应超董贾，文章元不让韩欧》，洪本健的《曾巩王安石散文之比较》，高克勤的《曾巩及其散文述论》，陈晓芬的《曾巩的心理机制及其对散文的影响》，熊礼汇的《论曾巩散文的艺术特色及其成因》，吴小林的《欧曾王苏散文比较》，成复旺的《"明道"说的深化，"义法"论的先导——谈曾巩的古文理论》，毕庶春的《试论曾巩散文的中和之美——兼论其儒术、文词、文风的统一》，包忠荣的《曾巩墓志铭之特色及价值》等，无论是在角度新颖还是在深度上，均有所开拓。诗文之外，在曾巩的词和曾巩与戏曲之间的关系方面亦有所开掘，如马兴荣的《论曾巩词》，邹自振的《曾巩与戏曲》。对曾巩与王安石之间关系的变化和原因，亦有学者进行了探讨，如王琦珍的《曾巩与王安石变法》，顾全芳的《曾巩与王安石变法》，杨璐的《王安石与曾巩交游由亲到疏原因考》等。其他方面如：范立舟、徐志刚的《曾巩思想的理学特质》，葛怀东的《曾巩在校雠史上的贡献》，喻进芳的《论曾巩的诗学思想》，陈杏珍的《谈曾巩集的流传与版刻》等等，从不同层面丰富了曾巩的研究。

值得一提的是，近几年来一批博士和硕士纷纷将兴趣转向曾巩，对其进行专题研究。如硕士论文有：李天保的《曾巩文学思想研究》，刘煜的《曾巩诗文创作的文化观照》，李艳敏的《曾巩诗歌研究》，倪惠颖的《论曾巩前后期诗风演变》，包忠荣的《宋代南丰曾氏与文学》，叶全妹的《宋金元明"欧曾"合论研究》，郭亚磊的《论曾巩的传记理论及传记创作》等；博士论文有：李俊标的《曾巩研究》，喻进芳的《论曾巩的文化品格与诗文创作》，熊伟华的《〈隆平集〉研究》等。这些学位论文对曾巩研究起到了积极的推动作用。

中国台湾地区对曾巩的研究，就笔者所知主要有：东海大学廖淑琴的硕士论文《曾巩散文研究》、魏王妙樱的《曾巩文学与北宋诗文革新运动》和王更生的《曾巩散文研读》等。而海外，则主要有日本学者纲祐次的《曾巩的文章》等。

在曾巩研究过程中，有些文章涉及曾巩的评价和影响问题，如王水照的《曾巩及其散文的评价问题》及《曾巩的历史使命——代序》，刘扬忠的《从曾巩受冷落看古代散文研究》，朱安群的《从鼎鼎大名到世罕见知——论曾巩文学地位的变迁》，王琦珍的《论曾巩的影响与评价》及《曾巩评传》第九章之《曾巩的影响与评价》，邓韶玉的《论曾巩散文对明代唐宋派的影响》，夏汉宁的《曾巩》之《曾巩散文的影响》，邹自振的《从元明清评论看曾巩散文的历史地位》等，这些虽然与接受相关，但多为历代评价的线条梳理，与接受美学意义上的接受史研究还有一定区别。以接受史观念来对曾巩进行研究的，近些年来也出现了一些相关成果，如马茂军在《宋代散文史论》一书中，以《曾巩散文的文学成就与接受史上的差异性》为一节进行过探讨，主要分析"五四"以来曾巩在文学接受史上出现巨大差异的原因。但由于受篇幅及主题等限制，难以反映出曾巩丰富而复杂的接受史全貌。此外，还有刘珊珊、马茂军的《曾巩接受研究》，孟丽霞的硕士论文《曾巩散文在两宋的接受研究》，薛俊芳的硕士论文《曾巩文学思想及其传播与接受》，台湾师范大学张家菱的研究生论文《曾巩散文接受史变迁研究》以及白翊暄的硕士论文《南宋理学家对曾巩散文的接受及曾文的经典化》等。

从以上曾巩的研究来看，对曾巩的接受史进行较为全面、深入的研究，仍有较多的、有待开掘的空间。

二

接受史研究的兴起缘于接受美学的出现。接受美学诞生于 20 世纪 60 年代中期的联邦德国，其代表人物为姚斯和伊瑟尔。接受美学打破以往文学史上较多关注作者、作品的藩篱，非常重视读者的重要性，强调读者在揭示作品意义上具有重大作用。正如《接受美学与接受理论》一书的出版者在《出版者前言》中所揭橥的那样：

在接受美学看来，读者对本文的接受过程就是对本文的再创造过程，也是文学作品得以真正实现的过程。文学作品不是由作者独家生产出来的，而是由作者和读者共同创造的。读者不只是鉴赏家、批评家，而且也是作家，因为鉴赏和批评的本身就是对文学作品的生产，就是文学作品的实现。接受美学反对文学本文具有决定性的说法，不承认文学本文只有一种绝对的独一无二的意义；认为文学本文是一个多层面的开放式的图式结构，它的存在意义和价值仅仅在于人们可以对它作出不同的解释，这些解释既可以因人而异，也可以因时代的变化而有所不同，但无论哪一种解释都是有意义的，也是合理的。正因为这样，所以接受美学认为作品的本质在于作品的效应史的永无完成中的展示。姚斯还据此阐述了新的文学史理论，认为文学史不应该只对作家和作品做客观的分析和描述，而应该研究一部作品在不同的历史时期的接受情况，使文学史成为文学本文的接受史。用姚斯自己的话说，即"文学史就是文学作品的消费史，即消费主体的历史"。这里的所谓消费主体就是读者，也就是要把文学史变成读者的历史。[①]

接受美学的出现，不仅对文学理论，而且对文学史的书写也产生了巨大的影响。尽管它不无例外的具有一定的局限性，但其对读者的重视，对作品与文学史所产生的无限开放性和生成性，无疑拓展了人们对作品和文学史的理解，极大地开阔了人们的文学研究和文学创作视野。

接受美学理论在 20 世纪 80 年代传入中国，一些学者便将其理论方法运用到中国具体的文学理论批评和研究领域。如：朱立元在《接受美学》

---

① ［德］姚斯、［美］霍拉勃合著，周宁、金元浦译：《接受美学与接受理论》，辽宁人民出版社，1987 年，第 5—6 页。

中，就从文学认识论（个体阅读心理学、群体接受社会学）、文学价值论（对读者审美需求的意义和效用）、文学效果论（对接受者视界的改变与影响）、文学批评观（读者对作品的阐释与评判）、文学历史观（文学接受与效果的历史之链）等方面，对文学接受美学进行了理论探讨。而在中国古典文学研究领域，接受美学的理论和方法亦被人们所吸收和利用，并由此而出现了一批研究成果。如在理论构建方面主要有：张思齐的《中国接受美学导论》，试图从中国古典文学批评理论出发，构建起中国自身的接受美学体系；而由尚学锋等所著的《中国古典文学接受史》，则以建立中国古典文学接受史学科的高度，对先秦至清代的文学接受历史做了系统的研究；陈文忠的《文学美学与接受史研究》，从文学美学与文学史论、文学人物与诗歌意境及接受史与经典细读三个板块进行了研究；等等。

接受美学对中国古典文学研究的影响更多的是体现在具体作家、作品及文学现象等接受史的研究上，如专著有王玫的《建安文学接受史论》、李剑锋的《元前陶渊明接受史》、宁宇的《古代〈诗经〉接受史》、美国人艾朗诺的《才女之累：李清照及其接受史》、刘真伦的《韩愈集宋元传本研究》、刘双琴的《〈六一词〉接受史研究》、王红霞的《宋代李白接受史》、张璟的《苏词接受史研究》、江枰的《明代苏文研究史》、朱丽霞的《清代辛稼轩接受史》、付爱民的《明清杨家将文学与图像的接受史研究》等。而与接受美学相关的单篇论文则更是数不胜数，如梁桂芳的《宋代杜甫接受的文化阐释——以杜甫与韩愈、李白、陶渊明宋代接受之比较为中心》，陈伟文的《清代前中期黄庭坚诗接受史研究》，傅明善、余洁的《陶渊明〈归园田居·其一〉接受史研究》，程晶晶的《"易安体"美学意蕴的历史阐释——易安词千年接受史考察》等等，在此不一一枚举。

总结人们对接受史的研究，我们认为，接受史它不仅是一部传播史、效果史、阐释史和影响史，更是作家与作品乃至文学史不断被建构的历史。在接下来的曾巩接受史的研究中，我们将尽量在文中贯穿这一理念。

三

我们为什么选择曾巩接受史作为我们研究的对象呢？除了其具有进一步深挖的空间外，曾巩在文学史上这种前后截然不同的接受遭遇，在接受史上具有很强的典型性。当然，曾巩在历代的接受是与中国古代散文，特别是宋以来散文的发展衍变历史息息相关的，如与北宋的古文革新运动、明代的唐宋派、清代的桐城派等都有着密切的关联，曾巩在被接受的过程中，或多或少的受到这些流派或文学潮流的影响，这种影响既有正向的，当然也有逆向之时。因此，对曾巩接受史的研究可以帮助我们管中窥豹，更好地认清中国古代散文乃至宋以来文学史发展变化的某些脉络。

概而言之，对曾巩接受史进行研究，其意义将主要体现在以下几个方面：一是通过对曾巩的接受历史进行系统而全面的梳理和廓清，可以更好地凸显曾巩在中国文学史特别是中国古代散文史上所处的重要地位。同时，采用接受美学的视角和方法来研究曾巩，亦能拓宽和丰富当前对曾巩的研究。二是以曾巩的接受为切入点，以广阔的社会背景及审美评价体系为面，点面结合，挖掘出曾巩历代接受变迁过程背后深层的社会文化和审美价值取向等因素，使曾巩研究走向深入。三是以古文大家曾巩的接受衍变来反映从宋到清中国古代散文的更迭变迁，以微观透视宏观，更为深入的展示中国古代散文发展的历史文化脉络。以上这几点，是我们在研究中所尽力追求的目标。

整体上来讲，曾巩在历代的接受，肯定与称赞是其主流，批评之声虽有，但这是滚滚河水中的一朵朵浪花，他们与对曾巩的称赞之声共同汇聚成一首摇曳多姿的变奏曲。这一点，是我们在认识曾巩接受史时，应当有的整体评价。

曾巩的接受，其文无疑是重中之重，因此我们在论述时，也将曾巩之文作为论述的重点。同时，为了让曾巩接受呈现得更为丰富，不遮蔽曾巩接受中那些有价值的信息，我们在论述时将主要以时间为经线，以众多的接受者和接受事项为纬线，共同编织出曾巩接受的立体形象。在本书中，从第一章到第五章，我们主要论述曾巩文的接受情况。当然，在第五章第六节《何焯对曾巩的接受》中，为了保持何焯对曾巩接受的完整性，其中也涉及何焯对曾巩诗歌的接受情况。除文的接受之外，曾巩诗歌的接受也比较有意思。在第六章中，我们将围绕曾巩"短于韵语"说及对其的反驳展开论述，以考察曾巩诗歌接受的大概面貌。另外，选本对曾巩诗文的接受情况及曾巩文集流传刊刻的情况，也是曾巩接受中的重要内容。对此，我们将在第七、八章进行论述。

　　最后，我们想说的是，对曾巩接受史的研究，我们仅仅是做了初步的探索，鉴于自身理论水平和文献掌握程度的局限，许多问题肯定有所遗漏或阐述不深。特别是随着大数据时代的到来，我们面临着海量的信息，如何对这些文献资料进行分类、甄别和提炼，不仅需要深厚的学养，还需要充裕的时间，我想我们在这两方面都存在一定的不足。总而言之，书中定会出现这样或那样的不足，真诚希望能得到各位方家和读者朋友的批评指正。呈现于大家面前的这本小书，权当我们研究曾巩和致敬乡贤的一个阶段性成果。学术道路其漫漫兮，我们将不断求索！

第一章

北宋曾巩的接受

　　北宋初，文学承续唐五代传统，文坛呈现出一股浮靡之风。以欧阳修为代表的一批文人，为扭转这一不良文风，积极倡导了一场古文运动，最终使宋文日趋于古，且"抗汉唐而出其上"①。对此，《宋史·文苑传》记载称："庐陵欧阳修，以古文倡，临川王安石、眉山苏轼、南丰曾巩起而和之，宋文日趋于古矣。"②在宋代这场声势浩大的古文运动中，曾巩就是其中的一位重要骨干。北宋曾巩的接受，便是在此背景下不断得以确立并展开的。

第一节　曾巩生前的接受

　　尽管曾巩天性聪敏，超出一般人。然而，曾肇在为曾巩所撰《行状》中说"读书数百千言，一览辄诵。年十有二，日试六论，援笔而成，辞甚伟也。未冠，名闻四方"，则此语未免有夸大之嫌。因为，在曾巩屡次参加进士考试而屡次失败时，南丰当地就有人写诗嘲笑说："三年一度举场

---

① 〔宋〕陆游著：《陆游集》，中华书局，1976 年，第 2396 页。
② 〔元〕脱脱纂：《宋史》，中华书局，1977 年，第 12997 页。

开，落杀曾家两秀才。有似檐间双燕子，一双飞去一双来。"[①]曾巩逐渐被人们所认可，并最终在北宋文坛占据重要地位，离不开以欧阳修为代表的师友们的提携、赞许、激赏与推崇。

一、师长的提携与赞许

（一）欧阳修的极力提携

欧阳修（1007—1072），字永叔，号醉翁，吉州永丰（今江西永丰）人，为北宋一代文宗。作为文坛领袖的欧阳修，非常注重奖掖与提携后进。淳熙间所进的《四朝国史本传》中就称其："奖引后进，如恐不及，赏识之下，率为闻人。曾巩、王安石、苏洵、洵子轼、辙，布衣屏处，未为人知，修即游其声誉，谓必显于世。"[②]确实如此，作为欧阳修的得意门生，曾巩正是在欧阳修的赏识、提携之下，逐步显名于北宋文坛。可以说，没有欧阳修的提携，曾巩将难以脱颖而出，在文坛上崭露头角。在《上欧阳学士第二书》中，曾巩首先感激欧阳修对自己的教诲，"某之获幸于左右，非有一日之素，宾客之谈，率然自进于门下，而执事不以众人待之。坐而与之言，未尝不以前古圣人之至德要道，可行于当今之世者，使巩薰蒸渐渍，忽不自知其益，而及于中庸之门户，受赐甚大，且感且喜"。更是感戴欧阳修的知遇之恩，"所深念者，执事每曰：'过吾门者百千人，独于得生为喜。'及行之日，又赠序引，不以规而以赏识其愚，又嗟叹其去。此巩得之于众人，尚宜感知己之深，恳恻不忘，况大贤长者，海内所师表，其言一出，四方以卜其人之轻重。某乃得是，是宜感戴欣幸，倍万于寻常可知也"[③]。正是因为欧阳修的一句"过吾门者百千人，独于得生为

---

① 〔宋〕王明清著：《挥麈后录》，上海师范大学古籍管理研究所编：《全宋笔记》第六编（一），大象出版社，2013年，第162页。
② 〔宋〕欧阳修著，李逸安点校：《欧阳修全集》，中华书局，2001年，第2681页。
③ 〔宋〕曾巩著，陈杏珍、晁继周点校：《曾巩集》，中华书局，1984年版、1998年重印，第233—234页。

喜",于是"四方以卜其人之轻重",曾巩之文名才得以日显。

下面具体看欧阳修是如何不遗余力地提携、奖掖曾巩的。作为文坛宗主的欧阳修,其提携与奖掖不仅蕴藏着其对曾巩的欣赏与接受,更是其在文坛上对曾巩及其文学才能进行建构的过程,即为文坛树立一种区别于"西昆体"的、新的文学范式。

曾巩与欧阳修相识,据林希为曾巩所撰《墓志》中称:"始冠游太学,欧阳公一见其文而奇之。"[①]可见,曾巩于二十岁左右在太学时便与欧阳修相见,且欧阳修一见他所写的作品便欣赏不已。以致后来欧阳修在《送杨辟秀才》中还说:"吾奇曾生者,始得之太学。初谓独轩然,百鸟而一鹗。"[②]

曾巩参加了数次科举考试,但屡试屡败,为此欧阳修不断给予其鼓励,甚至不惜对考官及当时的取人制度进行批评。欧阳修在庆历二年(1042)《送曾巩秀才序》中云:

> 广文曾生来自南丰,入太学,与其诸生群进于有司。有司敛群材,操尺度,概以一法,考其不中者而弃之。虽有魁垒拔出之材,其一累黍不中尺度,则弃不敢取。幸而得良有司,不过反同众人叹嗟爱惜,若取舍非己事者,谬曰:有司有法,奈不中何!有司固不自任其责,而天下之人亦不以责有司,皆曰:其不中,法也。不幸有司尺度一失手,则往往失多而得少。呜呼!有司所操,果良法邪?何其久而不思革也?
>
> 况若曾生之业,其大者固已魁垒,其于小者亦可以中尺度,而有司弃之,可怪也。然曾生不非同进,不罪有司,告予以归,思广其学而坚其守。予初骇其文,又壮其志。夫农夫不咎岁而蓄

---

① 〔宋〕曾巩著,陈杏珍、晁继周点校:《曾巩集》,中华书局,1984年版、1998年重印,第798页。

② 〔宋〕欧阳修著,李逸安点校:《欧阳修全集》,中华书局,2001年,第22页。

播是勤，其水旱则已；使一有获，则岂不多邪？

曾生橐其文数十万言来京师，京师之人无求曾生者，然曾生亦不以干也。予岂敢求生，而生辱以顾予。是京师之人既不求之，而有司又失之，而独予得也。于其行也，遂见于文，使知生者可以吊有司，而贺余之独得也。①

这里，欧阳修不仅对曾巩的文予以赞许，更对其行非常欣赏，乃至发出"贺余之独得"的慨叹。庆历六年（1046），曾巩在科场上又名落孙山，欧阳修在《与曾舍人》（一）中，对曾巩不仅予以鼓励，还充满着期望："虽久不相见，而屡辱书及示新文，甚慰瞻企。今岁科场，偶滞遒举。畜德养志，愈期远到，此鄙劣之望也。"②殷殷之情，睹之可见。

欧阳修对曾巩的欣赏一以贯之，哪怕是二十年之后，也是如此。欧阳修在《送吴生南归》（吴生即吴孝宗）中还说：

自我得曾子，于兹二十年。今又得吴生，既得欢且叹。古士不并出，百年犹比肩。区区彼江西，其产多材贤。吴生初自疑，所拟岂其伦。我始见曾子，文章初亦然。昆仑倾黄河，渺漫盈百川。决疏以道之，渐敛收横澜。东溟知所归，识路到不难。③

吴孝宗为江西抚州金溪人，欧阳修见其文也颇为欣赏，并不禁想起二十年前见到曾文时的情景，希望吴孝宗能像曾巩一样，"决疏以道之，渐敛收横澜。东溟知所归，识路到不难"。这也是二十年前欧阳修所教导曾巩的作文之法。一生中能遇到曾巩和吴孝宗这样的文学之才，欧阳修非常高兴，发出了"古士不并出，百年犹比肩。区区彼江西，其产多材贤"

---

① 〔宋〕欧阳修著，李逸安点校：《欧阳修全集》，中华书局，2001年，第625—626页。
② 〔宋〕欧阳修著，李逸安点校：《欧阳修全集》，中华书局，2001年，第2468页。
③ 〔宋〕欧阳修著，李逸安点校：《欧阳修全集》，中华书局，2001年，第107页。

的赞叹。

欧阳修不仅对曾巩赞赏有加，还经常向他人引荐曾巩。庆历元年（1041），欧阳修向余靖介绍曾巩，他在《与余襄公安道》一书中说：

> 广文曾生，文识可骇，云尝学于君子，略能道动静。因其行，聊书此为问。[①]

庆历年间，欧阳修还向后来官拜同平章事的杜衍推荐曾巩，在《与杜正献公世昌》（四）中云：

> 进士曾巩者，好古，为文知道理，不类乡同少年举子所为。近年文稍与，后进中如此人者不过一二。阁下志乐天下之英材，如巩者进于门下，宜不遗之。恐未知其实，故敢以告，伏惟矜察。[②]

在上书中，欧阳修称后进中像曾巩那样的人才不过才一两个，希望杜衍不要错过这样的人才，吸纳其为门人。足见欧阳修对曾巩之器重。

此外，欧阳修还在仕途上不时向朝廷举荐曾巩。他在嘉祐五年（1060）所作《举章望之曾巩王回等充馆职状》中就说：

> 太平州司法参军曾巩，自为进士，已有时名，其所为文章，流布远迩。志节高爽，自守不回……此三人者，皆一时之秀，宜被朝廷乐育之仁。而或废处江湖，或沉沦州县，不获闻达，议者惜之。其章望之、曾巩、王回，臣今保举，堪充馆阁职任。欲望圣慈，特赐甄擢。如后不如举状，臣甘当同罪。[③]

在荐举状中，欧阳修不仅夸赞曾巩文章才华，更称许其志节。对于所

---

① 〔宋〕欧阳修著，李逸安点校：《欧阳修全集》，中华书局，2001年，第2400页。
② 〔宋〕欧阳修著，李逸安点校：《欧阳修全集》，中华书局，2001年，第2355页。
③ 〔宋〕欧阳修著，李逸安点校：《欧阳修全集》，中华书局，2001年，第1705页。

举三人，欧阳修甚至甘愿冒"同罪"之险。这一方面可见欧阳修爱才惜才的不凡器度，另一方面也可见，曾巩等三人确实是朝廷难得的人才。

当然，作为当时的文坛领袖、一代文宗，欧阳修与曾巩更多的是切磋探讨文学创作，并引曾巩为其左右膀，相互合作，共同推动北宋诗文革新运动的顺利展开。欧阳修在逝世前一年，熙宁四年（1071），作《答曾舍人巩》（其四）说：

> 辱示《为人后议》，笔力雄赡，固不待称赞，而引经据古，明白详尽，虽使聋盲者得之，可以释然矣……斯文所期者远，而所补者大，固不当以示常人，皆如来谕也。某亦有一二论述，未能若斯文之曲尽，然亦非有识之士，未尝出也。闲居乏人写录，须相见，可扬榷而论也。自去年至蔡，遂绝不作诗，中间惟有答韩、邵二公应用之作，不足采。惟续思颍十余篇，是青州以前者，并传记，皆石本，今纳上。自归颍，他文字亦绝笔不作。恐知恐知。①

在信中，欧阳修称赞曾巩之文"笔力雄赡"，能够"引经据古"，却又"明白详尽"，甚至还称自己所作的"一二论述"，"未能若斯文之曲尽"。要知道，此时曾巩已经五十余岁了，文学创作上已经形成了自己的风格，能够独当一面，作为老师的欧阳修能够见到这样的情形，内心应该是比较宽慰的。而"引经据古"之说，则实启曾巩散文接受中"本于经"的滥觞。

（二）梅尧臣及其他长辈的赞许

梅尧臣（1002—1060），字圣俞，世称宛陵先生，宣州宣城（今安徽宣城）人。欧阳修曾举荐过梅尧臣，两人关系甚好，梅尧臣也是北宋诗文革新运动的重要骨干。嘉祐二年（1057），欧阳修权知贡举，梅尧臣任点检

---

① 〔宋〕欧阳修著，李逸安点校：《欧阳修全集》，中华书局，2001年，第2470页。

试卷官，该科考试，曾巩中第。可以说，梅尧臣也称得上是曾巩的座师。不过，在嘉祐二年前，两人便已认识。梅尧臣在《逢曾子固》一诗中说：

> 前出秦淮来，船尾偶挽燕。遽传曾子固，愿欲一相见。顺风吹长帆，举手但慕羡。杨子东园头，下马情眷眷。昔始知子文，今始识子面。吐辞亦何严，白昼忽飞霰。我病不饮酒，烹茶又非善。冷坐对寒流，萧然未知倦。①

据朱东润先生之编年，该诗作于至和二年（1055），则曾巩与梅尧臣首次相见于曾巩考取进士的前两年。由于"昔始知子文，今始识子面"，对于这次见面，梅尧臣甚为高兴，以至于"冷坐对寒流，萧然未知倦"。

嘉祐二年，曾巩参加是年考试，梅尧臣还有多篇赠送之作，如其《送曾子固苏轼》云：

> 屈宋出于楚，王马出于蜀，荀杨亦二国，自接大儒躅，各去百数年，高下非近局。钩陈豹尾科，登俊何炳缛，楚蜀得曾苏，超然皆绝足。父子兄弟间，光辉自联属，古何相辽阔，今何相迤续。朝廷有巨公，讲索无遗录，正如唐虞时，元凯同启沃。何言五百载，此论不可告，二君从兹归，名价同惊俗。②

诗中对曾巩与苏轼赞赏有加，认为两人"二君从兹归，名价同惊俗"。这是梅尧臣的期待，更是他的远见。后来恰如其所预见的，两人在宋代文学史上的名价确实"惊俗"。

《夜直广文有感寄曾子固》则云：

> 日暮蛛丝动，月暗萤火明，方兹步庭户，浩然怀友生。友生

---

① 〔宋〕梅尧臣著，朱东润编年校注：《梅尧臣集编年校注》，上海古籍出版社，1980 年，第 819 页。
② 〔宋〕梅尧臣著，朱东润编年校注：《梅尧臣集编年校注》，上海古籍出版社，1980 年，第 947 页。

将东归，泛若赴海鲸，已从龙门出，不慕朱鳖轻。朱鳖过吴洲，
飞飞就东瀛，沉浮未可问，名有万里程。①

诗中亦充满期许，希望曾巩能够"名有万里程"。
《重送曾子固》又云：

楚泽多年一卧龙，新春雷雨起鳞踪，谁知天上争腾跃，偶落
池中杂唊喎。且自摧藏随浪去，何当驾驭使云从，刘累只说古来有，
暂屈泥蟠莫便慵。②

在诗里，梅尧臣将曾巩比作是"楚泽多年一卧龙"，希望他哪怕是遇
到挫折，也不要气馁，"莫便慵"。

梅尧臣不仅自己激赏曾巩，还常向人夸赞曾巩。其在《答王补之书》
中就云："若曾子固、苏轼之徒，又不可拟议，是过于唐元和之人绝甚。"③
认为曾巩和苏轼远远超过唐代元和时期的文人，评价甚高。

赵抃（1008—1084），字阅道，衢州西安（今浙江衢州）人，官至右
谏议大夫、参知政事。曾巩与赵抃颇有往来，并曾为赵抃撰写过《越州赵
公救灾记》，为曾巩散文中的名篇。赵抃对曾巩的文章道德也非常赞赏，
他在《寄酬齐州曾巩学士二首》中写到：

太守文章耸缙绅，两湖风月助吟神。讼庭无事铃斋乐，聊屈
承明侍从人。

乐天当日咏东吴，一半勾留是此湖。历下莫将泉石恋，而今

---

① 〔宋〕梅尧臣著，朱东润编年校注：《梅尧臣集编年校注》，上海古籍出版社，1980 年，
第 954 页。
② 〔宋〕梅尧臣著，朱东润编年校注：《梅尧臣集编年校注》，上海古籍出版社，1980 年，
第 955 页。
③ 李震编：《曾巩资料汇编》，中华书局，2009 年，第 7 页。

天子用真儒。^①

　　诗中赵抃不仅对曾巩的文章颇为夸赞，称其"文章耸缙绅"，而且意指曾巩乃"真儒"，希望他不要贪恋齐州风物，积极进取，以符天子之用。夸赞中不乏殷切期望。

　　从以上所述来看，曾巩是在被一代文宗欧阳修发现、教导并不断提携之下，逐步走向仕途与文坛，并声名鹊起，最终走进文坛中心，成为能与欧阳修并称为"欧曾"的著名文学家。师友的提携与赞许不仅对曾巩文学之路的成长提供了非常好的环境与相关资源，更为重要的是，像欧阳修与梅尧臣这样在文坛上具有崇高地位的领袖式人物，他们对人物和作品的品评，往往能在文坛上起到标杆作用，让广大文学创作者们风随影从。这无疑为曾巩的接受打下了良好的基础，定下了很高的基调。当然，曾巩自身的文学创作在师辈们的指点下也越来越走向成熟，并自成一家。总而言之，曾巩在遇见欧阳修等师辈之后，名声渐隆。这可以从当时人的一段记载中略窥一斑。据《三山老人笔谈》记载：

　　　　汪氏有王淑者，穷时常给事书斋，见激所为文，亦窃为之，多有警策语，宗臣公义就教之。嘉祐二年，淑与激试礼部，实苏、曾登第之年也。淑名偶在曾巩上，淑语人曰：我压得曾子固。人曰：子素无狂语。淑曰：今日非此狂语，安能报我汪参军耶。后汪氏有门生诗云：欲似君家老王淑，敢将狂语报参军。^②

　　由以上记载可见，在嘉祐二年时，曾巩的名声便已很高，以至于当时的王淑以考试偶在曾巩之上，"压得曾子固"为荣。此虽似笔记小说，但这一细节也很好地说明了当时曾巩的文坛地位，及被接受的状况。

---

① 〔宋〕赵抃著：《清献集》卷五，清文渊阁四库全书本。
② 〔宋〕汪晫著：《康范诗集》之《附录外集》，清文渊阁四库全书本。

二、同辈的激赏

师长们的提携和赞许为曾巩在北宋的接受定下基调，而同辈们对曾巩的激赏，又进一步拓展与深化了曾巩的接受。

（一）王安石

王安石（1021—1086），字介甫，号半山，抚州临川（今江西临川）人，官至宰相，"唐宋八大家"之一。王安石与曾巩为老乡，两人较早相识，且王安石与欧阳修交往，还是曾巩于其中介绍。王安石较早便具有文名，他与曾巩在庆历、皇祐年间便已"名闻江淮间"[①]了。对于两人之间的交谊，黄震曾记载称："南丰与荆公俱以文学名当世，最相好，且相延誉。"[②]后来，王安石身居高位，其对曾巩的推崇，对于曾巩形象的树立与文名的推广，具有重要的意义。

在与曾巩的多封书信中，王安石对曾巩赞不绝口，推崇有加。其在《寄曾子固》中云：

> 吾少莫与合、爱我君为最。君名高山岳、嵑孽嵩与泰。低心收蠡友、似不让尘埃……我材特穷空、无用补仓庾。谓宜从君久、垢污得洮汰。[③]

王安石不仅将曾巩之名比作高山，而且认为与他交往，能让自己得以提升，正所谓"垢污得洮汰"。

而在《同学一首别子固》中，王安石又称：

> 江之南有贤人焉、字子固、非今所谓贤人者、予慕而友之。淮

---

① 〔宋〕王令著：《广陵集·附录》之《先生行实》，清文渊阁四库全书本。注：先生指孙侔。
② 〔宋〕黄震著：《黄氏日抄》卷六十三，清文渊阁四库全书本。
③ 〔宋〕王安石著，中华书局上海编辑所编辑：《临川先生文集》，中华书局，1959年，第178页。

之南有贤人焉、字正之、非今所谓贤人者、予慕而友之……予考其言行、其不相似者、何其少也。曰、学圣人而已矣……子固作怀友一首遗予、其大略欲相挽以至乎中庸而后已。正之盖亦常云尔。夫安驱徐行、辅中庸之庭、而造于其堂、舍二贤人者而谁哉。予昔非敢自必其有至也、亦愿从事于左右焉尔。辅而进之、其可也。①

在信中，王安石不仅称赞曾巩为江南之"贤人"，而且认为曾巩能登"中庸"之堂奥，为儒者之文，亦暗含着曾巩之文乃"本于经"的深意。这一体认，王安石在《答曾子固南丰道中所寄》中表达得更为明白。他说"吾子命世豪、术学穷无闲。直意慕圣人、不问闵与颜"②，认为曾巩乃直接上承孔子。

对于曾巩的文学地位与贡献，王安石在《赠曾子固》一诗中给予了很高的评价：

曾子文章众无有、水之江汉星之斗。挟才乘气不媚柔、群儿谤伤均一口。吾语群儿勿谤伤、岂有曾子终皇皇。借令不幸贱且死、后日犹为班与扬。③

不仅认为曾巩的文章"众无有"，无人能匹，而且还将其与班固和扬雄相提并论。后来人们认为曾巩之文上接班固与扬雄，其源恐在此。

王安石不仅对曾巩称赞不已，而且对于他人对曾巩的诋毁，他也尽力回护。除上诗外，在《答段缝书》中，他说：

① 〔宋〕王安石著，中华书局上海编辑所编辑：《临川先生文集》，中华书局，1959 年，第 755 页。
② 〔宋〕王安石著，中华书局上海编辑所编辑：《临川先生文集》，中华书局，1959 年，第 189 页。
③ 〔宋〕王安石著，中华书局上海编辑所编辑：《临川先生文集》，中华书局，1959 年，第 188 页。

段君足下、某在京师时、尝为足下道曾巩善属文、未尝及其为人也。还江南、始熟而慕焉、友之。又作文粗道其行。惠书以所闻诋巩行无纤完、其居家亲友惴畏焉、怪某无文字规巩、见谓有党。果哉足下之言也、巩固不然。巩文学论议、在某交游中、不见可敌。其心勇于适道、殆不可以刑祸利禄动也……凡道巩之云云者、固忌固怨固过于听者也。家兄未尝亲巩也、顾亦过于听耳。足下乃欲引忌者怨者过于听者之言、县断贤者之是非、甚不然也……孔孟所以为孔孟者、为其善自守、不惑于众人也。如惑于众人、亦众人耳、乌在其为孔孟也。足下姑自重、毋轻议巩。[①]

这里，王安石不仅对曾巩的文学议论进行了高度的评价，认为"在某交游中、不见可敌"，而且对段缝进行了委婉批评，希望他能够自重，"毋轻议巩"。文中结语铿锵有力，可以想见王安石对曾巩之推崇，两人友情之深厚。王安石对曾巩接受中的负面信息进行厘清，对曾巩接受的正向传播起到了非常积极的作用。

（二）苏轼

苏轼（1037—1101），字子瞻，号东坡，眉州眉山（今四川眉山）人，北宋著名文学家，"唐宋八大家"之一。与曾巩一样，苏轼亦为欧阳修所赏识，是欧阳修的一位重要门人。他和曾巩，可以称得上是欧阳修的左膀右臂，在宋代文坛上具有重要地位。他对曾巩，亦不乏称美之辞。

他在《送曾子固倅越得燕字》中就说：

醉翁门下士，杂沓难为贤。曾子独超轶，孤芳陋群妍。昔从南方来，与翁两联翩。翁今自憔悴，子去亦宜然。贾谊穷适楚，乐生老思燕。那因江鲙美，遽厌天庖膻。但苦世论隘，聒耳如蜩蝉。

---

① 〔宋〕王安石著，中华书局上海编辑所编辑：《临川先生文集》，中华书局，1959年，第796—797页。

安得万顷池，养此横海鳣。①

在诗中，苏轼不仅认为曾巩是欧阳修所有门人中出类拔萃者，即"曾子独超轶，孤芳陋群妍"，而且有将其与欧阳修并列的意味，即"与翁两联翮"。其对曾巩的评价可以说非常高。

在《步里客谈》中，亦有苏轼称赞曾巩为欧阳修门人之"先进"的记载：

> 陈师锡伯修作《五代史序》，文词平平。初，苏子瞻以让曾子固，曰："欧阳门生中，子固先进也。"子固答曰："子瞻不作，吾何人哉！"二公相推未决，陈奋笔为之。②

此外，苏轼对曾巩文学的认可，还表现在他将撰写其祖父墓志铭的重任托付给曾巩，"又尝见先君欲求人为撰墓碣，虽不指言所属，然私揣其意，欲得子固之文也"（《与曾子固书》）。

（三）其他人的评价

陈襄（1017—1080），字述古，号古灵先生，侯官（今福建福州）人，曾任秘阁校理。他曾举荐过曾巩，在《馆职有文学可为词臣者》中称：

> 尚书祠部员外郎集贤校理权知洪州曾巩，以文学名于时，人皆称其有才。然其文词近典雅，与轼之文各为一体。二人者皆词人之杰，可备文翰之职。③

在这封举荐信中，陈襄不仅认为曾巩可以"备文翰之职"，而且提到曾巩当时以文学名于世，且其文词典雅，与苏轼之文不同，可"各为一

---

① 〔清〕王文诰辑注，孔凡礼点校：《苏轼诗集》，中华书局，1982年，第245—246页。
② 〔宋〕陈长方著：《步里客谈》（丛书集成初编本）卷下，中华书局，1991年，第6页。
③ 〔宋〕陈襄著：《古灵集》卷一，宋刻本。

体"。曾文之典雅"一体",陈襄可谓有发明之功。

强至（1022—1076），字几圣，钱塘（今浙江杭州）人，曾巩曾为其文集作序。强至对曾巩亦多有称赞。其在《寄齐州曾子固学士》中云：

> 历山名重舜耕余，太守文章世罕如。但见清风变齐鲁，未闻紫诏起严徐。[1]

在《回越州通判曾学士书》又说：

> 以某官学探圣际，文醇古初，颉颃严涂（徐），久积士林之望。[2]

在强至看来，曾巩的文章在当时很少有人能比得上，其文较"醇"，在士林中享有很高的声望。

释道潜（1043—1106），本姓何，字参寥，於潜（今浙江杭州）人。其在《赠子固舍人二首》（其一）中云：

> 文章炜烨动当时，隽乂虽多不并驰。解激颓波旋往古，独怜夫子抱青规。山川淑气真能感，宇宙雄名岂浪垂。未信长途老天马，行看蹴踏上瑶池。[3]

道潜认为，曾巩文章在当时非常具有影响力，并以"宇宙雄名"来形容，虽然文坛上有许多"隽乂"之士，但都难以与其相媲美，不可"并驰"。

三、门人及晚辈的推崇

作为北宋著名的文学家，曾巩门下也网罗了一批门人，他们由于亲身

---

① 〔宋〕强至著：《祠部集》卷十，清文渊阁四库全书本。
② 〔宋〕强至著：《祠部集》卷三十一，清文渊阁四库全书本。
③ 〔宋〕释道潜著：《参寥子诗集》卷三，清文渊阁四库全书本。

受教于曾巩，因此对曾巩有着更加深入的理解，并积极阐扬曾巩的文学思想，极大地推动了曾巩在当时的接受。

在曾巩门人中，比较著名的有陈师道。陈师道（1053—1102），字履常，一字无己，号后山，彭城（今江苏徐州）人，北宋著名诗人。虽然陈师道以诗闻名于世，但其文却是学习曾巩的。在《答晁深之书》中，陈师道就说到自己曾向曾巩请教过："始仆以文见曾南丰，辱赐以教曰：'爱子以诚，不知言之尽也。'"①并且，他还以作为曾巩的门人来勉励自己，"师道鄙人也，然有闻于南丰先生，不敢不勉也"②。在《观充文忠公家六一堂图书》中更是说："向来一瓣香，敬为曾南丰。世虽嫡孙行，名在恶子中。③这是陈师道在观看欧阳修六一堂的图书后，触景生情而抒发的感慨。作为曾巩的学生，陈师道算是欧阳修的徒孙，但诗中我们还是可以看出其深深的自责之意，那就是没有自责自己没有将老师曾巩的文学事业发扬光大。这里还需注意的是，"向来一瓣香，敬为曾南丰"已然成为文学史上一个重要的意象，即借指师承之意。这一意象后被人们所广泛应用于诗歌等文学创作中。

作为曾巩的学生，陈师道亦对曾巩的文学成就予以高度评价。在其所撰《后山诗话》中有云：

> 韩退之《上尊号表》曰："析木天街，星宿清润，北岳医闾，神鬼受职。"曾子《贺赦表》曰："钩陈太微，星纬咸若，昆仑澂澥，涛波不惊。"世莫能轻重之也。后当有知者。④

在陈师道看来，曾巩的《贺赦表》与韩愈的《上尊号表》不相上下，

---

① 〔宋〕陈师道著：《后山集》卷九，清文渊阁四库全书本。
② 〔宋〕陈师道著：《后山集》卷九，清文渊阁四库全书本。
③ 〔宋〕陈师道著：《后山集》卷一，清文渊阁四库全书本。
④ 〔清〕何文焕著：《历代诗话》之《后山诗话》，中华书局，1981年，第309页。

间接地肯定了曾巩的散文成就。

当然，作为曾巩的门人，陈师道的一段转述他人的话，还引发了后来文学史上的一个"公案"，这就是曾巩"短于韵语"说。在《后山诗话》中对此有记载：

> 世语云："苏明允不能诗，欧阳永叔不能赋，曾子固短于韵语，黄鲁直短于散语，苏子瞻词如诗，秦少游诗如词。"①

其实，这一记载本来是转引别人的说法，并非是批评曾巩"短于韵语"。后来，这一说法被人们广为引用，并加以阐发，离原话之本意越来越远。这种接受过程中的再创造、再生产，反而给文学更多的阐释空间和不尽的可能。对此，我们将在后文中有详细论述。

刘弇（1048—1102），字伟明，吉州安福（今江西安福）人。刘弇可以说是私淑于曾巩，他在《上曾子固先生书》中就说，"欲拔置门下，使与贤子弟游"。② 刘弇对曾巩非常崇拜，并对曾巩之文多有阐发，对曾巩的接受起到了拓宽的作用。其在《上曾子固先生书》中云：

> 先生阁下，厥今推文章选锋擅天下能事者谁乎？征诸学士大夫，必曰曾公其人也。使学士大夫类能知阁下所为，则弇万万无可言者于此焉！徒曰曾公文章擅天下，而初不究知其精微。则弇虽欲不言，得乎哉？盖世皆科举辈，徒知阁下之能文，而独不知阁下所以能文者。非徒能文，正在能变耳……然其大约有四：曰经、曰史、曰诗、曰骚，而诸子盖不预也，则亦不离乎变而已……及丘明之传经也，件（疑为作）为编年，而侈几数百倍焉。迁之为纪、传、世家、书、表，则又倍焉。其后有班、范、《晋阳秋》《魏略》之类，则又倍焉，不害其为史也。诗之约也二言而已，

---

① 〔清〕何文焕著：《历代诗话》之《后山诗话》，中华书局，1981年，第312页。
② 〔宋〕刘弇著：《龙云集》卷十五，清文渊阁四库全书本。

曰"肇禋"；已而三言，曰"卢重鋂"；已而至于五言，曰"赠
之以芍药"；甚者如"谁知乌之雌雄"，乃有六言；而由汉阅唐，
又有七言焉，不害其为诗也。《离骚》之文则固异乎《招魂》矣，
招魂之文则固异乎《大招》矣，于流而为扬马之丽赋，则亦无适
而不异。经也、史也、诗也、骚也，其每变乃如此。昔之人徜徉
不根，宜莫如庄周，至其卒收之也，乃有《天下篇》焉。贾生之书，
如《陈政事》一篇，其劫束世故仅如卑卑之申韩，及读《怀沙》《悲
鹏》，至欲拔尧孔之外楗而直将以此世与夫未始有极者游也，夫
是之谓善变。此殆韩愈所谓"惟陈言之务去"，陆机所谓"怵他
人之我先"者欤！二汉而下，独唐元和长庆间，文章号有前代气骨，
何则？知变而然也。如李翱、皇甫湜辈，尚恨有所未尽，下是则
虫欢鸟聒，过耳已泯，盖无以议为也。韩子之文，如六龙解骈，
放足千里而逸气弥劲，真物外之绝羁也。柳子厚之文，如蒲牢叩
鲸，钟骁壶跃，俊矢壮伟捷发，初不留赏，而喜为愀怆凄泪之辞，
殆骚人之裔比乎。李翱之文，如鼎出汾阴，鼓迁岐阳，郁有古气，
而所乏者韵味。皇甫湜之文，如层崖束湍，翔霆破柱，当之者骇
矣，而略无韶润。吕温之文，如兰橑桂橑，质非不美，正恐不为
杞梓家所录。刘禹锡之文，如别柯棘林，还相影发，而独欠茂密。
权德舆之文，如静女庄士，能自检傲，无媒介则踬矣。若阁下之
文，则廓乎其能周，烨乎其能明，敛乎其若有所待，眇乎其似不
可揽而取也，挑之以果而不失于锐，驾之以逸而不至于放，笋之
以严而不伤于介，振之以冷汰而不过乎洁，和平淡泊而非直纤余
委靡也，愍恻怨悱而非直骚条感发也。盖自六经已还，诸史百氏
下至山经地志浮屠老子之书，与夫翰林子墨之文章，在阁下贯穿
略尽矣。至于长哦短篇，尺简寸札，音期洒落，率有妙趣，藻丰
而证博，意滋出而义愈畅，真博大者之言也。语其形似，则如白

玉田，种种浑璞；如青翰客，而有秀举；如天骥蹑影，筋理飒洒；如乔松弄之，真率径尽；如炙輠联，环之运而不穷也；如疾搜者之扼态，胅而绝貙腜也；如锯齿错列，初若龃龉而卒乎其相承也；如荀生之辨车辋，叔向之别劳薪，阳牙之判淄渑，而不可以非道入也。嗟夫！是其为曾公之文欤。①

在《上知府曾内翰书》中又云：

始某为儿童时，闻江西文章之盛，近世所未有……至其言文章之盛，则未始不在吾江西也。于是尝试叩其姓氏，则不过三数人而已，则同郡欧阳公、临川王文公、而阁下曾公也。某虽不言，心独异之。后数年，始游京师，至则尽得阁下与二公之文，伏而读之，遂以前日所闻者为幸然，而恨不得即乎其人也。如欧阳公之《本论》、王文公《杂说》、阁下《秘阁十序》，皆班班播在人口，虽不言可知，又知而不必言也……盖自孟子以来，号著书者甚众，而汉独一扬雄而已。唐自元和间，复得韩愈、柳宗元之徒。垂千百年，历三四人，至吾宋，而又得夫所谓三人者，何其作之鲜耶！孟子之言淳深浑厚，扬子之言劲直邃密，其为法谨严，其立意微妙。至于阳、王二公之文，又议之而不暇也。盖未易轻议，而请以韩、柳及阁下之文言焉。韩子之文，浑锽振越，瑰玮联猭，如长河大川，一泻千里，而波涛汹涌，震撼砰摆，老蛟怒鲸，千诡百怪，与夫吞风笑日，破山发石之势，无所不备，可以微睇而不可以平视，此韩子之文也。柳子之文，如悬崖绝壑，壁立千仞，崒嵂峭拔，洞鸿缪辖，嶄然独峙于苍烟杳蔼之外，使望之者不能跻，跻之者不能逾，逾之者不能绝，此柳子之文也。

① 〔宋〕刘弇著：《龙云集》卷十五，清文渊阁四库全书本。

然二子之文，其宏壮伟丽，虽足以家自为名，而求列于后世，顾其间，不能无憾。而若有所待者，亦岂少哉。至于阁下之文则不然，纡徐容与，优游平肆。其析理精，其寓意微，其序事详且密，而独驰骋于百家之上，浑浑乎其深也，暨暨乎其壮也。謷乎其似质而无当于用也，韬乎其与物逝而不主于故常也。沉乎其若浮，敛乎其似无所止，而迢迢乎如将治而不可穷也。其光□彰灼显著、舒发而不可掩者，若云汉之昭融，日星之陆离，间见层列，时露琢刻，以出怪巧。及要其终，盖泊如也。若此者，虽未敢直比之孟、扬，然自以为跨越韩、柳，超绝诸子远矣。伏惟阁下道隆德骏，为世表的，凡天下之所以望阁下，与阁下之所以慰天下之望者，固已非一日之积矣……前日幸以一日之故，得造门下……惟阁下哀其愚也而教之，悯其毅然欲有立于世者而推挽之，则顶踵之赐，正在于今日也。[①]

刘弇的这两篇长文虽是干谒投贽之作，但在曾巩接受中具有重要的意义，概而言之：一是认为曾巩之文擅名天下，为世所表的，"虽未敢直比之孟、扬，然自以为跨越韩、柳，超绝诸子远"，虽有溢美之嫌，但也说明曾巩之文在当时具有很高的地位；二是作为江西人，将曾巩之文置于江西这一地域文学范畴来观照，即所谓"江西文章之盛，近世所未有"。这一建构，刘弇具有开启之功；三是将曾巩之文置于整个文学史的变革之中去加以观照，即从经、史、诗、骚、汉、唐乃至宋的文学变迁史中去体认曾巩文学的地位。对此，刘弇亦具有开启之功；四是对曾巩文学风格特点进行了较为详细的总结归纳，如和平淡泊、纡余委靡、浑璞、纡徐容与、优游平肆等。

---

① 〔宋〕刘弇著：《龙云集》卷二十一，清文渊阁四库全书本。

　　吕南公（约 1047—1086），字次儒，建昌军南城（今江西黎川）人。曾巩对吕南公比较欣赏，尝称"比得吕南公，爱其文"（《与王向书》）。作为建昌军的老乡、晚辈，吕南公对曾巩亦从地域文学或文化的视角来进行阐发。不过，与刘弇相比，吕南公的地域范围较小，仅限于建昌军或南丰。他在《上曾吏部书》中就说：

> 夫南丰为邑，著于地志，千载而未有一人以文武勋名书之史氏。至宋兴且七八十年而后，天下称曾子固。又至熙宁，而翰林与阁下俱鸣于时，而事业条绪，豈伟光衍，特未艾也。使异时载笔之士，踊跃慰藉，如得夔夷稷契而序之，一门三人并驾方轨，何其盛也！①

　　以上所言，吕南公表达得还较为含蓄，主要论及曾氏一门三人在南丰历史上的影响。而在《讲师李君墓表》中，则论述的较为明了：

> 灌园公曰：自唐衰亡，天下文鄙学谬，积百许年极陋且羞，而士未知变也。中间有工俪语，即见推为辞伯；有知记诵经疏，即被请为儒师，承习仿佛如此。又数十年而后，奇特之士相望出焉，其变遂臻乎大。若建昌之曾子固、李泰伯，则肇荒一郡者也。②

　　这里，吕南公直称曾巩和李觏为建昌军文学、文化史上的"肇荒"者，不仅对曾巩的地位予以了极高的肯定，而且也开启了对建昌军文学的积极构建工作。

四、创作中的接受

　　在曾巩生前，创作中对其接受，诗歌主要是通过次韵、和韵、用韵的

---

① 〔宋〕吕南公著：《灌园集》卷十，清文渊阁四库全书本。
② 〔宋〕吕南公著：《灌园集》卷十九，清文渊阁四库全书本。

形式实现，而散文则主要是通过门人弟子传授的形式完成。

苏颂有《次韵曾子固舍人上元从驾游幸》，云：

> 雪霁蓬莱瑞景新，槐枫迎日丽重宸。钟残长乐千门晓，辇过章街九陌春。星列从官齐拱极，风驱前跸旋清尘。一篇未易歌鸿业，三愿还将祝圣人。[①]

金君卿有《和曾子固闻言事谪官者》，云：

> 四海疮痍剧狷毛，爱君三谏未能逃。所期力济生民福，不为名存信史褒。想见斯人心独喜，愿为君党义尤高。忠言已入身甘窜，始见吾徒气思豪。[②]

刘挚《正月十一日迎驾大庆殿次曾子固韵》，云：

> 锦绣龙鸾仗卫新，绛袍黄缴拜行宸。天开云日端闱晓，岁谒衣冠别庙春。归辇顺风传鼓吹，广街严跸静音尘。上元咫尺瞻游豫，更慰都城望幸人。[③]

陆佃《次韵和曾子固舍人二首》，云：

> 阊阖晨开玉殿浮，灵鳌不动海波柔。是般仙果三千岁，一样春风四百州。鸾扇影寒裁就月，蜃炉香暖结成楼。从今不顾瑶池宴，闲却西巡八骏骝。
>
> 平明下马锦蒙鞍，暂向飞廊一整冠。行近柳阴移昼寂，坐来花气辟春寒。别张翠幄黏丝絮，更想金人捧镆干。洛下少年今亦老，

---

① 〔宋〕苏颂著，王同策、管成学、颜中其等点校：《苏魏公文集》，中华书局，1988 年，第 134 页。
② 〔宋〕金君卿著：《金氏文集》卷上，清文渊阁四库全书本。
③ 〔宋〕刘挚著，裴汝诚、陈晓平点校：《忠肃集》，中华书局，2002 年，第 425 页。

宴游无复似前欢。①

李弥逊在《春送杨彦侯赴试建阳》中，则“用曾南丰湖水碧韵”，云：

> 人生不合留飞黄，骊驹夜发生悲凉。马蹄着沙去莫挽，一日万里风云翔。月明霜枝挂秋香，桂宫高架辛夷梁。长梯摘日岂惮远，世上不数琼瑶光。我今官闲赋江海，老骥识路何由骧。昂霄气概看公等，金印入手真毫芒。更谋浊酒尽清夜，晚鼓径欲催行装。②

以上所举数例主要是诗歌创作中对曾巩的接受，散文的接受难以以具体的实例来加以说明，这里主要列举学文于曾巩的门人，以此来看曾巩之文对他们的影响。

曾巩门人，除前面所举的陈师道外，尚有：晁说之，“陈无已与晁以道俱学文于曾子固”③；李弥逊之父李撰，他“蚤从南丰先生曾巩学，南丰雅器重之”④；朱轼，“少从曾子固学”⑤；王苹，“受经于王介甫，学文于曾南丰”⑥。毫无疑问，这些门人，其文学创作中或多或少都会受其师曾巩的影响。另外，苏辙侄孙苏元老（约1078—1124），其所为文也“似曾子固少年时文”⑦。

纵观之，曾巩生前的接受，主要是以正面肯定为主，当然也出现诸如“短于韵语”，以及其为韩维草诰词而被宋神宗批评说“草词乖僻，可令曾

---

① 〔宋〕陆佃著：《陶山集》卷一，清文渊阁四库全书本。
② 〔宋〕李弥逊著：《筠溪集》卷十三，清文渊阁四库全书本。
③ 〔宋〕惠洪、朱弁、吴沆著，陈新点校：《冷斋夜话·风月堂诗话·环溪诗话》，中华书局，1988年，第105页。
④ 〔宋〕李弥逊著：《筠溪集·筠溪李公家传》，清文渊阁四库全书本。
⑤ 〔宋〕潘自牧著：《记纂渊海》卷十一，清文渊阁四库全书本。
⑥ 〔宋〕王苹著：《王著作集》卷五之《吴郡志》，清文渊阁四库全书本。
⑦ 〔宋〕苏籀记：《栾城遗言》，清文渊阁四库全书本。

巩赎铜十斤"①，但赞扬、欣赏、推崇曾巩确是当时的主流，其文坛地位已初步确立。

第二节　曾巩逝世至北宋末的接受

随着曾巩的逝世，其接受迎来了一波小高潮。与其生前的接受相比，这一时段曾巩的接受不论深度和广度，均有所拓展。

一、曾巩逝世引发的接受

曾巩逝世后，其亲人、友人、门生借由行状、墓志、神道碑及祭悼文等形式，引发了对曾巩接受的一个小高潮。这种盖棺定论的接受方式，以及对于曾巩文学地位及影响的评价与定位，在曾巩接受史上具有重要的作用，深刻影响到后世人们对曾巩的接受。

首先，看曾巩之弟曾肇（1047—1107）所撰《行状》云：

公生而警敏，不类童子，读书数百千言，一览辄诵。年十有二，日试六论，援笔而成，辞甚伟也。未冠，名闻四方。是时宋兴八十余年，海内无事，异材间出。欧阳文忠公赫然特起，为学者宗师。公稍后出，遂与文忠公齐名。自朝廷至闾巷海隅障塞，妇人孺子皆道公姓字。其所为文，落纸辄为人传去，不旬月而周天下。学士大夫手抄口诵，唯恐得之晚也。盖自扬雄以后，士罕知经，至施于政事，亦皆卑近苟简，故道术浸微，先王之迹不见于世。公生于末俗之中，绝学之后，其于剖析微言，阐明疑义，卓然自得，足以发六艺之蕴，正百家之缪，破数千载之惑。其言

---

① 〔宋〕司马光著：《涑水记闻》卷十三，清文渊阁四库全书本。

古今治乱得失是非成败，人贤不肖，以至弥纶当世之务，斟酌损益，必本于经，不少贬以就俗，非与前世列于儒林及以功名自见者比也。至其文章，上下驰骋，愈出而愈新，读者不必能知，知者不必能言。盖天材独至，若非人力所能，学者愈精覃思，莫能到也。世谓其辞于汉唐可方司马迁、韩愈，而要其归，必止于仁义，言近指远，虽《诗》《书》之作者未能远过也。[①]

在《行状》中，曾肇对曾巩之文学地位及影响主要论及：一是首先突出肯定曾巩在欧阳修领导的诗文革新运动中的作用与地位，即"与文忠公齐名"；二是在当时文坛就有广泛的影响力，不论是朝廷还是边远之地，不论是妇人还是孩童，都知道曾巩之名。曾巩所写的文章，"落纸辄为人传去，不旬月而周天下。学士大夫手抄口诵，唯恐得之晚也"，可见影响力之大；三是曾巩之文本之于六经，其经学能继扬雄"绝学"之后；四是其文章的特点为"上下驰骋，愈出而愈新"，"止于仁义，言近指远"；五是在整个文学史上，曾巩"于汉唐可方司马迁、韩愈"，"虽《诗》《书》之作者未能远过"，即可与司马迁、韩愈及《诗》《书》之作者相并列。曾肇作为曾巩之弟，在曾巩逝世之后，对曾巩所作的这些评价，有些虽有溢美之嫌，但这些建构起来的评价话语对其后人们的接受还是具有某种先期的暗示或导向作用。

曾巩之友韩维（1017—1098）在为曾巩所撰《神道碑》中也说：

公生而警敏，自幼读书为文，卓然有大过人者……自唐衰，天下之文变而不善者数百年。欧阳文忠公始大正其体，一复于雅。其后公与王荆公介甫相继而出，为学者所宗，于是大宋之文章，炳然与汉唐侔盛矣……铭曰：

---

① 〔宋〕曾巩著，陈杏珍、晁继周点校：《曾巩集》，中华书局，1984年版，1998年重印，第791页。

猗嗟子固，文与质生。不勤其师，幼则大成。学富行茂，其
蓄弸弸。发为文章，一世大惊……姬沦刘亡，文弊辞靡。引商召羽，
偶六骈四。组绣芬葩，不见粉米。公于其间，鹰扬虎视。发挥奥雅，
拣斥浮累。巍然高山，为众仰止。①

从上文来看，韩维对曾巩文的接受，也主要论及了曾巩在欧阳修领导
的诗文革新运动中的骨干作用，即"其后公与王荆公介甫相继而出，为学
者所宗，于是大宋之文章，炳然与汉唐侔盛"。与之前叙述相比，在欧阳
修领导的这场古文革新运动中，这里列举出了两个主要代表性人物——曾
巩和王安石。值得注意的是，此时还尚未提及苏轼。② 在最后，韩维还特
意指出曾巩"发挥奥雅"，乃"巍然高山，为众仰止"，亦给予了非常高的
评价。

与曾巩同榜的进士林希在为曾巩所撰《墓志》中云：

始冠游太学，欧阳公一见其文而奇之。公于经，微言粤（应
为奥）旨，多所自得……其为文章，句非一律，虽开合驰骋，应
用不穷，然言近指远，要其归必止于仁义，自韩愈氏以来，作者
莫能过也。

由庆历至嘉祐初，公之声名在天下二十余年，虽穷阎绝徼之
人，得其文手抄口诵，惟恐不及，谓公在朝廷久矣。③

在《墓志》中，林希主要论及这么几个方面：一是强调曾巩于经学上

---

① 〔宋〕曾巩著，陈杏珍、晁继周点校：《曾巩集》，中华书局，1984年版、1998年重
印，第802—804页。

② 当然，有说曾巩和苏轼为欧阳修门弟子的，如毕仲游《答刘朝散书》云："自天圣以
来，欧阳文忠日滋月益，得名于中外。至至和、嘉祐中间号为文师，如曾子固、苏子瞻、
子由，皆以门弟子视之。"（毕仲游《西台集》卷八）

③ 〔宋〕曾巩著，陈杏珍、晁继周点校：《曾巩集》，中华书局，1984年版、1998年重
印，第798页。

的造诣，其实亦是指其文本于经学；二是强调其文的特点是"开合驰骋"、"言近指远"与"止于仁义"，与前面曾肇与韩维所论相差无几。但其认为，曾文自韩愈以来，"作者莫能过也"，则不知将欧阳修置于何地，乃过于溢美之词；三是指出曾文影响之大，"虽穷阎绝徼之人，得其文手抄口诵，惟恐不及"，与前面曾、韩二人所论亦相似。

其次，看相关祭悼文。沈辽（1032—1085）《子固挽词》云：

> 江左老儒宗，鸿名五纪中。晚方参法从，久已冠群公。缥服始去位，仙丹浩无功。古人称不朽，终不愧轲雄。

> 典学早名世，绪余为史师。刚严终不倚，亮直欲谁欺。疾恶太阿刃，立言黄绢辞。平生游旧意，流涕向丰碑。[1]

他在《祭曾舍人》中又说：

> 维年月日，余杭沈某谨以清酒牲牢，敢昭告于故友子固舍人兄之灵。呜呼！昔有以相知者，世岂复知？公今逝矣，而吾方寄死于衰羸，欲矢诸文辞以抒哀分，空皎皎其何为。吾闻聪明正直，殁将为神，尚何疑！清酒在樽，牲牢在柈，即具事神之礼以告，维公来，下而飨之。[2]

作为曾巩的生前好友，沈辽在挽词中首先肯定的是曾巩的儒学成就，"鸿名五纪中"，"终不愧轲雄"，将其与孟子与扬雄并列而称。当然，对曾巩的史学贡献也颇为称赞，"绪余为史师"。这里其实也隐晦地指出了曾巩之文源于经学这样一个命题。而在祭文中，沈辽则抒发了自己对曾巩逝世的哀恸之情。

作为"唐宋八大家"之一的苏辙（1039—1112），其在为曾巩所作

---

① 〔宋〕沈辽著：《云巢编》卷五，清文渊阁四库全书本。
② 〔宋〕沈辽著：《云巢编》卷十，清文渊阁四库全书本。

《挽词》中云：

> 少年漂泊马光禄，末路骞腾朱会稽。儒术远追齐稷下，文词
> 近比汉京西。平生碑版无容继，此日铭诗谁为题。试数庐陵门下士，
> 十年零落晓星低。①

在挽词中，苏辙颇为感伤：曾巩逝世之后，欧阳修门下之士，已经
所剩无几了，"十年零落晓星低"，人生无常之悲怆油然而生。当然在挽词
中，苏辙提出了在曾巩接受史上两句最为著名的观点，这就是"儒术远追
齐稷下，文词近比汉京西"，一指其经学有所本源，一指其文学接续西汉
传统。这两句话影响较大，后常被人所引用或化用。

同为江西人的孔武仲（1042—1097），则在《祭曾子固文》中云：

> 惟公文为世表，识在人先。愤道之息，志于必传。绝众超群，
> 自其少年。况有宗工，援引于前。雷动风兴，声薄于天……士亡
> 宗师，国失能贤。②

在文中，孔武仲亦主要提及曾巩文学地位之高，"文为世表"，其文
源于"道"。更为重要的是，他将曾巩视为"宗师"，这在曾巩接受中较少
被提到。或许是人们更加认同欧阳修才是一代文坛宗师，所以孔武仲的这
次将曾巩建构为"宗师"的尝试，此后虽间有人会提出"宗主"一类的评
价，但总的来说影响有限。

曾巩的方外好友释道潜亦作《曾子固舍人挽辞二首》：

> 命世高标见实难，狂澜既倒赖公还。学穷游夏渊源际，文列
> 班扬伯仲间。落落声尘随逝水，滔滔论著在名山。凄凉四海门人泪，

---

① 〔宋〕曾巩著，陈杏珍、晁继周点校：《曾巩集》，中华书局，1984 年版、1998 年重
印，第 806 页。
② 〔宋〕王莲编：《清江三孔集》卷十九，清文渊阁四库全书本。

想对秋风为一清。

雄词大册破幽昏，返覆难窥斧凿痕。投老雍容归法从，衔哀仓卒去都门。云泉已负高秋约，江渚空悲静夜魂。谁与朝廷终太史，君王应待鹈鸪原。①

释道潜主要也是从曾巩的经学和文学来开展对曾巩的接受。与前面诸人略有不同的是，他直接地指出了曾巩经学渊源于子游和子夏，此应借指孔子。而曾巩之文学，他认为可与班固和扬雄并列。

秦观（1049—1100）亦为曾巩撰有《哀词》：

笃生我公兮，以文章为世师……公既生而多艰兮，踵祖武而好修。既轻车又良御兮，遂大放乎厥词。发天人之奥秘兮，约六艺而成章。元气含而未泄兮，洞芒芴而窅冥。挽天河而一泄兮，物应手而华昌。揖扬马使先路兮，咸告公曰不敢。②

秦观首先对曾巩的文学地位予以定位，即"以文章为世师"，同时也溯其源：一为六经，即"约六艺而成章"；一为西汉之司马迁和扬雄，即"揖扬马使先路"。

门人陈师道（1053—1102）为曾巩撰《挽词》两首，其二云：

精爽回长夜，衣冠出广庭。勋庸留琬琰，形像付丹青。道丧余篇翰，人亡更典刑。侯芭才一足，白首《太玄经》。③

文中陈师道更多的是悼念。当然，这里侯芭指侯辅，为扬雄弟子，学

---

① 〔宋〕释道潜著：《参寥子诗集》卷三，清文渊阁四库全书本。
② 〔宋〕曾巩著，陈杏珍、晁继周点校：《曾巩集》，中华书局，1984年版、1998年重印，第805页。
③ 〔宋〕曾巩著，陈杏珍、晁继周点校：《曾巩集》，中华书局，1984年版、1998年重印，第806—807页。

习《太玄经》。"侯芭才一足，白首《太玄经》"，既暗指曾巩文学渊源于扬雄，又表明自己有发扬师道的责任。在叶适《习学记言》卷五十中，还记载称陈师道"所师独曾巩，至与孔子同称，欧苏皆不满也"[1]，即将曾巩比作孔子。可见陈师道对曾巩是推崇备至。

另外，曾谒见过曾巩、且被曾巩褒奖过的张耒（1054—1114），亦曾撰有祭文，但因为种种原因，未能亲临祭悼，在其《书曾子固集后》中，他还对此遗憾不已。可惜的是，张耒的这篇祭文已散佚不传。

从以上这些祭悼文来看，这一波曾巩接受的小高潮，主要围绕着以下接受维度来展开：曾巩在诗文革新运动中的地位；曾巩文学的影响力与地位；曾巩之文本源于六经或儒家传统；曾巩之文源于两汉，特别是司马迁、扬雄、班固等；曾巩文学特点的探讨。以上这些接受，不仅对曾巩生前接受的一些命题有所继承和深化，也对后来的接受有开启之功。

二、曾巩逝世之后至北宋末的接受

曾巩逝世，带来了一波小的接受高潮。这之后，一直到北宋末，曾巩的接受主要是以人们的回忆或笔记记载的形式加以呈现。并且大多乃沿袭前说，少有发明，其接受的维度和深度扩展并不很大。下面就此略做梳理。

如徐积（1028—1103）就曾说：

> 为文必须读《春秋》，而士子急于为利以求耳目之用，虽数教而不从。近世文之简古者，无如曾子固；新奇出于胸臆者，无如苏子瞻。学者能熟读二家之文，各取其所长，则尽善矣。[2]

这里徐积不仅认为曾巩之文最为"简古"，而且还提倡学者们能够学

---

① 〔宋〕叶适著：《习学记言》，清文渊阁四库全书本。
② 〔宋〕江端礼编：《节孝语录》，清文渊阁四库全书本。

习曾巩和苏轼两人的长处，最终将会使文章达到尽善之境。这种提倡，对于曾巩之文的推广具有积极意义。

王震元丰八年（1085）在《南丰集序》中云：

> 南丰先生以文章名天下久矣。异时齿发壮，志气锐，其文章之慓鸷奔放，雄浑瑰伟，若三军之朝气，猛兽之抉怒，江湖之波涛，烟云之姿状，一何奇也。方是时，先生自负要似刘向，不知以韩愈为何如尔……而衍裕雅重，自成一家。①

由于是为曾巩文集作序，王震首先主要论及其文学风格，即"慓鸷奔放，雄浑瑰伟"、"衍裕雅重"。同时肯定了其文学地位，即"以文章名天下久"，已超越韩愈，直似刘向，最终"自成一家"。

而黄庭坚（1045—1105）则从整个文学史发展脉络中对曾巩予以了肯定。他在《杨子建通神论序》中说：

> 天下之学，要之有宗师，然后可臻微入妙，虽不尽明先王之意，惟其有本源，故去经不远也。今夫六经之旨深矣，而有孟轲、荀况、两汉诸儒及近世刘敞、王安石之书，读之亦思过半矣。至于文章之工难矣，而有左氏、庄周、董仲舒、司马迁、相如、刘向、扬雄、韩愈、柳宗元，及今世欧阳修、曾巩、苏轼、秦观之作，篇籍具在，法度粲然，可讲而学也。②

黄庭坚的视野比较宽阔，将曾巩置于文学史的发展脉络中进行考量，即从《左传》、庄子、西汉、唐、宋等文学发展中，确定曾巩的文学史地

---

① 〔宋〕曾巩著，陈杏珍、晁继周点校：《曾巩集》，中华书局，1984 年版、1998 年重印，第 810 页。
② 〔宋〕黄庭坚著，郑永晓整理：《黄庭坚全集辑校编年》，江西人民出版社，2011 年，第 937 页。

位，认为其文"法度粲然，可讲而学"。在此后的曾巩接受中，这种从文学发展大历史中去把握曾巩文学地位的方式，被广泛采用。

晁说之（1059—1129）对曾巩文学的影响与地位，亦曾发表过自己的看法。他在《元符三年应诏封事》中云：

> 国家之初尚诗赋，而士各精于诗赋，如宋祁、杨真、范镇各擅体制，至于夷狄犹诵之。自嘉祐以来，尚论策而士各力于论策，乃得苏轼、曾巩辈，至今识者各仰之。自更经义以来，授以成书，谓之"新经义"，惟善其说者乃中程登第。苟为参差出入于其间，即不中程式，虽善必黜之。士方为禄学，无少长贤愚，靡然从之，惟恐不相胜。虽有长才者，不得骋。虽有知其抵牾非正者，讳之不敢言。①

晁说之认为，苏轼和曾巩的论策文自嘉祐以来在士人中具有很大的影响，即使是在元符三年（1100），"至今识者各仰之"。在上文中，晁说之其实是涉及了曾巩之文与科举之间的关系，但没有深入展开论述。

在《与三泉李奉议书》中，他还说：

> 所谓欧阳之文，虽不敢谓前无作者，第恐后之来者未易可继也。虽东坡、南丰二公杰然名一世而振耸九州之牧者，而自欧阳公视之，则皆其门人之文也。②

这里虽然是说欧阳修乃前无古人、后无来者的一代文宗，苏轼和曾巩之文不过是其"门人之文"，但对苏轼和曾巩的文学影响也还是予以了高度评价，认为他们乃"杰然名一世而振耸九州之牧者"。

最后，在这一阶段，惠洪（亦作释觉范）对曾巩的诗歌方面亦有所

---

① 〔宋〕晁说之著：《景迂生集》卷一，清文渊阁四库全书本。
② 〔宋〕晁说之著：《景迂生集》卷十五，清文渊阁四库全书本。

论述，这在后面将有专章论及。另外，亦有人在创作上对曾巩进行学习和评述。如惠洪在《南昌重会汪彦章》中云："彦章退然才中人，讥诃唾笑皆奇伟。看君落笔挟风雷，涣然成文风行水。坐令前辈作九原，子固精神老坡气。"[①] 其中就提及"子固精神"。另外，张大亨也称"旧学曾子固为文章，整洁有程度而不妄形容，盖一时之秀"[②]。然而总的来说，这一阶段曾巩的接受比较沉寂，没有重大的突破。究其原因，一是恐与当时宋金、宋辽及宋元之间对峙的动荡政局有关，二是当时苏轼的影响更大，他已成为继欧阳修之后的又一代新的文坛盟主，所以曾巩的接受多少会受到影响。

另外，整个北宋对曾巩的接受，总的说来是以正面肯定为主，否定之声极少。接受中出现的一些评价、定位甚至话语等，成为曾巩接受中最为重要的组成部分，并对后来的接受产生深远影响。北宋可以说是曾巩接受史上一个非常重要的奠定期。

① 〔宋〕释觉范著：《石门文字禅》卷二，清文渊阁四库全书本。
② 〔宋〕李之仪著：《姑溪居士前集》卷二十之《上执宰》，清文渊阁四库全书本。

第二章

南宋曾巩的接受

　　南宋偏安江南一隅，曾巩的影响开始出现某种回落，杨万里就说："顾近世古音绝响久哉！谈学问者薄之以为技，骛俪偶者壳之以为淡，于是退之之五玄可薪，而南丰之八珍可屏矣。(《答安福徐令谦亨》)"[①]但南宋曾巩的接受，在承袭北宋相关接受外，还是出现了一些自己的特点：一是出现了由朱熹掀起的理学接受浪潮。曾巩古文"本原经义"，与理学的思想旨趣较为相近，因而朱熹甚为喜好曾巩之文。作为理学宗师的朱熹，其这一倾向无疑会对曾巩古文的接受产生巨大影响，从而形成曾巩接受史上出现的理学家群体接受曾巩的现象；一是出现了大量对曾文进行评点的现象。当然，南宋出现对曾文的评点，多为理学家所为，这一方面与理学家接受群体现象有关，也与当时大兴讲学之风、科举时文注重作文之法的风尚有关。如吕祖谦《古文关键》中的"看文字法"，便是为了标举其命意布局之处，示学者以门径的。

　　南宋曾巩的接受，我们可分为前期、中期及后期三个阶段来看。前期主要为高宗时期，即从 1127 年至 1162 年；中期主要为孝宗、光宗、宁宗、理宗四朝，即从 1163 年至 1264 年；后期为度宗至南宋灭亡，即从 1265 年

---

① 〔宋〕杨万里著，王琦珍整理：《杨万里诗文集》(下册)，江西人民出版社，2006 年，第 1749 页。

到 1279 年。当然，这样分期，主要是为了论述的方便，并非是曾巩接受过程中出现这样截然的分期。另外，在具体论述过程中，有时在时间上会稍微有所出入，具有一定的弹性。①

第一节　南宋初期曾巩的接受

南宋初，古文创作有所回落，曾巩的接受受到一定影响。对于南宋初文坛的情况，杨万里在《答安福徐令谦亨》中记载称：

> 某生无他好，而惟文词之好。顾近世古音绝响久哉，谈学问者薄之以为技，骛俪偶者壳之以为淡，于是退之之五玄可薪，而南丰之八珍可屏矣。②

在这样的大背景下，曾巩的接受多少受到一定的影响，但杨万里文中所称"南丰之八珍可屏"，则有所夸大。在这一时期，对曾巩的接受仍较为活跃。比较有影响的有吕本中（1084—1145），从句法的角度来认识曾巩之文，据张镃《仕学规范》引《吕氏童蒙训》称：

> 吕居仁云：老苏尝自言升里转斗里量，因闻此，遂悟文章妙处。文章纤余委曲，说尽事理，惟欧阳公为得之。至曾子固加之，字字有法度，无遗恨矣。③

孙觌（1081—1169）则在《西山老文集序》一文中说：

---

① 注：下面各朝代的分期，亦是如此，不再赘述。
② 〔宋〕杨万里著，王琦珍整理：《杨万里诗文集》（下册），江西人民出版社，2006 年，第 1749 页。
③ 〔宋〕张镃著：《仕学规范》卷三十四，清文渊阁四库全书本。

宋兴，文章犹袭五代之弊，自欧阳文忠公起江右，尊明道德，于斯文将坠之余，天下靡然从之，一洗老生常谈、腐儒俗学之陋。居亡几，临川王文公、南丰曾公继出公后，怀宝含章，待倡而发，如云从龙，如水赴海，如大吕之应黄钟，气焰相薄，（莫）校高下，一代之弥文，郁郁乎不可尚已！元祐中，豫章黄鲁直独以诗鸣。当是时，江右人学诗者皆自黄氏。至靖康、建炎间，鲁直之甥徐师川、二洪（驹父、玉父），皆以诗人进居从官大臣之列，一时学士大夫向慕，作为江西宗派，如佛氏传心，推次甲乙，绘而为图，凡挂一名其中，有荣辉焉。故尚书豫章胡公讳直孺（孺），字少汲，少工于诗，语出惊人，鲁直一见，击节叹赏，指示进处，述数十语表而出之，今刻石在焉。然公之学不专为诗，他文皆称。是笔力雄赡，操纸立就。所为赋颂、表启、记序、铭赞之属，盖数万言，如行云流水，自然成文，不见刀尺……以书抵老友孙氏某曰：先君与公同朝为侍从，且厚善，愿有述也。余尝论三巨公相继出江右，为世大宗师。其外有二刘、三孔、王文公之子元泽、曾南丰之弟子开，与邓圣求、李泰伯皆以鸿儒硕德相望，三四州不过数百里之间。今胡公又出，而与诸作者为并，江西人物于是为盛。[①]

孙觌为常州晋陵（今江苏武进）人，但他却能从地域的视角来看待江西文学，并将曾巩纳入江西文学的范畴之中，并称其"为世大宗师"，肯定曾巩在江西文学中的重要地位。

张孝祥（1132—1169）亦有类似的观点，他在《送吴教授序》中说：

临川于江西号士乡，王介甫、曾子固、李太伯以文为一代宗主，而皆其郡人。故居民多业儒，碌碌者出于它州，足以长雄。

---

① 〔宋〕孙觌著：《鸿庆居士集》卷三十，清文渊阁四库全书本。

故能文者在其乡里不甚齿录，独素行可考而后贵也。①

序中，张孝祥不仅认为曾巩以文为一代宗主，而且还认为王安石与李觏亦以文为一代宗主。这应是以临川这一地域而言的，否则，就与文学史的事实有较大差距，过于溢美了。

在《送删定侄倅赵序》中，孙觌还从文学发展的历史进程对曾巩进行评述：

> 声律之学，盛于杨、刘，号"西昆体"。一时学者师慕骈四俪六、枝青配白、捻须髭、琢肺腑、镌磨锻炼，以求合均度，故有言浮于其意，意有不尽于言，如夏英公笺表，皆是物也。逮庆历、嘉祐间，欧阳文忠公以古文倡，而王荆公、苏东坡、曾南丰起而和之，文章一变醇深雅丽，追复古初。文直而事核，意尽而言止，譬之行云流水，遇物赋形，体质自然，不见刀尺，于是天下翕然以为宗师。删定大雅侄，余爱其尺语最工，尔来作笺启他文亦称是。比赴会稽别乘，携文过别，词句温丽，不类旧常，大抵能道意之所欲言，而无艰难辛苦之态。声音华畅，自中律吕。盖进乎技矣。熙宁初，曾南丰自册府出为越倅，《类稿》中有云卧龙斋作者，即越倅所为文也。其序鉴湖数千言，引古知今，尽得一湖数千载利害之实，议论详博，文辞雅健，如西汉一志。今删定侄亦践此官，退食之余，尽读未见之书，资其博以与古作者并，余又将观其文以探道浅深之候。②

文中孙觌论及宋以来文学变化之势，阐明了曾巩在北宋诗文革新运动中的重要作用，并以此鼓励其侄向曾巩学习。

① 〔宋〕张孝祥著，彭国忠校点：《张孝祥诗文集》，黄山书社，2001年，第184页。
② 〔宋〕孙觌著：《鸿庆居士集》卷三十一，清文渊阁四库全书本。

孙觌为曾巩之侄曾纡撰有《曾公卷文集序》，文中从家族传统的角度，表达了其对曾巩的崇敬之情：

> 今宝文公，丞相第四子也，讳纡，字公卷。年甫八岁，南丰先生授以韩吏部诗，一览而诵。先生喜曰：曾氏代不乏人矣。既冠，学成，文昭读其文，大惊曰：文才出于天分，可省学问之半……徽宗践阼，改元建中靖国，文肃拜右丞相，悉昭陈瓘、邹浩、龚夬等为台谏官，而蔡京尝朋附邢恕，诬诋宣仁太后，为大奸慝，不去，必乱天下，首斥去之。居无何，京入相，兴大狱，修故怨，公父子皆抵罪，徙置湖海。终京之世二十五年，而曾氏子孙无一人仕于朝。京死，朝廷稍进公，守方州，刺一路，且出为世用矣……公文章固自守家法，而学诗以母夫人鲁国魏氏为师，句法清丽，纯去刀尺，有古诗之风。黄庭坚曾直迁宜州，道出零陵，道得公《江樾书事》二小诗，爱之，书团扇上，诸诗人莫能辨也。呜呼！公之文足以书典册，公之诗足以继雅颂。①

在《读临川集》中，孙觌亦指出曾巩之文能发六艺之蕴：

> 本朝鸿儒硕学比比，出于庆历、嘉祐间，而莫胜于熙宁、元丰之际。王荆公自谓知经明道，与南丰曾子固、二王（深甫、逢源）四人者，发六艺之蕴于千载绝学之后，而自比于孟轲、扬雄，凡前世之列于儒林者，皆不足道也。②

当然，本时期内亦有对曾巩稍有微词者，如朱弁（1085—1144）载：

> 晁以道云：曾子固元丰中奉诏作论，论成，以吾观之，殊未尽善。某常谓太祖有二十事，皆前代所无，出于圣断而为万世利者，

---

① 〔宋〕孙觌著：《鸿庆居士集》卷三十一，清文渊阁四库全书本。
② 〔宋〕孙觌著：《鸿庆居士集》卷三十二，清文渊阁四库全书本。

今实录中略可数也。惜乎子固不及此，吾所深惜也。①

也有不喜欢曾巩的，如据《朱子语类》卷一百三十九记载，"陈蕃叟不喜坡文，戴肖望不喜南丰文"，即戴溪就不喜欢南丰文。但这毕竟还只是极少数。

第二节　南宋中、后期曾巩的接受

南宋中期是曾巩接受的一个重要时期，时间跨度较长，且理学家及评点家对曾巩的接受都出现在这一时期内，是南宋曾巩接受的突出亮点。对于理学家和评点家的接受情况，我们将在下面列专节进行论述。这里，我们先看其他人对曾巩的接受。

陆游（1125—1210）为文取法曾巩，其子陆子遹就称："先太史之文……于本朝则曾南丰，是所取法。"② 确实，在诗文中，陆游就经常表达自己对曾巩推崇。他在《尤延之尚书哀辞》中说：

吾宋之文，抗汉唐而出其上兮，震耀无穷；柳、张、穆、尹、欧、王、曾、苏，名世而间出兮，巍如华嵩。③

在《书叹》中，他亦称：

文章有兴废，盖与治乱符。庆历嘉祐间，和气扇大炉。数公实主盟，浑灏配典谟。开辟始欧王，菑畬逮曾苏。④

① 〔宋〕朱弁著：《曲洧旧闻》(丛书集成初编版)，商务印书馆，1936年，第1页。
② 〔宋〕陆游著：《陆游集》，中华书局，1976年，第2491页。
③ 〔宋〕陆游著：《陆游集》，中华书局，1976年，第2396页。
④ 〔宋〕陆游著：《陆游集》，中华书局，1976年，第199页。

对于当时文坛出现的弊端，他在《追感往事》中更是感慨，希望欧阳修、曾巩、二苏能够再生，挽文坛之颓势：

> 文章光焰伏不起，甚者自谓宗晚唐。欧曾不生二苏死，我欲痛哭天茫茫。①

有时，他还会去寻找曾巩所留下的遗迹，如在《春日绝句》中，他说：

> 介亭南畔排衙石，剥藓剜苔觅旧题。读罢南丰数行字，满山烟雨共凄迷。②

周必大（1126—1204）给予曾巩以极高的评价，认为他"主盟斯文"。他在《抚州登科题序》中云：

> 大江之南分东西两道，自东而西首曰抚州，其为郡在三国孙氏，至隋唐虽易置不常，然今建昌军治南城、统南丰，入闽为邵武军，本皆抚之属邑，非特地大，人庶冠冕一路，而文物盛多，亦异他邦。本朝最重儒科，《临川图志》载《题名记》一卷，起太平兴国五年乐史而下至淳熙七年，姓名具焉。今州学教授富沙刘填将增广刻之石，使来者可继，而郡人太学博士王克勤、士子涂公达见属题辞。夫为己之学，垂世之文，固不专为禄仕计。然拔起耕钓，今异乎古，特诏举辟，久置不讲。士进德修业，怀才抱艺，大欲平治天下，次将黼黻斯文，舍科举安出哉？是以二百余年间，贤达相望。试言其显显者，晏元献公之进贤好善，王文公之文学行谊，曾子固巩之主盟斯文。此一身所当勉也。③

---

① 〔宋〕陆游著：《陆游集》，中华书局，1976年，第1136页。
② 〔宋〕陆游著：《陆游集》，中华书局，1976年，第1301页。
③ 〔宋〕周必大著：《文忠集》卷五十四，清文渊阁四库全书本。

以上周必大所称曾巩"主盟斯文"也许是针对抚州一地而言。而刘宰（1167—1240）则隐晦的表达出"南丰之派"这样的概念，他在《通新太平曾侍郎晛》中云：

> 某官一代伟人，六经粹学，文章续南丰之派，静重有文昭之风，难弟难兄同持紫橐，乃祖乃父不替青毡。方听履而上星辰，忽把麾而去江海，必有以也。①

曾晛为曾肇曾孙，刘宰这里说"文章续南丰之派"，虽有接续家族文学传统之意，但在江西诗派的语境下，"文章续南丰之派"亦似乎有构建曾巩文派或南丰文派的隐意。惜乎在曾巩接受的发展过程中，"南丰之派"未能得到更好地阐发。事实上，在创作中也未能达到这样一种文学现象。但"南丰之派"这一概念还是在曾巩接受中还是具有重要意义。

韩淲（1159—1224）在《涧泉日记》中认为，"六一、南丰，中年文字好，及晚则已定又放开了。东坡、半山，晚犹向进不尽。"② 言下之意是，曾巩之文在中年时已达到顶峰，晚年之文没有前进，不如苏轼和王安石不断精进。

又云：

> 邹德久道山谷语云：庭坚最不能作议论之文，然每读欧阳公、曾子固议论之文，决知此人冠映一代。③

则较为认同黄庭坚所说，即曾巩议论之文写得好，其人能够"冠映一代"。

---

① 〔宋〕刘宰著：《漫塘集》卷十六，清文渊阁四库全书本。
② 〔宋〕韩淲、陈鹄著，孙菊园、郑世刚点校：《涧泉日记·西塘集耆旧续闻》，上海古籍出版社，1993年，第34页。
③ 〔宋〕韩淲、陈鹄著，孙菊园、郑世刚点校：《涧泉日记·西塘集耆旧续闻》，上海古籍出版社，1993年，第36页。

在《涧泉日记》卷中，韩淲提及了曾巩能守道论学，亦注意到曾巩文与"道"之间的渊源。他说：

> 本朝庆历间诸公：韩魏公、富郑公、欧阳公、尹舍人、孙先生、石徂徕，虽有愤世疾邪之心，亦皆学道有所见，有所守。下至王介甫、王深甫、曾子固、王逢原，犹守道论学。至东坡诸人，便只有愤世疾邪之心，议论利害是非而已。①

刘克庄（1187—1269）则在为楼昉所作《迂斋标注古文序》中，阐发了他对古文选本的看法：

> 故所采掇尊先秦而不陋汉、唐，尚欧、曾而并取伊洛，矫诸儒相友（疑为反）之论，萃历代能言之作。②

刘克庄认为：古文选本既要尊先秦之作，也要兼取汉唐；要崇尚欧阳修和曾巩之作，也要并取"伊洛"，即理学家之作。其看法体现出比较宽容的选文之道。当然，由此也可以看出他对欧阳修与曾巩文的重视。

吴子良（1198—1257？）则从"文统"来看曾巩的文学地位。他在为陈耆卿所作《续集序》中说：

> 文有统绪，有气脉。统绪植于正，而绵延枝派旁出者无与也；气脉培之厚，而盛大华藻外饰者无与也。六籍尚矣，非直以文称，而言文者辄先焉，不曰统绪之端。气脉之元乎！自周以降，文莫盛于汉、唐、宋。汉之文以贾、马倡，接之者更生、子云、孟坚其徒也。唐之文以韩、柳倡，接之者习之，持正其徒也。宋东都之文以欧、苏、曾倡，接之者无咎、无己、文潜其徒也；宋南渡

---

① 〔宋〕韩淲、陈鹄著，孙菊园、郑世刚点校：《涧泉日记·西塘集耆旧续闻》，上海古籍出版社，1993年，第22—23页。
② 〔宋〕刘克庄著：《后村先生大全集》卷九十六，四部丛刊初编本。

之文，以吕、叶倡，接之者寿老其徒也。寿老少壮时，远参洙泗，近探伊洛，沉涵渊微，恢拓广大，固已下视笔墨町畦矣。①

车若水（约1209—1275）也以"文统"观来观照曾巩在"文统"中的重要地位。他说：

> 大田王老先生讳象祖，字德甫，尝以文见水心，水心所谓尘垢拭杯案者也。其文简古老健，虽筼窗亦畏之……皇朝文统，大而欧、苏、曾、王，次而黄、陈、秦、晁、张，皆卓然名家，辉映千古。中兴以来，名公巨儒，不自名家。张、吕、朱氏，造儒术而非文艺。独水心持作者之权，一时门人孰非（疑为为）升堂，孰为入室。晚得陈筼窗（即陈耆卿）而授之柄。今筼窗之门亦伙矣。求其可授者，未有也。人才之续绝，天运之盈亏也；斯文之隆替，国家之治乱也。②

车若水认为，在南北宋文学发展进程中，其"文统"之大者，为"欧、苏、曾、王"四家。但是，在他看来，"文统"的发展到了陈耆卿之后，斯文便难以接续了。

比"道"更进一步，吴泳（约1224年前后在世）认为曾巩之文具有义理倾向，他在《答唐伯玉书》中说：

> 性情义理之学，人皆谓二程子发之，而不知自胡安定、石守道、孙明复以来，已有其渐。古文之学，人皆谓欧阳子倡之，而不知柳仲涂、穆伯长诸人已近于古。文以理为主，体次之，学而无统则悖，言而无法则支，而古今文人学士见诸纪载者不知其几，而文公独取古灵先生《天台孔子庙记》，曾南丰《宜黄》及《筠州》

---

① 〔宋〕陈耆卿著：《筼窗集》卷首，清文渊阁四库全书本。
② 〔宋〕车若水著：《脚气集》，清文渊阁四库全书本。

二学记，盖华藻之辨易工，而义理之文难好也。①

此外，作为南丰人，陈宗礼（1203—1270）对曾巩非常推崇。在宝祐四年（1256）南丰先贤祠落成之后，他撰写《南丰先贤祠记》，高度赞扬曾巩的文学地位，并希望以此"以光往哲，以范后学"，在地域文学中发挥引领作用。文中说：

> 文章非小技也。三代而下，惟汉近古。唐惟昌黎能复古，继是敝矣。宋以文治一兴，涤凡革腐，几与三代同风，而士以文名者称之。嘉祐中，欧阳文忠公以古道倡，南丰之曾、眉山之苏，胥起而应。眉山父子兄弟稽千载治乱成败得失之变，参以当世之务，机圆而通，辞畅而警，立言之有补于世，美矣。然求其渊源圣贤，表里经术，未有若吾南丰先生之醇乎醇者也。先生初登文忠公之门，其说曰：明圣人之心于百世之上。又曰：趋理不避荣辱利害，相与争先王之教于衰灭之中。则先生之学，非角声名、竞利禄之学矣。韩子所谓"仁义之人，其言蔼如也"。故溢而为文辞，严毅正大，不诡不回，援孔孟之是，断战国策士之非，举典谟之得，正司马迁以下诸史之失，如针指南，如药伐病，言语之工云乎哉。盖眉山父子兄弟，文之奇；南丰先生，文之正。奇者如天马、如云龙，恍忽变态；而正者，金之精，玉之良，凡物莫能加也。帛之暖、粟之饱，不可一日而无，人莫知其功也。以斯文明斯道，淑斯人，古所谓乡先生者，正如是。②

陈宗礼认为，曾巩之文能"渊源圣贤，表里经术"，且醇之又醇，欧阳修、苏轼等人都难以有其醇。

---

① 〔宋〕吴泳著：《鹤林集》卷三十一，清文渊阁四库全书本。
② 〔清〕谢旻等纂：《（雍正）江西通志》卷一百二十《艺文》，清文渊阁四库全书本。

在创作上，则有谢谔（1121—1194）仿曾巩，"谔为文仿欧阳修、曾巩"①；李丑父学曾巩，"每味南丰诸作，曰吾所由入者"（林希逸《湖南提举宫讲太史礼部李公行状》）②。而黄度不仅学曾巩，且颇为相似，据袁燮（1144—1224）《龙图阁学士通奉大夫尚书黄公行状》称：

> 公讳度，字文叔，系出建宁之浦城，后徙婺之金华，今家于绍兴之新昌，六世坟墓在焉……作科举业，出语惊人，其师秘书郎张渊以为似曾南丰。③

戴复古（1167—约1248）则在诗歌创作中对曾巩进行了追怀，提及曾巩《拟岘台记》。其《拟岘台杜子野主簿寓居》云：

> 高台延望眼，风物满前村。细读南丰记，频开北海樽。远山如看尽，近市不闻喧。诗是君家事，长城在五言。④

南宋后期，国家政局不稳，朝廷上下疲于应付蒙元的入侵，文化事业发展受限，相应的，曾巩的接受在这一时期亦跌入低谷。南宋后期曾巩的接受不多，其主要接受如：王应麟（1223—1296）认为曾巩先于二程理学之先而原道复性。他说：

> 曾子固奏疏曰："《洪范》所以和同天人之际，使之无间，而要其所以为始者，思也。《大学》所以诚意正心修身治其国家天下，而要其所以为始者，致其知也。正其本者，在得之于心而已；得之于心者，其术非他，学焉而已矣。古之人自可欲之善而充之，至于不可知之神；自十五之学，而积之至于从心、不踰矩，岂他

---

① 〔元〕脱脱纂：《宋史》，中华书局，1977年，第11931页。
② 〔宋〕林希逸著：《竹溪鬳斋十一稿续集》卷二十四，清文渊阁四库全书本。
③ 〔宋〕袁燮著：《絜斋集》卷十三，清文渊阁四库全书本。
④ 〔宋〕戴复古著，吴茂云校注：《戴复古全集校注》，中国文史出版社，2008年，第52页。

道哉，由是而已矣。"二程子以前告君未有及此。①

对此，清人阎若璩在文后注云："真西山言：唐韩愈、李翱举《大学》之说，见其《原道》《复性篇》，而立朝论议，曾弗之及。余谓至曾子固始及之。"亦认为曾巩较二程之先讲道讲性。

而卫宗武（？—1289）则指出曾巩不善于赋，对此，他在《李黄山乙稿序》中借朱熹之语加以强调：

> 独我宋善吟之士，谱牒鲜有同者，非无也，名不焰焰耳。朱文公谓国家文明之盛，前世莫及。欧、苏、南丰擅名当代，而于楚赋未数数然，为是不满。②

在词的创作中，亦出现对曾巩接受的现象。如宋末元初的王义山在《瑞龙吟·寿京尹曾留远》中云：

> 晨光曙。遥见昭灼文奎，照天心处。峨眉棱上西飞，北魁南极，腾辉灿丽。
>
> 神皋地。争看碧幢旗戟，蔼然佳气。深深有美堂中，绣帏锦幕，笙歌不住。
>
> 知是元戎初度，玉觞频举，云堤烟市。时听笑声，都人相贺相语。人人说是，活佛生今世。襟怀内、严霜莹月，春风秋水。文肃貂蝉贵。南丰学问，文昭节义。若问庄椿岁。堪谁比，清源曾公寿齿。郎君宥府，衮衣荣侍。③

---

① 〔宋〕王应麟著，〔清〕阎若璩、何焯、全祖望注，栾保群、田松青校点：《困学纪闻》，上海古籍出版社，2015年，第58页。
② 〔宋〕卫宗武著：《秋声集》卷五，清文渊阁四库全书本。
③ 唐圭璋编：《全宋词》，中华书局，1965年，第3060页。

该词乃为京尹曾留远祝寿而作，词中王义山以曾留远来比附南丰曾氏三兄弟——曾布、曾巩、曾肇，以显示其"衮衣荣侍"，其中特别标举出曾巩之学问。

第三节　以朱熹为代表的理学家对曾巩的接受

朱熹（1130—1200），字元晦，号晦庵，世称朱文公。祖籍徽州婺源（今江西婺源），出生于南剑州尤溪（今福建尤溪）人，南宋理学的集大成者。

南渡以后文学，以朱熹为一大宗。朱熹独服膺曾巩，他为曾巩撰作《年谱》（惜其谱已佚），在《年谱序》《后序》《跋曾南丰帖》等文中都对曾巩作了很高评价，并且感叹当时人们对曾巩所知甚浅。在《朱子语类》中，他在多个场合也论及曾巩文，并认为曾巩之文高于苏轼，"到那比之东坡，则较质而近理，东坡则华艳处多。"[1] 这对于推高曾巩在文坛的地位具有重要的作用。当然，朱熹对于曾巩存在的一些不足，也能客观地予以指出，正如钱穆所说"朱子学文自南丰人，然其评曾文，又能深中其病"[2]。

朱熹在二十来岁的时候就喜欢上了曾巩之文，并暗下决心要效仿曾巩，据他在《跋曾南丰帖》云：

> 余年二十许时，便喜读南丰先生之文，而窃慕效之，竟以才力浅短，不能遂其所愿。今五十年，乃得见其遗墨，简严静重，盖亦如其为文也。庆元己未三月八日。[3]

---

① 〔宋〕黎靖德编，王星贤点校：《朱子语类》，中华书局，1986年，第3314页。
② 钱穆著：《朱子学提纲》，生活·读书·新知三联书店，2002年，第198页。
③ 〔宋〕朱熹著：《晦庵集》卷八十四，清文渊阁四库全书本。

在《朱子语类》卷一百三十九中，亦云：

> 南丰有作郡守时榜之类为一集，不曾出。先生旧喜南丰文，为作《年谱》。①

在朱熹的另一篇《跋曾南丰帖》中，他还提到了喜好曾巩文的原因：

> 熹未冠而读南丰先生之文，爱其词严而理正，居常诵习，以为人之为言必当如此，乃为非苟作者。而于王子发舍人所谓自比刘向，不知视韩愈如何者，窃有感焉。今乃得于先生之族孙潍，见其亲笔，不胜叹息。文昭公字顷尝于长乐僧舍见之，至于湘潭，文肃之书则亦今始得观也。绍熙甲寅夏四月二十二日新安朱熹书于宜春昌山渡之客舍。②

朱熹爱好曾巩文，是因为曾文"词严而理正"，正符合朱熹对理的追求，所以他认为，作文就当如此。他也非常同意王震对曾巩所作的评价，就是"自比刘向，不知视韩愈如何"。

对于曾巩的文学地位，朱熹亦有自己的认识和定位：

> 国朝文明之盛，前世莫及。自欧阳文忠公、南丰曾公巩与公（指苏轼）三人相继迭起，各以其文擅名当世，然皆杰然自为一代之文。③

这里，朱熹亦从北宋文学发展脉络中去认识曾巩，认为他与欧阳修、苏轼一道，以"文擅名当世"，并且是"自为一代之文"。以"一代之文"

---

① 〔宋〕黎靖德编，王星贤点校：《朱子语类》，中华书局，1986 年，第 3314 页。
② 〔宋〕朱熹著：《晦庵集》卷八十三，清文渊阁四库全书本。
③ 〔宋〕朱熹集注：《楚辞后语》卷六，清文渊阁四库全书本。

来评价曾巩，不可谓不高。

关于曾巩文学地位的评价，在他为曾巩《年谱》所作的序中亦有涉及。其为曾巩所作序，《晦庵集》中未见，但在刘埙的《隐居通议》中有摘录，其于《年谱序》中云：

> 晦庵先生雅重南丰之文，为之作《年谱》，考订精实；又为作《谱序》，其文殊类南丰，岂韩文公效樊孟意耶？今录于左：
>
> 南丰先生者，名巩，字子固，姓曾氏，南丰人。丹阳朱熹曰：予读曾氏书，未尝不掩卷废书而叹，何世之知公浅也。盖公之文高矣，自孟、韩以来，作者之盛，未有至于斯。夫其所以重于世者，岂苟而云哉。然世或徒以是知之，故知之浅也。知之浅，则于公之事论之犹不能无所抵牾，而况公之所以为书者，宜其未有以知之也。然则世之自以知公者，非浅而妄与！其可叹也已。公书或颇有岁月，参以史氏记及他书旧闻次之，著于篇。①

《年谱后序》中又云：

> 丹阳朱熹曰：世有著书称公文章者，予谓庶几知公，求而读之，湫然卑鄙，知公者不为是言也。然则世之自以知公者何如哉，岂非徒以其名欤？予之说于是信矣。②

在《年谱序》和《年谱后序》中，朱熹高度评价曾巩之文，"盖公之文高矣，自孟、韩以来作者之盛未有至于斯"，认为孟子、韩愈以来，没有出现像曾巩这样的文学家。这一评价非常高，以至将曾巩的地位抬至欧阳修之上。同时，他又反复述说世人知曾巩"浅而妄"，自以为"知公者"，也是徒有其名，卑鄙不堪。那么，朱熹所知曾巩之深者在何处呢？这就是前面所说

---

① 〔元〕刘埙著：《隐居通议》卷十四，清文渊阁四库全书本。
② 〔元〕刘埙著：《隐居通议》卷十四，清文渊阁四库全书本。

的"词严而理正"，以此作为评价标准的话，曾巩确实在欧阳修之上。但是，从整个文学史上看，曾巩是否是"自孟、韩以来作者之盛未有至于斯"呢？肯定不是如此，以北宋来说，欧阳修和苏轼的文学地位均高于曾巩，两人先后主盟文坛多年。当然，朱熹以其理学家的身份来推重曾巩，对后世产生了极大且深远的影响，这对于提升曾巩的文学地位有非常积极的作用。

另外，朱熹还从江西地域的视角来评论曾巩，认为"如此好"：

> 江西欧阳永叔王介甫曾子固文章如此好，至黄鲁直一向求巧，反累正气。①

朱熹推重曾巩，还认为"人要会作文章，须读取一部西汉文与韩文、欧阳文、南丰文"②，即要多读曾巩之文。在《朱子语类》卷一百三十九中又说：

> 东坡文字明快，老苏文雄浑，尽有好处。如欧公、曾南丰、韩昌黎之文，岂可不看？柳文虽不全好，亦当择。合数家之文择之，无二百篇。下此则不须看，恐低了人手段。但采他好处以为议论，足矣。③

朱熹要求大家要看欧阳修、曾巩和韩愈之文，并认为他们的作品"岂可不看"。

他还经常探讨品味曾巩之文，发掘曾文的特点与其妙处，"记文当考欧曾遗法，料简刮摩，使清明峻洁之中自有雍容俯仰之态"。又曰："欧文敷腴温润，南丰文峻洁，坡文雄健。"④

在《朱子语类》中，这种对曾巩之文的探讨大量存在，如：

---

① 〔宋〕黎靖德编，王星贤点校：《朱子语类》，中华书局，1986 年，第 3315 页。
② 〔宋〕张洪、齐熙同编：《朱子读书法》卷三之《循序渐进》，清文渊阁四库全书本。
③ 〔宋〕黎靖德编，王星贤点校：《朱子语类》，中华书局，1986 年，第 3306 页。
④ 〔宋〕王应麟著：《玉海》卷二百四，清文渊阁四库全书本。

　　铢曰：荆公作《向后册》云："唯昔先王，厘厥士女"。士女与女士义自不同，苏子由曾论及，曰：恐它只是倒用了一字耳。因言荆公诰词中，唯此册做得极好，后人皆学之不能及。铢曰：曾子固作《皇太子册》亦仿此。曰：子固诚是学它，只是不及耳。子固却是后面几个诰词好。①

　　朱熹在此比较客观，也认为曾巩《皇太子册》学王安石《向后册》，但是不及王安石，曾巩所作诰词只是后面几个好。

　　又如：

　　曾南丰初亦耿耿，后连典数郡，欲入而不得，故在福建亦进荔子，后得沧州，过阙，上殿札子力为诔说，谓本朝之盛自三代以下所无，后面略略说要戒惧等语，所谓"劝百而讽一"也，然其文极妙。②

　　以上既指出其文有"诔说"之嫌，但也肯定其文"极妙"。
　　像这样的论述，在《朱子语类》中还有很多：

　　欧公文字大纲好处多，晚年笔力亦衰。曾南丰议论平正，耐点检。李泰伯文亦明白好看。木之问：老苏文议论不正当。曰：议论虽不是，然文字亦自明白洞达。

　　韩文高，欧阳文可学。曾文一字挨一字，谨严，然太迫。又云：今人学文者，何曾作得一篇，枉费了许多气力。大意主乎学问以明理，则自然发为好文章。诗亦然。

　　文字到欧、曾、苏，道理到二程，方是畅。荆公文暗。

　　欧公文字敷腴温润。曾南丰文字又更峻洁，虽议论有浅近处，

<hr>

① 〔宋〕黎靖德编，王星贤点校：《朱子语类》，中华书局，1986年，第2130页。
② 〔宋〕黎靖德编，王星贤点校：《朱子语类》，中华书局，1986年，第3106页。

然却平正好。到得东坡便伤于巧，议论有不正当处。后来到中原，见欧公诸人了，文字方稍平。老苏尤甚。大抵已前文字都平正，人亦不会大段巧说。自三苏文出，学者始日趋于巧。如李泰伯文尚平正明白，然亦已自有些巧了。广问：荆公之文如何？曰：他却似南丰文，但比南丰文亦巧。荆公曾作《许氏世谱》，写与欧公看，欧公一日因曝书见了，将看，不记是谁作，意中以为荆公作，又曰：介甫不解做得恁地，恐是曾子固所作。广又问：后山文如何？曰：后山煞有好文字，如《黄楼铭》《馆职策》皆好。

问：坡文不可以道理并全篇看，但当看其大者。曰：东坡文说得透，南丰亦说得透，如人会相论底，一齐指摘说尽了。欧公不尽说，含蓄无尽，意又好。因谓张定夫言，南丰祕阁诸序好。曰：那文字正是好。

老苏文字初亦喜看，后觉得自家意思都不正当。以此知人不可看此等文字，固宜以欧、曾文字为正。东坡、子由晚年文字不然，然又皆议论衰了。东坡初进策时，只是老苏议论。

如退之、南丰之文，却是布置。某旧看二家之文，复看坡文，觉得一段中欠了句，一句中欠了字。

南丰文字确实。

问：南丰文如何？曰：南丰文却近质。他初亦只是学为文，却因学文，渐见些子道理，故文字依傍道理做，不为空言。只是关键紧要处，也说得宽缓不分明。缘他见处不彻，本无根本工夫，所以如此。但比之东坡，则较质而近理。

曾所以不及欧处，是纡徐曲折处。曾喜模拟人文字，《拟岘台记》是仿《醉翁亭记》，不甚似。[1]

---

[1]　以上见〔宋〕黎靖德编，王星贤点校：《朱子语类》，中华书局，1986年，第3117、3306—3307、3309—3314页。

以上这些论述，主要论及曾巩文的特点，如"议论平正耐点检"、"畅"、"峻洁"、"透"、"正"、"确实"、"谨严""近质"等；又对曾巩之文的谋篇布局，即章法予以肯定，"退之、南丰之文，却是布置"；而对于曾巩文中的一些不足，朱熹也会客观的予以指出，如"一字挨一字，谨严，然太迫"，"议论有浅近处"，"模拟人文字"但"不甚似"。

对于曾巩的一些具体文学作品，朱熹亦进行了品评：

南丰拟制内有数篇，虽杂之三代诰命中，亦无愧。

南丰作宜黄、筠州二学记，好，说得古人教学意出。

南丰《列女传序》，说《二南》处好。

南丰《范贯之奏议序》，气脉浑厚，说得仁宗好。东坡《赵清献神道碑》说仁宗处，其文气象不好。"第一流人"等句，南丰不说。子由《挽南丰诗》甚服之。

两次举《南丰集》中《范贯之奏议序》末，文之备尽曲折处。[1]

从这些品评文字中，亦可见朱熹对曾巩之文的喜好，并给予非常高的评价，甚至说"杂之三代诰命中，亦无愧"。

除朱熹外，陆九渊对曾巩也有较为客观的评价。陆九渊（1139—1193），字子静，抚州金溪（今江西金溪）人，世称象山先生，南宋理学心学一派的代表性人物。陆九渊与朱熹齐名，主"心即理"说。

陆九渊在《与朱元晦》（其二）说：

尊兄平日论文，甚取曾南丰之严健。南康为别前一夕，读尊兄之文，见其得意者必简健有力，每切敬服。尝谓尊兄才力如此，故所取亦如此。[2]

---

① 〔宋〕黎靖德编，王星贤点校：《朱子语类》，中华书局，1986 年，第 3314 页。
② 〔宋〕陆九渊著：《象山集》卷十二，清文渊阁四库全书本。

在与朱熹的信中，陆九渊提及曾巩之文具有"严健"的特点。在《与吴仲诗》中，对曾巩亦有所论及：

> 乡主文所言《质论》，偶七哥于故书中忽得之，其文信美，今录去。其人似多读曾南丰、陈后山文，却是好时文秀才。观此人之才，似亦有可用，终是气格卑小。研核事情处，却甚谨切，有可法者。若论财用处，似不甚知其实，然其说大纲亦好。谩录去曾南丰《论将》一篇，以见他蹈袭分明处，亦可以见曾之议论自然与他别处。大抵天下事，须是无场屋之累，无富贵之念，而实是平居要研核天下治乱、古今得失底人，方说得来有筋力。①

文中希望吴仲诗能够多读曾巩之文，并认为曾巩之文是好时文，可见曾巩文对当时科场之影响。

真德秀（1178—1235），本姓慎，因避孝宗讳改姓真，字实夫，后改字景元，又字希元，世称西山先生，建宁浦城（今福建浦城）人，南宋后期著名理学家。对于曾巩之文的"义理"成分，他在《跋彭忠肃文集》中说：

> 汉西都文章最盛，至有唐为尤盛，然其发挥理义，有补世教者，董仲舒氏、韩愈氏而止尔。国朝文治猬兴，欧、王、曾、苏以大手笔追还古作，高处不减二子。②

文中，真德秀从汉至宋的文学发展，特别是其中的"理义"发展脉络来看曾巩，并认为他"高处不减"董仲舒和韩愈。就为文之义理及有补于世教来说，真德秀也对曾巩文给予了很高的评价。

---

① 〔宋〕陆九渊著：《象山集》卷六，清文渊阁四库全书本。
② 〔宋〕真德秀著：《西山文集》卷三十六，清文渊阁四库全书本。

第四节　以叶适为代表的事功派对曾巩的接受

叶适（1150—1223），字正则，号水心，温州永嘉（今浙江温州）人，永嘉事功学派的代表人物。叶适反对空谈性理，主张"事功之学"，与朱熹和陆九渊的思想相对立。他对曾巩亦有较多评价，且多反映在其《习学记言》中。陈振孙《直斋书录解题》卷十评该书说，其记载虽不免偏执，但考核之精博，议论之英伟，一时罕有其匹。下面具体来看其对曾巩的接受情况。

在《习学记言》中，他说：

> 古文由韩愈始复振，此论固不可易。本朝继之以欧、王、曾、苏，然虽文词为盛，往往不过记叙铭论，浮说闲语，而着实处反不逮唐人远甚。学者不可但随声因时漫为唱和，虚文无实，终于斫丧而已。[①]

这里叶适一上来就说，欧阳修和曾巩诸人虽然以"文词为盛"，但大多为"记叙铭论"之类，此乃"浮说闲语"，缺少"着实处"，因此反而远远不及唐人。实际上对曾巩等人含有批评之意。当然，这是与其追求功利和经世致用的思想紧密相关的。

在评论《吕氏文鉴》中，涉及更多对曾巩的评价：

> 礼部尚书周必大承诏为序，称建隆雍熙之间，其文伟；咸平、景德之际，其文博；天圣、明道之辞古；熙宁、元祐之辞达。按吕氏所次二千余篇，天圣、明道以前，在者不能十一，其工拙可验矣。文字之兴，萌芽于柳开、穆修，而欧阳修最有力，曾巩、

---

① 〔宋〕叶适著：《习学记言》卷四十，清文渊阁四库全书本。

王安石、苏洵父子继之，始大振。故苏氏谓：虽天圣、景祐，斯文终有愧于古。此论世所共知，不可改，安得均年析号，各擅其美乎？及王氏用事，以周、孔自比，掩绝前作。程氏兄弟发明道学，从者十八九，文字遂复沦蕴。则所谓熙宁、元祐其辞达，亦岂的论哉！且人主之职，以道出治，形而为文，尧、舜、禹、汤是也。若所好者文，由文合道，则必深明统纪，洞见本末，使浅知狭好者无所行于其间，然后能有助于治，乃侍从之臣相与论思之力也。而此序无一词不谄，尚何望其开广德意哉！盖此书以序而晦，不以序而显，学者宜审观也。①

文中叶适虽对周必大所撰之序持批评态度，认为"此书以序而晦，不以序而显"，但指出了北宋古文运动发展的脉络，即"萌芽于柳开、穆修，而欧阳修最有力，曾巩、王安石、苏洵父子继之，始大振"，肯定了曾巩在古文运动中的地位。

初，欧阳氏以文起，从之者虽众，而尹洙、李觏、王令诸人，各自名家。其后王氏尤众，而文学大坏矣。独黄庭坚、秦观、张耒、晁补之始终苏氏，陈师道出于曾而客于苏，苏氏极力援此数人者，以为可及古人，世或未能尽信。然聚群作而验之，自欧、曾、王、苏外，非无文人，而其卓然可以名家者，不过此数人而已。②

叶适高度评价"欧、曾、王、苏"在北宋文学史上的地位，认为"非无文人，而其卓然可以名家者，不过此数人而已"。结合上一引文来看，这里的"苏"应该指苏轼父子，即苏洵、苏轼和苏辙。这样看来，"宋文六大家"的观念在叶适那便已初步形成了。

---

① 〔宋〕叶适著：《习学记言》卷四十七，清文渊阁四库全书本。
② 〔宋〕叶适著：《习学记言》卷四十七，清文渊阁四库全书本。

> 曾巩《贺南郊表》，论者谓"钩陈太微，星纬咸若。昆仑渤澥，波涛不惊"与韩愈"析木天街，星宿清润。北岳医闾，神鬼受职"可相比方。就其果然，亦何足道。夫文不务与事称，而纳谄以希进，最鄙下矣。①

批评曾文"不务与事称，而纳谄以希进，最鄙下矣"，"最鄙下"可谓是对曾文谄媚之嫌最为严厉的评价了。

> 韩愈以来，相承以碑、志、序、记为文章家大典册，而记，虽愈及宗元犹未能擅所长也。至欧、曾、王、苏始尽其变态，如《吉州学》《丰乐亭》《拟岘台》《道山亭》《信州兴造》《桂州新城》，后鲜过之矣。若《超然台》《放鹤亭》《筼筜偃竹》《石钟山》，奔放四出，其锋不可当，又关钮绳约之不能齐，而欧、曾不逮也。②

对于曾巩所作之记文，叶适虽有肯定性的评价，但也认为其记文不如苏轼。另外，与苏洵相比，叶适也认为曾巩"畏其笔"，即"苏洵自比贾谊，曾巩、王安石皆畏其笔"③。

对于曾巩的《救灾议》，当时人普遍都有好评，但叶适却认为该文与《鉴湖序》实"乃文人之累"。他说：

> 曾巩《救灾议》，米百万斛，钱五十万贯尔，何至恳迫繁缕如此。若大议论又将安出？岂其时议者真庸奴耶？巩文虽工，然此议及《鉴湖序》乃文人之累也。④

---

① 〔宋〕叶适著：《习学记言》卷四十九，清文渊阁四库全书本。
② 〔宋〕叶适著：《习学记言》卷四十九，清文渊阁四库全书本。
③ 〔宋〕叶适著：《习学记言》卷四十九，清文渊阁四库全书本。
④ 〔宋〕叶适著：《习学记言》卷五十，清文渊阁四库全书本。

叶适说《救灾议》"恳迫繁缕",认为曾巩文虽然好,但就具体实务来说,实在难以让人认可。然"庸奴"之评,甚是严厉。

> 叙诸论,舜、禹、皋陶辨析名理,伊、傅、周、召继之。《典》《诰》所载,论事之始也。至孔、孟,折衷大义,无遗憾矣。春秋时,管仲、晏子、子产、叔向、左氏,善为论。汉人贾谊、司马迁、刘向、扬雄、班固,善为论。后千余年,无有及者。虽韩愈、柳宗元、欧阳修、王安石、曾巩间起,不能仿佛也。盖道无偏倚,惟精卓简至者独造;词必枝叶,非衍畅条达者难工。此后世所以不逮古人也。独苏轼用一语,立一意,架虚行危,纵横倏忽,数百千言,读者皆知其所从出,推者莫知其所自来,虽理有未精,而辞之所至莫或过焉,盖古今论议之杰也。轼自以为"如万斛泉源,不择地而出,在平地一日千里无难,及其与山石曲折,随物赋形而不可知"。嗟夫!古人岂必有此文而后能有此论哉?以文为论,自苏氏始,而科举希世之学,烂漫放逸,无复实理,不可收拾矣。刘敞、王回好援古义,有深远之思,学者更试求之。①

上文中,叶适首先追溯论文之源,认为曾巩等人与古人相比,其文仍"不能仿佛也"。但对苏轼之议论文,则颇为肯定。

> 曾巩杂识孙甫、狄青事,又记余靖、高居简事,大抵于当时所谓善人君子多不与,不知其意欲以何为?狄青拔自卒伍,为执政矣,能胜侬智高,适当尔。而巩称之勤勤,且尽排孙沔诸人。滕宗谅以过用公使钱为罪,朝廷议罚,意有轻重,调和归中,亦常理也。孙甫何遽忧愤至欲去谏列,而巩遂以为能不党而知过,独于甫是贤乎!巩不附王安石,流落外补,汲汲自纳于人主,其

---

① 〔宋〕叶适著:《习学记言》卷五十,清文渊阁四库全书本。

词皆谄而哀，及叙汉高帝十不及神宗，以为《优劣论》，非史家体。行韩维词忤上意，坐罚金，虽非其罪，要之巩文与识皆未达于大道，而自许无敌，后生随和，亦于学有害。①

上文对曾巩的批评可谓严厉尤甚，不仅认为其词"谄而哀"，而且还认为"巩文与识皆未达于大道"，并带有讥讽的意味说曾巩"自许无敌"。在过去的认识中，曾巩都是以原道者的身份出现，但在叶适看来，其文和见识均未达于"大道"，这就从根本上对曾巩进行了否定。并且，叶适还规劝后生不要随意附和，否则将有害于学。

作为事功派的代表人物，叶适对曾巩不仅颇多批评，而且有些还非常尖锐，甚至具有颠覆性。其说虽不无偏颇，但也不无道理，具有一定的深刻性。这在好评如潮的曾巩接受中，具有发人深省的意义，那就是，既要看到曾巩文的优点，也要清醒的认识其不足，进行较为客观的评价。

第五节　评点家对曾巩的接受

南宋时期，曾巩接受史上首次出现了对其古文的评点，主要有吕祖谦的《古文关键》、楼昉的《崇古文诀》及黄震的《黄氏日抄》等。作为首开曾巩古文评点的《古文关键》，其点评较为简单，且所选篇目不多，仅为4篇。

吕祖谦（1137—1181），字伯恭，世称东莱先生，婺州（今浙江金华）人，南宋著名理学家，编有《古文关键》二卷。对其《古文关键》，清四库馆臣在《古文关键提要》中说：

取韩愈、柳宗元、欧阳修、曾巩、苏洵、苏轼、张耒之文，

---

① 〔宋〕叶适著：《习学记言》卷五十，清文渊阁四库全书本。

凡六十余篇，各标举其命意、布局之处，示学者以门径，故谓之《关键》。卷首冠以总论，看文作文之法……叶盛《水东日记》曰："宋儒批选文章，前有吕东莱，次则楼迂斋、周应龙，又其次则谢叠山也。朱子尝以拘于腔子议东莱矣。要之，批选议论不为无益，亦讲学之一端耳。"云云。然祖谦此书实为论文而作，不关讲学。盛之所云，乃《文章正宗》之评，非此书之评也。①

可见，该书乃开评点古文之先，并主要是从文章的命意和篇章的布局来进行评点，为初学者学习作文提供门径和方法。对此，陈振孙《直斋书录解题》卷十五也说，吕祖谦所取韩、柳、欧、苏、曾诸家文，标抹注释，以教初学。下面看其具体的评点。在《古文关键总论》中，吕祖谦说：

看文字法。学文须熟看韩、柳、欧、苏，先见文字体式，然后遍考古人用意下句处。苏文当用其意，若用其文，恐易厌。盖近世多读。

第一看大概主张。

第二看文势规模。

第三看纲目关键。如何是主意首尾相应，如何是一篇铺叙次第，如何是抑扬开合处。

第四看警策句法。如何是一篇警策，如何是下句下字有力处，如何是起头换头佳处，如何是缴结有力处，如何是融化屈折剪截有力处，如何是实体贴题目处。②

以上是对古文整体的认识，大致不外乎是文章的立意，谋篇布局和警句等内容。

---

① 〔宋〕吕祖谦编：《古文关键》，清文渊阁四库全书本。
② 〔宋〕吕祖谦编：《古文关键》，清文渊阁四库全书本。

接下来在《看诸家文法》中，对于曾文，吕祖谦提出"专学欧，比欧文露筋骨"（《总论》）的整体评价。其后，又对曾巩的4篇作品进行了评点：

> 《唐论》，此篇大意专说太宗精神处。
>
> 《救灾议》，此一篇后面应得好，说利害体。
>
> 《战国策目录序》，此篇节奏从容和缓，且有条理，又藏锋不露，初读若大羹玄酒，须当子细味之。若他练字好，过换处不觉其间，又有深意存。
>
> 《送赵宏序》，句虽少，意极多，文势曲折，极有味，峻洁有力。①

以上对曾巩文的评点，涉及命意，即"专说太宗精神处"；结构的呼应，"后面应得好"。另外，还谈及曾巩文的特点，即"从容和缓"、"有条理"、"文势曲折"及"峻洁有力"等。

吕祖谦的弟子楼昉（生卒年不详），字旸叔，号迂斋，鄞县（今浙江宁波）人，为吕祖谦弟子，编有《崇古文诀》20卷。其对曾文的评点不多，总共有6篇。对于《崇古文诀》，清四库馆臣在《崇古文诀提要》中说，所录自秦汉而下至于宋朝，发明尤精，学者便之。下面，看其对曾巩具体篇目的评点：

> 《相国寺维摩院听琴序》，法度之文，妙于开阖，可以观世变。自欧、曾以前，有此等议论，至二程则粹矣。
>
> 《拟岘台记》，状物之妙，非常人可及。自有抚州，即有此风景，隐于前日而显于今者，以今日有台而前日无台也。台成而景现，则此台之胜，不言可知。

---

① 〔宋〕吕祖谦编：《古文关键》卷下，清文渊阁四库全书本。

《抚州颜鲁公祠堂记》，议论正，笔力高简而有法，质而不俚。

《战国策目录序》，议论正，关键密，质而不俚，太史公之流亚也。咀嚼愈有味。

《移沧州过阙上殿疏》，看他布置开阖文势，次求其叙事措词之法，而一篇大意所以详于归美，迤所以切于警戒，不可专以归美观。

《书魏郑公传后》，专是论后世削稿之失，反覆攻击，宛转发明。后面三转论难，每转愈佳，此等议论，有益于世，足以破千载之惑。①

以上论及曾巩文之章法，如"法度之文，妙于开阖"、"看他布置开阖"；亦论及曾文之特点，如"议论正"、"关键密，质而不俚"等；更将曾巩比肩于司马迁，所谓"太史公之流亚"，评价甚高。

另外，王霆震，生平不详，编有《古文集成》78卷。该书对曾巩的《战国策目录序》《梁书目录序》《抚州颜鲁公祠记》《移沧州过阙上殿札子》《救灾议》5篇文章进行了点评。据清四库馆臣《古文集成提要》称，该书为南宋书肆本，卷端题"新刊诸儒评点"字，原本于吕祖谦之《古文关键》，真德秀之《文章正宗》，楼昉之《迂斋古文标注》，一圈一点，无不具载。则该书主要是汇集吕祖谦和楼昉等人的评点，王霆震只是有时稍加点评，如"便见他布置"、"来得委曲"、"开说文字畅"、"得刘向文字体"等，少有新论。

在南宋评点家中，黄震颇为著名。黄震（1213—1280），字东发，慈溪（今浙江慈溪）人，撰有《黄氏日抄》94卷。据清四库馆臣《黄氏日抄提要》称，是编以所读诸书随笔札记，而断以己意。

---

① 以上均见〔宋〕楼昉编：《崇古文诀》卷二十七，清文渊阁四库全书本。

《黄氏日抄》之《读文集》中，有《韩文》一卷、《柳文》一卷、《欧阳文》一卷、《苏文》一卷（东坡）、《曾南丰文》一卷、《王荆公（文）》一卷、《黄涪翁文》一卷、《汪浮溪文》一卷、《范石湖文》一卷、《叶水心文集》一卷。其对曾巩的评点较为详赡，所评点篇目也大为增加，且包括曾巩诗和文，共100余篇。虽如四库馆臣所云，其中一些仅为摘录，但有些评点和论述在曾巩接受中亦具有较大意义。现撮要胪列如下：

《星宿》之"宿"，作入声押韵，见第四卷《山水屏》诗云，"争险挂星宿"。

《麻姑山送南城罗尉》诗，可与欧公《庐山高》为对。

《唐论》，敛多就寡，文极有法。

《洪范传》，布置大抵与荆公相类。

《寄欧阳舍人书》，公谢其为先祖铭墓也。理密文畅，可观。

《福州上执政书》，援诗以述养亲之意，文甚赡。

《秃秃记》，记孙齐溺嬖宠、杀子之事，文老事核，尤卓然为诸记之冠。视班、马史笔，殆未知其何如耳。

《南轩记》，说随所处而乐之意，淡静有味。

《拟岘台记》，模写甚工，前辈取以为文法者也。

制诰，多平易，特散文之逐句相类者耳。拟制诰则遍言新更官制之意，此为王介甫代发明者也。

表，多平淡说意。

启，平易不华，文章之正也。

《王容季志铭》，容季名同，与兄回、向皆以文名当世。南丰为之序曰："此三人者皆世不常有，藉令有之，或出于燕，或出于越，又不可以得之一乡一国也。未有同时并出，出于一家，如此之盛。若将使之有为也，而不幸辄死，皆不得至于寿考，以尽其材，是有命矣。而命之至于如此，何也？"愚谓此文之宛转妙处，故特录之。

《卫尉金君志铭》，君兄弟皆举进士，诸子又皆举进士，而己独放山谷间，以恩受封。述其次第处，文字起伏可读。

南丰与荆公俱以文学名当世，最相好，且相延誉。其论学皆主考古，其师尊皆主扬雄，其言治皆纤悉于制度，而主《周礼》。荆公更官制，南丰多为拟制诰以发之。岂公与荆公抱负亦略相似，特遇于世者不同耶……我朝廷以仁立国，一切扫除烦苛，承平日久，或者反以宽弛为厌，荆公遂勇为新法。呜呼！不忍言矣。南丰比荆公则能多论及本朝政要，又责诮荆公不能受人之言，使南丰得政，当有可观者乎？南丰之文多精核，而荆公之文多淡靖；荆公之文多佛语，而南丰之文多辟佛。此又二公之不同者。而王震序曾南丰文，乃特夸其为制诰大手笔，真所谓知其一者耶！①

从以上评点来看，涉及有文体，如"制诰，多平易"、"表，多平淡"、"启，平易不华"等；有音韵，如"宿，作入声押韵"；有文法，如"敛多就寡，文极有法"；有曾文之风格，如"理密文畅"、"淡静有味"、"宛转"等。最后，他还将曾巩与王安石进行比较，认为"南丰之文多精核，而荆公之文多淡靖；荆公之文多佛语，而南丰之文多辟佛"，并对曾巩如能得政"当有可观者乎"的观点表示怀疑。由此可见，黄震虽对曾巩之文非常推崇，以致赞誉不断，但对曾巩之为政，与王安石相比，则有所保留。

---

① 以上均见〔宋〕黄震著：《黄氏日抄》卷六十三之《读文集五·曾南丰文》，清文渊阁四库全书本。

金元时期曾巩的接受

整体上说，金元时期曾巩的接受情况为：金代由于战争的阻隔，对曾巩的接受极少；元代与前朝相比，虽有所回落，但也出现了新的特点，那就是一批江西儒士出于对乡贤的推崇，对曾文进行抬高，特别是元初几位大家，如刘埙、吴澄、虞集等。凭借他们的影响力，曾巩在元代文坛亦有较高的影响，并未因为政局的影响隐而不传。元朝政府组织编撰的《宋史》，某种意义上代表着统治集团的主流意识，《宋史·曾巩传》中说，"曾巩立言于欧阳修、王安石间，纡徐而不烦，简奥而不晦，卓然自成一家，可谓难矣"①。在《宋史·文苑传》中又说："国初，杨亿、刘筠犹袭唐人声律之体，柳开、穆修志欲变古而力弗逮。庐陵欧阳修出，以古文倡，临川王安石、眉山苏轼、南丰曾巩起而和之，宋文日趋于古矣。"②均对曾巩在北宋诗文革新运动中的骨干作用，予以了肯定。

由于金代曾巩的接受极少，先在此略加论述。金代元好问（1190—1257），字裕之，世称遗山先生，太原秀容（今山西忻州）人，金代著名文学家，他在为赵秉文所撰《闲闲公墓铭》中说：

　　孤子似以好问公门下士，来速铭。因考公平生，而窃有所叹

---

① 〔元〕脱脱纂：《宋史》，中华书局，1977 年，第 10396 页。
② 〔元〕脱脱纂：《宋史》，中华书局，1977 年，第 12997 页。

焉。道之传，可一人而足；所以弘之，则非一人之功也。唐昌黎公、宋欧阳公身为大儒，系道之废兴，亦有皇甫、张、曾、苏诸人辅翼之。①

在上文中元好问认为，欧阳修身为大儒，系道之废兴，而曾巩等人则为其羽翼，肯定了曾巩作为北宋诗文革新运动骨干的地位。

金代另一位著名文学家王若虚（1174—1243），其在《文辨》中对曾巩有过批评：

杜牧之《阿房宫赋》云："长桥卧波，未云何龙；复道行空，不霁何虹。"或以霁为云字之误，其说几是。然亦于理未惬。岂望桥时常晴，而观复道必阴晦耶？"鼎铛玉石，金瑰朱砾"，曾子固以为瑰当作块，言视金珠如土块瓦砾耳。然则"鼎铛玉石"亦谓视鼎如铛，视玉如石矣。无乃太艰诡而不成语乎？②

这里，王若虚对曾巩将"瑰当作块"持批评态度，认为这样理解太艰诡且不成语。而在另一处，他则又为曾巩进行回护：

张伯玉以《六经阁记》折困曾子固，而卒自为之曰：六经阁者，诸子百氏皆在焉，不书尊经也。士大夫以为美谈。予尝于《文鉴》见其全篇，冗长汗漫，无甚可嘉，不应遽胜子固也。或言子固阴毁伯玉，且当时荐誉者大盛，故伯玉薄之云。③

对于人们所传张伯玉折困曾巩的说法，王若虚不以为然，认为张伯玉之文并无甚可嘉，难以胜过曾巩。

---

① 〔金〕元好问著：《遗山集》卷十七，摛藻堂四库全书荟要本。
② 〔金〕王若虚著：《滹南集》卷三十六，摛藻堂四库全书荟要本。
③ 〔金〕王若虚著：《滹南集》卷三十七，摛藻堂四库全书荟要本。

金代对曾巩的接受仅略述如上，下面我们将主要论述元代曾巩之接受。

元代蒙古族统治中原，享国较短，为论述的方便，我们大致将元代的曾巩接受分为前期和后期两个阶段。前期主要为世祖、成宗、武宗、仁宗、英宗、泰定帝、天顺帝、文宗、明宗、宁宗数朝，即从1279年至1332年；后期主要为惠宗朝，即从1333年至1368年。

第一节　元前期曾巩的接受

元前期，虽然由宋入元政权发生了更迭，但总体上看，当时人们对曾巩的接受大多仍是南宋末的延续。

作为元初著名的文学家和诗论家，方回对曾巩的接受具有一定的影响力。方回（1227—1305），字万里，徽州歙县（今安徽歙县）人，著名诗论家。首先，他在《跋江石卿诗文》中云：

> 石卿得一文稿，他人千言，敛以数语，十步而近，折旋二三，能简又能委曲，一奇也；《古瓢诗九》，如"西风野如赭，见者辄吐舌"，如"太傅数日别，刘公一纸书"，如"读书三年艾，逢世四角轮"，及《再和全归》十绝，皆气劲律严，又一奇也；忧时而不怨，伤己而不戚，俯首默默，若无所有，又一奇也。负此三奇，犹欲求砭药于予，岂知道有取于老焉？非欤！予它年作文冗，卒以曾南丰为归；作诗浮，晚独喜陶渊明；至陈后山兼有二长，乃取此三君子集，行住坐卧自不随，终不近之也。其为学之根源，即自吾乡晦庵先生，溯至于仲尼夫子而止。予六十二，石卿年三十八，相与疾鞭此途可也。第予之日迫暮矣，石卿勉之。

至元戊子八月中秋日书。①

在跋文中，方回提及自己当年因为作文繁冗，曾学习曾巩之文，并"以曾南丰为归"，肯定了曾巩对自己的影响。

在《赠邵山甫学说》一文中，方回还从本于经的角度认为"惟昌黎韩子、欧阳子、南丰曾子之学，一出于经"，其云：

> 学所以尽夫固有之性也。尽性在穷理，穷理在致知，致知之要莫切于读书……文自先秦、西汉而后始有韩昌黎，次则柳子厚，又其后有欧、曾、苏。诗自《离骚》降为苏、李，而建安四子，晋宋间至唐，参以律体，其极致莫如杜少陵。若陈子昂、李太白、韦、柳皆其尤。宋则欧、梅、黄、陈，过江则吕居仁、陈去非，至乾淳犹有数人……又有一说，学所以必本于经者，盖以佛老之说乱天下之能言者久矣。濂洛之绪既明，杨墨之波已涸，能言之士惟昌黎韩子、欧阳子、南丰曾子之学，一出于经。余不无瑰异之资，魅杰之彦，迷竺党聘，没溺鬼道，混深衣、田衣、羽衣而为一，亦宜引而避之。然则其惟朱文公所学为不可及乎？孟子而后，惟兹一人。而其余事文与诗，凡翰墨一句一字，无不造深诣极，今之学者舍是不以为准，而驰卑骛近，不亦徒劳矣乎。②

这样，方回不仅肯定曾巩之文的成就，而且认识到曾巩之文乃"一出于经"，并把他与韩愈、欧阳修相提并论，可见其地位。

王恽（1227—1304），字仲谋，号秋涧，卫州汲县（今河南卫辉）人。他曾与曾巩裔孙曾冲子同事，并于闽清汤池有题留，其《闽清汤池留题》云：

---

① 〔元〕方回著：《桐江集》卷四，清嘉庆宛委别藏本。
② 〔元〕方回著：《桐江续集》卷三十，清文渊阁四库全书本。

潦倒嗟吾耄，淹留近虽终。客星回海上，桂棹发闽中。远宦
无遗累，归帆得顺风。汤池看藓刻，往返似南丰。①

在乌石山巅，当看到刻有南丰记文的碑刻时，他又作《暇日登道山亭
怀古》云：

闽会东南控岭溪，斗牛无孛岁无饥。文风兴盛犹唐馆，霸气
沉雄入剑池。海近重城朝日蚤，山蟠平野暮江迟。危亭一片瑶镌在，
晤语残阳倚杖时。②

这里，王恽以诗歌创作的方式，完成了自己对曾巩的接受。

牟巘（1227—1311），字献甫，一字献之，世称陵阳先生，井研（今
属四川）人，徙居湖州（今属浙江）。他在《陵阳集原序》中云：

文者，言语之精华也，因吾道以有传。然古者文以道传，后
世道以饰文。古之人有是道，然后托于文以达之，道若斯，文亦
若斯，故其言约以实，是谓文以传道，《易》《诗》《书》《春秋》
《论》《孟》是也。后世不必皆以其道，亦欲为文以自见，道若斯，
文不若斯，故其言支以虚，是谓道以饰文，文士之文是也。然则
终不复古乎？复古有道，道弸乎中，不得已而有言，文斯复古矣。
故周、程、张、朱数君子者出，而《太极图说》《西铭》《易传》
《语类》诸书，不在《中庸》《孟子》下，谁谓文不可复古乎？
亦在实之而已矣。西汉之文，道虽不醇，大略言由事发，犹近古也。
自余随其人品以为重轻，若诸葛孔明、陶元亮、杜子美、陆敬舆、
韩退之、欧阳永叔、苏子瞻、曾子固数子者，其忠义直谅，磊磊

① 〔元〕王恽著：《秋涧集》卷十三，清文渊阁四库全书本。
② 〔元〕王恽著：《秋涧集》卷二十，清文渊阁四库全书本。

落落，有以自显于世，而其文亦可相为不朽。①

牟巘从"文以道传"的视角论及曾巩诸人之文，认为曾巩诸人之文"可相为不朽"，充分肯定了曾巩在整个古代"文统"中的重要地位。

刘因（1249—1293），字梦吉，号静修，雄州容城（今河北容城）人。他在《叙学》一文中，认为曾巩之文可学：

> 至于宋，其文可学矣。欧阳子之正大，苏明允之老健，王临川之清新，苏子瞻之宏肆，曾子固之开阔，司马温公之笃实。下此而无学矣。学者苟能取诸家之长，贯而一之，以足乎已。而不蹈袭糜束，时出而时晦，以为有用之文，则可以经纬天地，辉光日月也。②

刘因从宋文可学的角度谈起，列举欧阳修、苏洵、王安石、苏轼、曾巩、司马光之文的特点，其中曾巩文为"开阔"，并认为他们这几个人的文是可学的，除此之外，"无学矣"。如果能将诸家之长融会贯通，则可以"经纬天地，辉光日月"。可见，刘因对曾巩在宋代文坛的地位，亦非常肯定。

袁桷（1266—1327），字伯长，号清容居士，鄞县人。他首先从地域的角度论述了曾巩在江西文学史上的地位，他在《曹伯明文集序》中说：

> 江西之文曰欧阳、王、曾，以庆历以来为正宗，举天下师之无异辞。宋金分裂，群然师眉山。公气盛意新，于科举为尤宜。至乾道、淳熙，江西诸贤别为宗派，窃取《国策》、庄周之词杂进，语未毕而更，事遽起而辍，断续钩棘，小者一二言，长者数十言，迎之莫能以窥其涯，而荒唐变幻，虎豹诙而鱼龙杂也。呜呼！三

---

① 〔元〕牟巘著：《陵阳集》卷首，清文渊阁四库全书本。
② 〔元〕刘因著：《静修续集》卷三，清文渊阁四库全书本。

公之文，其思厚以深，其理精以正，凌厉乎诸子。贞元而下，曾勃然不肯自让。后之人惧蹈袭之讥，卒至于滥觞沦骨，而莫能以救，可胜恨哉！①

袁桷在文中简单梳理了宋代江西文学发展的脉络，其中提到的"至乾道、淳熙，江西诸贤别为宗派"尤其值得注意。当时的江西文坛，似乎有像江西诗派一样，建构起一个"江西文派"的意图。但可惜的是，他并未做深入的阐发。但是其所说"欧阳、王、曾"之文，"庆历以来为正宗，举天下师之无异辞"，则充分表明了曾巩在北宋以来文坛上的地位。

在《跋汪龙溪外制草》中，袁桷还说："抑尝考宋世内外制之作，至公而始备。故其剪裁也，有丁、夏之风；其典雅也，备曾、王之体；肆而不野、丽而不侈，则骎骎乎欧、苏矣。"②在此，袁桷提出了汪龙溪之制文有"曾王之体"这一新的概念，对曾巩和王安石的制文进行了充分肯定，并将他们的制文作为一"体"来看待，同时认为他们的制文主要具有"典雅"之风。这对于曾巩及其制文这一文体来说，是具有建设性意义的。

刘诜（1268—1350），字桂翁，庐陵（今江西吉安）人，亦从地域的角度来观照曾巩。他在《答揭曼硕学士》中说：

> 去秋吾吉夏仲炳归，得二月所惠书，甚慰。执事身居崇要，有论思撰述之责，而能念及山林遐远，时赐音问，非观势之时所为也。所论天下德行文学之士，盖自有其人，若仆何得与于其间？或者谓江西为可薄，则实不然。姑以宋三百年而论，二程起河洛，横渠起关中，濂溪、晦翁、南轩起东南，皆为道学宗；三苏出蜀，欧阳出庐陵，王介甫出临川，曾子固出盱江，皆以文学名天下后世。

---

① 〔元〕袁桷著：《清容居士集》卷二十二，清文渊阁四库全书本。
② 〔元〕袁桷著：《清容居士集》卷五十，清文渊阁四库全书本。

盖扶舆清淑之气，周流于天地间，互为丰啬厚薄，安知后有作者
不生于旷古无闻之地乎？且人之习于声，何常之有，岂可以一时
一人遂有轻重高下于其所生之地哉！执事以为何如？执事之文，
皆于日光玉洁之中，而有河倾海倒之势，其鸣于千载必矣，又何
必其不江西也。①

刘诜作为江西人，其文被认为"能继夫欧阳永叔、曾子固"（见夏以
忠为刘诜所撰《行状》），当听到有人"谓江西为可薄"时，即称"实不
然"，并指出欧阳修、王安石和曾巩三位著名文学家均出自江西。由此可
见，曾巩在江西地域文学中是无法绕过的一位著名文学家，正是因为有
了欧阳修、王安石和曾巩等人，江西文学才能在整个宋代文坛占有半壁江
山，并不断鼓舞着后世江西的文人。

程端礼（1271—1345），字敬叔，号畏斋，鄞县人。他在指示人们作文
之法时，特意指出要选看曾巩之文。他在《学作文》中说：

学文之法，读韩文法已见前。既知篇法、章法、句法、字法
之正体矣，然后更看全集（有谢叠山批点）。及选看欧阳公（有
陈同父选者佳）、曾南丰（《类稿》）、王临川三家文体，然后
知展开间架之法。缘此三家，俱是步骤。韩文明畅平实，学之则
文体纯一，庶可望其成一大家数文字。（欧、曾比韩更开阔分明，
运意缜密，易学而耐点检。然其句法则渐不若韩之古。）

欲学古体制、诰、章、表，读《文章正宗·辞命类》及选看
王临川、曾南丰、苏东坡、汪龙溪、周平园、《宏辞总类》等体。
四六章表以王临川、邓润父、曾南丰、苏东坡、汪龙溪、周平园、
陆放翁、刘后村及《宏辞总类》为式。其四六表体，今纵未能尽

---

① 〔元〕刘诜著：《桂隐文集》卷三，清文渊阁四库全书本。

见诸家全集，选钞亦须得旧本《翰苑新书》观之。①

程端礼认为，读欧阳修、曾巩和王安石之文，然后知道"展开间架之法"，并且由于这三家"易学而耐点检"，学之不仅可以步趋韩愈，还有望能成为"一大家数文字"。同时，曾巩的制、诰、章、表及四六章表，亦值得认真学习。总之，在程端礼看来，曾巩应是学文者一个非常重要的学习对象。

马祖常（1279—1338），字伯庸，光州（今河南潢川）人，为色目人。他从文以载道的角度梳理了文学发展的历程，并突出了曾巩在这一历程中的重要作用。其《周刚善文集序》云：

> 六经之文尚矣。先秦古文，虽淳驳庞杂，时庚于圣人，然亦浑噩弗雕，无后世诞诡骩骳不经之辞。司马迁耕牧河山之阳，得中州布帛菽粟之常者而为史，其言雄深。唐韩愈挈其精微，而振发于不羁。嘻！文亦岂易言哉！柳宗元驾其说，忿懥恚怨，失于和平，《淮西》《雅歌》《晋问》诸篇，驰骋出入古今天人之间，蔚乎一代之制，而学士大夫皆宗师之。宋以文名世，欧、王、曾三氏降而下，天下将分裂，道不得全，业文之士咸浇漓浮薄，不足以经世而载道焉。②

在《周刚善文集序》中，作为色目人的马祖常从"文以载道"观念出发，于有宋一代之文学，只标举欧阳修、王安石和曾巩三人，虽不免偏狭，但亦可见其对三人之推崇及曾巩之文的地位。

郑玉（1298—1358），字子美，徽州歙县人。他从"文章为学"的角度，梳理了从古至元代文学发展的历史，并认为曾巩在宋代为"能文"之

---

① 〔元〕程端礼著：《读书分年日程》卷二，清文渊阁四库全书本。
② 〔元〕马祖常著：《石田文集》卷九，清文渊阁四库全书本。

士，肯定了曾巩的文坛地位。对此，郑玉在《胡孟成文集序》中有具体论述：

> 以文章为学，古无是也。《六经》皆文章也，而不以文名。尧、舜、周、孔皆文人也，而不以文圣。故所言皆文章也。春秋、战国之际，文章之名犹未著称。汉之兴，司马子长始以此世其家，然犹托事以纪实，不如是空言也。自是学者闻风而起，项背相望，形立而景随，一唱而百和矣。三国、晋宋以至隋，又无闻焉。唐之盛时，韩昌黎、柳子厚皆以文名惊动一世，而杜少陵之诗，实三百篇后所未曾有。故当时同游之士，至今传世不朽者，至不能以一二数。盖昌黎遂以起八代之衰，文章之作，始滥觞矣。唐亡，天下遂大乱，士气益卑下，诗尚晚唐，文用俳体。宋初欧阳子首表韩文，眉山苏氏接武而起，黄鲁直、陈无己咸以诗声充塞宇宙，人至以少陵伯仲之。一时能文如曾子固、工诗如张文潜，以下而家数等级，粲然森列，可以车载斗量，而不可以名计。然则欧阳氏又以救五代之衰，而文体复振矣。南渡后，典雅如叶水心，豪迈如陈同甫，丰赡如洪平斋，翘杰如江古心，浩瀚如刘漫塘，跌宕如谢叠山，尖丽如方秋崖，此文士之尤也。诗人则有杨诚斋之奇特，陆放翁之雄大，范石湖之整齐，尤遂初之和平。任文章之责者非无其人，而亡国之音作矣。皇元混一，五星聚斗，文运向明，文体为之一变，然起衰救弊如韩、欧公者，卒未见其人焉。于是学者各以其见之所及，力之所能，家自为学，人自为师，以鸣于世，以俟夫后之韩、欧而是正之，如吾友胡君孟成，亦其一也。①

鲁贞（生卒年不详），字起元，号桐山老农，开化桐山（今浙江开化）

---

① 〔元〕郑玉著：《师山遗文》卷一，清文渊阁四库全书本。

人，元统二年（1334）举人，后归隐山村，无意仕途。至正十年（1350），参知政事余阙推荐其出仕，不受。鲁贞曾编选有《古今文典》，其于《古今文典序》中云：

太乙肇判，天地万物之理不能以自明，惟其言能宣之。人惟能言而不知其理，犹不言也。圣人知其理而能言之，而后天地万物之理昭晰于天下，而人文之由始也。伏羲画卦而《易》作，二帝授受而《书》兴，太史观风而《诗》集，夫子正王道而《春秋》成，言出而理明，不饰而自文。所以为天地立心，为生民立命，为万世立天极也。自是而后，理必学而后明，言必饰而后文，盖有圣人开之于前也。若曾子、子思、孟子能饰其言以明其理，亚夫经者也。自是而变，于是乎有若左氏之雍容，庄生之飘逸，战国之明辨，贾谊之雄伟，太史公之质实，皆能饰其言者。言能明其道，而古文亡矣，是虽未足以明理，而能达其所言之意者也。变若东汉，若三国，若六朝，文不能饰其言，言不能明其道，而古文亡矣。至唐韩愈氏出，文能饰其言，言能明其理。宋欧阳子和之，而后大行，复还前人之盛。然恨其明理者少，而达意者多也。若柳子厚，若二苏，若曾子固，皆致饰其言以为文，而违其意，所能言者，明理虽未而文足以继乎前人。予暇日，自"五经"而下，取凡作者，编为《古今文典》。谓之古文者，非谓上古也，以其奇辞异体，人所不能道，如天球河图，而不可数见者也。自慎到止怪石供，凡若干篇，为《古文典》。谓之今文者，非谓今日也，以其叙事论理，人所不能无者也，如盆盂衣服，人资以用，而不可缺者也。自绝秦王止曾子固，凡若干篇，为《今文典》。典，故法也，欲学者以为法也，甚矣文之难也。自孟子以下至于今日二千余年间，号为能者，止此十许人耳，是二百余年而得一人也……或曰：作者众矣，今日止此十许人者，若过矣。然文不足以饰其言，言不能以达其意，上不能以承乎古，下不能以垂于后，非吾之所谓文，故不取也。[①]

《古今文典》今已不传，其具体情况已难以知晓。但从《古今文典序》中可知，《古今文典》只选了"十许人"之文，且《今文典》中选文"自绝秦王，止曾子固"，曾巩便是这"十许人"中的一位，可见该书只选到曾巩为止。另外，鲁贞编选《古今文典》的目的，就是"欲学者以为法"，即让所选之文成为人们效法的榜样。

值得一提的是，在这一时期，江西人刘埙、吴澄、虞集在曾巩的接受上发挥了积极而且非常重要的作用，极大地推动了曾巩的接受，扩大了曾巩的影响力。这三人对曾巩的接受情况，将在下文列专节论述，此不赘述。

第二节　元后期曾巩的接受

在元代后期，曾巩的接受虽不如前期那样活跃，但亦有值得关注之处。比如至正十年（1350），余阙在为柳贯所作《待制集原序》中，就从文学发展的角度论及了曾巩：

以其世考之，成周之文，唐虞以降之所未有也，至孔子之时，乃大敝矣。周公，圣人也，曷不为是勿敝之道，以贻其子孙，以传之天下后世，使之守而无变哉？盖物久而敝，理也。理之必至，圣人亦未如之何也。孔子之作《春秋》，或者以为绌周之文、崇商之质，夫岂尽然？以其告颜子四代之制，与夫后进礼乐者观之，则其所损益者可知也。由周而来，亦可概见。汉之盛也，则有董子、贾傅、

---

① 〔元〕鲁贞著：《桐山老农集》卷二，清文渊阁四库全书本。

太史公之文。东都而下，则敝而不足观也。唐之盛也，则有文中子、韩子之文，中叶而下，则敝而不足观也。宋之盛也，则有周子、二程子、张子、欧、曾之文。南迁而下，则敝而不足观也。[①]

余阙（1303—1358），字廷心，一字天心，庐州（今安徽合肥）人。余阙在文中认为，文学的发展有盛有衰，即"久则敝，敝则革，革则章"，而曾巩与周敦颐、二程、张载、欧阳修一道，则是宋文之盛的代表性人物。这里，余阙也充分肯定了曾巩在宋代文坛上的地位。

赵汸（1319—1369），字子常，休宁（今属安徽）人。赵汸为虞集门生，两人曾就"江右六君子"有过问答，其中论及曾巩。《对问江右六君子策》中云：

> 问：……南丰曾子固当濂洛未兴之先，孝友之行，经学之懿，帝王之制，其见于文者，无愧于方来也……夫治道必本于学术，环数千里之间，必有同志之士，得乡先生之微者，幸相与讲明之。

> 对：大江之西，环地数千里，名公巨儒相望而起者，众矣。执事发策承学，乃独以徐孺子、陶元亮、欧阳公、曾子固、刘原父及象山先生六君子为问……子固出于其门，文章经术庶几公之为盛，而义理之渊微，典故之宏博，又有以发公之所未发者焉。[②]

在文中，虞集所发之问中涉及曾巩"当濂洛未兴之先"，意谓曾巩乃启宋代道学之先。赵汸在对语中称，曾巩虽出于欧阳修之门，其文章经术"庶几公之为盛"，但曾巩在"义理之渊微"及"典故之宏博"两方面，是发欧阳修所未发的，也是欧阳修所不及的。这样，赵汸不仅揭示了曾巩之文的特点，而且还充分肯定了曾巩在义理上的贡献。

---

① 〔元〕柳贯著：《待制集》卷一，清文渊阁四库全书本。
② 〔元〕赵汸著：《东山存稿》卷二，清文渊阁四库全书本。

赵汸在为宋濂所作《潜溪后集序》中，亦认为曾巩之文本诸经，乃"考诸经以立言"：

> 修辞以为文，非古也，其起于汉之西京乎？太史公传司马相如、吾丘寿王、东方朔、枚皋、王褒之属，以善属文见知人主，然皆不得列于儒林。而孔子弟子别为传，谓修辞而文不本于经，盖昉于此。至唐韩子，宋欧阳公、曾子固，相继而出，始考诸经以立言，其器识之大，学问之博，志节之固，又足振而兴之，文辞之用，于是为贵。[①]

在《潜溪后集序》中，当赵汸论及唐宋代文学时，仅标举出韩愈、欧阳修和曾巩三人作为代表，这极大地抬升了曾巩在文学史上的地位。

而元末的杨维桢则似乎对曾巩评价并不高，其在《王希赐文集再序》中云：

> 我朝文章，肇变为刘、杨，再变为姚、元，三变为虞、欧、揭、宋，而后文为全盛。以气运言，则全盛之时也。盛极则亦衰之始，自天历来，文章渐趋委靡，不失于搜猎破碎，则沦于剽盗灭裂，能卓然自信，不流于俗者几希矣。吾尝以近代律今之文，仅得与曾巩、苏辙、王安石、李清臣、陈无己之流相追逐，相亡而中衰也。已不得步武于陆游、刘克庄、三洪，矧叶适、陈傅良、戴溪乎？[②]

杨维桢（1296—1370），字廉夫，号铁崖，会稽（今浙江诸暨）人。在序言中，杨维桢将元代天历以来"文章渐趋委靡"的文坛现象，"以近代律今之文"，则仅与曾巩等人"相追逐"，并认为这一现象是"相亡而中衰"。而从"已不得步武于陆游、刘克庄、三洪，矧叶适、陈傅良、戴溪

---

① 〔元〕赵汸著：《东山存稿》卷五，清文渊阁四库全书本。
② 〔元〕杨维桢著：《东维子集》卷六，清文渊阁四库全书本。

乎"来看，杨维桢认为曾巩等人之文不如陆游、刘克庄和三洪，更别说与叶适、陈傅良和戴溪相比。与欧阳修、苏轼等相比，差距更远。由此可见，杨维桢对曾巩的文学地位评价不高，有贬低之嫌。

第三节　刘埙、吴澄、虞集对曾巩的接受

在元代曾巩的接受中，刘埙、吴澄、虞集三位江西人发挥了重要的作用。刘埙、吴澄、虞集三人在元代文坛上具有较大的影响力，他们对曾巩的接受态度，往往会对当时的文坛产生较大的影响。下面，我们来看他们对曾巩接受的具体情形。

一、刘埙对曾巩的接受

刘埙（1240—1319），字起潜，号水云村人，建昌军南丰人。作为曾巩的老乡，刘埙在《水云村吟稿》和《隐居通议》中对曾巩及曾巩之文非常推崇且多有评价，推动了曾巩在元代的接受，在元代曾巩接受中发挥着重要作用。如在《古人自少力学》中，他说：

> 一日，几间见南丰先生文，阅视其《上欧阳公书》，乃庆历元年也，时年二十三耳……观先生之志如此，是其少年所学，超卓不凡，非若新学小生，惟务词章而已。且是时濂洛未兴，而先生之学专向圣域，何可得哉！①

在《合周程欧苏之裂》中又云：

> 永嘉有言："洛学起而文字蕴。"此语当有为而发。闻之云

---

① 〔元〕刘埙著：《隐居通议》卷一之《理学一》，清文渊阁四库全书本。

卧吴先生曰："近时水心一家欲合周、程、欧、苏之裂。"又言："先儒谓欧文粹如金玉，又以为有造化在其胸中，而未有以道视之者。《答吴充秀才》一书，则其知道可见矣。南丰说理则精于其师，如曰及其心有所得而下二三百言，非所诣之至何以发明透彻！东坡雄伟，固所不逮，伊洛微言，或未有过也。"予详此言，似谓欧、曾可以合周、程，而苏自成一家，未知然否？反复绅绎，虽以道许六一，以说理许南丰，终是未曾深入阃域，而千载唯以文章许二公也。①

综合以上二文看，刘埙所说的"是时濂洛未兴，而先生之学专向圣域"，以及"欧、曾可以合周、程"，且"以理许南丰"，这些都暗示着曾巩已开理学之先。对于曾巩之开理学之先，刘埙在《南丰先生学问》中进一步加以了论述：

濂洛诸儒未出之先，杨、刘昆体固不足道，欧、苏一变文始趋古，其论君道、国政、民情、兵略无不造妙，然以理学或未之及也。当是时，独南丰先生曾文定公，议论文章根据性理。论治道则必本于正心诚意，论礼乐则必本于性情，论学必主于务内，论制度必本之先王之法。其初见欧阳公之书，有曰："明圣人之心于百世之上，明圣人之心于百世之下。"又曰："趋理不避荣辱利害。"其卓然绝识，超轶时贤。先儒言欧公之文，纡余曲折，说尽事情。南丰继之，加以谨严，字字有法度。此朱文公评文专以南丰为法者。盖以于其周、程之先，首明理学也。然世俗知之者盖寡，亡他，公之文自经出，深醇雅澹，故非静心探玩，不得其味，而予特嗜之，其《元丰类稿》则览之熟矣。近得《续稿》四十卷，细观其间，

---

① 〔元〕刘埙著：《隐居通议》卷二之《理学二》，清文渊阁四库全书本。

或多少作，不能如《类稿》之粹。岂公所自择，或学者诠次，如《庄子》内外篇，《山谷》内外集之分欤？其间如《过客论》则仿《两都赋》，如《诏弟诰》则仿《客难》《僮约》《进学解》，如《襄阳》《救灾记》则仿《段太尉逸事》。文公谓其多摹拟古作，盖此之类。又有《释疑》一篇，亦仿西汉文字。前辈谓此乃公少年慕学，借此以衍习其文耳。观后《听琴序》《题赵充国传》《题魏郑公传》诸篇，皆其妙者，盖不可及也。其《上李连州书》，十五岁所作。前集《秃秃记》，二十五岁所作。[1]

从上文看，刘埙对曾巩及曾巩之文非常热爱，用他自己的话说是"特嗜之"，"览之熟"。正是在此基础上，刘埙对曾巩之"学问"进行了深入的探讨。刘埙认为，在"濂洛诸儒未出之先"，"西昆体"中的杨亿、刘筠以及北宋古文运动中的欧阳修、苏轼等人，他们的文学创作中均未涉及"理学"，只有曾巩"议论文章根据性理"。具体来讲，就是：论治道则必本于正心诚意，论礼乐则必本于性情，论学必主于务内，论制度必本之先王之法。因之，刘埙明确提出曾巩"于其周、程之先，首明理学也"，即曾巩在周敦颐与二程之前，已首明理学，开理学之先。对于曾巩开理学之先，虽然宋儒已有所论及，但都没有刘埙论述的如此详细、深入。

刘埙还从地域文学的角度论及曾巩，他在《半山总评》中说：

我宋盛时，首以文章著者杨亿、刘筠，学者宗之，号"杨刘体"，然其承袭晚唐五代之染习，以雕镂偶俪为工，又号曰"西昆体"。欧阳公恶之，嘉祐中知贡举，思革宿弊，故文涉浮靡者一皆黜落，独取深醇浑厚之作，一时士论虽哗而文体自是一变，渐复古雅。南丰曾文定公、临川王荆公皆欧公门下士也，继出而羽翼之，天

---

① 〔元〕刘埙著：《隐居通议》卷十四之《文章二》，清文渊阁四库全书本。

下更号曰"江西体"，论遂以定，一时宋文遂与三代同风。同时刘原父亦善为古文，其作《礼记补亡》，俨然迫真也，他作比曾、王二公则不及。因读《荆公集》，爱其数篇抑扬有味，简古而蔚，虑或亡失，因录之。①

刘埙认为，在宋代文学发展过程中，欧阳修、曾巩和王安石他们以其突出的文学贡献，在当时形成了一股"江西体"文风。如果说过去人们只是论及他们在江西地域文学中的贡献的话，那么这里刘埙提出"江西体"这一概念，则是希望像江西诗派一样，树立起"江西文派"这样一个文学流派来。前面袁桷所说"至乾道、淳熙，江西诸贤别为宗派"，似乎亦有此意，具有开启之功。而刘埙所倡导的"江西体"，则又往前推进了一步。不过令人惋惜的是，尽管有多人试图建构"江西文派"，但其与"江西诗派"不同，最终并未形成一个真正在文学史上产生影响的文学流派。这其中的原因，值得我们进一步去探索。

对于曾巩之文的渊源，刘埙认为"实宗西汉"，其于《曾文宗西汉》云：

南丰先生曾文定公，为文章实宗西汉，故王舍人震序其文曰："自负要似刘向，不知韩愈为何如。"然予以刘向所作《战国策序》与先生之序并观，则胜于向。盖向之序文冗赘，而先生之文谨严。如曰："论诈之便而讳其败，言战之善而蔽其患。其相率而为之者，莫不有利焉，而不胜其害也；有得焉，而不胜其失也。卒至苏秦、商鞅、孙膑、吴起、李斯之徒，以亡其身；而诸侯及秦用之，亦灭其国。"此等笔力，刘不及也。②

---

① 〔元〕刘埙著：《隐居通议》卷十三之《文章一》，清文渊阁四库全书本。
② 〔元〕刘埙著：《隐居通议》卷十四之《文章二》，清文渊阁四库全书本。

虽说曾巩之文章"实宗西汉"，且"自负要似刘向"，但在刘埙看来，曾巩之文乃胜于刘向。他以《战国策序》为例，认为刘向之文"冗赘"，而曾巩之文"谨严"，在笔力上刘向也不及曾巩。

又说其文"源流经术"，如评《秃秃记》云：

> 公之文源流经术，议论正大，然《秃秃记》则实自《史》《汉》中来也。此记笔力高妙，文有法度，而世之知者盖鲜，予独喜之不厌。昔尝交蜀中士大夫，其论与予合。一日，与范忠文家子弟评文，诵此记甚习，且云蜀文士多诵之。余因叹西州之士犹能知曾文之所以妙，而生南丰之乡者口耳乃未尝及，可不愧邪。读书无眼目，何名为士。①

在上文中，刘埙不仅指出曾巩之文"源流经术"，而且指出其《秃秃记》实际上是从司马迁《史记》与班固《汉书》中来。这在揭示曾巩之文"源流经术"之外，同时也认为其文渊源于两汉。对《秃秃记》，曾巩在《贺承旨程内翰书》中亦认为该文不愧于司马迁和班固，即"南丰公《秃秃记》何愧迁、固"（《水云村稿》卷十一）。同时，从"蜀文士多诵"曾巩《秃秃记》来看，曾巩之文当时在蜀地亦有较大的影响。

而对于曾巩之文，刘埙认为其最大的一个特点就是出于"自然"，这与经文"所以不可及者"相同，亦间接指出了曾巩之文源于"经"。他在《经文妙出自然》中云：

> 经文所以不可及者，以其妙出自然，不由作为也。左氏已有作为处，太史公文字多自然，班氏多作为。韩有自然处，而作为处亦多。柳则纯乎作为。欧、曾俱出自然，东坡亦出自然，老苏则皆作为也。荆公有自然处，颇似曾文，惟诗也亦然。故虽古作

---

① 〔元〕刘埙著：《隐居通议》卷十四之《文章二》，清文渊阁四库全书本。

者俱不免作为。①

刘埙认为，经文之所以不可及，是因为其出于自然。许多著名作家虽有自然之作，但亦存在"作为"之处。而欧阳修、曾巩和苏轼之文则俱出于自然，因此他们的文章与经最为接近。刘埙的这一观点较为新奇，欧阳修与曾巩之文近于经，这比较容易理解；而苏轼之文与经相近，则有点令人费解。

刘埙对曾巩之推崇，还表现在他将曾巩列为"宋文宗"四家之一。其《龙川宗欧文》云：

> 龙川先生陈公亮，喜欧阳文，其所作有绝似处。尝选欧文一百三十篇，命曰《欧阳文粹》……欧、曾、王、苏四家，为宋文宗，然皆未尝用怪文奇字，刻琢取新，而趣味深沉，自不可及。若欧则尤纯粹，宜其为一代之宗工，群公之师范也。②

文学史上一般将欧阳修称为一代"文宗"，刘埙这里将欧阳修、曾巩、王安石和苏轼四家称为"宋文宗"，有哄抬曾巩、王安石和苏轼之嫌。当然，刘埙也还是认为欧阳修尤为纯粹，宜为"一代之宗工"，乃"群公之师范"，肯定欧阳修的"宗工"地位。

对于曾巩的某些文体创作，刘埙亦有相关评价。他在《骈俪·总论》中就说：

> 宋初承唐习，文多俪偶，谓之昆体。至欧阳公出，以韩为宗，力振古学，曾南丰、王荆公从而和之，三苏父子又以古文振于西州，旧格遂变，风动景随，海内皆归焉。然朝廷制诰、缙绅表启，犹不免作对，虽欧、曾、王、苏数大儒，皆奋然为之，终宋之世

---

① 〔元〕刘埙著：《隐居通议》卷十八之《文章六》，清文渊阁四库全书本。
② 〔元〕刘埙著：《隐居通议》卷十五之《文章三》，清文渊阁四库全书本。

不废,谓之四六,又谓之敏博之学,又谓之应用……大则培植声望,
为他年翰苑词掖之储;小则可以结知当路,受荐举,虽宰执亦或
以是取人,盖当时为一重事焉。[①]

曾巩虽以古文擅名,但其对于制诰、表启等骈俪之文也“奋然为之”,
因为这些“四六”之文对于出入仕途将大有帮助。也正因如此,曾巩的制
诰之文还是比较有特色,被王震夸为大手笔。

刘埙对曾巩的铭笔之文评价也很高,其于《答谌桂舟论铭文书》云:

近世铭笔,推永嘉叶氏为宗。某少之时,因诸公宗尚,尝熟复焉。
十数年来,深味其文,乃有不大惬于予心者,往往崇华藻而乏高古,
不免止是近世文章尔。若夫独步千古,方驾班马,则愚谓止当推
昌黎一老,而继之以南丰先生而已。尊见以为如何?[②]

刘埙认为,铭笔之文当推韩愈为第一,称其乃“独步千古,方驾班
马”,而能继韩愈之后的,只有曾巩一人而已。可见刘埙对曾巩铭笔之文
推崇甚高。

由以上论述可见,刘埙不仅学曾巩,喜爱曾巩,而且对曾巩的推扬亦
不遗余力。并且,他还提出了“江西体”,“宋文宗”四家等一些曾巩接受
中比较重要的概念。

二、吴澄对曾巩的接受

吴澄（1249—1333）,字幼清,学者称草庐先生,抚州崇仁（今江西
崇仁）人,为元代前期著名的大儒,与许衡齐名,并称“北许南吴”。

在为王安石所作《临川王文公集序》中,吴澄提出了“唐宋七家”或

---

① 〔元〕刘埙著:《隐居通议》卷二十一之《骈俪一》,清文渊阁四库全书本。
② 〔元〕刘埙著:《水云村稿》卷十一《书翰》之《内幅》,清文渊阁四库全书本。

"唐宋七子"的概念，并将曾巩列为七家之一：

> 唐之文能变八代之弊，追先汉之踪者，昌黎韩氏而已，河东柳氏亚之。宋文人视唐为盛，唯庐陵欧阳氏、眉山二苏氏、南丰曾氏、临川王氏五家与唐二子相伯仲。夫自汉东都以逮于今，骎骎八百余年，而合唐、宋之文可称者仅七人焉，则文之一事，诚难矣哉！ ①

这里，吴澄提到了一个唐宋七家的概念，即韩愈、柳宗元、欧阳修、苏轼、曾巩、王安石及苏洵，已基本具备"唐宋八大家"的雏形。对此，他在《刘尚友文集序》《题何太虚近稿后》及《别赵子昂序并诗》中，也都表达了相似的观点。其《刘尚友文集序》云：

> 西汉之文几三代，品其高下，贾太傅、司马太史第一。汉文历八代浸敝，而唐之二子兴。唐文历五代复敝，而宋之五子出。文人称欧、苏，盖举先后二人言尔。欧而下，苏而上，老苏、曾、王未易偏有所取舍也。如道统之传，称孔孟，而颜、曾、子思固在其中，岂三子不足以绍孔而劣于孟哉？叙古文之统，其必曰唐韩、柳二子，宋欧阳、苏、曾、王、苏五子也。 ②

序中认为，从"古文之统"来看的话，则唐宋之文统必讲韩愈、柳宗元、欧阳修、苏洵、曾巩、王安石和苏轼这七家。

吴澄于《题何太虚近稿后》亦云：

> 东汉以来，气弱体卑，无复有善作者，至于今殆千余年。唐宋盛时，号为追踪先汉，而仅见韩、柳、欧阳、曾、王、二苏七人焉。 ③

---

① 〔元〕吴澄著：《吴文正集》卷二十，清文渊阁四库全书本。
② 〔元〕吴澄著：《吴文正集》卷二十，清文渊阁四库全书本。
③ 〔元〕吴澄著：《吴文正集》卷五十八，清文渊阁四库全书本。

在《别赵子昂序并诗》中，吴澄又说：

> 西汉之文最近古，历八代浸敝，得唐韩、柳氏而古。至五代复敝，得宋欧阳氏而古。嗣欧而兴，惟王、曾、二苏焉。卓卓之七子者，于圣贤之道，未知其何如，然皆不为气所变化者也……夫七子之为文也，为一世之人所不为，亦一世之人所不好。志乎古，遗乎今，自韩以下皆如是。①

上文中，吴澄从文之复古的角度论及"唐宋七子"，认为他们的文章"为一世之人所不为，亦一世之人所不好。志乎古，遗乎今"。

对于曾巩等人的古文，吴澄认为他们都是由"时文转为古文"的。他在《遗安集序》中说：

> 唐、宋二代之文，可与六经并传者。韩文公自幼专攻古学，既长，人劝之举进士，始以策论、诗赋试有司。欧阳文忠公、王丞相、曾舍人、苏学士，皆由时文转为古文者也。②

对曾巩的文学贡献，吴澄在《罗山曾氏族谱序》中称曾巩"祖韩而祢欧阳，其声实殆将与天地日月相终始"（《吴文正集》卷三十二）；于《故延平路儒学教授南丰刘君墓表》亦云"曾子固文章磅礴万古，真可为兹山（军山）配"（《吴文正集》卷七十一）。以上，吴澄将曾巩之文比作天地日月，并与军山相配，可见对曾巩之文推许之高。

吴澄不仅对曾巩之文非常推许，对其见识亦佩服有加。其《答吴宗师书》云：

> 且唐开元以前，孔圣惟有非时之特祀，而无每岁之常祀，如

---

① 〔元〕吴澄著：《吴文正集》卷二十五，清文渊阁四库全书本。
② 〔元〕吴澄著：《吴文正集》卷二十，清文渊阁四库全书本。

今每岁春秋释奠，可谓尊崇孔道之至，而南丰曾氏独以为非礼，非其见识超卓，何以敢如是立言？①

另外，吴澄对曾巩在地域文学和地方文化中的影响与作用，亦有所论及。其《黄成性诗序》云：

> 余戊寅岁初客盱，其后或中岁一至，或数岁不一至。盱之俗，盱之人，不悉闻悉见，大略可知也。黄成性，金溪人，而游处多在盱。盱、金溪接壤，土气颇相类，诗文往往奇倔峭厉，直讲先生其表表者。南丰和粹昭晰，盖涵茹于经而然，然稽其立己行事，不减泰伯。以吾陆子有得于道，亦且壁立万仞，非土风然与？乙巳春，于程氏馆读成性诗一二，已瞿然惊。自吾客盱以来，未尝有也。读竟，率称是夫生长山间林下，师友不出乎一家之闻见，上无所承，下无所丽，而挺然拔起如此。器固直讲器也，泽之以南丰之经，原之以金溪之道，磨砻浸润，光莹透彻，渣滓尽而冲莫存。德人之言如玉，才人之言如金，逸士高流如水晶云母，心声所发，自然而然。②

序中谈到盱江、金溪"土气颇相类"，相似的地理环境，致使两地"诗文往往奇倔峭厉"。李觏、曾巩等均受此地理环境之影响，只不过曾巩"涵茹于经"而其文"和粹昭晰"。当然，反过来曾巩亦会影响到本地文人的创作，如黄成性便"泽之以南丰之经"，故其文学创作能够"渣滓尽而冲莫存"。

在《乐安重修县学记》中，吴澄亦希望乐安士人能像县尉谢公所期望的那样，以曾巩等乡贤自期，"以诣圣门"：

---

① 〔元〕吴澄著：《吴文正集》卷十一，清文渊阁四库全书本。
② 〔元〕吴澄著：《吴文正集》卷十六，清文渊阁四库全书本。

乐安建学之始，摄尉谢公首为之《记》。其所期于乐安之士者甚厚：期之以临川之王，期之以南丰之曾，期之以庐陵之欧阳，清江、豫章之刘若黄，而犹未已也。将藉之以问津，以诣圣门，以归于仁义道德，不欲令人有愧于古。士之自期，其可不如公之所期者乎？①

吴澄在《宜黄县学记》中，亦希望宜黄之士能像曾巩《宜黄县学记》所说的那样，其所学能"合乎程，接乎孟以上，达乎孔氏"：

所以学，如之何？如南丰先生之《记》之所云是已。呜呼！三代而下，正学湮没，士各以其质之所近、意之所便为学，学其所学，非三代之士所学者也。若南丰先生之《记》，在孟学不传之后，程学未显之前，而其言精详切实，体用兼该，有汉、唐诸儒所不得而闻者。宜黄虽小邑，自昔多良士，继自今，士之为学，人人能如南丰先生之《记》之所云，则合乎程，接乎孟以上，达乎孔氏，不待他求也。②

吴澄对曾巩之《宜黄县学记》给予非常高的评价，认为"其言精详切实，体用兼该，有汉、唐诸儒所不得而闻者"。但他话锋一转，希望宜黄"士之为学，人人能如南丰先生之《记》之所云"。由此可见，曾巩及其《宜黄县学记》对宜黄县为学之士具有很强的影响力。也可见文学对地方文化的建构，具有重要作用。

从以上来看，在对曾巩的接受中，吴澄最为重要的贡献就是提出了"唐宋七家"或"唐宋七子"之说，为"唐宋八大家"在明代的最终形成，起了铺垫作用。

---

① 〔元〕吴澄著：《吴文正集》卷三十六，清文渊阁四库全书本。
② 〔元〕吴澄著：《吴文正集》卷三十六，清文渊阁四库全书本。

三、虞集对曾巩的接受

虞集（1272—1348），字伯生，号道园，南宋左丞相虞允文五世孙，为"元儒四家"之一。

首先，虞集对于曾巩的文学地位，认为曾巩与欧阳修、王安石及苏轼一道，"度越前代"。其《送墨庄刘叔熙远游序》就说：

> 叔熙又及予门，以自清江至金溪族谱，及侍读以来所与欧阳公、王荆公、眉山苏公昆弟、南丰曾子固诸家之书，与刘氏相关者，及并静春与诸子所往复，备录为凡三巨编。受言诵之，慨思古人之不可复见也。予早辞亲游京师，馆授以为业，每惧夫于道未有闻也。至于古今记载、名物制度之类，又皆空疏不足以酬应。观于昔者斯文之盛，有欧、王、苏、曾度越前代。而侍读公兄弟父子，博学洽闻，森然参著于其间，声望略等，何其盛哉！①

另外，虞集在对宋代文学发展脉络梳理的过程中，亦肯定了曾巩在宋代文坛上的突出地位。他为庐陵人刘诜所作《桂隐文集原序》中云：

> 昔者庐陵欧阳公秉粹美之质，生熙洽之朝，涵淳茹和，作为文章，上接孟、韩，发挥一代之盛；英华醲郁，前后千百年人，与世相期，未有如此者也。苏子瞻以不世之才起于西蜀，英迈雄伟，亦前世之所未有。南丰曾子固博考经传，知道修己，伊洛之学未显于世，而道说古今，反复世变，不失其正，亦孰能及之哉！然苏氏之于欧公也，则曰："我老归休，付子斯文，虽无以报，不辱其门。"子固之言曰："今未知公之难遇也，后千百世思欲见公而不可得，然后知公之难遇也。"然则二君子之所以心悦诚

---

① 〔元〕虞集著：《道园学古录》卷三十二，清文渊阁四库全书本。

服于公者，返而观其所存。至于欧公，则暗然而无迹，渊然而有容，挹之而无尽者乎！三公之迹熄，而宋亦南渡矣。乾、淳之间，东南之文相望而起者，何啻十数，若益公之温雅，近出于庐陵。永嘉诸贤，若季宣之奇博，而有得于经；正则之明丽，而不失其正，彼功利之说，驰骋纵横其间者，其锋亦未易婴也。文运随时而中兴，概可见焉。然余窃观之，朱子继先圣之绝学，成诸儒之遗言，固不以一艺而成名，而义精理明，德盛仁熟，出诸其口者，无所择而无不当。本治而末修，领挈而裔委，所谓立德立言者，其此之谓乎。学者出乎其后，知所从事而有得焉，则苏、曾二子望欧公而不可见者，岂不安然有拱足之地，超然有造极之时乎？而宋之末年，说理者鄙薄文辞之丧志，而经学、文艺判为专门。士风颓弊于科举之业，岂无豪杰之出，其能不浸淫汩没于其间，而驰骋凌厉以自表者，已为难得，而宋遂亡矣。中州隔绝，困于戎马，会声气习，多有得于苏氏之遗，其为文亦曼衍而浩博矣。①

序文中，虞集说曾巩能"博考经传，知道修己"，并且在伊洛之学未显之前，"道说古今，反复世变，而不失其正"，认为曾巩之"正"，在当时无人能及。

除文学之外，虞集对曾巩的儒学地位亦非常肯定，认为其"赫然为时儒宗"。对此，他于《南丰曾氏新建文定公祠堂记》中说：

> 子固之学，在孟子既没千五百年之后，求圣贤之遗言、帝王之成法于六经之中，沛然而有余，渊然而莫测，赫然为时儒宗。其文章深追古作，而君子犹以特公之一事云耳。②

---

① 〔元〕虞集著：《道园学古录》卷三十三，清文渊阁四库全书本。
② 〔元〕虞集著：《道园学古录》卷三十五，清文渊阁四库全书本。

记文中，虞集认为曾巩与孟子和六经乃一脉相承，其学"沛然而有余，渊然而莫测"，堪为当时之"儒宗"。对于曾巩之儒学，宋人大多称其于理学未显之时，开理学之先，将其称为"儒宗"，除宋代沈辽之"江左老儒宗"外，还比较少。虞集称曾巩在"孟子既没千五百年之后"，"赫然为时儒宗"，一方面可见其对曾巩儒学地位的认可，另一方面似乎亦有抬高之嫌。因为后世将曾巩目为"儒宗"的，并不多见。

对于曾巩在江西地域文学中的地位与影响，虞集在《南昌刘应文文稿叙》中说：

> 江西之境，其山奇秀而水清泻，委折演注至于南昌，则山益壮，水益大。故生人禀是气者多能文章，而其为文，又能脱略其鄙朴之质，振作其委靡之体。故言文者，未有先于江西。然习俗之弊，其上者常以怪诡险涩、断绝起顿、挥霍闪避为能事，以窃取庄子、释氏绪余，造语至不可解为绝妙；其次者泛取耳闻、经、史、子、传，下逮小说，无问类不类，剿剿近似而杂举之，以多为博，而蔓延草积，如醉梦人，听之终日，不能了了；而下者，乃突兀其首尾，轻重其情状，若俳优谐谑，立此应彼，以文为事。呜呼！此何为者哉！大抵其人于学无所闻，于德无所蓄，假以文其寡陋。而从之者亦乐其易能。无怪其祸之至此，不可收拾也。呜呼！为文章者，未暇纵论古今天下也，即江西论之：欧阳文忠公、王文公、曾南丰，非其人乎？执笔之君子，亦尝取其书而读之，凡己之所为，合于此三君子否也？苟不合，则己之谬可知。已而曾不出此，何也？盖三君子之文，非徒然也，非止发于天资而巳也。其通今博古，养德制行，所从来者远矣……余侨居江西二十年矣，是亦江西之人，于江西得无情乎？矧吾友人之子，余安得不以忧吾江

西之文敝者而告之应文，愿应文之勉之也。①

　　虞集首先对江西之地理及其对文学的影响进行了论述。其对江西之文颇为自豪，认为"言文者未有先于江西"。同时，他希望江西士人要多读曾巩等三人之文，要以三人之文为准的，"凡己之所为，合于此三君子否也？苟不合，则己之谬可知"。最后，虞集还对当时江西的文学表达了自己的隐忧，即"余安得不以忧吾江西之文敝"，由此更突显出了欧阳修、王安石、曾巩三人在江西地域文学中的重要地位。

---

① 〔元〕苏天爵编：《元文类》卷三十五，清文渊阁四库全书本。

第四章

明代曾巩的接受

明代文坛上，文学流派纷呈，陈柱先生在《中国散文史》里将明代散文分为七派："有明一代之散文，可分为七派。一曰开国派，刘基、宋濂之徒主之。二曰台阁派，杨士奇、杨荣之徒主之。三曰秦汉派，亦可名曰真复古派，前后七子是也。四曰八家派，亦可名曰反七子派，唐顺之、茅坤、归有光之徒主之。五曰独立派，不旁古人，自写胸臆，陈白沙、王守仁之徒主之。六曰公安派，袁安道、宏道之徒主之。七曰竟陵派，钟惺、谭元春之徒主之。开国派近于叫嚣；台阁派过于肤庸；公安、竟陵派学太无根。"[①] 明代散文之纷争由此可见一斑。

对于明代文学发展的脉络，《明史·文苑传》亦云：

> 明初，文学之士承元季虞、柳、黄、吴之后，师友讲贯，学有本原。宋濂、王祎、方孝孺以文雄；高、杨、张、徐、刘基、袁凯以诗著。其他胜代遗逸，风流标映，不可指数，盖蔚然称盛已。永、宣以还，作者递兴，皆冲融演迤，不事钩棘，而气体渐弱。弘、正之间，李东阳出入宋、元，溯流唐代，擅声馆阁。而李梦阳、何景明倡言复古，文自西京，诗自中唐而下，一切吐弃，操觚谈艺之士翕然宗之。明之诗文，于斯一变。迨嘉靖时，王慎中、

---

① 陈柱著：《中国散文史》，上海书店 1984 年据商务印书馆 1937 年版复印，第 274 页。

唐顺之辈，文宗欧、曾，诗仿初唐。李攀龙、王世贞辈，文主秦、汉，诗规盛唐。王、李之持论，大率与梦阳、景明相倡和也。归有光颇后出，以司马、欧阳自命，力排李、何、王、李，而徐渭、汤显祖、袁宏道、钟惺之属，亦各争鸣一时。于是宗李、何、王、李者稍衰。至启、祯时，钱谦益、艾南英准北宋之矩矱，张溥、陈子龙撷东汉之芳华，又一变矣。有明一代，文士卓卓表见者，其源流大抵如此。①

总之，明代曾巩的接受，其大的背景主要是在文主秦汉和出入唐宋的交织中展开的，也就是文学史上所谓的秦汉派和唐宋派之争。正是在唐宋派的极力推崇下，曾巩的影响范围越来越大，这极大地推动了曾巩的相关接受。同时，随着唐宋派盛行而出现的唐宋文选家，如茅坤编选的《唐宋八大家文钞》等，树立了曾巩古文大家的经典地位。《唐宋八大家文钞》在当时影响极大，对当时的科举考试亦深有影响，如四库馆臣就称之为："大抵亦为举业而设"（《唐宋八大家文钞提要》）。曾文文法井然，的确与科场考试之文相暗合。总之，明代是曾巩接受的一个非常重要时期，这种影响一直延续到清代。

明代曾巩接受颇为兴盛，为论述的方便，我们将其分为前期、中期、后期三个阶段来加以论述。前期主要为太祖、惠帝、成祖、仁宗、宣宗、英宗、代宗数朝，即从 1368 年至 1464 年；中期主要为宪宗、孝宗、武宗、世宗、穆宗数朝，即从 1465 年至 1572 年；后期主要为神宗、光宗、熹宗、思宗数朝，即从 1573 至 1644 年。

---

① 〔清〕张廷玉等著：《明史》卷二百八十五，中华书局，1974 年，第 7307—7308 页。

第一节　明代前期曾巩的接受

明代前期，文坛主要承袭前代之风，对曾巩的接受也在原有基础上展开进一步的阐发，整体上还是以正面评价为主。

宋濂（1310—1381），字景濂，号潜溪，浦江（今浙江浦江）人，与高启、刘基并称为"明初诗文三大家"，被称为明代"开国文臣之首"。作为明初重要的文臣，他对曾巩既有称赞，亦有不满之处。其《华川书舍记》云：

> 若汉之贾谊、董仲舒、司马迁、扬雄、刘向、班固，隋之王通，唐之韩愈、柳宗元，宋之欧阳修、曾巩、苏轼之流，虽以不世出之才，善驰骋于诸子之间，然亦恨其不能皆纯。揆之群圣人之文，不无所愧也。上下一千余年，惟孟子能辟邪说，正人心，而文始明。孟子之后，又惟春陵之周子、河南之程子、新安之朱子，完经翼传而文益明尔。①

从文中宋濂所持论看，其论文以经学为主，对孟子、周敦颐、二程及朱熹等理学家颇为推崇，而对曾巩等人，则认为虽有"不世出之才"，但却"恨其不能皆纯"，"揆之群圣人之文，不无所愧也"。可见，宋濂对曾巩等人尚有不满之处。

而在为张以宁所撰的《张侍讲〈翠屏集〉序》中，宋濂则又对曾巩、欧阳修和王安石三人的文学地位进行了充分地肯定：

> 文之难言久矣。周、秦以前，固无庸议，下此唯汉为近古。至于东都，则渐趋于绮靡。而晋、宋、齐、梁之间，俳谐骫骳，

①　罗月霞主编：《宋濂全集》，浙江古籍出版社，1999 年，第 56—57 页。

岁益月增，其弊也为滋甚。至唐韩愈氏，始斥而返之。韩氏之文，非唐之文也，周、秦、西汉之文也。韩氏之文固佳，独不能行于当时，逮宋欧阳修氏，始效而法之。欧阳氏之文，非宋之文也，周、秦、西汉之文也。欧阳氏同时而作者，有曾巩氏，有王安石氏，皆以古文辞倡明斯道，盖不下欧阳氏者也。欧阳氏之文，如澄湖万顷，波涛不兴，鱼鳖潜伏而不动，渊然之色，自不可犯；曾氏之文，如姬、孔之徒复生于今世，信口所谈，无非三代礼乐；王氏之文，如海外奇香，风水啮蚀，木质将尽，独真液凝结，靳然而犹存。是三家者，天下咸宗之。有元号称多士，或出入其范围而隐括其规模者，辄取文名以去。故章甫逢掖之徒每骄人曰："我之文学欧阳氏也，学曾、王氏也。"殊不知三君子者，上取法于周、于秦、于汉也。所以学欧阳氏而不至者，其失也纤以弱；学曾氏而不至者，其失也缓而弛；学王氏而不至者，其失也枯以瘠。此非三君子之过也，不善学之，其流弊遂至于斯也。[①]

通过对文学史的梳理，宋濂认为曾巩等三人"皆以古文辞倡明斯道"，其文"天下咸宗之"，且曾巩、王安石之文也"不下欧阳氏者"。对曾巩，他更是说其文"如姬、孔之徒复生于今世，信口所谈，无非三代礼乐"，可谓推崇备至。曾巩等三人对文坛影响甚大，入元以后，文人仍以学三人之文为荣，且以此取文名。当然，从宋濂所说曾巩等三人乃"上取法于周、于秦、于汉"来看，他最推崇的还是周代及秦汉时期的古文，这已开"文必秦汉"之先了。

在为曾坚所撰《〈曾学士文集〉序》中，宋濂亦间接对曾巩之文予以了肯定。他称曾坚"文刻意以文定公为师，故其骏发渊奥，黼藻休烈，起

---

① 罗月霞主编：《宋濂全集》，浙江古籍出版社，1999 年，第 2027—2028 页。

伏敛纵，风神自远"①。总之，从以上论述看，宋濂对曾巩的接受虽稍有不满，但仍以肯定为主。

作为明初的一位重臣，刘基对曾巩的文坛地位也非常肯定。刘基（1311—1375），字伯温，处州青田（今浙江文成）人，明初开国元勋。他在《潜溪后集序》中说：

> 汉、唐、宋之盛，则有贾、马、扬、班、李、杜、韩、柳、
> 欧、苏、曾、王诸公。②

序文中，刘基谈到汉、唐、宋三代文学之盛，举出了每个朝代的代表性人物，宋代则列举了欧阳修、苏轼、曾巩和王安石四位。其中，曾巩便赫然在列。

当然，元末明初的唐桂芳则直言不讳地指出了曾巩的不足。洪武九年（1376），他在《白云集·原序》中就说：

> 夫六经皆文也……唐推韩退之，奇而且法；柳子厚，谨而且严。
> 宋欧阳永叔，正则正矣，而近于奇；曾子固，谨则谨矣，而近于严。③

唐桂芳（生卒年不详），字仲实，号白云，歙县人，著有《白云集》。在上文中，他认为曾巩之文"谨则谨矣"，但却"近于严"，缺少灵动。

然而，贝琼（1314—1379）在《唐宋六家文衡序》中却认为"严"乃曾巩的一大特色：

> 《唐宋文衡》总三百三十篇，天台朱伯贤氏之所选也。文不
> 止于此，而特约之为学文之法……圣人之经，又纯之至也，故历
> 千万世之久，虽善于言者，恶能拟而为之哉。战国以来，孟轲、

---

① 罗月霞主编：《宋濂全集》，浙江古籍出版社，1999年，第599页。
② 罗月霞主编：《宋濂全集》，浙江古籍出版社，1999年，第2490页。
③ 〔明〕唐桂芳著：《白云集》，清文渊阁四库全书本。

扬雄氏发挥大道，以左右六经，然雄之去孟轲，其纯已不及矣。降于六朝之浮华不论也。昌黎韩子倡于唐，而河东柳氏次之。五季之败腐不论也。庐陵欧阳子倡于宋，而南丰曾氏、临川王氏及蜀苏氏父子次之。盖韩之奇，柳之峻，欧阳之粹，曾之严，王之洁，苏之博，各有其体，以成一家之言，固有不可至者，亦不可不求其至也。①

贝琼认为"曾之严"乃曾巩之"体"，可以与"韩之奇，柳之峻，欧阳之粹，王之洁，苏之博"一道，各具特色，"成一家之言"。

总的来看，明代前期对曾巩有微词者不多，批评也不算严厉，只是稍微指出其不足之处。大多数人对曾巩及其文学地位均持正面评价。

如谢肃在《送车义初归京师序》中，就认为曾巩之文"无愧于汉唐"：

惟唐虞三代之道载于六经，六经之作者皆圣贤也。虽不专意文辞，其不关于此乎？然汉承秦灭学之后，高祖宜兴文事而不遑，文景而下，得贾谊、董仲舒、司马迁、扬雄，而文章始焕然可述。东都以降，日渐衰弱。至于有唐，以太宗为君，辅以魏征、虞世南，其文章不能洗六朝绮靡。百有余年得韩愈而丕变之，然后足为一王。法承唐者宋，建隆而下，文章犹有五季之粗鄙。庆历以来，得欧阳修、苏轼、曾巩，而文章始无愧于汉唐。②

谢肃（生卒年不详），字原功，浙江上虞人，洪武十九年（1386）举明经。他在梳理文学发展历史时，认为宋代欧阳修、苏轼及曾巩之文，乃"无愧于汉唐"，对曾巩评价甚高。另外，在《长林先生文集序》中，谢肃又称赞曾巩之文"峻洁"：

① 〔明〕贝琼著：《清江文集》卷二十八，清文渊阁四库全书本。
② 〔明〕谢肃著：《密庵集》卷六，清文渊阁四库全书本。

> 继韩子者欧阳公，渊永和平，在宋为文中之宗。他若班孟坚
> 之详赡，柳州之精核，曾南丰之峻洁，王临川之简淡，苏长公之
> 痛快，亦宜谛观熟考，以自成一家。①

谢肃认为，曾巩等人之文"宜谛观熟考"，如此方能"自成一家"。可见，在谢肃看来，曾巩之文是值得人们学习的重要范本。

苏伯衡（约1360年前后在世）更是将曾巩列为三代以来重要的二十位作家之一，其在《染说》中说：

> 是故三代以来，为文者至多，尚论臻其妙者：春秋则左丘明，
> 战国则荀况、庄周、韩非，秦则李斯，汉则司马迁、贾谊、董仲
> 舒、班固、刘向、扬雄，唐则韩愈、柳宗元、李翱，宋则欧阳修、
> 王安石、曾巩及吾祖老泉、东坡、颖滨。上下数千百年间，不过
> 二十人尔。②

在"上下数千百年"文学发展的长河中，苏伯衡仅列出二十位重要的文学家，其中曾巩便名列其中，成为宋代六位代表之一，可见其对曾巩文学地位的推重。另外，对于唐宋作家，他共列出九位作家，与"唐宋八大家"相比，多出李翱，这为"唐宋八大家"的最终形成做了一定的铺垫。

似乎与之相呼应，后来的李绍（1407—1471），成化四年（1468）在《重刊苏文忠公全集序》中，也提及唐宋古文七家之说：

> 古今文章，作者非一人，其以之名天下者，惟唐昌黎韩氏、
> 河东柳氏，宋庐陵欧阳氏、眉山二苏氏及南丰曾氏、临川王氏七

---

① 〔明〕谢肃著：《密庵集》卷六，清文渊阁四库全书本。
② 〔明〕苏伯衡著：《平仲文集》卷三，清文渊阁四库全书本。

家而已。①

李绍所说的七家，指的应是韩愈、柳宗元、欧阳修、苏洵、苏轼、曾巩和王安石，与"唐宋八大家"相比，只缺少苏辙。当然，"二苏"也可能是指苏轼与苏辙，清代著名经学家俞樾（1821—1907）就说"茅鹿门所定八大家本此，但增入老苏耳"（《茶香室续钞》卷十四）。

作为宋濂门人的方孝孺（1357—1402）则在《与舒君》中，称赞曾巩之文"可谓之达"，并将其与司马迁、韩愈、欧阳修等相并列。其云：

> 自汉而来二千年中，作者虽有之，求其辞达，盖已少见，况知道乎……汉之司马迁、贾谊，其辞似可谓之达矣，若扬雄则未也；唐之韩愈、柳子厚，宋之欧阳修、苏轼、曾巩，其辞似可谓之达矣，若李观、樊宗师、黄庭坚之徒，则未也。②

除此之外，方孝孺于《张彦辉文集序》中，又称曾巩"俨尔儒者，故其文粹白纯正，出入礼乐法度中"：

> 宋兴，至欧阳永叔、苏子瞻、王介甫、曾子固而文始备。永叔厚重渊洁，故其文委曲平和，不为斩绝诡怪之状，而穆穆有余韵；子瞻魁梧宏博，气高力雄，故其文常惊绝一世，不为婉昵细语；介甫狭中少容，简默有裁制，故其文能以约胜；子固俨尔儒者，故其文粹白纯正，出入礼乐法度中。③

序文中，方孝孺在肯定曾巩作为北宋古文运动重要骨干的同时，认为曾巩俨然为儒者，其文乃儒者之文，粹白纯正，合于礼乐法度，对曾巩之

---

① 〔宋〕苏轼著，孔凡礼点校：《苏轼文集》，中华书局，1986年，第2386页。
② 〔明〕方孝孺著：《逊志斋集》卷十一，清文渊阁四库全书本。
③ 〔明〕方孝孺著：《逊志斋集》卷十二，清文渊阁四库全书本。

文的特点进行了很好地归纳。

后来的景泰二年（1451），王直（1379—1462）在为叶适文集所撰《序》中也认为，曾巩等人能"穷圣贤之奥，究道德之微"：

> 昔宋盛时，以文章名家，有庐陵、南丰、眉山、临川数公者，穷圣贤之奥，究道德之微，故其为文足以继汉、唐之盛，天下皆师尊之。①

上举数人，在宋代以文名家，称其"穷圣贤之奥，究道德之微"，是对曾巩等人儒者之文的肯定。也正因如此，曾巩等人的文章才最终能"继汉、唐之盛"，并且"天下皆师尊之"。

在对文学发展的梳理中，人们也看到了曾巩在整个文学史，特别是古文史上所具有的重要地位。如解缙（1369—1415）在为王偁所撰《虚舟集原序》中说：

> 天之文，地之文，人文与生俱生者也。皇太昊之作书契，画奇耦，名乾坤，别坎离，文字著矣……六经卓矣。后千百年，太史迁、昌黎伯、欧阳公有以窥其蕴，于是文人之文作焉。当其时，汉则扬雄、班固和之，唐柳宗元、李翱、皇甫湜和之，宋苏轼、曾巩和之。②

周忱（1381—1453）在《高太史凫藻集序》中亦云：

> 自秦而下，文莫盛于汉、唐、宋。汉之贾、董、班、马、刘、扬，唐之李、杜、韩、柳，宋之欧、苏、曾、王，之数公者，各以文章名家。③

---

① 〔清〕孙诒让著：《温州经籍志》卷二十一《集部》引，民国十年刻本。
② 〔明〕王偁著：《虚舟集》卷首，清文渊阁四库全书本。
③ 〔明〕周忱著：《双崖文集》卷二，清光绪四年山前崇恩堂刻本。

解缙、周忱二人均将曾巩视为文学发展脉络中的重要一环，是宋代文学少有的几位代表性作家之一。

另外，吴讷（1372—1457）于《文章辨体序题》中，亦论及曾巩对具体文体的贡献，如论跋文：

> 汉晋诸集，题跋不载。至唐韩、柳，始有读某书及读某文题其后之名。迨宋欧、曾而后，始有跋语，然其辞意亦无大相远也。[1]

在吴讷看来，直到宋代欧阳修和曾巩之后，才"始有跋语"，肯定了曾巩对跋文这一文体创作的贡献。

在具体创作中，亦有对曾巩进行接受的，如王绅（1360—1400）于《尚友斋记》中称，庐陵邹仲熙"酷爱南丰曾氏之作，观其音韵步骤间，亦似之"[2]。可见，明代前期，在一般士子中间，亦有酷爱曾巩之文并且学习曾巩之文的。

解缙则在《东湖揽胜》诗中提及曾巩：

> 十年不到豫章城，锁蛟宫中新水生。澹台祠下日乍午，触热更上聘君亭。聘君亭前无乱蛙，此事或有非人夸。聘君高风自千载，况有湖水明丹霞。望中西山青似幕，参差开彻芙蓉花。登高揽胜兴未已，柳风吹天凉似洗。青眼故人殊已稀，慨慷更读南丰碑。[3]

当解缙游览南昌东湖时，触景生情，面对"青眼故人殊已稀"的境况，他"慨慷更读南丰碑"，聊以自慰。

---

① 〔明〕程敏政编：《明文衡》卷五十六，清文渊阁四库全书本。
② 〔明〕王绅著：《继志斋集》卷八，清文渊阁四库全书本。
③ 〔明〕解缙著：《文毅集》卷四，清文渊阁四库全书本。

第二节　明代中期曾巩的接受

明代中期，是曾巩接受的一个重要时期，秦汉派、唐宋派和文选家均出现在这一时期。秦汉派主张"文必秦汉"，对唐宋古文主要持批评态度。唐宋派和文选家对曾巩的接受，我们将在下面有专节论述，在此主要概述其他人对曾巩之接受。

罗伦（1431—1478）曾为曾巩文集作过序，并称"唯曾氏独得其正"[①]，对曾巩的评价比较高。而在《碧梧丹凤图序》中，他则从江西地域的角度，标举曾巩和欧阳修乃江西之"文章而凤者"：

> 大江之西，群凤之郊薮也。濂溪之周氏、草庐之吴氏、象山之陆氏，道德而凤者也；庐陵之欧阳氏、南丰之曾氏，文章而凤者也；若忠宣洪氏、信国文氏之流，则忠义而凤者也。[②]

作为茶陵诗派代表，李东阳（1447—1516）在《曾文定公祠堂记》中，对曾巩也是颇加称赞：

> 古之所谓著述者，自六经迄于孟氏。若韩子不免为词章之文，而所谓翼道禅治，则有不可掩也。宋盛时，以文章名者数家，予于文定公，独深有取焉者。盖其论学，则自持心养性，至于服器动作之间；论治，则自道德风俗之大，极于钱穀狱讼百凡之细，皆合于古帝王之道与治。而凡战国、秦汉以来，权谋术数之所谓学，佛老之所谓教，一切排斥屏黜，使无得以乱其说者，其所自立，非独为词章之雄也。[③]

---

① 〔明〕罗伦著：《一峰文集》卷二，清文渊阁四库全书本。
② 〔明〕罗伦著：《一峰文集》卷二，清文渊阁四库全书本。
③ 〔明〕李东阳著：《怀麓堂集》卷三十二，清文渊阁四库全书本。

在宋代"以文章名者"中，李东阳自称"于文定公独深有取焉者"，可见其对曾巩非常认同。究其原因，是因为曾巩之论"皆合于古帝王之道与治"，一切权术之学、佛老之教都被他"排斥屏黜"，使其"无得以乱其说"。此外，李东阳不仅认为曾巩为"词章之雄"，还认为曾巩能够"翼道裨治"，上接六经、孟子和韩愈。在李东阳的眼中，曾巩的地位可以说不是一般的高。

对于曾巩，何乔新（1427—1502）也有比较高的评价。其在《琼台类稿序》中说：

> 唐虞三代之世，士君子未有以文名者，盖其人皆深于道，其见于文辞，皆发其心之所得者也。自汉以来，世（士）始以文名，然皆因其所见以为文，而于道无闻焉，故作者多而传者鲜。唐、宋之盛，以文名世者七家，而君子所取者，惟韩氏、欧阳氏、曾氏三家之文而已，以其颇得于经，而有见于道也。①

这里何乔新也提到了唐宋古文七家，但他认为"君子所取者，惟韩氏、欧阳氏、曾氏三家之文而已"，这是因为曾巩等三人之文乃"得于经而有见于道"者。曾巩之于"道"，何乔新在《李泰伯传》中也说，曾巩"乃能深求于经，其文以明道为本，是时洛学未兴也"（《椒邱文集》卷二十），亦认为曾巩已开理学之先。

接着，在《书元丰类稿后》中，何乔新甚至还将曾巩称为"昌黎之亚"：

> 呜呼！先生之生，当洛学未兴之前，而独知致知、诚意、正心之说。馆阁诸序，蔼然道德之言，其学粹矣。至其发之赋咏，

---

① 〔明〕何乔新著：《椒邱文集》卷九，清文渊阁四库全书本。

平实雅健，昌黎之亚也。①

在《过嘉禾怀南丰先生》中，何乔新更是提出了"学术自应超董贾，文章元不让韩欧"这一著名论断：

> 嘉禾驿下暂维舟，追感先贤泪欲流。学术自应超董贾，文章元不让韩欧。读书岩圮苍苔满，洗砚池荒暮雨愁。故里只今多俊彦，不知谁解继前修。②

"学术自应超董贾，文章元不让韩欧"可谓是对曾巩学术和文学贡献的精辟总结，成为后来人们经常引用的一句名言。

作为曾巩的同乡，罗汝芳在《重修曾南丰先生祠堂记》中称：

> 文所以阐名理、摅性灵者也。惟一以六经、孔孟为宗。后世之学，角逐声利，剽窃奇诡，索之神理，荡然无存，奚以明道而翼圣统也？

> ……先生起宋隆盛时，克缵箕裘，振五代文风之敝，与欧阳文忠公相倡和……其学厥有宗矣。以故心源意绪，独契六经，摛文掞藻，一轨于正，令当世学者咸知尊经，前以续孟学于不传，后以开程学于未显。洵如吴临川所称：合乎程，接乎孟，而达乎孔者也……虽直道忤时，大业未就，而起敝维风，羽翼经学，如日中天，其功良伟哉！③

罗汝芳（1515—1588），字惟德，号近溪，南城（今属江西）人，泰

---

① 〔明〕何乔新著：《椒邱文集》卷十八，清文渊阁四库全书本。
② 〔明〕何乔新著：《椒邱文集》卷二十四，清文渊阁四库全书本。
③ 方祖猷、梁一群、〔韩〕李庆龙、潘起造、罗伽禄编校整理：《罗汝芳集》，凤凰出版社，2007年，第546—547页。

州学派代表人物。罗汝芳认为，曾巩"独契六经"，"羽翼经学"，"一轨于正"，能"令当世学者咸知尊经"，更重要的是"前以续孟学于不传，后以开程学于未显"，揭示了曾巩在经学上承前启后的重要作用。

作为曾巩后裔，曾佩在《南丰曾先生粹言序》中也认为，曾巩文章之所以能够"垂日月"，乃是因其"有道"：

> 宋三文公以文章彪炳一时，而余宗遂有声江汉间。自我祖元绍公由后湖徙居田西，实祖文昭公，则不肖佩乃文定公从裔也。余发始燥即从先君子叠，叠谭先世德业文章而抚余顶曰："尔必亡忘先文公之业。"……今天下家握灵珠，人人自欲追秦以上，语及宋则掩口……亦有颇可采者，何必上古？文定公具在，以今观制诏则抵掌典谟，诗歌则伏孟汉魏。固已参靮前修，而冠冕宋代矣……然则公之文垂日月，盖有道焉，进乎技矣。会遭兵燹，遗文散失。夫湮前人之盛业，遗千载之阙文，余小子惧焉。乃谋之公裔孙后湖松并查溪以达等，欲重订正之……隆庆元年（1567）丁卯岁秋八月谷旦孙佩。①

从上文来看，面对当时文坛秦汉派盛行，"人人自欲追秦以上，语及宋则掩口"这一现象，曾佩有感而发，提出曾巩之文乃"有道"之文，因此才能永垂日月。

"三杨"中的杨士奇、杨荣对曾巩及其文学亦有正面评价。杨士奇（1366—1444），本名寓，字士奇，号东里，吉州泰和（今江西泰和）人，与杨荣、杨溥一同辅政，并称"三杨"。其于《曾南丰文》中，就称曾巩之文之所以工、可贵，是因为"学之正"：

> 南丰先生文，录本四册，起第九卷至五十卷，录于金谕德幼

---

① 李震编：《曾巩资料汇编》，中华书局，2009年，第296—297页。

孜。阙前八卷，诗未录。先生之文所为可贵，非独文之工，言于濂、洛之学未著之先，而往往相合，亦由学之正也。古之君子为文，皆本于学，学博矣，又必贵乎正，故先生之文与苏氏虽皆传于世，而学则不可以概论也。①

杨士奇非常推崇曾巩，他认为曾巩之文与苏轼之文虽然都盛行于世，但曾巩之学更加正。同时，曾巩还"言于濂、洛之学未著之先，而往往相合"，开启理学之先。正因如此，他还抄录了曾巩之文四册。

在《颐庵文选原序》中，他又从文与道之间的关系加以申说：

文非深于道不行，道非深于经不明。古之圣人以道为体，故出言为经，而经者，载道以植教也。周衰，圣人之教不行，文学之士各离经立说以为高。汉兴，文辞如司马子长、相如、班孟坚之徒，虽其雄材铉议，驰骋变化，往往不当于经。当是时，独董仲舒治经术，其言庶几发明圣人之道。至唐韩退之，宋欧阳永叔、曾子固，力于文词，能反求诸经，概得圣人之旨，遂为学者所宗。周子、二程子以及朱子，笃志圣人之道，沉潜六经，超然有得于千载之上，故见诸其文，精粹醇深，皆有以羽翼夫经，而文莫盛于斯矣。②

序文中，杨士奇认为曾巩等人之文，能"得圣人之旨"，所以"遂为学者所宗"。

杨荣（1371—1440）在《送翰林编修杨廷瑞归松江序》中，亦称曾巩之文能"羽翼六经"：

以谓三代而下，莫盛于汉、唐、宋。帝王之治虽日有间，至

① 〔明〕杨士奇著：《东里续集》卷十八，清文渊阁四库全书本。
② 〔明〕胡俨著：《颐庵文选》卷上，清文渊阁四库全书本。

于儒者，若汉之贾谊、董仲舒、司马迁、扬雄、班固，唐之韩愈、柳宗元、李翱、皇甫湜，宋之欧阳修、二苏、王安石、曾子固诸贤，皆能以其文章羽翼六经，鸣于当时，垂诸后世。①

杨荣认为，正因为曾巩等诸贤之文能够羽翼六经，所以他们的文章才会"鸣于当时，垂诸后世"，成为宋代文学之代表。

此外，何良俊（1506—1573）称曾巩之文"严正质直"、"简古"（《四友斋丛说》卷二十三），姚广孝（1335—1418）称韩愈、欧阳修、曾巩之文为"儒者之文"（《太宗文皇帝实录》卷一百九十八）等，均对曾巩及其文给予了肯定。

本时期内，对曾巩加以批评的主要有杨慎、王文禄和祝允明。杨慎（1488—1559）为明代著名文学家，他在《辞尚简要》中说：

吾观在昔，文弊于宋。奏疏至万余言，同列书生尚厌观之，人主一日万几，岂能阅之终乎？其为当时行状、墓铭，如将相诸碑，皆数万字。朱子作《张魏公浚行状》四万字，犹以为少，流传至今，盖无人能览一过者，繁冗故也。元人修《宋史》，亦不能删节，如反贼李全一传，凡二卷，六万余字，虽览之数过，亦不知其首尾何说起，没何地，宿学尚迷焉，能晓童稚乎？予语古今文章，宋之欧、苏、曾、王，皆有此病，视韩、柳远不及矣。韩、柳视班、马又不及，班、马比"三传"又不及，"三传"比《春秋》又不及。②

杨慎基于"辞尚简要"的观点，于宋文颇为不满，直称"文弊于宋"。之所以这样说，主要是因为杨慎认为宋文非常"繁冗"，动辄长达数万言。他认为曾巩等数人也有此毛病，他们的文章不如韩愈和柳宗元，更不及司

---

① 〔明〕杨荣著：《文敏集》卷十三，清文渊阁四库全书本。
② 〔明〕杨慎著：《升庵集》卷五十二，清文渊阁四库全书本。

马迁和班固。

在《文脉》卷二中，王文禄（约1538年前后在世）虽称曾巩之文"本笃"，但同时又指出其文还是"欠玲珑"：

> 欧阳肉多而骨少，孙（复）、石（介）肉少而骨多，曾子固本笃而欠玲珑，王介甫骨骼而无丰采，皆不及苏子瞻之俊逸也。

在同卷中，他又说曾巩等人之文虽"曲折纡徐"，但"终亦宋格"：

> 欧、苏、曾、王条畅豪迈，而曲折纡徐，终亦宋格。①

这里，王文禄似乎对宋文有所不满，称其"终亦宋格"。由此可见，其对曾巩之文虽有称许之处，但客观地说，也还是指出了其不足。

另外，祝允明（1461—1527）对曾巩亦持批评态度。据王士禛《香祖笔记》卷一记载：

> 允明作《罪知录》，历诋韩、欧、苏、曾六家之文，深文周内，不遗余力。谓韩伤易而近儇，形粗而情霸，其气轻，其口夸，其发疏躁；欧阳如人毕生持丧，终身不被衮绣；东坡更作儇浮，的为利口，哗狞之气，肆溢舌表，使人奔迸狂颠而不息；曾、王既脱衣裳，并除爪发，譬之兽啮腊骨；至于老泉、颍滨、秦、黄、晁、张，则谓不足尽及；惟柳如冕裳珮玉，犹先王之法服。②

祝允明将曾巩和王安石之文"譬之兽啮腊骨"，可谓轻之太甚，的确是"肆口横议，略无忌惮"。

在具体创作中，则有邢丽文等学曾巩之文。王锜（1432—1499）于

---

① 以上均见四川大学中文系唐宋文学研究室编：《苏轼资料汇编》上编（三），中华书局，1994年，第995页。

② 〔清〕王士禛著，湛之点校：《香祖笔记》，上海古籍出版社，1982年，第19页。

《寓圃杂记》卷五《邢丽文见访》中，称邢丽文"文似南丰而简"。

第三节　明代后期曾巩的接受

明代后期，曾巩接受中的批评与称扬之声均较为明显，如王世贞、屠隆对曾巩就有较多批评，而艾南英则极力推崇和回护曾巩。

作为"后七子"的王世贞对曾巩批评较多。王世贞（1526—1590），字元美，号弇州山人，苏州太仓（今江苏太仓）人，明代"后七子"领袖之一。明代前、后七子虽然主张"文必秦汉"，但王世贞对曾巩之文也有好评之时，其《书欧阳文后》云：

> 欧阳之文，雅浑不及韩，奇峻不及柳，而雅靓亦自胜之。记、序之辞，纤徐曲折。碑、志之辞，整暇流动，而间于过折处，或少力，结束处，或无归著，然如此十不一二也。独不能工铭、诗，易于造语，率于押韵，要不如韩之变化奇崛。他文亦有迂远而不切，太淡而无味者。然要之宋文，竟当与苏氏踞洛屋两头，曾、王而下置之两庑。①

文中称欧阳修与苏轼踞洛屋两头，而曾巩和王安石"下置之两庑"，则间接地肯定了曾巩在宋代文坛上的文学地位。

但王世贞对曾巩更多的是批评之语，如《书曾子固文后》云：

> 子固有识有学，尤近道理，其辞亦多宏阔遒美，而不免为道理所束，间有暗塞而不畅者，牵缠而不了者。要之，为朱氏之滥觞也，朱氏以其近道理而许之。近代王慎中辈，其材力本胜子固，乃掇拾其所短而舍其长，其暗塞牵缠造又甚者，此何意也？毋论

---

① 〔明〕王世贞著：《读书后》卷三，清文渊阁四库全书本。

子固，即明允、子由、介甫，俱不足与四家列而称大。若名家者，
庶几矣。①

王世贞虽然认为曾巩"有识有学，尤近道理，其辞亦多宏阔遒美"，
但在他看来，曾巩之文还是存在"不免为道理所束，间有暗塞而不畅者，
牵缠而不了者"的不足。借此，王世贞还顺带对唐宋派的王慎中进行了
批评，说他"材力本胜子固，乃掇拾其所短而舍其长，其暗塞牵缠迨又
甚者"。

由于王世贞主张"文必秦汉"，所以他对唐宋之文主要持批评态度，
认为"宋之文陋，离浮矣，愈下矣"，而曾巩之文更是"饫而衍"：

西京之文实，东京之文弱，犹未离实也；六朝之文浮，离实矣；
唐之文庸，犹未离浮也；宋之文陋，离浮矣，愈下矣，元无文。

韩、柳氏，振唐者也，其文实；欧、苏氏振宋者也，其文虚；
临川氏法而狭，南丰氏饫而衍。②

当然，对曾巩之文，他还说：

杨、刘之文靡而俗，元之之文旨而弱，永叔之文雅而则，明
允之文浑而劲，子瞻之文爽而俊，子固之文腴而满，介甫之文峭
而洁，子由之文畅而平。③

王世贞所说"腴而满"，虽有肯定曾巩之文的意味，但一"满"字也
指出了曾文的不足之处。

焦竑（1540—1620）对曾巩的批评则较为温和，在《刻苏长公外集

① 〔明〕王世贞著：《读书后》卷三，清文渊阁四库全书本。
② 〔明〕王世贞著，罗仲鼎校注：《艺苑卮言校注》，齐鲁书社，1992 年，第 102 页。
③ 〔明〕王世贞著，罗仲鼎校注：《艺苑卮言校注》，齐鲁书社，1992 年，第 221 页。

序》中，他虽称赞"韩、欧、曾之于法至矣"，但也认为他们有"依傍前人"的不足：

> 唐、宋以来，如韩、欧、曾之于法至矣，而中靡独见，是非议论，或依傍前人。①

在明代，对曾巩批评较力的还有屠隆。他在《文论》中说：

> 论者谓善绘者传其神，善书者模其意。昌黎氏之文，盖传先哲之神而脱其躯壳，模古人之意而遗其形画者也。奚必六经，必诸子哉？且风骨格力，韩子焉有也……厥后欧、苏、曾、王之文，大都出于韩子，读之可以一气尽也，而玩之则使人意消。余每读诸子之文，盖几不能终篇也。②

屠隆（1544—1605），字长卿，号赤水，鄞县（今浙江宁波）人。文学上，屠隆追随王世贞等秦汉派"文必秦汉"的主张，又与胡应麟等并称为"明末五子"。对宋代曾巩等人之文，屠隆说"读之可以一气尽也，而玩之则使人意消。余每读诸子之文，盖几不能终篇"，大有鄙夷、不屑之意。

胡应麟（1551—1602）为明代著名学者，"明末五子"之一。他据宋人之记载，亦称曾巩"不甚读书"：

> 据右宋人所述，则南丰似亦不甚读书，盖文与欧、王、苏氏等，而学又不及伯玉，非《庚溪》笔之，殆同草木，谓小说可废乎？③

而在《策一首》中，他又对曾巩颇为肯定，称其为"以文章师百

① 〔宋〕苏轼著，孔凡礼点校：《苏轼文集》，中华书局，1986 年，第 2388 页。
② 〔明〕屠隆著：《由拳集》卷二十三《杂著》，明万历刻本。
③ 〔明〕胡应麟著：《少室山房笔丛》，上海书店，2001 年，第 405 页。

代者"：

> 以文章之士言之：春秋则檀、杨、左、史、公、穀、荀卿、
> 韩非、屈原、宋玉，汉则贾谊、董仲舒、司马迁、相如、扬、班、
> 枚、李，六朝则曹、刘、阮、陆、潘、左、陶、谢，唐则王勃、
> 李白、杜甫、韩愈、陈子昂、柳宗元，宋则欧阳修、王安石、曾巩、
> 苏洵、轼、辙、黄庭坚、陈师道，是皆卓乎以文章师百代者也。①

另外，冯元调在《重刻容斋随笔纪事一》中记子柔先生语称，在考据议论方面，欧阳修与曾巩不及沈括等人：

> 归以告本师子柔先生……（子柔先生）又曰："考据议论之
> 书，莫备于两宋，然北则三刘、沈括，南则文敏兄弟，欧、曾辈
> 似不及也。"②

除以上数人对曾巩稍有批评之外，大多数人对曾巩及其文章都持肯定态度。如孙矿（1543—1613）在《与余君房论文书》中，就说曾巩为"大家"：

> 大家，唐二人，宋欧、曾、王、苏氏父子共五人，栾城不与。
> 矿谓五公为大家，止以我朝言也，韩、柳终不易及。前小启固曾
> 言之，宋五家正可相当。若汉以前大家，信更在二家上。③

在孙矿看来，汉以前大家超越唐宋诸大家，同时"唐宋八大家"中，宋代六人中应排除苏辙，欧阳修、曾巩、王安石、苏洵和苏轼五人方可称

---

① 〔明〕胡应麟著：《少室山房集》卷一百，清文渊阁四库全书本。
② 〔宋〕洪迈著，鲁同群、刘宏起点校：《容斋随笔》，中国世界语出版社，1995年，第610页。
③ 〔明〕贺复征编：《文章辨体汇选》卷二百四十四，清文渊阁四库全书本。

为"大家"。

著名戏曲家汤显祖（1550—1616）亦曾自述自己"有志于曾、王之学"。钱谦益在《汤义仍先生文集序》称：

> 义仍告许生曰："吾少学为文……泛滥词曲，荡涤放志者数年，始读乡先正之书，有志于曾、王之学，而吾年已往，学之而未就也。"①

在钱谦益为汤显祖所作《文集原序》中，亦称汤显祖之"序记志传之文，出于曾王者为多"，且"归其指要于曾、王"：

> 义仍少刻画为六朝，长而湛思道术……凡序记志传之文，出于曾王者为多……嘉隆之文，称秦汉古文词者争訾謷曾王，以为名高……义仍有忧之，是故深思易气，去耆割爱，而归其指要于曾王。②

袁宗道与袁宏道兄弟二人对曾巩也有正面评价。如袁宗道（1560—1600）于《论文下》中认为，曾巩等人之文皆"理充于腹，而文随之"，肯定了曾巩之文所具有的"理"的特点：

> 汉、唐、宋诸名家，如董、贾、韩、柳、欧、苏、曾、王诸公，及国朝阳明、荆川，皆理充于腹，而文随之。③

袁宏道（1568—1610）在为徐渭所作《徐文长传》中，称其为"韩曾之流亚"：

---

① 〔清〕钱谦益著，〔清〕钱曾笺注，钱仲联标校：《牧斋初学集》，上海古籍出版社，1985 年，第 905 页。
② 〔明〕汤显祖著，徐朔方笺校：《汤显祖全集》（二），北京古籍出版社，1998 年，第 1698 页。
③ 赵伯陶选注：《袁伯修小品》，文化艺术出版社，1996 年，第 230 页。

文有卓识，气沉而法严，不以模拟损才，不以议论伤格，韩、
曾之流亚也。①

上文中，袁宏道将曾巩与韩愈并称，且认为徐渭为"韩、曾之流亚"，
可见其对曾巩之推崇。这种推崇还表现在他会"尽心观欧九、老苏、曾子
固、陈同甫、陆务观诸公文集"。其在《答王以明》中云：

近日始学读书，尽心观欧九、老苏、曾子固、陈同甫、陆务
观诸公文集，每读一篇，心悸口哕，自以为未尝识字。②

袁宏道读曾巩诸人之文集，每读一篇，便"自以为未尝识字"，可见
其对曾巩诸人之文推崇之高。

崇祯九年（1636），沈际飞在为汤显祖《玉茗堂选集》所作序中，还
称曾巩"沉涵泳之为理学"，指出曾巩开理学之先：

盖江山之秀，劲挺出之为忠义，则有弋阳庐陵；沉涵泳之为
理学，则有南丰鹅湖；恬漠守之为清节，则有彭泽南州；晶英喷
之为文章，则有六一涪翁。③

邹元标（1551—1624）在《崇儒书院记》中也称曾巩有功于"六经"：

抚州，海内名郡也。其先多明德大儒，如晏元献、王荆国、
曾文定、陆文安伯仲、吴草庐、康齐诸先生者……南丰有功六经，
粹然无疵。④

---

① 〔清〕吴楚材、〔清〕吴调侯选：《古文观止》，中华书局，1959 年，第 574 页。
② 〔明〕袁宏道著，钱伯城笺校：《袁宏道集笺校》，上海古籍出版社，1981 年，第 772
页。
③ 〔明〕汤显祖著，徐朔方笺校：《汤显祖全集》（二），北京古籍出版社，1998 年，第
1692 页。
④ 〔明〕邹元标著：《愿学集》卷五上，清文渊阁四库全书本。

方以智（1611—1671）亦肯定曾巩等人之文"要归雅驯"：

> 去其痕而一以平行之，则欧、曾也。苏则锋于立论，而衍于
> 驰骋。八家大同小异，要归雅驯。[1]

在明后期曾巩接受中，不得不提及艾南英。艾南英（1583—1646），字千子，号天佣子，东乡（今属江西）人，与章世纯、罗万藻、陈际泰一起致力于八股文改革，人称"临川四才子"。作为曾巩的老乡，艾南英对于曾巩及其文章多有阐扬，对于批评曾巩者则多加以回护，其对曾巩的传播与接受发挥了重要的作用。

在《前历试卷自叙》中，艾南英提及自己在参加科举考试时，曾学习过曾巩等"大家之句"：

> 嗟呼！备尝诸生之苦，未有如予者也……始则为秦汉子、史
> 之文，而闱中目之为野；改而从震泽、毗陵、成宏先正之体，而
> 闱中又目之为老；近则虽以《公》《谷》《孝经》、韩、欧、苏、
> 曾大家之句，而房司亦不知其为何语。[2]

《后历试卷自序》亦借他人之语，提及自己的文章已"规模欧、曾"：

> 或谓予曰："子于文章既已规模欧、曾，慨然有挽回斯世。
> 其追古大家之意，即近代所严事自侪先秦者，一切厌薄，以为不
> 足窥六经、秦汉之遗。"[3]

在《增补今文定今文待序》中，艾南英则希望学文者能"按欧、曾以

---

① 〔清〕方以智著：《文章薪火》，清昭代丛书本。
② 〔明〕艾南英著：《天佣子集》卷二，清光绪重刊本。
③ 〔明〕艾南英著：《天佣子集》卷二，清光绪重刊本。

上之旨而及于史迁"：

> 君子明其理，正其法，其效已如此。况于发挥六经兼综诸儒
> 之条贯，修明信史，勒成一家，藏之名山，使其文按欧、曾以上
> 之旨而及于史迁，其效又当何如也？①

针对万历年间文坛上"非经、非史、非韩、柳、欧、曾诸大家之言"
的现象，艾南英在《王子巩观生草序》中对此进行了批评：

> 万历之季，此风浸远，一二轻薄少年中无所得而浮华为尚，
> 相习成风。其文非经、非史、非韩、柳、欧、曾诸大家之言，其
> 人皆登馆阁台省……其应愈众，而近日十八房稿之文为甚。②

《匡庐小草》中，艾南英还对"开阖首尾、抑扬错综，不必与韩、欧、
苏、曾数大家相表里"的论调进行批评：

> 论文者常患夫形势之不能合而至于离也……于是其议论不必
> 根经术而铸百家，其气格不必法先秦而迫西汉，其开阖首尾、抑
> 扬错综，不必与韩、欧、苏、曾数大家相表里。③

在《黄章丘近艺序》中，艾南英则强调了学习曾巩等大家之文的重
要性：

> 于是乎御之以才，则必司马迁、刘向、韩愈、柳宗元、欧阳
> 修、苏洵、曾巩之文章。④

---

① 〔明〕艾南英著：《天傭子集》卷一，清光绪重刊本。
② 〔明〕艾南英著：《天傭子集》卷二，清光绪重刊本。
③ 〔明〕艾南英著：《天傭子集》卷二，清光绪重刊本。
④ 〔明〕艾南英著：《天傭子集》卷二，清光绪重刊本。

艾南英在《易三房同门稿序》中认为，曾巩之文乃"六经之文"，典重醇深，在濂洛未兴之先，已开性命之宗：

> 以欧阳公之明识，而曾子固又常受业于其门，子固以六经之文，典重醇深，为公所推服。自今观之，其文当濂洛未兴之先，已能开性命之宗，无事理之障，疑非子瞻少年时所能办也……而子固之经术，子瞻之纵横，备见于中。①

相似的观点，艾南英在《陈大士合并稿序》中亦有论及：

> 韩退之起而振之，泽乎仁义道德，而其言遂传于世。至宋，而南丰曾氏以六经之文为诸儒倡，而王荆国、苏眉山并生其时，其文皆以明道为主，而其人又当濂洛未兴，故能开深纯之先，无事理之障。②

在《平远堂社艺序》中，艾南英还论及曾巩在地域文化中的地位：

> 建昌于江右，山水之胜，独甲他郡。士生其间，宜其雄深浑厚，与曾子固、罗景鸣之文章、经术，后先蔚起。③

《金正希稿序》中，艾南英甚至认为曾巩与司马迁相"合"：

> 虽然是道也，岂独史迁哉？韩、欧、苏、曾数君子，其卓然能立言于后世，未有不由于洁者也……况有人焉能按欧、曾以来之旨推其源流，与史迁合而见之古文辞，其人于今日轻重当何如哉？④

---

① 〔明〕艾南英著：《天傭子集》卷二，清光绪重刊本。
② 〔明〕艾南英著：《天傭子集》卷四，清光绪重刊本。
③ 〔明〕艾南英著：《天傭子集》卷三，清光绪重刊本。
④ 〔明〕艾南英著：《天傭子集》卷三，清光绪重刊本。

《戴子年淇上草序》中，他还认为科举之作也要"本之欧、曾大家"，"以严其法"：

> 制举虽小，然本之经，以求其确……本之欧、曾大家，以严其法……子年之文……其开阖抑扬、进退离合之法，虽未能尽得欧、曾之深，然亦可谓闯其门户矣。①

《四家合作摘谬序》中，艾南英亦有类似观点，称制举之文要"出入于周、秦、西京、韩、欧、苏、曾之间"：

> 出入于周、秦、西京、韩、欧、苏、曾之间。以为不如是，则制举一道不能见载籍之全。而不如是，恐于立言之意，终有所未备。②

《王康侯合并稿序》中，艾南英借"昔人"之语，揭示曾巩之文乃"三代宿儒"之文，源于"礼乐"：

> 昔人所称读南丰曾氏之文，如见三代宿儒，衣冠言动，无非礼乐者。盖考其文，益以知其人，知其人而后，益知其文之不可及也。③

《蔡太尊课儿草序》中，艾南英认为，明代最能"规模"于曾巩者，非王慎中莫属：

> 国朝古文词之业，根本经术，规模子固，必推王道思。④

---

① 〔明〕艾南英著：《天傭子集》卷三，清光绪重刊本。
② 〔明〕艾南英著：《天傭子集》卷三，清光绪重刊本。
③ 〔明〕艾南英著：《天傭子集》卷三，清光绪重刊本。
④ 〔明〕艾南英著：《天傭子集》卷四，清光绪重刊本。

艾南英《与周介生论文书》认为，为文要想"通经学古"，亦需"出入于韩、欧、苏、曾"诸人之间：

> 夫文之通经学古者，必以秦、汉之气，行六经语孟之理，即间降而出入于韩、欧、苏、曾。[①]

《四与周介生论文书》中，艾南英则直称曾巩等数大家，两千多年来，"独此数公能为秦汉而已"：

> 经籍而后，必推秦汉，为其古雅质朴，典则高贵，序裁生动……故韩、欧、苏、曾数大家，存其神而不袭其糟粕。二千余年，独此数公能为秦汉而已。[②]

在《答陈人中论文书》中，艾南英还对诋毁曾巩者进行驳斥：

> 及在舟中，见足下谈古文，辄诋毁欧、曾诸大家，而独株株守一李于鳞、王元美之文，以为便足千古，其评品他文皆未当，不佞心窃叹。足下少年，未尝细读古今人之书，而颠倒是非，需之十年后，足下学渐充，心渐细，渐见古人深处，必当幡然悔悟，目前不必与之诤也。及足下行后，则从友人得见足下所为《悄心赋》，乃始笑足下向往如是耶？此文乃昭明《选》体中之至卑至腐，欧、曾大家所视为臭恶而力排之者。不佞十五六岁时，颇读昭明《文选》，能效其句字。二十岁后，每读少作，便觉羞愧汗颜。而足下乃斤斤师法之，此犹蛆之含粪，以为香美耳。故张目骂欧、曾，骂宋景濂，骂震川、荆川，足下所宝持如是，不足怪也……足下书甚冗，然其大意，乃专指斥欧、曾诸公，

以为宋文最近，不足法，当求之古。而其究竟，则归重李于鳞、王元美二人耳。何足下所志甚大，而所师甚卑也。足下谓宋之大家，未能超津筏而上，又谓欧、曾、苏、王之上，有左氏、司马氏，不当舍本而求末。夫足下不为左氏、司马氏则已，若求真为左氏、司马氏，则舍欧、曾诸大家，何所由乎？夫秦、汉去今远矣，其名物、器数、职官、地里、方言、里俗，皆与今殊，存其文以见于吾文，独能存其神气耳。役秦、汉之神气而御之者，舍韩、欧奚由？譬之于山，秦、汉则蓬山绝岛也，去今既远，犹之有大海隔之也，则必借舟楫焉，而后能至。夫韩、欧者，吾人之文所由以至于秦、汉之舟楫也。由韩、欧而能至于秦、汉者无他，韩、欧得其神气而御之耳。若仅取其名物、器数、职官、地里、方言、里俗，而沾沾然遂以为秦、汉，则足下之所极赏于元美、于鳞者耳。不佞方由韩、欧以师秦、汉，足下乃谓不当舍秦、汉而求韩、欧；不佞方以得秦、汉之神气者尊韩、欧，而足下乃以窃秦、汉之句字者尊王、李，不亦左乎……夫文之法最严，孰过于欧、曾、苏、王者……宋之诗诚不如唐，若宋之文则唐人未及也。唐独一韩、柳，宋自欧、曾、苏、王外，如贡父、原父、师道、少游、补之、同甫、文潜、少蕴数君子，皆卓卓名家，愿足下闭户十年，尽购宋人书读之，然后议宋人未晚也……足下又痛诋当代之推宋人者，如荆川、震川、遵岩三君子。嗟乎！古文至嘉、隆之间，坏乱极矣。三君子当其时，天下之言不归王，则归李，而三君子寂寞著书，傲然不屑，受其极口丑诋，不少易，至古文一线得留天壤，使后生尚知读书者，三君子之力也。①

---

① 〔明〕贺复征编：《文章辨体汇选》卷二百四十八，清文渊阁四库全书本。

该文气势磅礴，论说有据，不仅对诋毁欧阳修、曾巩诸大家的陈子龙予以了坚定的回击，更可以看作是对秦汉派的一篇战斗檄文。在文中，艾南英对曾巩亦称赞有加，说"文之法最严，孰过于欧、曾、苏、王者"，并称"若求真为左氏、司马氏，则舍欧、曾诸大家何所由乎"。

在《再答夏彝仲论文书》中，艾南英更是狠批以陈子龙为代表的秦汉派谓"病狂丧心"，且坚称"文至宋而体备，至宋而法严，至宋而本末源流遂能与圣贤合"：

> 人中欲尊奉一部《昭明文选》，一部《凤洲沧溟集》，弟所视为臭腐不屑者，而持此与弟争短长，又欲尽抹宋人，即欧、曾大家不能免耳，谓病狂丧心矣……大约古文一道，自《史记》后，东汉人败之，六朝人又大败之，至韩、柳而振，至欧、曾、苏、王而大振……然文至宋而体备，至宋而法严，至宋而本末源流遂能与圣贤合。①

由上可见，艾南英对于曾巩等大家及宋文非常推崇，称古文"至欧、曾、苏、王而大振"，宋文"能与圣贤合"，与秦汉派针锋相对，为宋文张目。以上艾南英的这些论述，扩大了曾巩的影响，为曾巩在明代后期的接受做出了贡献。

另外，值得一提的是，明代小说已经兴起，曾巩接受出现了新的形式，即在小说中出现了对曾巩的接受。如冯梦龙所著《警世通言》第四卷《拗相公饮恨半山堂》云：

> 如今说先朝一个宰相，他在下位之时，也着实有名有誉的。后来大权到手，任性胡为，做错了事，惹得万口唾骂，饮恨而终。

---

① 〔明〕艾南英著：《天傭子集》卷五，清光绪重刊本。

假若有名誉的时节，一个瞌睡死去了不醒，人还千惜万惜，道国家没福，恁般一个好人，未能大用，不尽其才，却到也留名于后世。及至万口唾骂时，就死也迟了。这到是多活了几年的不是！那位宰相是谁？在那一个朝代？这朝代不近不远，是北宋神宗皇帝年间，一个首相，姓王，名安石，临川人也。此人目下十行，书穷万卷，名臣文彦博、欧阳修、曾巩、韩维等，无不奇其才而称之。方及二旬，一举成名。初任浙江庆元府鄞县知县，兴利除害，大有能声。转任扬州佥判，每读书达旦不寐。日已高，闻太守坐堂，多不及盥漱而往。时扬州太守，乃韩魏公，名琦者，见安石头面垢污，知未盥漱，疑其夜饮，劝以勤学。安石谢教，绝不分辨。后韩魏公察听他彻夜读书，心甚异之，更夸其美。升江宁府知府，贤声愈著，直达帝聪。正是：只因前段好，误了后来人。①

小说虽然主要写的是王安石，但其中也将曾巩称作名臣。由于小说具有更加广泛的读者群，且其受众多为中下层文人，如此一来，便极大地扩大了曾巩的接受群，曾巩的名臣形象也将随之传播开来。

另外，吴敬所（一作圻）所著《国色天香》第五卷《三妙寄情唱和》云：

是日，奇姐遣侍女兰香至，琼姐题七言古诗一首，密封付之。诗名《飞雁曲》："日斜身傍彩云游，云去萧然谁与伴。不见月中抱月人，泪珠点滴江流满。并头鸿雁复无情，不任联飞各分散。莫往莫来系我思，片片柔肠都想断。"

奇读其诗，不觉长叹。母问其故，权辞答曰："大姊病躁渴，欲求我药方。"母曰："明早即令兰香送去，不可失信于人。"

---

① 〔明〕冯梦龙编著，杨桐注：《警世通言》，崇文书局，2015 年，第 23 页。

奇乃步韵制诗，翌日送去。诗曰："彩云昨夜绕琼枝，千秋万秋长作伴。举首青天即可邀，何须泪洒江流满。江头打鸭鸳鸯惊，飞北飞南暂分散。归来不见月中人，任是无情肠亦断。"

琼见之，不觉掩泪。锦读之，亦发长叹曰："二妹皆奇才，天生双女士也。"然锦亦通文史，但不会作诗，生称为"女中曾子固"。至是，琼强之和。锦笑曰："吾亦试为之，但作五言而已。"诗曰："巫山云气浓，玉女长为伴。而今远飞扬，相望泪流满。襄王时来游，风伯忽吹散。归雁亦多情，音书犹未断。"

琼见锦诗，曰："四姊好手段，向来只过谦，若遇白郎来，同心共唱和矣。"锦曰："贻笑大方耳。"适生令小僮奉杨梅与赵母，锦问曰："大叔安在？"答曰："往乡才回。"琼将锦诗密封与生，生意其即琼所为也。是夕，二姬度生必至。

生乘黑而至，琼且喜且怒，骂曰："郎非云中人也，乃是花前蝶耳！花英未采，去去来来；花英既采，一去不来。锦囊联句，还我烧之！"生曰："我若负心，难逃雷剑。实因家事，无可奈何。向来新词，卿所制乎？"琼曰："四姊新制。"生曰："曾子固能作诗乎？"琼曰："向来只谦逊耳。"[1]

　　小说女主人公锦虽通文史，但不会作诗，于是被称为"女中曾子固"。当男主人公白生得知新词乃锦所作时，发出了"曾子固能作诗乎"的惊讶之语。由此可见，曾巩不会作诗在当时传播甚广，导致小说创作中都将其作为素材加以使用。

　　总之，明代开启了小说中曾巩接受的新形态。随后的清代，这种小说接受形式得到进一步的发展。

---

[1] 〔明〕吴敬所编辑，白春平、杨春爽点注：《国色天香》，华夏出版社，2012年，第154—155页。

第四节　唐宋派对曾巩的接受

虽然秦汉派与唐宋派都讲究复古，但两者取径不同。针对秦汉派的"文必秦汉"，唐宋派则提出宗法唐宋，在明代文坛影响甚大。唐宋派由于宗法唐宋，因此对于曾巩亦非常推崇，这极大地推动了曾巩在明代的接受。本节将主要论及唐宋派的三位代表性人物，王慎中、唐顺之与归有光对曾巩的接受。

一、王慎中对曾巩的接受

王慎中（1509—1559），字道思，号遵岩居士，晋江（今属福建）人，与唐顺之、归有光并为唐宋派代表人物。王慎中最初为文，也是向秦汉派学习，但后来读了欧阳修、曾巩等人的文章之后，遂尽焚旧作，一意效仿欧、曾之作。对此，《明史·王慎中传》有云：

> 慎中为文，初主秦、汉，谓东京下无可取。已悟欧、曾作文之法，乃尽焚旧作，一意师仿，尤得力于曾巩。顺之初不服，久亦变而从之。壮年废弃，益肆力古文，演迤详赡，卓然成家，与顺之齐名，天下称之曰王、唐。①

由上可见，王慎中后来转而向宋文大家学习，且"尤得力于曾巩"，被当时人称为"今之曾氏"（见皇甫汸《遵岩先生文集后序》）。

对王慎中的这一转变，李贽（1527—1602）在《参政王公》中，亦记载称王慎中"尤喜曾、王、欧"之文，且制作"一以曾、王为准"：

---

① 〔清〕张廷玉等著：《明史》卷二百八十五，中华书局，1974年，第7368页。

慎中夙好古，汉以下著作无取焉。至是始读宋儒之书而喜之，尤喜曾、王、欧三氏文，即眉山兄弟犹以为过于豪而失之放矣。以此自信，乃取旧所为文悉焚之，制作一以曾、王为准。唐荆川初见不肯服，久之相解，亦变而从之。尝语人曰："吾学问得之龙溪，文字得之遵岩。"①

对于曾巩之文，王慎中于《曾南丰文粹序》中有比较详细的评价：

无锡安生如，石刻南丰曾氏《文粹》成，属某为序。而重以武进唐太史顺之、同安洪郎中朝选二君之书以勉焉。予惟曾氏之文至矣！当其时，王震序之，已无能有益于发明。晚宋及元，序者颇多，而其言愈下，予何敢任焉！唐君以文名世，洪君与之上下，其学文亦日有名，而二君见勉之勤如此，岂有他哉！亦慨斯文之既坠，而欲明其说于世也。故不揆而序之曰：极盛之世，学术明于人人，风俗一出乎道德，而文行于其间，自铭器赋物、聘好赠处、答问辩说之所撰述，与夫陈谟矢训、作命敷诰，施于君臣政事之际；自闾咏巷谣、托兴虫鸟、极命草木之诗，与夫作为《雅》《颂》，奏之郊庙朝廷，荐告盛美，讽谕监戒，以为右神明动民物之用。其小大虽殊，其本于学术而足以发挥乎道德，其意未尝异也。士生其时，盖未有不能为言，其才或不能有以言，而于人之能言，固未尝不能知其意。文之行于其时，为通志成务，贤不肖愚知共有之能，而不为专长一人、独名一家之具。噫！何其盛也。周衰学废，能言之士始出于才，由其言以考于道德，则有所不至……由三代以降，士之能为文，莫盛于西汉。徒取之于外，而足以悦世之耳目者，枚乘、公孙弘、严助、朱买臣、谷永、司马相如之属，

---

① 〔明〕李贽著：《续藏书》卷二十六，明万历三十九年王惟俨刻本。

而相如为之尤；能道其中之所欲言，而不能免于蔽者，贾谊、董仲舒、司马迁、刘向、扬雄之属，而雄其最也。于是之时，岂独学失其统而不能一哉！文之不一，其患若此。其不能为言者，既莫之能知，由其不知之，众则为之，而能者又益以鲜矣。四海之广，千岁之久，生人之多，而专其所长以自名其家者，于其间数人而已。道德之意，犹因以载焉。而传于不泯，虽其专长而独名，为有愧于盛世。既衰之后，士之能此，岂不难哉！由西汉而下，莫盛于有宋，庆历、嘉祐之间，而杰然自名其家者，南丰曾氏也。观其书，知其于为文，良有意乎折衷诸子之同异，会通于圣人之旨，以反溺去蔽而思出于道德，信乎能道其中之所欲言，而不醇不该之蔽，亦已少矣。视古之能言，庶几无愧，非徒贤于后世之士而已。推其所行之远，宜与《诗》《书》之作者并天地无穷，而与之俱久。然至于今日，知好之者已鲜，是可慨也。盖此道不明，士之才庶可以有言矣。而病于法之难入，困于义之难精，决焉而放于妄，以苟自便，而幸人之相与为惑，其才不足以有言，则愧其不能矫为之说诬焉，以自高而掩其不能之愧，以为是不足为也。其弊于今为甚，则是书尤不可不章显于时。顾予之陋，安能使人人知好之而序之云，然盖以致予之所感焉耳。[1]

文中对曾巩的文学地位评价极高，认为"由西汉而下，莫盛于有宋，庆历、嘉祐之间，而杰然自名其家者，南丰曾氏"，俨然将曾巩与西汉之文相并列。对曾巩之文学贡献，王慎中说他"折衷诸子之同异，会通于圣人之旨"，"宜与《诗》《书》之作者并天地无穷，而与之俱久"，直与《诗》《书》之作者相提并论，可谓推崇备至，溢美之甚。最后，他还希望通过

---

[1]　〔明〕王慎中著：《遵岩集》卷九，清文渊阁四库全书本。

《曾南丰文粹》的刊刻，能够让曾巩之文彰显于时，以救当时文坛之弊。

在《与李中溪书》（其一）中，王慎中还将自己所作之《明伦堂记》与曾巩之《筠州学记》《宜黄县学记》进行比较，认为"其文则曾南丰《筠州》《宜黄》二学记文"：

> 《明伦堂记》，曾录寄武进唐应德兄，并与书云：此文乃明道之文，非徒词章而已。其义则有宋大儒所未及发，其文则曾南丰《筠州》《宜黄》二学记文也。[①]

可见，王慎中是将曾巩作为自己学习的榜样和目标，并常将自己与之进行比较。

在《与汪直斋》中，王慎中则盛赞曾巩学记之文"为千古绝笔"，而李觏、欧阳修"差强人意"，王安石"犹为差贬"：

> 自有序记文字以来，诸名家之文，为记学而作者，唐人皆有愧词，虽韩昌黎《夫子庙》一篇亦为劣。盖唐制立学不广，不但诸家无名文，而诸家之文为学而作者亦少。惟宋庆历诏天下立学制，始盛于郡县，而古文之兴，亦自庆历以后。故宋人之记学者，其文甚多。然惟李盱江《袁州》、欧阳六一《吉州》二记，盛为一代所传。二文要为差强人意，在二公亦非其至者。至曾南丰《宜黄》《筠州》二记，王荆公《虔州》《慈溪》二记，文词义理并胜，当为千古绝笔，而王公视曾犹为差贬焉。[②]

对曾巩的一些名篇，王慎中也多有评点之语。如：

> 《熙宁转对疏》，王遵岩曰：董仲舒、刘向、扬雄之文不过如此。若论结构法则，汉犹有所未备；而其气厚质醇，曾远不逮董、

---

① 〔明〕王慎中著：《遵岩集》卷二十三，清文渊阁四库全书本。
② 〔明〕王慎中著：《遵岩集》卷二十二，清文渊阁四库全书本。

刘矣。惟扬雄才艰，而又不能大变于当时之体，比曾为不及耳。

《移沧州过阙上殿疏》，王遵岩曰：体意虽出于《封禅》《美新》诸家，与韩、柳《进唐雅序》等门户中来，然原本经训，别出机轴，不为谀悦浅制，而忠荩进戒之义昭然，与先朝周《雅》比盛矣。真作者之法也。①

《战国策目录序》，王遵岩曰：此序与《新序》序相类，而此篇为英爽轶宕。

《梁书目录序》，王遵岩曰：《原道》文字雄健杰特，亘古无伦矣。然说佛之失处不能如是，其称吾道大旨，亦不能如是精也。

《新序目录序》，王遵岩曰：南丰文字，于原本经训处，多用董仲舒、刘向也。

《列女传目录序》，王遵岩曰：宋人叙古人集及古人所著书，往往有此家数。然多以考订次第，为一篇之文而巳，不能如先生更有一段大议论，以成其篇也。如后叙鲍容、李白集，亦不免用其体，盖小集自不足以发大议论，又适当然耳。②

《礼阁新仪目录序》，王遵岩曰：此类文皆一一有法，无一字苟，观文者不可忽此。

《范贯之奏议集序》，王遵岩曰：沉着顿挫，光采自露，且序人奏议，发明直气切谏，而能形容圣朝之气象，治世之精华，真大家数手段。如苏公序田锡奏议，亦有此意，然其文词过于俊爽，而气轻味促。

《强几圣文集序》，王遵岩曰：此序虽不立意发论，而颇有逸气，盖少出于经而入于史氏之体，故亦有纵步。若王氏兄弟之序，则绳趋窘武，蹜蹜乎如有循矣，信乎周道如砥，非君子莫之能履也。

---

① 以上见〔明〕茅坤编：《唐宋八大家文钞》卷九十七，清文渊阁四库全书本。
② 以上见〔明〕茅坤编：《唐宋八大家文钞》卷一百，清文渊阁四库全书本。

《先大夫集后序》，王遵岩曰：先生之文，如此篇之委曲感慨而气不迫晦者，亦不多有。①

《馆阁送钱纯老知婺州诗序》，王遵岩曰：治朝盛世，文儒遭逢，出入得意之气象，蔼然篇中。观者不但可以想见其人，而又可以知其时也。②

《襄州宜城县长渠记》，王遵岩曰：二堂及此记，皆绝佳。③

《拟岘台记》，王遵岩曰：繁弦急管，促节会音，喧动嘈杂，若不知其宫商之所存，而度数亦自皦如，使听者激竦，加以欢悦，此文之谓矣。

《学舍记》，王遵岩曰：此亦是先生独出一体，在韩、欧未有，然大意亦自《醉翁亭》《真州东园》二篇体中变出，又自不同也。

《南轩记》，王遵岩曰：《学舍》《南轩》二记，与《筠州》《宜黄》两学记，皆谓之大文字矣。④

《讲官议》，王遵岩曰：此文根据经训，以为掊击之地，而措词严健，复存委曲，是绝好文字。⑤

以上这些评点，王慎中从句法、命意及风格特点等方面对曾巩文进行阐释，多为激赏之语。如评曾巩之《熙宁转对疏》，则称汉代董仲舒、刘向、扬雄的文章也不过如此，而在结构法则方面，曾巩更是胜于他们；在评《移沧州过阙上殿疏》《梁书目录序》《新序目录序》时，则称曾巩"原本经训""原道"；论及曾巩之文的风格特点时，则称"英爽轶宕""雄健杰特""沉着顿挫""严健""委曲"等。

---

① 以上见〔明〕茅坤编：《唐宋八大家文钞》卷一百一，清文渊阁四库全书本。
② 〔明〕茅坤编：《唐宋八大家文钞》卷一百二，清文渊阁四库全书本。
③ 〔明〕茅坤编：《唐宋八大家文钞》卷一百三，清文渊阁四库全书本。
④ 以上见〔明〕茅坤编：《唐宋八大家文钞》卷一百五，清文渊阁四库全书本。
⑤ 〔明〕茅坤编：《唐宋八大家文钞》卷一百六，清文渊阁四库全书本。

二、唐顺之对曾巩的接受

唐顺之（1507—1560），字应德，号荆川，武进（今江苏常州）人。唐顺之最初不服王慎中之学曾巩，但是久而久之"亦变而从之"。在《与王遵岩参政》中，唐顺之就认为"三代以下之文，未有如南丰"：

> 近来有一僻见，以为三代以下之文，未有如南丰；三代以下之诗，未有如康节者。然文莫如南丰，则兄知之矣；诗莫如康节，则虽兄亦且大笑。①

这里，唐顺之对曾巩推崇极高，认为"三代以下之文，未有如南丰"，不免有过誉之嫌。

唐顺之对曾巩之接受，还表现在其对曾巩一些名篇的点评中，如：

《上欧蔡书》，唐荆川云：叙论纡徐有味。

《福州上执政书》，唐荆川曰：南丰之文纯出于道古，故虽作书亦然，盖其体裁如此也。②

《梁书目录序》，唐荆川曰：通篇俱说圣人之内，而所以攻佛者，不过数句。

《太祖皇帝总序》，唐荆川曰：此等大文字，当看其布置处。南丰有《沧州上殿札子》，皆与此意同。并可与欧公《仁宗御集序》参之。③

《礼阁新仪目录序》，唐荆川曰：此文一意翻作两段说。

《王平甫文集序》，唐荆川曰：文一滚说，不立间架。④

---

① 〔清〕黄宗羲编：《明文海》卷一百六十，清文渊阁四库全书本。
② 以上见〔明〕茅坤编：《唐宋八大家文钞》卷九十八，清文渊阁四库全书本。
③ 以上见〔明〕茅坤编：《唐宋八大家文钞》卷一百，清文渊阁四库全书本。
④ 以上见〔明〕茅坤编：《唐宋八大家文钞》卷一百一，清文渊阁四库全书本。

《送丁琰序》，唐荆川曰：南丰之文，大抵入事以后，与前半议论照应不甚谨严。

《送江任序》，唐荆川曰：此文作两段，一段言用于异乡之难为治，一段言用于其土之易为治。

《赠黎安二生序》，唐荆川曰：议论谨密。

《送蔡元振序》，唐荆川曰：此文入题以后，照应独为谨密，异于南丰诸文。①

《徐孺子祠堂记》，唐荆川曰：此篇三段，第一段叙党锢诸贤及孺子事，第二段比论二事，第三段叙作亭。

《抚州颜鲁公祠堂记》，唐荆川曰：此文三段，第一段叙，第二段议论，第三段叙立祠之事。叙事、议论处，皆以捍贼、忤奸分作两项，而混成一片，绝无痕迹，此是可法处。又曰：欧阳公于王彦章之忠则略之，而独言其善出奇；曾子固于颜鲁公之捍贼则略之，而独言忤奸而不悔，此是文之微显阐幽处。②

《清心亭记》，唐荆川曰：程朱以前，此等议论亦少。③

从唐顺之以上点评来看，主要涉及以下内容：一是论及曾巩文的风格特点，如"纡徐有味""谨密"；二是论及曾巩之渊源，如"纯出于道古""俱说圣人之内"；三是论及曾巩之文的谋篇布局，如"当看其布置处""不立间架""入题以后，照应独为谨密"；四是阐明曾文之大意，如"此篇三段，第一段叙党锢诸贤及孺子事，第二段比论二事，第三段叙作亭"；五是论及曾文之地位，"程朱以前，此等议论亦少"。综之，唐顺之对曾巩及其文赞赏有加。当然，对曾文存在的不足，他也能较为客观的指

①　以上见〔明〕茅坤编：《唐宋八大家文钞》卷一百二，清文渊阁四库全书本。
②　以上见〔明〕茅坤编：《唐宋八大家文钞》卷一百四，清文渊阁四库全书本。
③　〔明〕茅坤编：《唐宋八大家文钞》卷一百五，清文渊阁四库全书本。

出来，如称曾巩之文"大抵入事以后，与前半议论照应不甚谨严"。

三、归有光对曾巩的接受

归有光（1507—1571），字熙甫，号震川，昆山（今属江苏）人。归有光为明代唐宋派大家，当时被称为"今之欧阳修"，后人称赞其文为"明文第一"。

有"明文第一"之称的归有光对曾巩亦非常推崇，其在《上徐阁老书》中，就说自己乃"素慕巩者"：

> 昔曾舍人巩《上范资政书》云："士之愿附于门下者多矣，使巩不自别于其间，固非巩之志，亦阁下之所贱也。"有光素慕巩者，故不量其不能如巩，而欲学巩之自别焉。[1]

在《送顾太仆致政南还序》中，归有光虽称"班与韩、曾之文，世皆以为不可及"，但他认为自己所论士大夫出处进退，韩愈和曾巩都有所未及：

> 而曾子固之《送周屯田》，直以得释于烦且劳以为乐。夫士大夫致身国家，岂独以能自释于烦劳为乐耶？班与韩、曾之文，世皆以为不可及；吾犹以为未能究出处之义，而自度于其心，非为论之精者……吾所以论士大夫出处进退之际，韩退之、曾子固之所未及也。[2]

在《文章指南》仁集之《造文平淡则第八》中，归有光称赞曾巩《战

---

① 〔明〕归有光著，周本淳校点：《震川先生集》卷六，上海古籍出版社，1981年，第124页。

② 〔明〕归有光著，周本淳校点：《震川先生集》卷六，上海古籍出版社，1981年，第234—235页。

国策目录序》为"大手笔":

> 文章意全胜者，词愈朴而文愈高；意不胜者，词愈华而文愈
> 鄙。如曾子固《战国策目录序》，无一奇语，无一怪字，读之如
> 太羹元酒，不觉至味存焉，真大手笔也。[①]

由上可见，归有光不仅对曾巩之为人仰慕有加，而且对其文亦非常佩服。当然，对其不足，如《送周屯田》中未能究出处之义，亦能予以指出。

第五节　"唐宋八大家"编选者对曾巩的接受

明代，通过对"唐宋八大家"文的编选，"唐宋八大家"之名最终得以确立。凭借"唐宋八大家"选集的有力传播，极大地扩展了曾巩传播接受的范围，这在曾巩接受中具有重要意义。本节将主要论及为"唐宋八大家"定名做出贡献的两位编选者：朱右与茅坤。

一、朱右对曾巩的接受

朱右（1314—1376），字伯贤，自号邹阳子，临海（今属浙江）人。朱右为文以唐宋为宗，尝选韩、柳、欧、曾、王、三苏之文编为《新编六先生文集》（并三苏为一家，今已不传），实开编选"唐宋八大家"文之先。

在《文统》中，朱右称曾巩等人皆可"远追秦、汉，羽翼韩、欧"：

> 唐韩愈上窥姚、姒，驰骋马、班，本经参史，制为文章，追
> 配古作。宋欧阳修又起而继之，文统于是乎有在。其间柳宗元、

---

① 〔明〕归有光编：《文章指南》，见四库全书存目丛书编纂委员会编《四库全书存目丛书》集部第 315 册据清光绪二年刻本，齐鲁书社，1997 年，第 651 页。

王安石、曾巩、苏轼亦皆远追秦、汉，羽翼韩、欧，然未免互有
优劣。呜呼！文岂易言哉！①

在为宋濂撰写《潜溪大全集序》时，朱右又从文统的角度，肯定了曾
巩等人在古文发展中的地位：

> 文章有统，自古称西汉为宗，而贾、董、马、班之俦，实可
> 师法。晋、宋日流委靡，唐韩子起八代之衰运，一复诸古。五季
> 浸衰，欧阳子又从而振之，当时若曾子固、王介甫、苏子瞻，皆
> 有所依赖。②

正因为朱右对曾巩等人有如此认识，故其编选他们八人之文为《新
编六先生文集》。该书虽今已不传，但其大概，可于《新编六先生文集序》
中略窥一二：该书总16卷，韩愈文3卷，61篇；柳宗元文2卷，43篇；
欧阳修文2卷，55篇；曾巩文3卷，64篇；王安石文3卷，40篇；三苏
文3卷，57篇。由此可见，朱右在《新编六先生文集》中选录曾巩之文最
多，足见其对曾巩的重视程度。对于六先生之文，朱右认为其"断断乎足
为世准绳"（《白云稿》卷五之《新编六先生文集序》），即希望其能成为世
人学习的范本。

二、茅坤对曾巩的接受

另一位文选家茅坤（1512—1601），字顺甫，号鹿门，归安（今浙江
吴兴）人。他尝编选《唐宋八大家文钞》，该书对后世影响甚大，对扩大
曾巩的传播做出了巨大贡献。

对于《唐宋八大家文钞》所带来的影响，《明史·茅坤传》说是"盛

---

① 〔明〕朱右著：《白云稿》卷三，清文渊阁四库全书本。
② 〔明〕朱右著：《白云稿》卷五，清文渊阁四库全书本。

行海内，乡里小生无不知茅鹿门者"：

> 坤善古文，最心折唐顺之。顺之喜唐、宋诸大家文，所著《文编》，
> 唐、宋人自韩、柳、欧、三苏、曾、王八家外，无所取，故坤选《八
> 大家文钞》。其书盛行海内，乡里小生无不知茅鹿门者。①

清四库馆臣在《唐宋八大家文钞提要》中也说，该书主要为初学者指示门径，"一二百年以来，家弦户诵"，足见其普及度之广泛。

从其所撰《唐宋八大家文钞原叙》来看，茅坤编选《唐宋八大家文钞》主要是针对秦汉派：

> 我明弘治、正德间，李梦阳崛起北地，豪隽辐辏，已振诗声，
> 复揭文轨，而曰：吾《左》吾《史》与《汉》矣。已而又曰：吾
> 黄初、建安矣。以予观之，特所谓词林之雄耳。其于古六艺之遗，
> 岂不湛淫涤滥，而互相剽裂己乎？予于是手掇韩公愈，柳公宗元，
> 欧阳公修，苏公洵、轼、辙，曾公巩、王公安石之文，而稍为批
> 评之，以为操觚者之券，题之曰《八大家文钞》。家各有引，条
> 疏如左。嗟乎！之八君子者，不敢遽谓尽得古六艺之旨，而予所
> 批评，亦不敢自以得八君子者之深。要之大义所揭，指次点缀，
> 或于道不相戾己。②

以李梦阳为代表的秦汉派，在当时文坛比较盛行。他们主张"文必秦汉"，但实际上却存在"湛淫涤滥""互相剽裂"的弊病。茅坤编选《唐宋八大家文钞》，希望以此为"操觚者之券"，最终得"古六艺之旨"，以合于道。由此来看，当时茅坤编选《唐宋八大家文钞》主要目的是针对秦汉派。

在《唐宋八大家文钞·论例》中，茅坤对曾巩之文的渊源、风格特点

---

① 〔清〕张廷玉等著：《明史》卷二百八十五，中华书局，1974 年，第 7375 页。
② 〔明〕茅坤编：《唐宋八大家文钞》卷首，清文渊阁四库全书本。

等有所论及：如"曾之大旨近刘向，然逸调少矣"，"曾南丰之文，大较本经术，祖刘向。其湛深之思，严密之法，自足以与古作者相雄长，而其光焰或不外烁也，故于当时稍为苏氏兄弟所掩，独朱晦庵亟称之"，"曾巩、王安石、苏洵、辙，至矣，巩尤为折衷于大道，而不失其正，然其才或疲薾而不能副焉"（见茅坤《唐宋八大家文钞》卷首）。在茅坤看来，曾巩之文乃本于"经术"，"折衷于大道"，主要学刘向，其文之特点是思深、法严、正。当然，对于曾巩之文存在的不足，茅坤也能客观的指出来，就是"逸调少"，"才或疲薾而不能副"。这确实是曾巩文中存在的问题，就是曾巩文缺少才气、才情。

接下来，在《南丰文钞引》中，他又说道：

> 曾子固之才焰，虽不如韩退之、柳子厚、欧阳永叔及苏氏父子兄弟，然其议论必本于六经，而其鼓铸剪裁，必折衷之于古作者之旨。朱晦庵尝称其文似刘向，向之文，于西京最为尔雅。此所谓可与知者言，难与俗人道也。近年晋江王道思、毗陵唐应德始亟称之，然学士间犹疑信者半，而至于脍炙者罕矣。[1]

在茅坤看来，曾巩在才气上虽不如韩愈、柳宗元和欧阳修等人，但其议论大多本于"六经"，又善于裁剪，较有法度，这是曾巩的主要特点。同时，曾巩之文似刘向，因此其文还具有"尔雅"的特点。在最后，茅坤谈及当时文坛主要有王慎中、唐顺之学曾巩，曾巩在当时的影响还比较有限，即所谓"疑信者半""脍炙者罕"。

在与他人的书信交往中，茅坤也常谈论到曾巩，如《复唐荆川司谏书》云：

> 尝闻先生谓唐之韩愈，即汉之马迁；宋之欧、曾，即唐之韩

---

[1] 〔明〕茅坤编：《唐宋八大家文钞》卷九十七，清文渊阁四库全书本。

愈。某初闻之而疑之，又从而思之。其大较虽近，而其中深入之处，窃或以为稍有未尽然者……窃谓马迁譬之秦中也，韩愈譬之剑阁也，而欧、曾譬之金陵、吴会也。中间神授，迥自不同，有如古人所称百二十二之异。而至于六经，则昆仑也，所谓祖龙是已。故愚窃谓今之有志于为文者，当本之六经，以求其祖龙。而至于马迁，则龙之出游，所谓太行、华阴而之秦中者也。故其气尚雄厚，其规制尚自宏远。若遽因欧、曾以为眼界，是犹入金陵而揽吴会，得其江山逶迤之丽、浅风乐土之便，不复思履毂、函以窥秦中者已。大抵先生诸作，其旨不悖于六经；而其风调，则或不免限于江南之形胜者。故某不肖，妄自引断：为文不必马迁，不必韩愈，亦不必欧、曾；得其神理而随吾所之，譬提兵以捣中原，惟在乎形声相应，缓急相接，得古人操符致用之略耳。而至于伏险出奇，各自有用，何必其尽同哉！不审高明以为何如？①

在信中，茅坤与唐顺之就文学创作展开了探讨：针对唐顺之所说"唐之韩愈，即汉之马迁；宋之欧、曾，即唐之韩愈"，茅坤认为虽看似有些道理，但实则"未尽然"。在茅坤看来，为文应"本之六经"，并在此基础上"得其神理而随吾所之"，"不必马迁，不必韩愈，亦不必欧、曾"。对于唐顺之的文学创作，茅坤觉得虽"其旨不悖于六经"，但其风调则不免受限。究其原因，主要是因为唐顺之陷于学欧、曾，学韩愈，学司马迁，而不能自拔。

在《与蔡白石太守论文书》中，茅坤回忆了自己文学创作走过的历程：

> 独私叩文章之旨，稍得其堂户扃钥而入。而自罪黜以来，恐

① 〔明〕茅坤著：《茅鹿门先生文集》卷一，见《续修四库全书》编纂委员会编《续修四库全书》集部第 1344 册据明万历刻本，上海古籍出版社，2002 年，第 461—462 页。

一旦露零于茂草之中，谁为吊其衰而悯其知？以是益发愤为文辞，而上采汉马迁、相如、刘向、班固，及唐韩愈、柳宗元，宋欧阳修、曾巩、苏氏兄弟，与同时附离而起所谓诸家之旨，而揣摩之。大略琴、瑟、枳、敔，调各不同，而其中律一也。律者，即仆囊所谓万物之情，各有其至者也。近代以来，学士大夫之操觚为文章，无虑数十百家，其以云吻雾噏、虎啮鸷攫之材，扬声艺林者，亦星见踵出。然于其所谓万物之情，各有其至者，或在置而未及也。近独从荆川唐司谏上下其论，稍稍与仆意相合。仆少喜为文，每谓当跌宕激射似司马子长，字而比之，句而亿之，一字一句不中其累黍之度，即惨恻悲凄也。唐以后，若薄不足为者。独怪荆川疾呼曰："唐之韩，犹汉之马迁；宋之欧、曾、二苏，犹唐之韩子。不得至其至，而何轻议为也？"仆闻而疑之，疑而不得，又蓄之于心而徐求之，今且三年矣。近乃取百家之文之深者，按覆之，卧且吟而餐且噎焉，然后徐得其所谓万物之情各有其至，而因悟囊之所云司马子长者，眉也，发也，而唐司谏仆所自得，始两相印而无复同异。①

　　从文中可知，茅坤早年学文也受到秦汉派的影响，学司马迁，"字而比之，句而亿之"，视唐以后之文"若薄不足为者"。及见到唐顺之后，逐渐受其影响，两人所自得"始两相印而无复同异"。在唐顺之的影响下，茅坤既"上采汉马迁、相如、刘向、班固"，又对"唐韩愈、柳宗元，宋欧阳修、曾巩、苏氏兄弟"之文加以揣摩，渐渐走出"文必秦汉"的限囿。当然需要指出的是，茅坤的转变是渐次的，如在上文中，其对"万物之情"比较重视，而在《复唐荆川司谏书》中，则非常强调"六经"及

① 〔明〕茅坤著：《茅鹿门先生文集》卷一，见《续修四库全书》编纂委员会编《续修四库全书》集部第 1344 册据明万历刻本，上海古籍出版社，2002 年，第 464 页。

"神理"，两者之间有一定的差别。

在《与王敬所少司寇书》中，茅坤从文与道的关系阐发，认为曾巩等八大家"因文见道"，可发扬"六艺之旨"：

> 文以载道……孔、孟没而圣学微，于是六艺之旨，散逸不传……故西京之文号为尔雅。而魏晋以还，惟唐韩昌黎愈、柳柳州宗元，宋欧阳学士修，及苏氏父子兄弟、曾巩、王安石辈之八君子者，赋材不同，然要之并按古六艺及西京以来之遗响而揣摩之者，其在孔门，不敢当游、夏列，而大略因文见道，就中擘理。①

在《文旨赠许海岳沈虹台二内翰先生》中，茅坤首先肯定了曾巩等八大家在古文复古中的地位，同时强调他们是由"六艺之学"而进于道：

> 欧阳修、曾巩及苏氏父子兄弟出，而天下之文复趋于古。数君子者，虽其才之所授小大不同，而于六艺之学，可谓共涉其津而溯其波者也。由此观之，文章之或盛或衰，特视其道何如耳。②

在"唐宋八大家"中，茅坤于曾巩比较推崇，至所谓"仆犹取之"，其于《复陈五岳方伯书》云：

> 八君子者之中，曾子固殊属木讷寒涩，噭之无声，嘘之无焰者，而仆犹取之。以其所序《战国策》诸书，及记筠州、宜黄学诸文，盖亦翩然能得古六籍之遗而言之者已。要之，非世所谓翡翠珊瑚、刻镂剿赝之饰而为之文者。故苏长公尝称韩昌黎文起八代之衰，

---

① 〔明〕茅坤著：《茅鹿门先生文集》卷五，见《续修四库全书》编纂委员会编《续修四库全书》集部第 1344 册据明万历刻本，上海古籍出版社，2002 年，第 529 页。
② 〔明〕茅坤著：《茅鹿门先生文集》卷十四，见《续修四库全书》编纂委员会编《续修四库全书》集部第 1344 册据明万历刻本，上海古籍出版社，2002 年，第 649 页。

其所指者固在此。①

在茅坤看来，曾巩在八家之中"殊属木讷蹇涩"，才情略显不足。但他还"犹取之"，其原因在于曾巩"能得古六籍之遗而言之者"，能够去除雕饰。概言之，即曾巩之文能本于经术，源于道，所以茅坤特别推崇他，选曾巩文也最多。

在《唐宋八大家文钞》中，茅坤对曾巩之文也多有评点。如：

《熙宁转对疏》：劝学二字，公之所见正，所志亦大，而惜也才不足以副之，故不得见用于时。姑录而存之，以见公之概。

《移沧州过阙上殿疏》：曾公此札欲附古作者《雅》《颂》之旨，陈上功德，宣之金石，而其结束归于劝戒。

《议经费札子》：名言。

《请减五路城堡札子》：似亦名言，惜也篇末措注亦欠发明。

《明州拟辞高丽送遗状》：极为通达国体之言。

《请令州县特举士札子》：子固按古者三代，及汉兴令郡国各举贤良者以闻，甚属古意。世之君相未必举行，而不可不闻此议，予故录之。入时事以后，措注须本古之所以得与今之所以失，参错论列，使朝廷开明，然后得按行之。而子固于此，往往亦似才识不称其志云。②

《上范资政书》：按此书，曾公既自幸为范文正公所知，窃欲出其门，又恐文正公或贱其人，故为纡徐曲折之言，以自通于其门。而行文不免苍莽沉晦，如扬帆者之入大海，而茫乎其无畔已。若韩昌黎所投执政书，其言多悲慨；欧公所投执政书，其言多婉

---

① 〔明〕茅坤著：《茅鹿门先生文集》卷八，见《续修四库全书》编纂委员会编《续修四库全书》集部第 1344 册据明万历刻本，上海古籍出版社，2002 年，第 568 页。
② 以上见〔明〕茅坤编：《唐宋八大家文钞》卷九十七，清文渊阁四库全书本。

曲；苏氏父子投执政书，其言多旷达而激昂。较之子固，醒人眼目，特倍精爽。

《上欧阳学士第二书》：子固感欧公之知，又欲欧公并览睹其所自期待处。蕴思缀语，种种斟酌。

《上蔡学士书》：从欧阳公与两司谏书中脱化来。

《上欧蔡书》：委婉周匝可诵，公文之佳者。

《福州上执政书》：子固以宦游闽徼，不得养母，本《风》《雅》以为陈情之案，而其反复咏叹，蔼然盛世之音。此子固之文，所以上拟刘向，而非近代所及也。

《谢杜相公书》：感慨深湛，雍容典则，有道者之文也，岂浅儇者所及？①

《上杜相公书》：以书为质，其说宰相之体处，亦自典刑。

《与杜相公书》：此子固所不可及处，在不失己上。

《与孙司封书》：悯孔宗旦先侬智高之反而言，而猥与不为御贼者同戮而无闻。其为书反复千余言，句句字字呜咽涕洟，可与传记相表里。

《与抚州知州书》：子固有一段自别于众人处之意，而又有所难言，故其文迂塞不甚精爽，非其佳者。

《与王介甫第二书》：介甫本刚愎自用之人，此书特为忠告甚笃，盖亦人所难及者。但其砭剂多而讽谏少，恐亦不相入。

《寄欧阳舍人书》：此书纡徐百折，而感慨呜咽之气，博大幽深之识，溢于言外，较之苏长公所谢张公为其父墓铭书特胜。

《答范资政书》：颂而不谄，伉而不骄。

《答王深甫论扬雄书》：此书所议甚舛，姑录而质之有识者。

---

① 以上见〔明〕茅坤编：《唐宋八大家文钞》卷九十八，清文渊阁四库全书本。

以仕莽拟箕子之囚奴，抑巳过矣，况《美新》乎？以子固而犹为附和其说，甚矣！君子之权衡天下出处，必至圣人而后折衷也。愚独谓扬雄当不逮楚"两龚"。

《答孙都官书》：书旨多苍然之色，幽然之思。①

《战国策目录序》：大旨与《新序》相近，有根本，有法度。

《南齐书目录序》：论史家得失处如掌。

《梁书目录序》：以内字论佛之旨，颇非是。盖佛原非以吾儒之外，而彼自识其内也。彼只见自家本来原无一物，故欲了当本性耳。欲见本性，故将一切声色、臭味、香法，多为丢去耳，而非以徇内故也。

《陈书目录序》：文属典刑，不为风波而自可赏俯。

《太祖皇帝总序》：曾子独见，其论宋太祖与汉高两相折衷处，如截铁。

《新序目录序》：见极正大，文有典刑。

《列女传目录序》：子固诸序，并各自为一段大议论，非诸家所及，而此篇尤深入，近程、朱之旨矣。

《说苑目录序》：此篇精神融液处，不如《新序》《战国策》诸篇。

《徐幹中论目录序》：子固于建安七子之中，独取徐幹，得之，而序文亦属典刑。②

《礼阁新仪目录序》：按曾子固所论经术及典礼之大处，往往非韩、柳、欧所及见者。

《李白诗集后序》：不论着李白诗，而独详白生平踪迹，此其变调也。然其结胎在卧庐山，永王璘迫致之上。盖如此，李白

---

① 以上见〔明〕茅坤编：《唐宋八大家文钞》卷九十九，清文渊阁四库全书本。
② 以上见〔明〕茅坤编：《唐宋八大家文钞》卷一百，清文渊阁四库全书本。

夜郎之流，浔阳之狱，可释然无愧矣。

《范贯之奏议集序》：须览公所序奏议之忠直，而能本朝廷所以容忠直处，才是法家。

《强几圣文集序》：范希文与欧阳永叔为深相知，坐希文贬。及希文经略西夏时，辟永叔为掌书记，而永叔不从，其书曰："吾当与公同其退，不当同其进也。"何等卓荦。几圣之文，今不可见，然平生所自见者，并属魏公幕府，则子固之所不满而风刺之者，已见其概矣。此其文之典刑处，而王道思所批镌云云，非是。

《王子直文集序》：意见好。

《王深父文集序》：深父之文不可得而见，予按王荆公所为《墓铭》，与其相答书，大略贤者也。

《王平甫文集序》：以诗文相感慨。

《齐州杂诗序》：虽小言，自中律。

《先大夫集后序》：子固阐扬先世所不得志处有大体，而文章措注处极浑雄，韩、欧与苏亦当俯首者。

《相国寺维摩院听琴序》：参之欧阳公所赠杨寘琴说序，不如远甚，而其学问之旨，亦似有得者，录之。

《类要序》：其书之所纂本微浅，而公序之亦难为措注，故其旨不远。①

《送傅向老令瑞安序》：仅百余言，而构思措辞种种入彀中，有简而文，淡而不厌者。

《送丁琰序》：篇中所见远，而其行文转调处，似不免朴遫纤塞之病，故不英爽。子固本色自在，子固所为本色不足处亦在。

《送周屯田序》：议论似属典刑，而文章烟波驰骤不足，读

---

① 以上见〔明〕茅坤编：《唐宋八大家文钞》卷一百一，清文渊阁四库全书本。

昌黎所送杨少尹致仕序，天壤矣。

《送赵宏序》：余尝按南越，南越州郡吏特得威名者，抚而制之无难者。无已，则雕其菌足矣。今之请兵大征者，皆非也。

《送江任序》：古来未有此调，出子固所自为机轴。

《馆阁送钱纯老知婺州诗序》：文之典刑，雍容雅颂。

《赠黎安二生序》：子固作文之旨，与其所自任处，并已概见，可谓文之中尺度者也。

《送蔡元振序》：才焰少宕，特其所见亦有可取。

《叙盗》：前半篇，按图次盗情本末如画；后半篇，则又归重于不忍刑之之意。此子固之文，所以动合典刑也。而子固之谳狱详悉处，亦可具见矣。

《序越州鉴湖图》：通篇点次鉴湖，如天官家之次三垣、五星、二十八纬，以及飞流疾伏，无不擘画如掌。而又恐后之势家或请为田而废也，于是又详为辨核参驳。曾公之文固雄，而其经世之略亦概见矣。

《送李材叔知柳州序》：立意似浅，然亦本人情而为之者。录之，以为厌游南粤者之劝。[1]

《筠州学记》：不如《宜黄记》所见之深，而其行文，亦属作者之旨。

《宜黄县学记》：子固记学，所论学之制与其所以成就人材处，非深于经术者不能，韩、欧、三苏所不及处。

《瀛州兴造记》：刀尺不逾。

《繁昌县兴造记》：亦有幅尺。

《洪州新建县厅壁记》：览此文，则知为县者所甚难。

---

① 以上见〔明〕茅坤编：《唐宋八大家文钞》卷一百二，清文渊阁四库全书本。

《齐州二堂记》：辨证的确，得太守体。

《广德湖记》：本末纤悉，得记事法，才是有用文字。不如《鉴湖图序》更妙。

《襄州宜城县长渠记》：千年鄢水本末如掌，而通篇措注，一一有法。①

《徐孺子祠堂记》：推汉之以亡为存，归功于孺子辈，论有本末。

《阆州张侯庙记》：览前大半篇，曾公似薄张侯，有不必祀之意。其所按经典，以相折衷处，虽有本领，而予之意，窃以张侯方其与关寿亭佐昭烈，百战以立帝业于蜀，《祭法》所谓"以劳定国，则祀之"者也。恐须按此言为正。姑录而存之，以见子固自是一家言处。

《抚州颜鲁公祠堂记》：鲁公之临大节而不可夺处，凡四五，而曾公之文，亦足以画一而点缀之，令人读之而泫然涕洟，不能自已。

《尹公亭记》：蕴思铸辞，动中经纬。

《墨池记》：看他小小题，而结构却远而正。

《饮归亭记》：浑雄中并见典刑。

《广德军重修鼓角楼记》：幅尺自好。

《归老桥记》：文有古者诗人风刺之义，录之。

《越州赵公救灾记》：赵公之救灾，丝理发栉，无一遗漏。而曾公之记其事，亦丝理发栉，而无一不入于机杼，及其鬠总。救灾者熟读此文，则于地方之流亡，如掌股间矣。②

《清心亭记》：此记与《醒心亭记》，所谓说理之文，子固

---

① 以上见〔明〕茅坤编：《唐宋八大家文钞》卷一百三，清文渊阁四库全书本。
② 以上见〔明〕茅坤编：《唐宋八大家文钞》卷一百四，清文渊阁四库全书本。

于诸家尤擅所长。

《醒心亭记》：未尽子固之长，然亦有典刑处。

《拟岘台记》：此记大略本柳宗元《訾家洲》、欧阳公《醉翁亭》等记来。

《道山亭记》：曾子固本色。

《南轩记》：子固所自为学，具见篇中矣。

《鹅湖院佛殿记》：公为记佛殿，而却本佛殿之所以独得劫民与国之财以自侈，亦是不肯放倒自家面目处。

《仙都观三门记》：曾公凡为佛老氏辈题文，必为自家门第。

《分宁县云峰院记》：于云峰院无涉，而意甚奇。

《莱园院佛殿记》：此篇无它结构，只是不为佛殿所困窘，便是高处。

《洪渥传》：有深思，有法度。①

《唐论》：文格似弱，而其议则正当。

《讲官议》：严紧而峻，必因当时伊川争坐讲，故有此议。

《公族议》：亦合经典。

《为人后议》：引据最严密，盖以濮园之后，故有此议。

《救灾议》：子固大议，其剖析利害处最分明。

《书魏郑公传》：借魏郑公以讽世之焚稿者之非，而议论甚圆畅可诵。

《苏明允哀词》：叙明允生平，亦尽有生色可观。②

在以上这些评点中，茅坤主要对曾巩文的主要内容进行了简明扼要的介绍。当然对于曾巩之文的渊源、篇章结构以及风格特点等也有论及，

① 以上见〔明〕茅坤编：《唐宋八大家文钞》卷一百五，清文渊阁四库全书本。
② 以上见〔明〕茅坤编：《唐宋八大家文钞》卷一百六，清文渊阁四库全书本。

如：称《移沧州过阙上殿疏》"欲附古作者《雅》《颂》之旨"，《福州上执政书》"本《风》《雅》以为陈情"，《礼阁新仪目录序》"所论经术及典礼之大处，往往非韩、柳、欧所及见者"，以此揭示曾巩之文本原于经术；在谋篇布局上，称《上欧阳学士第二书》"蕴思缀语，种种斟酌"，《瀛州兴造记》"刀尺不踰"，《繁昌县兴造记》"亦有幅尺"，《广德军重修鼓角楼记》"幅尺自好"，《洪渥传》"有法度"；对曾巩文的风格特点，则主要归纳为"典刑""纡徐曲折""委婉""雍容典则""浑雄"等。而对于曾巩及其文的不足，茅坤也能加以客观指出，如《熙宁转对疏》中称曾巩"惜也才不足以副之，故不得见用于时"，《上范资政书》"行文不免苍莽沉晦"，《答王深甫论扬雄书》"所议甚舛"，《送蔡元振序》"才焰少宕"，《送李材叔知柳州序》"立意似浅"，《唐论》"文格似弱"等。但总的来看，茅坤对曾巩之文还是正面评价更多。

总之，茅坤由学秦汉派转而向唐宋派学习，倾心于"唐宋八大家"之文，其对曾巩也尤为推崇。同时，他还通过编选《唐宋八大家文钞》，评点曾巩之文，扩大了曾巩及其文在当时与后世的影响。

第五章

清代曾巩的接受

清代，康熙、乾隆两位皇帝注重对汉族文化的吸纳，并将程朱理学定为正统思想，以此作为文化控制的重要工具。康熙皇帝就说过："朕惟天生圣贤，作君作师，万世道统之传，即万世治统之所系也……朕绍祖宗丕基，孳孳求治，留心问学，命儒臣撰为讲义，务使阐发义理，裨益政治，同诸经史进讲……思与海内臣民，共臻至治……每念厚风俗，必先正人心；正人心，必先明学术。"① 这一思想亦成为当时文学创作的重要指导思想。另外，李绂于《敬斋文集序》中记载称："康熙初年，改用经论，加以制策，然后士知读经、史，学韩、李、欧、苏、曾、王之文。"②

在此背景下，有清一代的文坛对于曾巩的接受也蔚为大观。对此，郭预衡先生就说："元明以后，古文家之标榜韩欧，大抵取其文从字顺、明白晓畅这一方面。至于韩欧纵论古今、指陈时弊，他们是未必学，也未敢学的。也许正是这个缘故，有人便于韩欧之外，更加看中了曾巩，曾巩文章虽也议论时事，陈说得失，但大抵'淳厚'，很少'过激'。诸如雍容典雅，俯仰揖让等等行文用语的特色，在明清两代，特别是在清代文网益臻严密的时代，大概是最合时宜的了。"同时，他又说："一种文章得到世人

---

① 王炜编校：《〈清实录〉科举史料汇编》，武汉大学出版社，2009 年，第 75 页。
② 〔清〕李绂著：《穆堂别稿》卷二十四，见《续修四库全书》编纂委员会编《续修四库全书》集部第 1422 册据道光十一年刻本，上海古籍出版社，2002 年，第 414 页。

的推崇，总有时代、政治的背景。曾巩文章到了清代，成为某些古文家的典范，不是无缘无故。"①

　　清代是曾巩接受的一个重要时期，其在当时的影响也非常大，这主要是因为：一是康熙与乾隆都对曾巩进行了评价与赞扬，康乾两位皇帝还在御选古文时，将曾文编入，如《御选古文渊鉴》《御选唐宋文醇》等。朝廷最高统治者在曾巩接受中的直接参与，无疑有助于曾巩之文的传播，使其成为士人学习的榜样，扩大了曾巩的传播范围，加大了其影响力；二是具有文坛盟主地位的桐城派对曾巩的推崇。桐城派影响清代文坛数百年，其对曾巩的接受也有推动作用；三是"唐宋八大家"的选本在清代继续被加以推广，出现了诸如沈德潜《唐宋八大家读本》、张伯行《唐宋八大家文钞》、储欣《唐宋八大家类选》、高嵣《唐宋八大家钞》等选本，极大地扩大了曾巩文本的传播面与接受面。此外，清代曾巩接受、传播范围也较以往有所扩大，如曾巩随"唐宋八大家"选本而流入日本，为日本文坛所接受。在日本就出现一批有关"唐宋八大家"的选本，如：天保十年（1839）川西潜《唐宋八大家文格》五卷；明治十一年（1878）《熙注唐宋八家文读本》；明治十二年（1879）原田由己纂述《唐宋八大家文读本钞解》刻本四卷；明治八年（1875）沈德潜《增译唐宋八大家文读本》三十卷，太田金右卫门刻本；明治十三年（1880）储欣选评《评本唐宋八大家类选》十四卷，东京锦森堂刊；明治十八年（1885年）吉田利行《评注唐宋八大家文读本》刻本三十卷，等等②。还有，在小说中曾巩亦作为艺术形象而出现，如心远主人的《二刻醒世恒言》等。究其原因，这与清代小说创作盛行有关，但也是曾巩及曾文影响深入大众的一种表现。

　　当然，清代末期，由于战乱频仍，科举制度被取消，中国古代散文逐渐为现代白话文所取代等，曾巩的接受出现断崖式的退落。曾巩在较长一

---

① 　郭预衡著：《历代散文丛谈》，山西人民出版社，1986 年，第 325 页。
② 　见高洪岩著：《元代文章学》，生活・读书・新知三联书店，2014 年，第 211 页。

段时期内处于沉寂不显的尴尬地位：他虽名列"唐宋八大家"之列，却常被人们所忽视。这种现象直到 20 世纪 80 年代之后才略有改观。

对于曾巩在清代的接受，为论述的方便，我们将对此分为前期、中期、后期三个阶段来加以论述。前期主要为世祖、圣祖、世宗数朝，即从 1644 年至 1735 年；中期主要为高宗、仁宗、宣宗数朝，即从 1736 年至 1850 年；后期主要为文宗、穆宗、德宗、宣统帝数朝，即从 1851 至 1911 年。

第一节　清代前期曾巩的接受

在清代前期，康熙皇帝对曾巩之文较为肯定，这在某种程度上，对当时文坛具有一定的风向作用。另外，何焯对曾巩的接受亦颇为有功。他们对曾巩的接受，将在后面有专节论及，下面将主要看其他人对曾巩接受的情况。

明末清初的孙琮，曾编有《山晓阁选唐宋八大家文》20 卷和《山晓阁选古文全集》32 卷，其中均选有曾巩之文，且对曾巩多有评论。孙琮（生卒年不详），字执升，号寒巢，嘉善（今属浙江）人。其家有藏书数千卷，常自抄阅，善评点，其所评点之书在当时颇受欢迎。孙琮所编选的《山晓阁选唐宋八大家文》与其《山晓阁选古文全集》，对曾巩在清初的传播具有一定的意义。在《山晓阁南丰文选》卷首中，孙琮称：

> 慈湖杨氏（杨时）云："为文要有温柔敦厚之气，对人主语言及章疏文字温柔敦厚，尤不可无。"吾读此语，于南丰有感焉。子固少年即以文章名天下，其为文慓挚奔放，雄浑环伟，其自负要自刘向，藐视韩愈以下。晚年始在披垣，瞻裕雅重，自成一家。尝师事欧公，欧公门下士多为世显人，议者独以子固为得其传。

比之东坡，其文较质而近理，读者只觉坡公华艳处多耳。凡文字由粗入细，由繁入简，由豪宕入纯粹。曾湛于经术，义理精微，意味悠长，是自有用之文。①

孙琮以上所言，大多已为前人所发，但值得注意的是，其所引杨时之语，特别是其中的"对人主语言及章疏文字温柔敦厚，尤不可无"，比较契合清初的政治文化氛围，应是有为而发。同时，他还称读到这句话时"于南丰有感焉"。正是如此，孙琮在评价曾巩时，除了说曾巩"湛于经术，义理精微"之外，更强调的是其"有用之文"。这在过去比较少论及这点。

孙琮对曾巩的评价主要以正面为主，除上文所论及之外，在对曾巩具体文章的点评中，亦可见出。如称《移沧州过阙上殿疏》"叙次一一尽妙"，《福州上执政书》"直逼《风》《雅》"，《寄欧阳舍人书》"似此辞致沉绵，笔情深曲，应推子固独步"，《王子直文集序》"皆深识独见之言"，《送李材叔知柳州序》"格高调逸，迥然出尘"，《赠黎安二生序》"洵序之极则"，《序越州鉴湖图》"一篇之中，无法不备，似此煌煌大文，自可与欧、苏争席而坐"，《宜黄县学记》"八家中，子固独长于学记……可废诸家学记"，《尹公亭记》"洵极文家之能事"，等等。溢美之词不绝。对曾巩之文的风格特点，孙琮在前人的基础上，亦有自己的归纳，如"宕逸""辞致沉绵""笔情深曲""切直""格高调逸""澹折隽永""简括高老""腾踔振掉""澹宕高远""完密"等②。这些，对于丰富曾巩文的内涵堪称有功。

东林党领袖、清初诗坛盟主之一的钱谦益（1582—1664）对曾巩也比较推崇，他在《读南丰集》中谈及自己阅读曾巩文集的历程：

临川李涂曰："曾子固文学刘向。"余每读子固之文，浩汗

---

① 李震编：《曾巩资料汇编》，中华书局，2009 年，第 648 页。
② 以上见李震编：《曾巩资料汇编》，中华书局，2009 年，第 648—655 页。

演迤，不知其所自来。因涂之言而深思之，乃知西汉文章，刘向自为一宗，以向封事及《列女传》观之，信涂之知言也……今人或訾謷子固，不知其自视于欧阳公及荆公果何如也？ ①

从文中看，钱谦益常读曾巩之集，即"余每读子固之文"，但不知道其所从自来，当看到宋代李涂所说曾巩之文学刘向之后，才恍然大悟。最后，对当时人"訾謷子固"的现象，钱谦益也表达了自己的不满。

另外，钱谦益认为归有光可"追配唐宋八大家"，据其《题归太仆文集》云：

以熙甫追配唐、宋八大家，其于介甫、子由，殆有过之无不及也。士生于斯世，尚能知宋、元大家之文，可以与两汉同流，不为俗学所渐灭，熙甫之功，岂不伟哉……偶拈一帙，得曾子固《书魏郑公传后》，挟册朗诵至五十余过。听者皆欠申欲卧，熙甫沉吟讽咏，犹有余味……今之君子，有能好熙甫之文如熙甫之于子固者乎？ ②

当归有光读到曾巩《书魏郑公传后》时，"朗诵至五十余过。听者皆欠申欲卧，熙甫沉吟讽咏，犹有余味"，可见其对曾巩喜好之程度。在文章的最后，钱谦益希望"今之君子""能好熙甫之文如熙甫之于子固"。这相当于间接为曾巩及其文做了宣传，并提出了自己的期待。

对于曾巩的具体作品，钱谦益亦有评点之语。如称《战国策目录序》"唯朱文公学之最近"，《与孙司封书》"从韩、柳《张中丞传后》《段太尉事

---

① 〔清〕钱谦益著，〔清〕钱曾笺注，钱仲联标校：《牧斋初学集》，上海古籍出版社，1985 年，第 1755—1756 页。
② 〔清〕钱谦益著，〔清〕钱曾笺注，钱仲联标校：《牧斋初学集》，上海古籍出版社，1985 年，第 1760—1761 页。

状》脱化出来"①等。

明清以来，为适应科举考试的需要，古文创作中对文法的追求越来越受到重视。在对文法的相关评论中，常会提到曾巩在文法确立过程中的贡献。如贾开宗（1594—1661）在《侯朝宗古文逸稿序》中说：

> 古文自六经而后，《左》《国》《庄》《列》以及《史》《汉》，及贾谊、扬雄诸文，皆胸有所见，据事直书，如白云在天，兀然而起，兀然而止，无定法也。至唐之韩愈、柳宗元，始创为法。以及宋之欧阳修、苏洵父子、王安石、曾巩，首尾虚实，不可移易。②

贾开宗认为，唐以前的古文创作均无定法，到唐代的韩愈和柳宗元才"始创为法"，宋代曾巩等人将文法进一步完善，即所谓"首尾虚实，不可移易"。

黄宗羲（1610—1695），字太冲，梨洲老人，余姚（今属浙江）人，与顾炎武、方以智、王夫之、朱舜水并称为"明末清初五大家"。黄宗羲在文学创作上反对模仿，尝说"作文虽不贵模仿，然要使古今体式无不备于胸中"③。同时，他主张为文要原本经术，曾说"甬上诸君子皆原本经术，出为文章，彬彬然有作者之风"④。在《论文管见》中，他还说到：

> 文必本之六经，始有根本。惟刘向、曾巩多引经语。至于韩、欧，融圣人之意而出之，不必用经，自然经术之文也。近见巨子动将经文填塞，以希经术，去之远矣。文以理为主，然而情不至，则亦理之郭廓耳。⑤

---

① 以上见李震编：《曾巩资料汇编》，中华书局，2009年，第308页。
② 〔清〕侯方域著：《壮悔堂集》之《壮悔堂遗稿》卷首，光绪四年旧学山房藏刻本。
③ 〔清〕黄宗羲著：《南雷文定前后三四集》三集卷三之《论文管见》，清康熙刊本。
④ 〔清〕黄宗羲著：《南雷文定前后三四集》前集卷一之《高原发三稿存序》，清康熙刊本。
⑤ 〔清〕黄宗羲著：《南雷文定前后三四集》三集卷三，清康熙刊本。

在文中，他提到"文必本之六经，始有根本"，而刘向和曾巩"多引经语"，肯定了曾巩之文原本经术。但对当时文坛出现的创作中填塞经文现象，黄宗羲是持批评态度的，认为与经术"去之远矣"。最后，他认为文章要"以理为主"，但情也应当兼顾，否则理将陷于"郭廓"。

对于当时文坛"张口辄骂欧、曾"的现象，黄宗羲非常不满，他于《续师说》中说：

> 今世以无忌惮相高，代笔门客，张口辄骂欧、曾；兔园蒙师，摇笔即毁朱、陆。①

另外，对当时文坛出现的以"欧、曾之笔墨，诠程、朱之名理"的场屋气习，黄宗羲在《思旧录》中对此进行了批评：

> 余以为此场屋气习耳。以制义一途为圣学之要，则千子之作俑也，其所言，极至以欧、曾之笔墨，诠程、朱之名理……欧、曾之笔墨，象心变化，今以八股束其波澜，承前吊后，焉有文章……即欧、曾之文章，千子但模仿其一二转，以为欧、曾在是，岂知其为折杨皇荂也。②

文中认为，以"欧、曾之笔墨，诠程、朱之名理"的场屋气习，始作俑者为艾南英。所以，黄宗羲特别批评艾南英，称其"但模仿其一二转，以为欧、曾在是"。由此我们可知，当时科举考试中，存在学习欧阳修和曾巩之文，以"诠程、朱之名理"的现象。可见当时曾巩对八股文的创作及科举考试产生了一定的影响。

黄宗羲还在《李杲堂文钞序》中给予曾巩很高的评价，认为曾巩等人之文可"并垂天壤"：

---

① 〔清〕顾有孝编：《明文英华》卷五何景明《师问》之后所附，清康熙传万堂刻本。
② 〔清〕黄宗羲著：《黄宗羲全集》（第一册），浙江古籍出版社，1985年，第359页。

呆堂之文具在……当其所至，与欧、曾、《史》《汉》不期
合而自合也。余尝谓文非学者所务，学者固未有不能文者。今见
其脱略门面，与欧、曾、《史》《汉》不相似，便谓之不文，此
正不可与于斯文者也。濂溪、洛下、紫阳、象山、江门、姚江诸
君子之文，方可与欧、曾、《史》《汉》并垂天壤耳。①

周亮工（1612—1672）为文推崇"唐宋八大家"，他在《托素斋诗序》
中就希望以欧阳修与曾巩诸大家之文来救正"今人之文之靡"：

予于古文之道，固未及窥，而甚伤乎今人之文之靡，思一返诸
古。赖古堂近文一选，务求合于欧、曾诸大家者，以救正之。②

尤其值得关注的是，在《南昌先生四部稿序》中，他还提出了"豫章
文章之宗派"的概念，而曾巩为派中之骨干：

文章风气，各有盛衰，而近数十年以来，吾豫章之学独著于
天下。溯其源流，自庐陵弘昌黎之教，而临川、南丰继之，豫章
文章之宗派遂定。至于声诗一道，晋之靖节莅仕彭泽，流风被境
内，后人相与崇尚，遂成风调。庐陵、临川之属，亦既获有兼美，
故豫章诗、古文之盛，其来已旧。③

周亮工祖籍江西金溪，故他在文中称"吾豫章之学独著于天下"。他
还认为，在欧阳修、王安石与曾巩兴起古文革新运动时，豫章文章之宗派
就已经定下来了。而豫章之诗，则可上溯至晋代的陶渊明。

---

① 李震编：《曾巩资料汇编》，中华书局，2009 年，第 311 页。
② 〔清〕周亮工著，朱天曙编校整理：《周亮工全集》之《赖古堂集》卷十四，凤凰出版
社，2008 年，第 578—579 页。
③ 〔清〕周亮工著，朱天曙编校整理：《周亮工全集》之《赖古堂集》卷十四，凤凰出版
社，2008 年，第 584 页。

归有光曾孙归庄（1613—1673），在创作中常"本欧、曾家法"，可谓渊源有自："偶作佛家文字，亦本欧、曾家法，不效柳、苏也。"①

在其他一些作品中，归庄也常常援引曾巩之言，如《书朱氏汇录诸文后》中"曾子固尝言欲表彰先世，必托之蓄道德、能文章者，而后足以传"，《上钱牧斋先生书》中"曾子固尝言：'表章先世，必待有道德、能文章者而后足以传'"，《答梁公狄》中"曾子固所谓蓄道德而能文章者"。②

魏禧（1624—1680），江西宁都人，清初著名散文家。总体上来说，魏禧对曾巩是持肯定态度的。在《宗子发文集序》中，他就将宗子发与曾巩相比较，认为宗子发之文"高者规矩两汉，与欧阳、苏、曾相出入"：

> 子发持其文属予叙，论旨原本六经，高者规矩两汉，与欧阳、苏、曾相出入。③

但魏禧对曾巩文之不足，也会客观指出。如其《八大家文钞选序》云：

> 八大家之文，远者千余年，近者数百年，言者备矣。自茅氏《文钞》出，百十年间，天下学者奉为律令。予生平尊法古人……论列或不尽同茅氏……介甫、子固论扬雄，明允论樊哙，永叔论狄青，既皆有害其生平。④

文中虽然对"唐宋八大家"之文非常认可，称其"言者备矣"，但同时也指出他们文中的一些不足，如曾巩论扬雄就"有害其生平"。

---

① 〔清〕归庄著：《归庄集》卷四《书千佛偈跋》，上海古籍出版社，1984 年，第 290 页。

② 以上见〔清〕归庄著：《归庄集》卷四《书千佛偈跋》，上海古籍出版社，1984 年，第 292、313、318 页。

③ 〔清〕魏禧著，胡守仁、姚品文、王能宪校点：《魏叔子文集》卷八，中华书局，2003 年，第 412 页。

④ 〔清〕魏禧著，胡守仁、姚品文、王能宪校点：《魏叔子文集》卷八，中华书局，2003 年，第 413 页。

在《魏叔子日录》卷二《杂说》中，他也称"诸家亦各有病"：

　　唐、宋八大家之文……子固如陂泽春涨，虽溙漫而深厚有气力，《说苑》等叙乃特紧严。然诸家亦各有病。学古人者知得古人病处，极力洗刷，方能步趋。①

又说"学子固易失之滞"：

　　或问："学八大家而不善，其病何如？"曰："学子厚易失之小，学永叔易失之平，学东坡易失之衍，学子固易失之滞，学介甫易失之枯，学子由易失之蔓。惟学昌黎老泉少病，然昌黎易失之生撰，老泉易失之粗豪，病终愈于他家也。"②

汪琬（1624—1691）与侯方域、魏禧并称为明末清初散文"三大家"，他在《白石山房稿序》中论及江西地域文学，将曾巩视为宋代代表人物：

　　在昔有宋之兴也，同时以文章名世者，世必推欧、苏、曾、王四家。而欧阳文忠公、曾文定公、王文公皆出于江右，于是江右之文章衣被海内，远近莫敢望焉。盖其名山大川，深林层壑，逶迤旁魄之气，蓄久而不泄，然后发为人杰，如欧、曾、王三君子者是也。嗣后人文蔚兴，迄于明季兵燹之余，文献渐以衰谢，其岿然以宿德重望、冠冕江右者，莫如侍郎石园李公。今文饶先生，则侍郎公之次君也……盖先生之在本朝，不啻欧、曾、王三君子者之在有宋盛时也。③

---

① 〔清〕魏禧著，胡守仁、姚品文、王能宪校点：《魏叔子文集》卷八，中华书局，2003年，第1127—1128页。
② 〔清〕魏禧著，胡守仁、姚品文、王能宪校点：《魏叔子文集》卷八，中华书局，2003年，第1130页。
③ 〔清〕汪琬著：《汪尧峰集》，见林纾选评：《林氏选评名家文集》，上海商务印书馆，1924年，第48—49页。

在论及时江西文学时，汪琬说宋代欧阳修、曾巩和王安石的出现，使"江右之文章衣被海内，远近莫敢望"；发展到明、清，吉水李元鼎（石园）与李振裕（文饶）父子出现，又使江西文学"不啻欧、曾、王三君子者之在有宋盛时"。

而毛奇龄（1623—1716）则提及一个重要的江西地域文学概念——文之"西江派"，其《慎余堂诗文集序》云：

> 昔者八家之传，三在江右，而庐陵欧阳且推为八家之宗。即入明以来，其以举文称雄者，代不乏人，然卒皆以经术之气，兼行之帖括之中，故当时特标为"西江派"，迄于今不衰。是岂地使然与？抑亦传世与问世兼资，如所称司马之赋、公孙之文与？抑亦欧阳、南丰、荆川（疑为公）诸家有以开之于前，而奕叶以后，遂相嬗不之替与？①

毛奇龄认为，江西文学在宋代时，"唐宋八人家"三家出现在江西；而明代江西文坛亦出现一股"以经术之气，兼行之帖括之中"的"举文"现象，被称为"西江派"，而该派的出现乃欧阳修、曾巩和王安石三家"开之于前"，是地域文学"相嬗"的结果。这一观点，对于丰富"江西文派"的内涵具有较大意义。

另外，对于八股文中伪造曾巩等人之文的现象，他在《先正小题选叙》中提出了批评：

> 又以为八比始于宋，伪造为王荆公、曾子固、苏子瞻、子由诸文，以诬惑斯世。夫八比矜式，元实始之，宋时书义尚未行焉。②

---

① 〔清〕毛奇龄著：《西河集》卷四十，清文渊阁四库全书本。
② 〔清〕毛奇龄著：《西河集》卷五十七，清文渊阁四库全书本。

由此可知，曾巩之文对于科举考试和八股文的创作，确实曾产生过一定的影响。

前面毛奇龄曾提出文之"西江派"，康熙九年（1670）进士、江西新建人张泰来在《江西诗社宗派图录》中，也提出古文有"江西宗派"：

> 翘江西宗派，不止于诗，即古文亦有之，不独欧阳、曾、王也；时文亦有之，不独陈、罗、章、艾也。推之道德节义，莫不皆然。①

张泰来认为，不止诗有江西宗派，古文亦有江西宗派，而且时文和"道德节义"也"莫不皆然"，均有江西宗派。可惜的是，张泰来并未对古文之江西宗派展开具体的论述，留给人们想象空间。当然，诗、古文、时文、道德节义均有"江西宗派"，虽是对地域的彰显，但亦有泛化之嫌。

朱彝尊（1629—1709）深契曾巩之文，其于《报李天生书》云：

> 仆少时为文，好规仿古人字句，颇类于鳞之体。既而大悔，以为文章之作，期尽我所欲言而已。我言之不工，必取古人之字句，始可无憾。则字句工拙，古人任之，我何预焉？乃深有契乎韩、欧阳、曾氏之文……仆之深契夫韩、欧阳、曾氏之文者，以其折衷六艺，多近道之言，非谓其文之过于秦汉也。②

朱彝尊之所以深契韩愈、欧阳修和曾巩之文，据他所说，乃是因为他们的文章能够折衷于六艺，且能多近于道。

在《与李武曾论文书》中，他又称曾巩等人之文"原本经术""横绝一世"：

---

① 〔清〕张泰来著：《江西诗社宗派图录》，见〔清〕鲍廷博辑：《知不足斋丛书》（4）第十集，中华书局，1999年，第209页。
② 〔清〕朱彝尊著：《曝书亭集》卷三十一，见王云五总编纂：《万有文库》第二集，商务印书馆，1935年，第531页。

魏晋以降，学者不本经术，惟浮夸是务，文运之厄数百年。赖昌黎韩氏始倡圣贤之学，而欧阳氏、王氏、曾氏继之，二刘氏、三苏氏羽翼之，莫不原本经术，故能横绝一世。①

朱彝尊还论及地域、人才之间的关系，特别是人才的集聚现象，其中说到江西，便举欧阳修、曾巩和王安石为例。其《与查韬荒弟书》云：

夫天之生才，非必千里一贤，百里一士。棋布而星罗之，盖尝聚于一境之内。孔门四科，远者惟言子一人，其余类皆齐、鲁、宋、卫之士。而庐陵、南丰、临川，近在数百里之内。②

储欣（1631—1706）亦推崇唐宋古文，但他不满茅坤所选《唐宋八大家文钞》，并于康熙四十四年（1705），仿其例，增选唐代李翱、孙樵两家，编为《唐宋十大家全集录》。在《唐宋十大家全集录·凡例》中，他对曾巩及其文评价均非常高，称曾巩为"舜"，"其行义、政事一如文章，未易轩轾"：

曾、王之文，并出经术，而其人则有舜、跖之别焉。

吕申公言曾某行义不如政事，政事不如文章。余谓先生文章尚矣。其行义、政事一如文章，未易轩轾也。③

《南丰先生全集录·序》中，储欣进一步论述曾巩说：

世谓曾文开濂洛之先，或又谓其开南宋文迁冗之弊，斯二说

---

① 〔清〕朱彝尊著：《曝书亭集》卷三十一，见王云五总编纂：《万有文库》第二集，商务印书馆，1935年，第527页。

② 〔清〕朱彝尊著：《曝书亭集》卷三十一，见王云五总编纂：《万有文库》第二集，商务印书馆，1935年，第529页。

③ 〔清〕储欣辑：《唐宋十大家全集录》，见四库全书存目丛书编纂委员会编：《四库全书存目丛书》集部第404册据康熙刻本，齐鲁书社，1997年，第239页。

皆非也。誉之者过其实，毁之者失其真……而自子云后，昌黎韩
氏复言圣人之道，嗣是豪杰之士相与探原于六经，积思于孔孟，
流览于百氏，而著见于文章，甚众矣！先后接迹，何独南丰？吾
故曰：斯二说皆非也……故其文沉雄典博，郁郁乎西京之遗。其
至者固已发皇俊伟，羍然耸制作于贾太傅、刘校尉、韩吏部之间。
余亦称引故实，无失体裁，虽非其至，然不可废也。[①]

　　从上文看，储欣对曾巩之文的认识还比较客观。他认为"世谓曾文开
濂洛之先"和"谓其开南宋文迂冗之弊"，这两种观点都不失偏颇，誉之
不免过实，毁之又太过。最后，他说曾巩之文中"至者"可与贾谊、刘向
和韩愈相媲美，"非其至"之文，也"无失体裁"，不可废。这一认识，既
不过分拔高，也没有妄加贬低。

　　对曾巩的一些作品，储欣在《唐宋十大家全集录》之《南丰先生全
集录》中也进行了点评，如对曾巩之文本原于经术，称《列女传目录序》
"深探经术，悬为日月，不刊之书"；称曾巩文之风格特色，有"雄浑深
厚""温柔敦厚""绵邈""骨力雄刚""醇厚""雄骏""澹而隽"等；夸赞曾
巩之文，称《先大夫集后序》"曾序第一"，《拟岘台记》"宋记特刌"；亦
指出曾文不足之处，《进太祖皇帝总叙》"而末与汉祖絜长较短处，尤似不
必"，《梁书目录序》"视昌黎《原道》何如？十不及一，徒为南宋婆舌开
先，删之"[②]。可见，储欣在高度评价曾巩的同时，亦较为客观的指出了其
不足之处，称曾巩"为南宋婆舌开先"尤值得注意。

---

① 〔清〕储欣辑：《唐宋十大家全集录》之《南丰先生全集录》卷首，见四库全书存目丛
书编纂委员会编：《四库全书存目丛书》集部第 405 册据康熙刻本，齐鲁书社，1997 年，
第 649 页。
② 以上分别见〔清〕储欣辑：《唐宋十大家全集录》，见四库全书存目丛书编纂委员会编：
《四库全书存目丛书》集部第 405 册据康熙刻本，齐鲁书社，1997 年，第 666、674、694、
663、667 页。

继茅坤之后，张伯行（1651—1725）又编选了一部《唐宋八大家文钞》。该书普及度也比较高，深受人们欢迎，对曾巩文的传播也发挥了重要的贡献。对于编选该书的目的，张伯行在《唐宋八大家文钞·原序》中说：

> 大家之文，其气昌明而俊伟，其意精深而条达，其法严谨而变化无方，其词简质而皆有原本；若引星辰而上也，若决江河而下也；高可以佐佑六经，而显足以周当世之务。此韩、柳、欧、曾、苏、王诸公，卓然不愧大家之称，流传至今而不朽者……欧阳子长于论事，而言理则浅。曾南丰论学则精，而本原未彻。至于王氏坚僻自用，苏氏好言权术，而子瞻、子由出入仪、秦、老、佛之余，此数公者，其离合醇疵，各有分数……余故选其文而论之，不特以资学者作文之用，而穷理格物之功，即于此乎在。①

在张伯行看来，"唐宋八大家"之文皆有本原，"高可以佐佑六经，而显足以周当世之务"，正因如此，他才不遗余力地去编选他们的文章。他希望"唐宋八大家"之文在"资学者作文之用"的同时，更重要的是要实现"穷理格物之功"。

对曾巩之文，他在《唐宋八大家文钞·原序》中略有论及，即"曾南丰论学则精，而本原未彻"。在《曾文引》中，他做了更为详细的论述：

> 南丰先生之文，原本"六经"，出入于司马迁、班固之书。视欧阳庐陵，几欲轶而过之，苏氏父子远不如也。然当时知之者亦少。朱子喜读其文，特为南丰作年谱，尝称其文字确实，又以为比欧阳更峻洁。夫文不确实，则不足以发挥事理；不峻洁，则其体裁繁蔓、字句瑕累，亦不足以成文矣。南丰之文深于经，而

---

① 〔清〕张伯行选编，萧瑞峰导读、萧瑞峰标点、张星集评：《唐宋八大家文钞》，上海古籍出版社，2007 年，第 1—2 页。

濯磨乎《史》《汉》。深于经，故确实而无游谈；濯磨乎《史》
《汉》，故峻而不庸、洁而不秽。文而至于是，亦可以上下千古
而卓然垂不朽于著作之林矣……朱子以为南丰初亦止学为文，于
根本工夫见处不彻，所以如此。今观朱子之文，波澜矩度似亦从
南丰来；而其义理广大精微，发于圣心，传以垂教万世者，视南
丰相去何如也？①

上文中，张伯行反复申说曾巩之文原本于六经，出入于司马迁和班
固，甚至认为"视欧阳庐陵几欲轶而过之，苏氏父子远不如"，且朱熹
"视南丰相去何如也"，推崇之高可见一斑。对曾巩之文的地位与贡献，张
伯行认为是"可以上下千古而卓然垂不朽于著作之林"。

但是，当时文坛上却流行学三苏之文，因为巧辩之词易好，而且三苏
之文也便于科举考试。这种现象，对曾巩之文的传播与接受非常不利。在
《三苏文引》中，张伯行反映了当时文坛的这一客观现象：

三苏文章不惟倾动一时，至今学者家习而户诵之。盖正大之
旨难入，而巧辩之词易好也。且以其便于举业，而爱习苏氏者，
尤胜于韩、柳、欧、曾。②

此外，张伯行对曾巩之文也进行了一些非常有价值的评点，如：夸
赞曾巩之文，称《赠黎安二生序》为"真维持世教之文"，《谢杜相公启》
为"短启之最佳者"，《救灾议》为"真经济有用之文，学者所当留心者"；
曾文之句法、文法，称《自福州召判太常寺上殿札子》乃"字字濯炼而

①〔清〕张伯行选编，萧瑞峰导读，萧瑞峰标点，张星集评：《唐宋八大家文钞·八家文引》，上海古籍出版社，2007年，第3—4页。
②〔清〕张伯行选编，萧瑞峰导读，萧瑞峰标点，张星集评：《唐宋八大家文钞》，上海古籍出版社，2007年，第3页。

出"，《寄欧阳舍人书》乃"无法不备"；曾文之风格特点，"敷腴""质实深厚""质劲""质实""缠绵劲折""愈劲愈达""雅令不缛""简质""逶迤曲到""苍劲峻洁"等；提及曾巩之不足，称《熙宁转对疏》"说到为学工夫，终少把柄，与程朱论学又隔一重"，《筠州学记》"首以扬雄为能明先王之道，则失之矣"。①

还需提到的是，康熙三十三年（1694），吴楚材、吴调侯编选《古文观止》，其影响也非常大，成为人们学习古文的入门之书。他们对曾巩之文亦有点评，如称《寄欧阳舍人书》"在南丰集中应推为第一"，《赠黎安二生序》"去圣贤名教不远"②，评价也非常高。

在这一时期，也有一些人对曾巩持批评态度，其中王夫之批评最力。王夫之（1619—1692），字而农，号姜斋，衡阳（今属湖南）人，与顾炎武、黄宗羲为明清之际三大思想家。王夫之为文以情为主，主张文生于情，情深者文自不浅，所以他对"唐宋八大家"和曾巩多有批评。如他批评茅坤《唐宋八大家文钞》的盛行给明代文坛带来的弊端：

> 及《文钞》盛行，周莱峰（思兼）、王荆石（锡爵）始一以苏、曾为衣被，成片抄袭，有文字而无意义；至陈（栋）、傅（夏器）而极矣。③

王夫之认为《唐宋八大家文钞》的盛行，使得当时如周思兼、王锡爵等一帮文人"一以苏、曾为衣被"，大片抄袭，使得文学"有文字而无意义"。

他还批评八大家之文多用虚字，"层累相叠，如刈草茅"，形成堆砌之

---

① 见〔清〕张伯行选编，萧瑞峰导读，萧瑞峰标点，张星集评：《唐宋八大家文钞》之《曾文定公文》，上海古籍出版社，2007 年，第 221—356 页。
② 〔清〕吴楚材、〔清〕吴调侯选：《古文观止》，中华书局，1959 年，第 525、527 页。
③ 〔清〕王夫之著，傅云龙、吴可主编：《船山遗书》（第八卷）《夕堂永日绪论外编》十五，北京出版社，1999 年，第 4636 页。

弊，并认为曾巩和张未实不足效：

> 填砌最陋……作文无他法，唯勿贱使字耳……学八大家者，
> "之""而""其""以"，层累相叠，如刈草茅，无所择而缚
> 为一束，又如半死蚓，沓拖不耐，皆贱也。古人修辞立诚，下一
> 字关生死。曾子固、张文潜何足效哉！①

其对曾巩的批评还有很多，如批评曾巩效贾谊《治安策》，"便成
厌物"：

> 贾生《治安策》偶用缴回语，亦缘"痛哭""流涕""长太息"，
> 说得骇人，故须申明，以见其实然耳。苏、曾效之、便成厌物。②

对于嘉靖末的文坛，他称当时乃"苏、曾泛滥"之时：

> 承嘉靖末苏、曾泛滥之余，当万历初俚调咿嘎之始，顾泾阳
> 先生独以博大弘通之才，竖大义，析微言，屹然岳立。有制艺以
> 来无可匹敌。③

他还批评说"以虚浮"学苏轼和曾巩者为"折腰之蛇"：

> 意止此而以虚浮学苏、曾，是折腰之蛇。④

又批评学苏轼和曾巩者"虚冒笼起，至一二百字始见题面"：

---

① 〔清〕王夫之著，傅云龙、吴可主编：《船山遗书》（第八卷）《夕堂永日绪论外编》七，
北京出版社，1999 年，第 4634 页。
② 〔清〕王夫之著，傅云龙、吴可主编：《船山遗书》（第八卷）《夕堂永日绪论外编》
十二，北京出版社，1999 年，第 4635 页。
③ 〔清〕王夫之著，傅云龙、吴可主编：《船山遗书》（第八卷）《夕堂永日绪论外编》
十七，北京出版社，1999 年，第 4637 页。
④ 〔清〕王夫之著，傅云龙、吴可主编：《船山遗书》（第八卷）《夕堂永日绪论外编》
三十二，北京出版社，1999 年，第 4641 页。

抑有反此者，以虚冒笼起，至一二百字始见题面，此从苏、
曾得来，韩、柳、欧阳尚不尽然。然苏、曾但以施之章、疏、序、
记，抒己意者。①

对于学曾巩"扳今掉古，牵曳不休"者，他喻之"如听村老判事"，
让人读起来非常不耐烦：

学曾子固，如听村老判事，止此没要紧话，扳今掉古，牵曳
不休，令人不耐。②

更有甚者，王夫之还认为，北宋的灭亡，源于仁宗景祐时文人以文结
党，而曾巩正为"分朋相角"中重要的一员：

士竞习于浮言，揣摩当世之务，希合风尚之归，以颠倒于其
笔舌；取先圣之格言，前王之大法，屈抑以供其证佐。童而习之，
出而试之，持之终身，传之后进，而王安石、苏轼以小有才而为
之领袖；皆仁宗君相所侧席以求，蒙成其毛羽者也。乃至吕惠卿、
邓绾、邢恕、沈括、陆佃、张耒、秦观、曾巩、李鹰之流，分朋
相角，以下逮于蔡京父子，而后覆败之局终焉。③

从上面来看，王夫之对曾巩的批评确实较多，有些也比较切中曾文之
弊。但是，整体上来说，清代前期人们对曾巩的接受还是以正面为主。

另外，其他一些人对曾巩的评价，亦值得关注，如陈宏绪（1597—

---

① 〔清〕王夫之著，傅云龙、吴可主编：《船山遗书》（第八卷）《夕堂永日绪论外编》
四十二，北京出版社，1999 年，第 4643 页。
② 〔清〕王夫之著，傅云龙、吴可主编：《船山遗书》（第八卷）《夕堂永日绪论外编》
三十八，北京出版社，1999 年，第 4642 页。
③ 〔明〕王夫之著，船山全书编辑委员会编：《船山全书》第十一册《宋论》卷四《宋之
朋党始于景祐诸公》，岳麓书社，2011 年，第 119—120 页。

1665）称徐积"以简古概曾子，尤为具眼"①，金圣叹（1608—1661）称曾巩
《战国策目录序》乃"精整不懈散之文"②，傅山（1607—1684）《序〈西北之
文〉》论及曾巩文的流传范围时称"东南之文，概主欧、曾；西北之文，
不欧、曾"③，吴伟业（1609—1672）称欧阳修和曾巩"各成一代之文"④，
魏裔介（1616—1686）称"留览宋文，终当以欧苏为操觚之标准"（《兼济
堂集》卷四之《宋文欣赏集序》），徐乾学（1631—1694）《重刻震川先生
全集序》称"宋之推经术者惟曾南丰氏，然以较于程、朱之旨，不侔矣"
（《震川先生集》卷首），高昝（1641—1735）于《天佣子集序》称"然欧、
曾非可不学而能也。倘徒见其文从字顺，而遂欲白腹从事，不流为训诂，
则流为粗野，伪欧、曾又宁贤于伪秦、汉乎"（《天佣子集》卷首），李光地
（1642—1718）称"古文自《史》《汉》后只读韩、柳、曾、王""最是曾子
固厚"（《榕村语录》卷二十九），查慎行（1650—1727）于《曝书亭集序》
称"济之以班马之才，运之以欧曾之法，故其为文取材富而用物宏，论议
醇而考证确"（《曝书亭集》卷首），等等。

第二节　清代中期曾巩的接受

　　该时期内，乾隆和桐城派对曾巩都持肯定态度，因此本时期内曾巩接
受主要以积极正面为主，但也出现以袁枚为代表的批评之声。

　　李绂（1675—1750），字巨来，号穆堂，临川（今属江西）人。作为

---

① 〔清〕陈弘绪著：《寒夜录》上卷，清钞本。
② 〔清〕金圣叹点评，袁定基、易泉源、黄世礼译注：《金圣叹选批才子古文》，四川大学
出版社，1997年，第904页。
③ 侯文正辑注：《傅山文论诗论辑注》，山西人民出版社，1956年，第48页。
④ 〔清〕吴伟业著，李学颖集评标校：《吴梅村全集》卷二十七之《陈百史文集序》，上海
古籍出版社，1990年，第656页。

曾巩的同乡，他从江西地域的角度出发，肯定了曾巩在地方文学与文化的地位与影响。如其在为帅机所作《帅惟审先生阳秋馆集序》中称：

> 宋抚州守家坤翁始作《郡志》称，精于天官书者言，抚郡上应文昌，故文学甲天下。间尝考之，高文若王荆国、曾子固、虞道园诸公，皆文章宗子；博学则乐子正、晏元献、吴文正诸公。①

在文中，李绂说抚州以文学而甲天下，其中曾巩等人便以"高文"为"文章宗子"，肯定了曾巩在抚州文学中的地位。

《在山集序》《随遇堂集序》《禾川文会序》三文中，李绂也表达了相似的观点，只不过范围更大，从江西地域文化、文学的角度来加以论述。其于《在山集序》云：

> 盖西江山水清激奇峭……故钟于人，清修而绝俗……宋欧阳、曾、王，元虞、揭，明杨、解诸公，始以台阁、文章为天下所宗。②

认为江西的山水"清激奇峭"，蕴育出了曾巩等"以台阁、文章为天下所宗"的人物。

在《随遇堂集序》中云：

> 王遵岩选唐宋六家文集，宋凡四家，而江西得其三。江西诗、古文，实亦无逾于欧阳、王、曾三先生者。故庐陵、临川、南丰之学源远流长，不同于他邑。而南丰僻在深山，学古之士尤笃，能不失高曾之巨矱。③

---

① 〔明〕帅机著：《阳秋馆集》，见四库禁毁书丛刊编纂委员会编：《四库禁毁书丛刊》集部第 139 册，北京出版社，1997 年，第 185 页。
② 〔清〕李绂著：《穆堂初稿》卷三十三，见《续修四库全书》编纂委员会编：《续修四库全书》集部第 1421 册据道光十一年刻本，上海古籍出版社，2002 年，第 600 页。
③ 〔清〕李绂著：《穆堂初稿》卷三十三，见《续修四库全书》编纂委员会编：《续修四库全书》集部第 1421 册据道光十一年刻本，上海古籍出版社，2002 年，第 601 页。

上文认为，江西文学以"庐陵、临川、南丰之学源远流长"，而江西诗歌和古文，也"无逾于欧阳、王、曾三先生者"。总之，在李绂看来，曾巩在南丰、抚州乃至江西文学中，均具有举足轻重的地位。

在《禾川文会序》中，他对抚州和吉州两地进行了比较：

> 西江当吴楚之交，其东为扬，其西为荆。东六郡，山川清淑之气，磅礴融汇而萃于中者，则为抚；西六郡，山川清淑之气，磅礴融汇而聚于中者，则为吉。故西江之盛也，两郡辄为之先，而后他郡环视而起。宋之文倡于欧阳公，吉也；而吾抚王、曾诸公和之。[①]

文中认为，江西之文，以吉州和抚州两地为先，即"西江之盛也，两郡辄为之先"。在"西江之盛"中，曾巩乃是继欧阳修之后，非常重要的一位作家。

最后，李绂于《兴鲁书院记》中希望，诸生要学习"乡先达"，其中最要学习的就是曾巩：

> 孔子之道传于曾子，曾子之后有文定公。子固先生起于抚州，实传曾子之学……曾子传孔子之道，子固先生又承曾子之家学，诸生将仰师乡先达，亦无过于子固先生者。[②]

在《青云书院记》中，他寄希望于后学能够缅怀曾巩与王安石诸人之流风，承担其复兴地方文化之重任：

---

① 〔清〕李绂著：《穆堂初稿》卷三十五，见《续修四库全书》编纂委员会编：《续修四库全书》集部第1421册据道光十一年刻本，上海古籍出版社，2002年，第632页。
② 〔清〕李绂著：《穆堂别稿》卷十二，见《续修四库全书》编纂委员会编：《续修四库全书》集部第1422册据道光十一年刻本，上海古籍出版社，2002年，第286—287页。

> 学者日游焉、息焉，时见于曾、王诸公之吟咏，后学缅其流风，亦且得以兴起。①

对于曾巩原本经术、上接孔孟之道的问题，李绂也进行了阐发。其《心体无善恶说附跋》就论及曾巩有见道之明，卫道之勇：

> 宋儒惟周、程、张、邵、朱、陆数子足以衍孔孟之传，其余拘文牵义，不过细行修谨而已。其天姿学力，见道之明，卫道之勇，则皆不及韩、李、欧、曾四君子。②

《与方灵皋删荆公〈虔州学记〉书》谓曾巩之学记乃"佐佑六经"之文，发于周、程未显之前：

> 曾、王学记，发明古圣王修己治人之术，于周、程未显之前，盖昔人所谓佐佑六经之作也。③

于《书赝作昌黎〈与大颠三书〉后》则称曾巩为"粹然儒者"，并将其与董仲舒、韩愈和欧阳修相并列：

> 自汉以来，董、韩、欧、曾皆粹然儒者。④

在《秋山论文四十则》中，李绂又论及曾巩之"能文而衷于道"，并将曾巩等四人之文编为一书，以便学者学习：

---

① 〔清〕李绂著：《穆堂别稿》卷十二，见《续修四库全书》编纂委员会编：《续修四库全书》集部第1422册据道光十一年刻本，上海古籍出版社，2002年，第288页。
② 〔清〕李绂著：《穆堂初稿》卷十八，见《续修四库全书》编纂委员会编：《续修四库全书》集部第1421册据道光十一年刻本，上海古籍出版社，2002年，第416页。
③ 〔清〕李绂著：《穆堂初稿》卷四十三，见《续修四库全书》编纂委员会编：《续修四库全书》集部第1422册据道光十一年刻本，上海古籍出版社，2002年，第80页。
④ 〔清〕李绂著：《穆堂初稿》卷四十五，见《续修四库全书》编纂委员会编：《续修四库全书》集部第1422册据道光十一年刻本，上海古籍出版社，2002年，第107页。

南宋诸儒多知道者，而文多冗沓，惟朱子宗仰南丰，笔力颇健，亦未能不冗也。能文而衷于道，惟韩退之、李习之、欧阳永叔、曾子固四人耳。余尝别择韩、李、欧、曾四家之作，汇为一书，学者以此四家文为主，庶不惑于权谋、小数、佛老、异端。①

就曾巩在文学史上的地位，李绂也给予了高度的肯定。其《清风门考》便称曾巩之文章"为千古所绝无仅有"：

荆公、子固之文章，尤为千古所绝无仅有。②

《诰赠中议大夫太常寺少卿加一级唐公墓志铭》中又称曾巩"以学问、文艺为世所宗"：

《宋史》以曾文定公巩、刘侍读敞合传，称其家学有两汉之风。盖曾、刘二氏兄弟子姓并以学问、文艺为世所宗，庶几于中垒、龙门、扶风之遗。③

《秋山论文四十则》则说两汉之后，曾巩等六家之文才堪称"正宗"：

文有正宗，《史》《汉》而后，固当以韩、柳、欧、王、曾、苏六家为正矣。④

在创作中，李绂也经常提及曾巩或用曾巩之韵。如《读〈欧阳文忠

---

① 〔清〕李绂著：《穆堂别稿》卷四十四，见《续修四库全书》编纂委员会编：《续修四库全书》集部第 1422 册据道光十一年刻本，上海古籍出版社，2002 年，第 612 页。
② 〔清〕李绂著：《穆堂别稿》卷九，见《续修四库全书》编纂委员会编：《续修四库全书》集部第 1422 册据道光十一年刻本，上海古籍出版社，2002 年，第 263 页。
③ 〔清〕李绂著：《穆堂别稿》卷十一，见《续修四库全书》编纂委员会编：《续修四库全书》集部第 1422 册据道光十一年刻本，上海古籍出版社，2002 年，第 276 页。
④ 〔清〕李绂著：《穆堂别稿》卷四十四，见《续修四库全书》编纂委员会编：《续修四库全书》集部第 1422 册据道光十一年刻本，上海古籍出版社，2002 年，第 614 页。

公集〉用公〈紫石屏〉韵》之"梁生魁垒拟子固"、《诗成泛论文事叠用前韵戏为劝学歌》之"韩李欧曾王文霸"、《读〈朱子集〉用〈鹅湖〉韵》之"老笔能传子固心"、《书曾文定公〈墨池记〉后》《四月朔日万孺庐招同徐澄斋全谢山曹芝田饮紫藤花下次曾文定公〈送瞿秘校还南丰〉韵》《鉴塘用南丰先生〈盆池〉韵》《宿石门次曾文定公韵》，等等。

沈德潜（1673—1769）少受诗法于叶燮，为诗倡导自盛唐而上追汉、魏。但是，他对"唐宋八大家"却颇为重视，曾编有《唐宋八大家古文读本》(一作《唐宋八大家古文》)，对于扩大"唐宋八大家"乃至曾巩的传播，产生了重要的作用。据其为《唐宋八大家古文》所撰《叙》称：

> 因门弟子请，出向时读本，粗加点定，俾读者视为入门轨涂，志发轫也……今就八大家言之，固多因事立言，因文见道者。然如昌黎上书时相，不无躁急；柳州论封建，挟私意窥测圣人；庐陵弹狄青以过激，没其忠爱；老泉杂于霸术，东坡论用兵，颖滨论理财，前后发议，自相违背；而南丰、半山，于扬雄之仕莽，一以为合于箕子之明夷，一以为得乎圣人无可无不可之至意，此尤谬戾之显然者。然则八大家之文，亦醇驳参焉者也……治经义者，有得于此；治古文者，亦未必不有得于此。①

该书乃应门人所请而编，以备古文学习"入门"之需。对"唐宋八大家"，沈德潜认为是"醇驳参焉"，如他说曾巩之论扬雄仕莽就是"尤谬戾之显然者"。尽管如此，沈德潜还是认为，"唐宋八大家"之文可以让治经义者有所得，治古文者也会从中获取裨益。

沈德潜对曾巩的接受，主要体现在其对曾巩文的具体点评中。涉及了以下几个方面：一是曾巩与经术的关系。《唐宋八大家文读本·凡例》

---

① 〔清〕沈德潜选纂，宋晶如注释：《广注唐宋八大家古文》，世界书局，1937 年，第1—2 页。

中就说过"南丰深湛经术"。于《移沧州过阙上殿疏》亦称"原本经术"，《福州上执政书》称"本《风》《雅》以陈情"，《战国策目录序》称"尊孔孟以折群言，所谓言不离乎道德者"，《列女传目录序》称"较之汉儒，学术又醇乎醇"；二是曾巩之文法。《移沧州过阙上殿疏》之"文中节节关锁，层层提挈，重规叠矩，脉络关通，绝无慵缓之病，学者究心焉"，《寄欧阳舍人书》之"逐层牵引，如春蚕吐丝，春山出云，不使人览而易尽"，《宜黄县学记》"行文不用间架，每段收住处，含蕴无穷"；三是曾巩文的风格特点。诸如"气质醇厚""温醇""纤徐往复，蕴藉深厚""典重纤徐""气清调逸""文笔端庄""清峭遒折""博辨英伟"等。沈德潜在归纳曾巩文的风格时，往往能结合当时文坛风尚加以评述，如评《陈书目录序》称"以神韵胜者"，《送李材叔知柳州序》称"气清调逸，此南丰一体，近时学曾文者多尚之"，《思政堂记》称"清峭遒折，转近半山。近日望溪方氏宗法此种，已跨越一时"[①]。由上可见，曾巩之文的风格是不断变化和不断被阐释的，而这种阐释又与阐释者所处时代的文风息息相关。沈德潜论述曾巩文的风格特点中，就有"神韵说""格调说"的影子。

陈兆仑（1700—1771）编有《陈太仆批选八家文钞》，其于《曾文选序》中云：

> 南丰之文之最上者，只可当韩之上中，而亦无韩之下格。其无韩之上上格者，天也；其亦无韩之最下者，人也。非徒不能为，亦直不欲为耳。其舒缓迟重似刘向，而近里著己又似仲舒，盖以汉人为师者欤？[②]

序文中，陈兆仑认为曾巩"舒缓迟重似刘向""近里著己又似仲舒"，以汉人为师。又称曾巩之文最上者只能当得了韩愈之"上中"，但也没有

---

① 以上见李震编：《曾巩资料汇编》，中华书局，2009年，第472—478页。
② 李震编：《曾巩资料汇编》，中华书局，2009年，第494页。

韩愈之"下格"，从整体上对曾巩进行了定位。

他还对曾巩的一些文章进行了点评，值得关注者如：称《礼阁新仪目录序》"其理至醇，其事甚平，而六经经世之旨毕具"；曾巩文之风格特点，"缠绵有味""顿挫有节""刻露""宽博""格律严重""言高旨远""奥趣""秾郁""句外有不传之意"；对曾巩文的不足，他也会指出，称《列女传目录序》"子固文往往有脱节处，及不完全处"①。

袁枚（1716—1798）倡导"性灵说"，在当时文坛具有非常大的影响。然而，他对茅坤所选《唐宋八大家文钞》颇为不满，且对曾巩评价也不高。他在《书茅氏八家文选》中说：

> 未有取千百世之人而强合之为一队者也。有之者，自鹿门"八家"之目始。明代门户之习，始于国事，而终于诗文。故于诗则分唐、宋，分盛、中、晚，于古文又分为八，皆好事者之为也，不可以为定称也。夫文莫盛于唐，仅占其二；文亦莫盛于宋，苏占其三。鹿门当日，其果取两朝文而博览观之乎，抑亦就所见所知者而撮合之乎？且所谓一家者，谓其蹊径之各异也。三苏之文，如出一手，固不得判而为三。曾文平钝，如大轩骈骨，连缀不得断，实开南宋理学一门，又安得与半山、六一较伯仲也……学八家不善，必至于村媪呶呶，顷刻万语，而斯文滥焉。读八家者，当知之。②

上文中，袁枚对茅坤所选《唐宋八大家文钞》进行了批评，认为其乃"取千百世之人而强合之为一队"，其流弊所至，以致"学八家不善，必至于村媪呶呶，顷刻万语，而斯文滥焉"。对曾巩，他则说"曾文平钝，如大轩骈骨，连缀不得断"，难以与欧阳修和王安石"较伯仲"。

其《覆家实堂》则称"唐宋八大家"之文"其道本至难，其境亦最狭"：

---

① 以上见李震编：《曾巩资料汇编》，中华书局，2009年，第494—496页。
② 王英志编纂校点：《袁枚全集新编》第七册，浙江古籍出版社，2015年，第605—606页。

从来风运所趋，历代不一。西汉尊经，东汉穷经，魏晋清谈，六朝骈丽，唐尚诗赋，宋尚理学，元尚词曲，明尚时文，本朝尚考据。趋之者，如一群之貉，累万盈千。其中忽有韩、柳、欧、曾，为古文于举世不为之时。此外，亦无他名家历历鼎峙。盖其道本至难，其境亦最狭故也。①

章学诚（1738—1801）为清代著名的文史大家，著有《文史通义》。在《文史通义》中，他对曾巩亦有相关评论，其《繁称》云：

唐末五代之风诡矣……凡斯等类，始于骈俪华词，渐于赤牍小说；而无识文人，乃用之以记事。宜乎试牍之文流于苗轧，而文章一道入混沌矣。自欧、曾诸君扩清唐末五季之诡僻，而宋、元三数百年，文辞虽有高下，气体皆尚清真，斯足尚矣。②

从上文来看，章学诚对欧阳修和曾巩在扭转"唐末五季之诡僻"文风上所做的贡献，是比较肯定的。

范泰恒（约1760年前后在世）在《古文凡例》中提到一个观点值得关注，即他认为要学好欧阳修和曾巩之文，还要学习《史记》及韩愈，如此才能"培其骨力"；同时，也可以兼学苏轼之文，如此方能"酌中"。其云：

近人好言欧、曾似矣，然不以《史记》、韩文培其骨力，则笔终提不起，亦揉不碎，岂得好欧、曾也。又欧、曾兼苏亦为酌中之剂，不得以朱子绌大苏为禁也。今人逊古人，只是眼孔低讲究庸，不尽关时代也。③

---

① 王英志编纂校点：《袁枚全集新编》第七册，浙江古籍出版社，2015年，第72—73页。
② 〔清〕章学诚著：《文史通义》，上海古籍出版社，2015年，第129页。
③ 李震编：《曾巩资料汇编》，中华书局，2009年，第534页。

　　方东树（1772—1851）自谓"希慕曾南丰、朱子论事说理之作"（《仪卫轩文集自序》），他对当时文坛、学界排宋现象有所不满，其于《答友人书》云：

> 今乃凭虚构诬而曰："使以宋人眼孔观《史记》，必谓其不洁。"若自附于能知迁文之洁者，而又不顾欧、苏、曾、王眼孔之非劣固宋人也。近世风气但道著一宋字，心中先自有不喜意，必欲抑之排之，以著其短失而后快于心。乃至宋人并无其事与言，亦必虚构之，以为必当如是云尔。以见宋人之迂固不通，殆若一无所知如此也。及考其所以抑之排之之说，率皆昧妄颠倒影响无实之谈；考其所以抑之排之之心，皆因憎恶道学诸儒，而东树为是常切悲恨。①

　　方东树对当时有人"但道著一宋字，心中先自有不喜意，必欲抑之排之"的现象极为不满，"常切悲恨"。同时他分析，之所以会出现这种状况，是因为"憎恶道学诸儒"的缘故。曾巩被认为是开理学之先，可以想见这种风气对曾巩之文的传播多少会产生影响。

　　当然，本时期也出现了一些批评"唐宋八大家"和曾巩的声音，如康熙四十五年（1706）进士方楘如，他就说："阶墀之势异而文之高下分焉。唐宋八家中，愚所以不爱子固、子由也。"② 直言自己不喜欢曾巩和苏辙。

　　包世臣（1775－1855）在《与杨季子论文书》中说韩愈之序文"差劣"，存在两个弊病，一是"抑扬生议以尊己见"，一是"强推大义"。并且他认为这些弊病，王安石和曾巩"尤多"：

---

① 〔清〕方东树著：《考槃集文录》卷六，见《续修四库全书》编纂委员会编：《续修四库全书》集部第 1497 册据光绪二十年刻本，上海古籍出版社，2002 年，第 355 页。
② 〔清〕方楘如著：《偶然欲书》，见《丛书集成续编》第九十册，上海书店出版社，1994 年，第 702 页。

至于退之诸文，序惟差劣，本供酬酢，情文无自，是以别寻端绪，仿于策士讽谕之遗，偶著新奇，旋成恶札。而论者不察，推为功宗。其有焯绎前人名作，摘其微疵，抑扬生议，以尊己见，所谓蠹生于木而反食其木。又或寻常小文，强推大义。二者之弊，王、曾尤多。①

《再与杨季子书》中，包世臣对"唐宋八大家"各家之优劣进行了点评，其中说曾巩"茂密安和，而雄强不足"：

退之酷嗜子云，碑版或至不可读，而书、说健举浑厚，宜为宗匠。子厚劲厉无前，然时有摹拟之迹，气伤缜密。永叔奏议恢愃明畅，得大臣之体，翰札纡徐易直，真有德之言，而序、记则为庸调。明允长于推勘，辨驳一任峻急。介甫词完气健，饶有远势。子固茂密安和，而雄强不足。子瞻机神敏妙，比及暮年，心手相忘，独立千载。子由差弱，然其委婉敦缛，一节独到，亦非父兄所能掩。②

在《读亭林遗书》中，包世臣认为顾炎武之文宗朱熹以"跻南丰"，但其常有独到之语，此"为曾、朱两家所未及"：

亭林之文，宗考亭以跻南丰。以其立志远，而读书多，更事数，时时有独到语，为曾、朱两家所未及。③

《书韩文后上篇》则论及曾巩等人不及韩愈之处，称其"皆未凿此窍"：

退之心契周、秦、先汉，《复志赋》所称用心古训，识路疾

① 〔清〕包世臣著：《艺舟双楫》卷一《论文》，清道光安吴四种本。
② 〔清〕包世臣著：《艺舟双楫》卷一《论文》，清道光安吴四种本。
③ 〔清〕包世臣著：《艺舟双楫》卷一《论文》，清道光安吴四种本。

驱者，抑时时有合。欧、苏、曾、王，则皆未凿此窍。①

刘开（1784—1824）对"唐宋八大家"颇为不满，其在《复陈编修书》中称"八家既行之后，法愈密而文日益下"，且认为曾巩之文"醇而不肆"：

> 八家未出之前，法未备而文日益奇；八家既行之后，法愈密而文日益下……曾子固醇而不肆，苏明允肆而不醇，兼之者仅昌黎也。②

《与阮芸台宫保论文书》中，刘开虽然承认文章"至八家齐出而极盛"，但也同时认为"至八家齐出而始衰"。而论及曾巩时，则对其学记文比较认可，认为"记学以南丰称首"：

> 盖文章之变，至八家齐出而极盛；文章之道，至八家齐出而始衰。谓之盛者，由其体之备于八家也……谓之衰者，由其美之尽于八家也……韩退之约六经之旨，兼众家之长，尚矣。柳子厚则深于《国语》，王介甫则原于经术，永叔则传神于史、迁，苏氏则取裁于《国策》，子固则衍派于匡、刘，皆得力于汉以上者也……至昌黎始工为赠送碑志之文，柳州始创为山水杂记之体，庐陵始专精于序事，眉山始穷力于策论，序经以临川为优，记学以南丰称首。③

其他对曾巩之评价，值得关注者有：储大文（1665—1743）于《平北颂谨序》中称，"自中书舍人曾巩外，诗人之义胥无闻焉"（《存研楼文

---

① 〔清〕包世臣著：《艺舟双楫》卷一《论文》，清道光安吴四种本。
② 〔清〕刘开著：《刘孟涂集》之《文集》卷三，清道光六年姚氏檗山草堂刻本。
③ 〔清〕刘开著：《刘孟涂集》之《文集》卷四，清道光六年姚氏檗山草堂刻本。

集》卷一）；针对秦汉派对"唐宋八大家"的贬低，杭世骏（1695—1773）在《古文百篇序》中称，"近代何大复（何景明）病狂丧心，乃以为古文亡于韩；屠长卿（屠隆）谓欧阳、苏、曾、王之文读之不欲终篇，此桀犬之吠"（《道古堂文集》卷八）；翁方纲（1733—1818）在《制义江西五家论》中称，"欧、曾者，经训之文也"（《复初斋文集》卷九）；恽敬（1757—1817）于《大云山房文稿二集目录叙说》中称，"曾子固、苏子由自儒家、杂家入，故其言温而定"（《大云山房文稿二集》卷首）；张惠言（1761—1802）于《送徐尚之序》中称，"韩、李、欧、苏、曾、王之俦，虽有淳驳，而就其所学，皆各有以施之天下"（《茗柯文补编》卷下）；吴鼒（1755—1821）在《西溪渔隐外集题辞》中称，"西江之文，至宋而极。庐陵欧氏、临川王氏之文与诗，南丰曾氏之文，分宁黄氏之诗，并陵轹百代，各有千古"（《吴学士文集》卷四）；对于曾巩在碑碣文转变中的贡献，汪家禧（1775—1816）于《金石例补后序》称，"自昌黎韩氏出而体变，欧阳、王、曾，韩之别子也"（《金石例补》卷首）；等等。

另外，本时期内乾隆与桐城派对曾巩之接受情形，我们将在下面有专节论述，此不赘述。

第三节　清代后期曾巩的接受

清代后期，对曾巩的接受还是以积极肯定之声为主，其中也夹杂着一些批评的声音。然而真正来讲，还是清代末期政局的变化，给曾巩接受带来了实质性的巨大影响。

对于当时盛行的桐城派，张文虎（1808—1885）在《答刘恭甫书》中说：

> 窃以为所谓桐城派者，非桐城独辟为一法，盖韩、柳以来大家、

名家相传如此，实自古以来皆如此，特韩、柳诸家，则有辙迹可寻。
然韩、柳功深，苏氏才高气盛，介甫瘦硬奥衍，皆不易学。惟欧、
曾平正，易于入手，故中材以下喜效之。桐城由震川以上溯欧、
曾，固古文正轨。然专以风神唱叹为宗，此则望溪犹不如是，而
惜抱启之。盖永叔之效子长者，未尝无神似处，特后人功力不及，
近于空疏。①

张文虎认为，桐城派所奉行的古文之法，实际自韩愈、柳宗元以来就
"相传如此"，只不桐城派乃是"由震川以上溯欧、曾"。在文中，张氏还
提到大家喜欢学欧阳修和曾巩，主要是因为"欧、曾平正，易于入手，故
中材以下喜效之"。此说对曾巩来说更为贴切，因为曾巩之文更讲究法度，
的确于学习者来说更"易于入手"。

作为"晚清四大名臣"之一的曾国藩（1811—1872），曾编有《经史
百家杂钞》，其中选录有曾巩文。曾国藩对曾巩亦多有论及，其《湖南文
征序》云：

宋兴既久，欧、苏、曾、王之徒崇奉韩公，以为不迁之宗。
适会其时，大儒迭起，相与上探邹鲁，研讨微言。群士慕效，类
皆法韩氏之气体，以阐明性道。自元、明至圣朝康、雍之间，风
会略同，非是不足与于斯文之末。此皆习于义理者类也。②

文中认为，欧阳修、苏轼、曾巩和王安石以韩愈为宗，注重义理，元
明以来影响深远。自此之后，若不如此则"不足与于斯文之末"，足见曾
巩等人在文学史上的地位。

在《致刘蓉》中，曾国藩述及自己"事学问"之经历：

① 〔清〕张文虎著：《舒艺室杂著》乙编卷上，清光绪刻本。
② 〔清〕曾国藩著：《曾国藩全集》（14）《诗文》，岳麓书社，2011年，第218页。

仆早不自立，自庚子以来，稍事学问，涉猎于前明、本朝诸大儒之书，而不克辨其得失。闻此间有工为古文诗者，就而审之，乃桐城姚郎中鼐之绪论，其言诚有可取。于是取司马迁、班固、杜甫、韩愈、欧阳修、曾巩、王安石及方苞之作，悉心而读之……然后知古之知道者，未有不明于文字者也……故国藩窃谓今日欲明先王之道，不得不以精研文字为要务。①

在曾国藩看来，"欲明先王之道，不得不以精研文字为要务"，故其"取司马迁、班固、杜甫、韩愈、欧阳修、曾巩、王安石及方苞之作，悉心而读之"。可见其将曾巩等人的文章，看作是"明先王之道"的重要路径。

在《圣哲画像记》中，他又说：

西汉文章，如子云、相如之雄伟，此天地遒劲之气，得于阳与刚之美者也。此天地之义气也。刘向、匡衡之渊懿，此天地温厚之气，得于阴与柔之美者也。此天地之仁气也。东汉以还，淹雅无惭于古，而风骨少颓矣。韩、柳有作，尽取扬、马之雄奇万变，而内之于薄物小篇之中，岂不诡哉！欧阳氏、曾氏皆法韩公，而体质于匡、刘为近……至若葛、陆、范、马，在圣门则以德行而兼政事也。周、程、张、朱，在圣门则德行之科也，皆义理也。韩、柳、欧、曾、李、杜、苏、黄，在圣门则言语之科也，所谓词章者也。许、郑、杜、马、顾、秦、姚、王，在圣门则文学之科也。顾、秦于杜、马为近，姚、王于许、郑为近，皆考据也。此三十二子者，师其一人，读其一书，终身用之，有不能尽。②

---

① 〔清〕曾国藩著：《曾国藩全集》（22）《书信》，岳麓书社，2011年，第6—7页。
② 〔清〕曾国藩著：《曾国藩全集》（14）《诗文》，岳麓书社，2011年，第151—153页。

在对西汉以来的文学史梳理中，曾国藩提出了 32 个代表性人物，其中便包含有曾巩。他认为这 32 个人中，只要"师其一人，读其一书"，就能"终身用之，有不能尽"。另外，他还认为欧阳修和曾巩"皆法韩公，而体质于匡、刘为近"，且曾巩在圣门之中属于"言语之科"，乃词章者。就后面所举文学科来看，曾国藩所说的"言语之科"大概意指文学和儒学兼而有之。

曾国藩还曾向其同年江小帆建议，在其任上推行一项举措，就是将包括曾巩文集在内的一些著作，"每县使习一部"，且"岁试使习者，科试则易之"。如此才能"由文以溯本"，"孝弟仁义之教"渐兴。其在《送江小帆同年视学湖北序》中云：

> 自《六经》外，如《史》《汉》《庄》《骚》《说文》《水经》《文选》，宋五子及杜、韩、欧、苏、曾、王专集之属，每县使习一部焉。岁试使习者，科试则易之……使彼邦之人晓然知吾好博通之才，庶几由文以溯本，举一以劝百，然后孝弟仁义之教可以渐而兴也。①

但在《挽郭有门孝廉世俦》中，他又称"曾巩文章，愧作醉翁门下士"②，似乎对曾巩又略有微词。此外，他还对曾巩的《序越州鉴湖图》《宜黄县学记》《越州赵公救灾记》《广德军重修鼓角楼记》进行了点评。如称《越州赵公救灾记》"末段文气平衍"，《广德军重修鼓角楼记》"气体颇近退之，但少奇崛之趣"③。

著名评论家刘熙载（1813—1881）著有《艺概》，在该书中，他对曾巩评价较高：

---

① 〔清〕曾国藩著：《曾国藩全集》（14）《诗文》，岳麓书社，2011 年，第 241—242 页。
② 〔清〕曾国藩著：《曾国藩全集》（14）《诗文》，岳麓书社，2011 年，第 128 页。
③ 〔清〕曾国藩著：《曾国藩全集》（15）《读书录》，岳麓书社，2011 年，第 359 页。

> 曾文穷尽事理，其气味尔雅深厚，令人想见硕人之宽。

> 昌黎文意思来得硬直，欧、曾来得柔婉。硬直见本领，柔婉
> 正复见涵养也。①

对于"唐宋八大家"，戴钧衡（1814—1855）在《重刻方望溪先生全集序》中予以了非常高的评价：

> 六经四子皆载道之文，而不可以文言也。汉兴，贾谊、董仲
> 舒、司马迁、相如、刘向、扬雄之徒，始以文名，犹未有文家之
> 号。唐韩氏、柳氏出，世乃俦以斯称。明临海朱右取宋欧、曾、王、
> 苏四家之文以辈韩、柳，合为六家，归安茅氏又析而定之为八，
> 而后此数人者，相望于上下千数百年，若舍是莫与为伍。自是天
> 下论文者，意有专属，若舍数人，即无以继贾、马、刘、扬之业。
> 夫自东汉以迄于明，其间学士词人蚁聚蜂屯，不可计数；一二名
> 作先后传诵宇内者，亦如流水之相续于大川；而其为之数百十篇，
> 沛然畅然，精光照人间不可磨灭，则自韩、柳、欧、曾、王、苏外，
> 终莫得焉。呜呼，盖其难哉！②

文中，戴钧衡先论及"唐宋八大家"定名的过程，然后认为，若无"唐宋八大家"几人，则"无以继贾、马、刘、扬之业"。且自东汉以至于明代，除"唐宋八大家"之外，没有人能够"为之数百十篇，沛然畅然，精光照人间不可磨灭"。在戴钧衡看来，"唐宋八大家"在东汉以后的文学史上，具有非常重要的地位。

朱景昭（1823—1878）则认为"古文之源有二"，一源于左氏，一源于《国语》。在"二源"中，其重要代表人物中均有曾巩：

---

① 〔清〕刘熙载著：《艺概》卷一《文概》，上海古籍出版社，1978 年，第 31 页。
② 〔清〕方苞著，刘季高校点：《方苞集》，上海古籍出版社，1983 年，第 905 页。

> 尝谓古文之源有二：其一出于左氏，变而《国策》，而《史记》，以至韩、柳、孙、李、欧、王、三苏之属，其传最盛；其一出于《国语》，匡、刘以降，则南丰、新安而已。①

我们注意到，在朱景昭所说的"二源"重要代表人物中，只有曾巩一人身兼两源。这一方面可见曾巩之贡献与地位，另一方面也可知朱景昭对曾巩的推崇程度。

此外，朱景昭还说"唐宋八大家"中，欧阳修与曾巩"于经义体较近"：

> 八家中，欧、曾于经义体较近，苏则策论之大资也。韩太大，柳太峭，王太奇太拗，不可不读，不可妄学。②

"同光体"代表人物陈衍（1856—1937）曾挖掘"宋六家"之文的渊源，他说：

> 大略宋六家之文，欧公叙事长于层累铺张，多学汉人晁错《贵粟重农疏》、淮南王安《谏伐闽越书》、班孟坚《汉书》各传，而济以太史公传赞之抑扬动荡。曾子固专学匡刘一路。苏明允揣摩子书，与长公多得力于《孟子》。荆公除万言书外，各杂文皆学韩，且专学其逆折拗劲处。桐城人之自命学韩，专学此类。盖荆公诗亦学韩，间规及杜也。③

在文中，陈衍认为曾巩"专学匡刘一路"。他还指出曾巩具体篇目的

---

① 李震编：《曾巩资料汇编》，中华书局，2009年，第596页。
② 李震编：《曾巩资料汇编》，中华书局，2009年，第596页。
③〔清〕陈衍著，陈步编：《陈石遗集》之《石遗室论文》卷五，福建人民出版社，2001年，第1625页。

渊源关系，如《道山亭记》从淮南王《谏伐闽越书》脱化出来，《岘山亭记》正学《史记》传赞：

> 曾子固《道山亭记》，从淮南王《谏伐闽越书》脱化出来，正其类也。《岘山亭记》亦以一起特胜，中间抑扬处，正学《史记》传赞。"岂皆自喜其名之甚"二句，为道著二子心坎。姚惜抱以为神韵缥缈，如所谓吸风饮露、蝉蜕尘壒者，绝世之文也。此皆知其然而不知其所以然之语。①

对曾巩之《寄欧阳舍人书》，陈衍视之甚高，称其为宋代以来乞铭者"循例之通词"：

> "蓄道德""能文章"一语，为宋以来乞铭其祖父者循例之通词。②

李慈铭（1830—1894）长于骈文，被称为"旧文学的殿军"。他曾就《明文授读》说：

> 宋文最高者欧曾王三家，然已不能及唐之韩氏。欧王毗于柳子厚，曾毗于李习之，苏氏老泉最胜，东坡次之，然仅毗于杜樊川，而笔力且不逮焉，子由则又次矣。③

文中认为，虽然欧阳修、曾巩和王安石乃宋文之中"最高者"，但还都不能及韩愈，而曾巩则仅与李翱相当。

---

① 〔清〕陈衍著，陈步编：《陈石遗集》之《石遗室论文》卷五，福建人民出版社，2001年，第 1624 页。
② 〔清〕陈衍著，陈步编：《陈石遗集》之《石遗室论文》卷五，福建人民出版社，2001年，第 1624 页。
③ 〔清〕李慈铭著，由云龙辑，上海书店出版社重编：《越缦堂读书记》，上海书店出版社，2000 年，第 1190 页。

另外，李慈铭还论及继承曾巩衣钵者，元代有虞集，明代有归有光，清代则方苞：

> 古文自韩柳欧三家外，应推本朝魏叔子为云门嫡嗣，曾南丰为临济别出。继其衣钵者，元有虞道园，明有归震川，本朝则方望溪也。王临川苏老泉又曹洞旁宗，其衣钵无传焉者也。苏子瞻以气雄古今，然究不能为一宗；明之唐荆川，本朝彭躬庵是已……道园、震川皆学欧，又极似欧，是吾谓其继南丰，则以二家不免冗漫，而说理颇粹，又务主宽展，有不尽之意，其得失皆似曾也。又震川、望溪，俱不免有时文气。欧、曾、苏、王皆正宗，而予别为三者，就其同而别之也，非谓曾、王为旁门也。①

李慈铭称"欧、曾、苏、王皆正宗"，并将"自韩柳欧三家外"的古文，别为"云门嫡嗣""临济别出""曹洞旁宗"三支，而曾巩为"临济别出"。此说较为新颖，然而将魏禧视为"云门嫡嗣"，苏轼却"究不能为一宗"，终让人觉得不免有失公允。

林纾（1852—1924）虽以翻译闻名于世，但他亦擅长古文，其古文为桐城派大家吴汝纶所推重。他不仅对曾巩进行过论述，且在其编选的《古文辞类纂选本》中，对曾巩之文也有所评点。如他在《与姚叔节书》中云：

> 盖古文之境地，高言论约，不本于经术；为言弗腴，不出于阅历，其事无验。唐之作者林立，而韩、柳传；宋之作者亦林立，而欧、曾传。正以四家者，意境义法，皆足资以导后生而进于古，

---

① 〔清〕李慈铭著，由云龙辑，上海书店出版社重编：《越缦堂读书记》，上海书店出版社，2000年，第1240页。

而所言又必衷之道，此其所以传也。①

林纾认为，在唐宋文学中，虽然作家林立，但惟有韩愈、柳宗元、欧阳修和曾巩四家之文，其意境和义法，可以引导后学"进于古"，并能流传后世。

在《春觉斋论文》中，林纾也有多处论及曾巩，如其《流别论》中论及曾巩文体：

> 《元丰类稿》有《王君俞哀词》……至于辞中之哀恸与否，则子固、震川皆不长于韵语，去昌黎远甚。

> 学记一体，最不易为；王临川、曾子固极长此种，二人皆通经，根柢至厚，故言皆成理。

> 王介甫序经义甚精。曾子固为目录之序，至有条理。欧阳永叔则长于叙诗文集。②

在林纾看来，曾巩的记、序文是其长处，而辞则因"不长于韵语"略有不足，故"去昌黎远甚"。

在《忌险怪》中，他称曾巩之文"平易极矣"，而平易之文亦极难：

> 但观欧、曾之文，平易极矣，有才之士，几以为一蹴而几，乃穷老尽气，恒不能得，何者？平易不由艰辛而出，则求平必弱，求易必率；弱与率类于平易，而实非平易。不由于学，则出之无本；

①　林纾著：《畏庐论文·文集·续集》之《畏庐续集》，（台北）文津出版社，1978年，第16页。

②　林纾著，范先渊校点：《春觉斋论文》，见郭绍虞、罗根泽主编：《中国古典文学理论批评专著选辑》之《论文偶记·初月楼古文绪论·春觉斋论文》，人民文学出版社，1959年，第57、70—71页。

不衷于道，则言之寡要；以无本寡要之文，胡能自立于世？①

针对祝允明在《罪知录》中对曾巩等人的诋毁，林纾在《忌狂谬》中称其"直是粗心武断语"：

> 究竟痛诋欧、曾者亦不自西河始也。祝枝山作《罪知录》，
> 且历诋韩、欧、苏、曾六家之文，谓"韩论易而近偎，形粗而情霸，
> 其气轻，其口夸，其发疏躁。欧阳如人毕生持丧，终身不披衮绣。
> 东坡更作偎浮，的为利口，哗犷之气，肆溢舌表，使人奔逸狂颠
> 不息。曾、王既脱衣裳，并除爪发，譬之兽啮骨。至于老泉、颍滨、
> 秦、黄、晁、张，则尤不足齿数。"枝山之意，唯尊柳州。尊柳
> 州未尝非是，谓一柳州足掩此数家，且驾昌黎而上，直是粗心武
> 断语。②

另外，林纾对曾巩之文也有评点，如其称《先大夫集后序》"文气雄直中，却无抑塞不平之气，自是南丰集中长处"，《馆阁送钱纯老知婺州诗序》"文极雍容，无激烈语"，《寄欧阳舍人书》"结构之精严，实为南丰集中有数文字"，《赠黎安二生序》"文近昌黎，唯层次少简，不及昌黎之能作千波万澜"，《送江任序》"入手气派，大近柳州……笔墨萧闲，是南丰本色"，《宜黄县学记》"文立义高，及收束到本位，又极恰好"，《拟岘台记》"此篇文气极张，较平日曾文颇不可类。体近李华、杜牧，绝不近柳州……此篇则一力奔泻而下，几于一发莫收。然工夫在用无数'也'字，

---

① 林纾著，范先渊校点：《春觉斋论文》，见郭绍虞、罗根泽主编：《中国古典文学理论批评专著选辑》之《论文偶记·初月楼古文绪论·春觉斋论文》，人民文学出版社，1959年，第95页。

② 林纾著，范先渊校点：《春觉斋论文》，见郭绍虞、罗根泽主编：《中国古典文学理论批评专著选辑》之《论文偶记·初月楼古文绪论·春觉斋论文》，人民文学出版社，1959年，第104—105页。

为之一驻"①。评点中，林纾对曾巩颇多肯定和赞许，且注重挖掘曾文之渊源，揭示其文之优长特点。当然，对于曾文不足之处，他也能客观指出，如称其"唯层次少简，不及昌黎之能作千波万澜"。

康有为（1858—1927）为晚清著名的改革家，主张托古改制。在论及书法时，他说：

> 韩昌黎论作古文，谓非三代、两汉之书不敢观。谢茂秦、李
> 于鳞论诗，谓自天宝、大历以下可不学。皆断代为限，好古过甚，
> 论者诮之。然学以法古为贵，故古文断至两汉，书法限至六朝。
> 若唐后之书，譬之骈文至四杰而下，散文至曾苏而后，吾不欲观
> 之矣。操此而谈，虽终身不见一唐碑可也。②

上文中，康有为虽然论述的是书法，但也反映了他对古文的态度，即"古文断至两汉"，"以法古为贵"，与秦汉派较为接近，这与其托古改制的改革思想相吻合。正因如此，他才说"散文至曾苏而后，吾不欲观之矣"。

梁启超（1873—1929）师从于康有为，积极倡导新文化运动，提倡文学革命。或许因其主张革新与改革，故其对王安石推崇较高，而于曾巩则评价不高。其于《荆公之文学》（上）中便称曾巩之文"体虽备而规模稍狭"：

> 抑八家者，其地位固自有高下。柳州惟纪行文最胜，不足以
> 备诸体。南丰体虽备而规模稍狭，老泉、颍滨，皆附东坡而显者耳。
> 此四家者，不过宋、郑、鲁、卫之比，求其如齐、晋、秦、楚势
> 力足相颉颃者，惟昌黎、庐陵、东坡、临川四人而已。③

① 林纾选评，慕容真点校：《林纾选评古文辞类纂》，浙江古籍出版社，1986年，第75—76、78、178、234、236、422、423—424页。
② 康有为著：《广艺舟双楫》之《卑唐第十二》，见王伯敏、任道斌、胡小伟主编：《书学集成》，河北美术出版社，2002年，第640页。
③ 梁启超著：《王安石传》，上海人民出版社，2016年，第255页。

经学大家刘师培（1884—1919）虽主张"骈文一体，实为文体之正宗"，但他对曾巩还是有比较客观的认识。如其在《论文杂记》（十一）中说：

> 唐人以"笔"为"文"，始于韩、柳……宋代之初，有柳开者，文以昌黎为宗。厥后，苏舜钦、穆伯长、尹师鲁诸人，善治古文，效法昌黎，与欧阳修相唱和。而曾、王、三苏，咸出欧阳之门，故每作一文，莫不法欧而宗韩。古文之体，至此大成。①

刘师培从以笔为文的角度，考察古文发展的历史，认为古文至曾巩、王安石和三苏之后，"古文之体"方才"大成"，充分肯定了曾巩在古文发展史上的地位。接着他还说欧阳修和曾巩乃"以文载道，儒家之文"（《论文杂记》十二）。

当然，对曾巩文的不足，他也在《南北文学不同论》中指出：

> 宋代文人，惟老苏之作，间近昌黎。欧、曾之文，虽沈详整静，茂美渊懿，训词深厚，然"平弱"之讥，曷云克免？岂非昌黎之文，固非南人所能效哉？②

在文中，刘师培对欧阳修和曾巩之文首先给予肯定，认为他们的文章"沈详整静，茂美渊懿，训词深厚"，但也存在"平弱"之讥。追寻个中原因，他从地域视角出发，以为是韩愈之文"固非南人所能效"，南方人天性具有"平弱"之质。

在本时期内，亦有对曾巩持批评态度者，如郑献甫（1801—1872），号小谷，广西象州人，为学主博。章士钊称其"当桐城派之潜势震动西

---

① 刘师培著，万仕国点校：《中国文学讲义》，广陵书社，2013年，第185—186页。
② 刘师培著，万仕国点校：《国学发微》（外五种），广陵书社，2013年，第256页。

南，小谷即起而相抗"，可见他是反对桐城派的，所以其在《答友人论文书》中说：

> 唐人不尽为有用之文，亦不为有格之文，故其善者如韩、柳、元、白，各自成家……宋人务为有用之文，又好言有格之文，其盛时如欧、苏、曾、王，如出一手，其余亦自取义理，不失法度，其弊也拘。①

郑献甫说宋人"务为有用之文，又好言有格之文"，但欧阳修和曾巩等人"如出一手"，虽"不失法度"，但却"其弊也拘"。

刘声木（1876—1959），安徽庐江人，喜好藏书，撰有《桐城文学丛书》《桐城文学渊源考》《桐城文学撰述考》等，对桐城派比较推崇。刘声木反对古文累字累句，并在《论曾巩文》中认为"唐宋八家中，惟曾子固文，最喜用长句"，可谓犯忌：

> 古文家最忌累字累句，长句即累句之一也。唐宋八家中，惟曾子固文，最喜用长句。其醇实渊懿，实从《学》《庸》得来。后朱子专学曾文，喜用长句，即《学庸章句》，亦喜用长句。②

另外，章太炎（1869—1936）于《论式》批评曾巩称："欧阳修、曾巩好为大言，汗漫无以应敌，斯持论最短者也。"③认为曾巩虽好为大言，但其持论却"最短"。

在创作上，学曾巩者有德清人许宗彦，林昌彝（1803—？）称其"尤深于古文，本于宋之南丰"（《射鹰楼诗话》卷十三）；武昌人张裕钊，《清

---

① 见章士钊著：《章士钊全集》（第九十一卷），文汇出版社，2000 年，第 1368 页。
② 〔清〕刘声木著，刘笃龄点校：《苌楚斋随笔续笔三笔四笔五笔》之《续笔》，中华书局，1998 年，第 425—426 页。
③ 章太炎著：《国故论衡》，上海古籍出版社，2006 年，第 69 页。

史稿》称其"少时，塾师授以制举业，意不乐。家独有南丰集，时时窃读之"（卷四八六《文苑三》）。而马国翰（1794—1857）则于诗中步曾巩之韵，如《环碧亭用曾南丰韵》。

其他论及曾巩，值得关注的有：黄式三（1789—1862）在《读韩子文集》中称，"宋欧、曾、苏、王皆学韩子，欧、曾之文善用柔，不及韩子之刚"（《儆居集》之《子集》一）；秦笃辉曾于道光七年（1827）著《易象通义》六卷，他称"自荀卿以至于苏、曾，皆经世之文也"（《平书》卷七之《文艺篇》上）；唐文治（1865—1954）认为韩、柳、欧、曾皆为司马迁之门徒，"韩、柳得其阳刚之美，欧、曾得其阴柔之美"（《国文经纬贯通大义》卷二之《一唱三叹法》）；林云铭称《寄欧阳舍人书》"应为《南丰集》中第一"（《增订古文析义合编》卷十五）；等等。

第四节　康熙、乾隆二帝对曾巩的接受

清代前期与中期的两位皇帝——康熙和乾隆都对曾巩较为推崇，来自最好统治者的喜好，极具风向标的作用，这对于抬高曾巩的地位和提高其影响力产生了积极的作用。

一、康熙对曾巩的接受

康熙（1654—1722）曾组织编选了《御选古文渊鉴》，其在《御制古文渊鉴序》中云：

> 夫经纬天地之谓文。文者，载道之器，所以弥纶宇宙，统括古今，化裁民物者也。是以乾苞坤络，非文不宣。圣作贤述，非文不著，其为用也大矣……朕留心典籍，因取古人之文，自春秋以迄于宋，择其辞义精纯，可以鼓吹六经者，汇为正集。即间有

瑰丽之篇，要皆归于古雅，其绮章秀制，弗能尽载者，则列之别集。傍采诸子，录其要论，以为外集。煌煌乎！洵秉文之玉律，抽牍之金科矣。①

从上文看，康熙非常注重文的作用，认为文乃"载道之器"。其编选《御选古文渊鉴》的原则是要"辞义精纯，可以鼓吹六经者"，以及"要皆归于古雅"者。康熙希望该书的编选，可以成为人们"秉文之玉律，抽牍之金科"。该书对士子们的影响，由此也可见一斑。康熙选文的原则与曾巩之文较为契合，或许正因如此，《御选古文渊鉴》中选有曾巩文39篇，在"唐宋八大家"中仅次于苏轼的选文数量。这从某种程度上可以看出康熙对曾巩文青睐有加。其在《御选古文渊鉴》卷五十二对曾巩的介绍中就说"巩生于末俗之中，绝学之后，其于剖析微言，阐明疑义，卓然自得。发六艺之蕴，正百家之缪，为文章上下驰骋，一复于雅。与欧阳修齐名，为学者所宗"，重视的还是曾巩能阐明疑义，发六艺之蕴，及其文能复于雅。

介绍中对曾巩赞誉有加，并说曾巩与欧阳修齐名。在接下来的按语中又说：

巩文章本原六经，斟酌于史迁、韩愈。其论学则自持心养性，至于服器动作之间，无勿悉。论治则自道德风俗之大，极于钱谷兵刑，无勿备允矣，理当故无二也。孟学不传之后，程学未显之前，厥功伟矣！故朱熹称其词严理正，又谓其拟制内有数篇，杂之三代诰命无愧。而作《大学》《中庸》"或问诸"文字，亦皆用南丰体。②

康熙高度肯定曾巩在"孟学不传之后，程学未显之前"的贡献，认为其"厥功伟矣"！并说朱熹"亦皆用南丰体"，将曾巩之文视为一"体"。

---

① 〔清〕康熙御选，徐乾学等编注：《御选古文渊鉴》卷首，清文渊阁四库全书本。
② 〔清〕康熙御选，徐乾学等编注：《御选古文渊鉴》卷五十三，清文渊阁四库全书本。

康熙还对曾巩之文多有评点，撮要枚举如下：

《劝学诏》：风励庠序，词令醇茂尔雅。

《劝农诏》：其谆勉处，与汉诏相上下。

《赐高丽诏》：温润特至。

《王制》：策典之文，此为正则。

《王制》：典雅可以方轨西汉。

《相制》：整练中多名贵之语。

《相制》：视唐时诸制诰，殆有过之无不及也。

《尚书左右丞制》：渊懿温粟之音。

《吏部尚书制》：非不简严，却自然浏利可诵。

《秘书监制》：此选既清，诏词亦甚雅则。

《熙宁转对疏》：南丰之文邃于经籍，而运以古健之笔，其阐发义理处，弥见朗澈。此疏所陈，洵为完粹之言也。

《自福州召判太常寺上殿札子》：详言以畅典学之旨，此等议论，大醇无小疵也。

《移沧州过阙上殿札子》：极铺张扬厉之文，而归于戒惧祗慎，可云有典有则。

《救灾议》：计较利害得失处，经画最周，变通不滞，可补《周礼》所未及。

《寄欧阳舍人书》：矜贵庄严，而气自纡回不迫，读此等文，当细观其转折脱卸之法。

《福州上执政书》：出入风雅之中，自有温柔敦厚之气，知其本乎性情者深也。

《列女传目录序》：闺门之内，王化之原，畅达其词，足以茂明风教矣。

《南齐书目录序》：胪陈得失，当与刘知几《史通》并传。

《梁书目录序》：说理极为精湛，其言大而有本。

《礼阁新仪目录序》：论圣人因时制礼处，原本经术，此见南丰为学本领。

《范贯之奏议集序》：归重仁宗，得体得法，识高力厚，典贵之文。

《筠州学记》：开局甚宽，收束甚紧，题之前后，意无不到。

《宜黄县学记》：直从学立言，所以深避《筠州》一记之雷同。而昌明博硕，无非经籍之腴润，诸学记中罕见其匹。

《抚州颜鲁公祠堂记》：激昂顿挫，善于作势之文。末拈一仁字，收煞处亦甚有力。

《徐孺子祠堂记》：议论平实，规摹亦老。

《读贾谊传》：借意贾生，自摅所学，雄浑可以吞吐一切。

《上欧蔡书》：一气渊涵，极文章之胜观，而恳恳处尤可见用意之深。①

康熙在评点中除疏通文意之外，主要论及：一是曾巩之文原本经术，如称《熙宁转对疏》"南丰之文邃于经籍"，《礼阁新仪目录序》"原本经术，此见南丰为学本领"；二是曾巩之文的贡献与地位，如称《劝农诏》"与汉诏相上下"，《救灾议》"可补《周礼》所未及"，《南齐书目录序》"当与刘知几《史通》并传"，《宜黄县学记》"诸学记中罕见其匹"；三是归纳曾巩之文的风格特点，如"醇茂尔雅""温润特至""正则""典雅""渊懿温栗""简严""雅则""古健""完粹""铺张扬厉""矜贵庄严""典贵""腴润""雄浑""一气渊涵"。从所评点之语来看，康熙对曾巩之文非常称赏，多为激赏之语，几无不满之意。

① 以上见〔清〕康熙著：《圣祖仁皇帝御制文》第三集卷四十一《杂著·古文评论》，清文渊阁四库全书本。

二、乾隆对曾巩的接受

乾隆（1711—1799）亦非常注重文在载道方面的作用，在为老师蔡世远《二希堂文集》所作《御制序》中，他称"文所以载道，岂虚语哉"，强调文以载道的功能，并认为曾巩是"斯文之盛"中的代表性人物，即"若欧阳、三苏、曾子固诸人，代继其踪"。该《御制序》云：

夫自上古结绳而治，后世圣人易之以书契，斯文之来，尚矣！故日月星辰之文于天，山川草木之文于地，登龙于章，升玉于藻，莫不因其质之美而文之，以益其盛焉。《二典》《三谟》《商书》《周诰》之为文，尧、舜、禹、汤、文、武、周公传心之要道也。是故蕴之为德行，行之为事业，发之为文章者，圣贤之所以为圣也。摛华靡于篇章，斗一字之奇巧者，雕虫之技，虚车之饰，之所以为讥也。徒修其内，而文不能见于外者，亦大雅君子之所弗尚也。故孔子于斯道之隆替，未尝不寓之于斯文之盛衰。文所以载道，岂虚语哉！三代以降，左氏《传》、屈氏《离骚》、太史公《书》、贾氏《治安》、董氏《贤良三策》，绍上古之淳风，继大雅之元音，虽其德未臻于盛，要皆其积有源，其流有光，堪以垂世而行远。魏晋之后，变淳朴为绮靡，化元声为冗薄，而文之衰极矣。至唐韩昌黎乃起衰，式靡天下，复归于正。同时若柳宗元，其后若欧阳、三苏、曾子固诸人，代继其踪。又有周、程、张、朱诸大儒继起，远接历圣之传，明道以觉世，而斯文之盛，遂如日月之经天，山川之纬地。岂非以言之无文，行之不远，而斯道之存，端赖斯文之盛，以流播于天地间乎。[①]

与康熙一样，乾隆亦曾组织编选了《御选唐宋文醇》，在其所写《御

---

① 〔清〕蔡世远著：《二希堂文集》卷首，清文渊阁四库全书本。

选唐宋文醇序》中，他说：

> 不朽有三，立言其一……昌黎韩愈生周、汉之后几五百年，远绍古人立言之轨，则其文可谓有序而能达者……文之至者不易得也。明茅坤举唐、宋两朝中昌黎、柳州、庐陵、三苏、曾、王八大家，荟萃其文各若干首行世，迄今操觚者脍炙之。本朝储欣谓茅坤之选便于举业，而弊即在是，乃复增损之，附以李习之、孙可之，为十大家。欲俾读者兴起于古，毋只为发策决科之用，意良美矣。顾其识之未衷，而见之未当，则所去取与茅坤亦未始径庭。朕读其书，嘉其意，而亦未尝不惩其失也。夫十家者，谓其非八代骈体云尔。骈句固属文体之病，然若唐之魏郑公、陆宣公，其文亦多骈句，而辞达理诣，足为世用，则骈又奚病？日月丽乎天，天之文也；百谷草木丽乎土，地之文也。化工之所为，有定形乎哉？化工形形而不形于形，而谓文可有定形乎哉？顾其言之所立者，何如耳？敕几之暇，偶取储欣所选十家之文，录其言之尤雅者若干首，合而编之，以便观览。夫唐宋以来，名儒硕士有序有物之嘉言，固不第十人已矣。虽然，尝鼎一脔，亦足以知道腴之可味，况已斟其雉膏哉！①

序文中，乾隆强调了立言之重要性，即"不朽有三，立言其一"。同时，他指出了自己选文的标准，那就是要求"辞达理诣，足为世用"，"有序有物之嘉言"。在《御选唐宋文醇》中，乾隆选录曾巩之文 32 篇，10 人之中居第五位。可见乾隆对曾巩之文也比较青睐。

乾隆亦对曾巩之文进行了评点，现择要列举如下：

> 《书魏郑公传》：巩文以此篇为第一……若巩之言，所以开后世人君之惑也。

---

① 〔清〕乾隆御选，〔清〕允禄校对：《御选唐宋文醇》，清文渊阁四库全书本。

《礼阁新仪目录序》：巩论礼与苏轼之语如出一人。轼之文雄快，至于缜密纯粹，固逊于巩也。若巩所言礼行而财用可充，则固轼之所未及，而经世之要旨在焉，惜巩亦未尝究极言之也。

《战国策目录序》：《战国策》皆其横议之文也，而实执国命以交天下之兵，所谓充塞仁义者，刘向以为不得不然，惑也。巩辞而辟之，当矣。明道德之出于一，而枉尺之必不可以直，寻其为世道人心益良厚……然则巩沾沾焉著其不可废之故，亦惑也。

《徐幹中论目录序》：伟长抱道守节于乱世，著书述孔孟之旨，殆其人欤。此巩所以发潜德之幽光，而若不及也。

《馆阁送钱纯老知婺州诗序》：作在新法未行之先。太平馆阁，人物风雅，委蛇委蛇，美矣盛矣！所为"治世之音安以乐，其政和"者欤！

《送李材叔知柳州序》：生于斯土，官于斯土，皆命也，皆莫之致而至者也。

《送赵宏序》：凡若此者，皆与信义反，而武夫悍卒之长技也。故蛮夷不可以兵治决也。

《序越州鉴湖图》：牧斯土者，思秩满迁官而已。谁其意在民者？有一于此，又不胜众说之纷纭，而形势之隔阂，往往太息而罢。为民兴利，何其难哉！

《叙盗》：有惨怛忠爱之意，可为为士师者法。

《唐论》：巩此论上下千古，非止较唐太宗之得失也。故太宗以后，无一语及之，而目其篇曰《唐论》，明非为太宗发也。终之曰"士之有志于道，而欲仕于上者，可以鉴矣"……如此文者，教人以难进之义，洵善矣。以为通论，则非也。若其缠绵悱恻，夭矫变化，则固文之雄矣。而茅坤转谓其体弱，何哉？

《墨池记》：寂寥短章，而使人味之隽永，此曾、王之所长也。

《南轩记》：韩愈而下，至于曾巩，类皆天资英妙，绝伦离群。而于圣道之要，学而有得，唯李翱与巩，翱又未及巩之粹也……果若其言，设诚而致行之，其于孔氏，不难升堂入室，岂徒文之雄哉！

《思政堂记》：然则民生何由而厚，国计何由而是？读巩文，能不蒿目于斯世哉！

《宜黄县学记》：篇中发明古者学校教人之法，格物致知之要，真切不差，实为程、朱开先，可尚也夫！

《越州赵公救灾记》：赵抃救灾之法尽善尽美，而巩所记又复详尽明晰。司牧之臣，案间必备之书。

《熙宁转对疏》：《移沧州过阙上殿札子》繁文胜而实意微，不如此疏远甚。

《讲官议》：通达古今之士，其议论足发蒙如是。厥后程伊川何以犹争坐讲也。

《救灾议》：欲举两月之赈，一旦予民耳，而反覆申重，至于如此其烦，文士多訾议其非古矣。抑知其勤惓之心，惟恐其言之不足以倾听，而民不得被其泽，语重辞复而不惮烦者，正其意之所以为古乎。

《赠职方员外郎苏君墓志铭》：巩金石文字简贵得史法如是，则其他语重词复，人所病为多者，盖亦必有义矣。昔人谓学古文者有二弊：一为减字法，一为换字法，切中貌古者之病。巩岂不能为减字邪？①

乾隆评点曾巩文，多按照"足为世用"标准来进行点评，如：评《书魏郑公传》称"所以开后世人君之惑"，评《礼阁新仪目录序》称"经世

---

① 　以上见〔清〕乾隆御选，〔清〕允禄校对：《御选唐宋文醇》卷五十四至五十七，清文渊阁四库全书本。

之要旨在焉",评《序越州鉴湖图》称"为民兴利,何其难哉",评《叙盗》称"可为为士师者法",评《思政堂记》称"然则民生何由而厚,国计何由而是?读巩文,能不蒿目于斯世哉",评《越州赵公救灾记》称"司牧之臣,案间必备之书",等等。正因如此,乾隆对曾巩之文的风格特点论述就不是很多。

当然,乾隆对曾巩之文亦较为推崇,正面肯定者为多,如《书魏郑公传》中称"巩文以此篇为第一",《墨池记》中称"寂寥短章,而使人味之隽永,此曾、王之所长也",《宜黄县学记》中称"实为程、朱开先,可尚也夫"。然而,对于曾巩文中的不足,乾隆也会加以指出,如《战国策目录序》中称"然则巩沾沾焉,著其不可废之故,亦惑也"。

《御选唐宋文醇》刊刻之后,影响非常大,据梁章钜(1775—1849)称,"学者但熟读此本,则其他选本及各专集,俱在可缓之列矣"(《退庵随笔》卷十九)。《御选唐宋文醇》如此巨大的影响,极大地推动了曾巩之文此后的传播,对曾巩之接受也产生了非常积极的影响。

第五节　桐城派对曾巩的接受

桐城派是我国清代文坛上影响较大的一个散文流派,亦称桐城古文派。对于"桐城派"之名,曾国藩在《欧阳生文集序》中说:"姚先生治其术益精。历城周永年书昌为之语曰:'天下之文章,其在桐城乎?'由是学者多归向桐城,号桐城派。"① 自此,以桐城地域命名的桐城派由此应运而生。桐城派在清代文坛影响甚大,胡朴安在《中国文学史序》中云:

> 庐陵辈出,力求反古,临川、眉山、南丰起而和之,以成一

① 〔清〕曾国藩著:《曾国藩全集》(14)《诗文》,岳麓书社,2011年,第204页。

代之文……明兴，以八股取士，而文学遂衰，一时讲学之徒，高
谈德性，耻言文章……王慎中、唐顺之复近法欧、曾，以救其弊……
满州入关，假托文学，藉收人心，以固皇位……而方苞、姚鼐之
徒，尸程、朱之传，仿欧、曾之法，治古文辞，号曰宋学，明于
呼应顿挫，谙于转折波澜，自谓因文见道，别树一帜，海内人士，
翕然宗之，至谓天下文章，莫大乎桐城。[①]

　　文中，胡朴安论及桐城派对当时文坛的影响，称"海内人士，翕然宗
旨，至谓天下文章，莫大乎桐城"。"天下文章，莫大乎桐城"，桐城派之
巨大影响由此立见。另外，他还提到桐城派文学创作的主要特点，即"尸
程、朱之传，仿欧、曾之法"。简言之，就是以程朱理学作为文学创作的
指导思想，同时学习欧阳修和曾巩的为文之法，具体来讲就是"明于呼应
顿挫，谙于转折波澜"。

　　本节中，我们将主要介绍方苞、刘大櫆和姚鼐三位桐城派大家对曾巩
的接受情况。

一、方苞对曾巩的接受

　　方苞（1668—1749），字灵皋，号望溪，桐城（今属安徽）人。方苞
乃桐城派散文创始人，与姚鼐、刘大櫆合称为"桐城三祖"。方苞推崇程
朱理学和唐宋散文，提倡"义法"，其于《书汉书礼乐志后》云：

　　甚哉，班史之疏于义法也！太史公序《礼乐》，而不条次为
书……其称引古昔，皆与汉事相发，无泛设者。固乃漫原制作之义，
则古礼乐及先圣贤之微言，可胜既乎……胡为不可条次，以姑存
一家之典法乎？用此知韩、柳、欧、苏、曾、王诸文家，叙列古

作者，皆不及于固。卓矣哉！非肤学所能识也。①

文中开头即说班固和司马迁"疏于义法"，可见其对义法的重视。在方苞看来，许多古作者之文，包括"唐宋八大家"，在义法方面还"不及于固"，其对义法的强调可见一斑。

在《书归震川文集后》中，方苞称归有光之文其气韵"得之子长"，所以能够"取法于欧、曾"，意指曾巩和归有光皆渊源于司马迁。其文云：

> 昔吾友王昆绳目震川文为肤庸，而张彝叹则曰："是直破八家之樊，而据司马氏之奥矣。"二君皆知言者，盖各有见而特未尽也……至事关天属，其尤善者，不俟修饰，而情辞并得，使览者恻然有隐，其气韵盖得之子长，故能取法于欧、曾，而少更其形貌耳。②

在《答申谦居书》中，他又称曾巩与韩愈和王安石"并笃于经学"：

> 姑以世所称唐、宋八家言之，韩及曾、王并笃于经学，而浅深广狭醇驳等差各异矣。柳子厚自谓取原于经，而掇拾于文字间者，尚或不详。欧阳永叔粗见诸经之大意，而未通其奥赜。苏氏父子则概乎其未有闻焉。此核其文而平生所学不能自掩者也。韩、欧、苏、曾之文，气象各肖其为人。子厚则大节有亏，而余行可述。介甫则学术虽误，而内行无颇。其他杂家小能以文自襮者，必其行能少异于众人者也。③

在"唐宋八大家"中，方苞认为曾巩、韩愈和王安石三人最笃于经

---

① 〔清〕方苞著，刘季高校点：《方苞集》，上海古籍出版社，1983年，第61—62页。
② 〔清〕方苞著，刘季高校点：《方苞集》，上海古籍出版社，1983年，第117页。
③ 〔清〕方苞著，刘季高校点：《方苞集》，上海古籍出版社，1983年，第164—165页。

学，其他几人都在不同程度上有所欠缺，特别是三苏父子，于经义"概乎其未有闻焉"。由此可见，方苞对曾巩比较推崇。

和硕果亲王曾为康熙皇帝御选《古文渊鉴》撰写《古文约选序例》，然该文实由方苞所代写。在《古文约选序例》中，方苞称欧、苏、曾、王几家于义法亦"间有不合"：

> 惟两汉书、疏及唐宋八家之文，篇各一事，可择其尤，而所取必至约，然后义法之精可见。故于韩文取者十二，于欧十一，余六家，或二十三十而取一焉……子厚之笔古隽，而义法多疵。欧、苏、曾、王亦间有不合。故略指其瑕，俾瑜者不为掩耳。①

整体上看，方苞对曾巩还是比较认可。但是，他论文比较注重义法，在义法上，他认为曾巩等人还是存在一定的不足。

二、刘大櫆对曾巩的接受

刘大櫆（1698—1780），字才甫，号海峰，桐城（今属安徽）人。刘大櫆虽游于方苞之门，但两者于古文则略有不同。方苞取义理于经，强调义法；而刘大櫆则强调神气与音节并重。对于曾巩，刘大櫆亦有所论及。其于《潘在涧时文序》中，从地域和天时的角度来看欧阳修、曾巩和王安石"并时而生于豫章"：

> 文章者，人之精气所融结，而以能见称，天实使之……古之人文，盛于西北，而后之人文，盛于东南，地使之也。秦、汉以前，其人莫不能为文，而唐、宋以下，则其能者不过数人，时使之也。其时同，其地又同，有相因而至者。律以雄鸣，使以雌应之；音以宫倡，使以徵和之。韩愈、柳宗元使并时而生于大河之南、东，

① 〔清〕方苞著，刘季高校点：《方苞集》，上海古籍出版社，1983年，第613—615页。

欧阳、曾、王使并时而生于豫章，苏氏之文，使并时而其父子兄
弟生于峨眉之山下。①

在文中，刘大櫆就非常强调"人之精气"对于文学创作的重要性，这
种精气他也很难说清楚，于是便归之于天。

对于"唐宋八大家"各文体创作之优长，刘大櫆在《唐宋八大家文百
篇》之《序目》中云：

> 予谓论则韩、苏。书则韩、柳。序则韩、欧、曾。碑志韩、
> 欧、王。记则八家皆能之，而以韩、柳、欧为最。祭文则韩、王，
> 而欧次之。三苏之所长者一，曰论。曾之所长者一，曰序。柳之
> 所长者二，曰书，曰记。王之所长者二，曰志，曰祭文。欧之所
> 长者三，曰序、曰记，曰志铭。韩则皆在所长，而鹿门必欲其似
> 史迁，何其执耶？②

其中论及曾巩文体之长者有序，称"曾之所长者一，口序"。而对记
体文，则概称为"八家皆能之，而以韩、柳、欧为最"。在刘大櫆看来，
曾巩以序、记文见长。

刘大櫆对曾巩之文，也有点评，择要列举如下：

> 《唐论》：后半上下古今，俯仰慨然，而淋漓道逸，有百川
> 归海之致。鹿门反谓其弱，何耶？

> 《列女传目录序》：子政胎教之言，已足千古。子固更进一
> 层归之身化，深入理奥，而文亦粲然成章。

> 《范贯之奏议集序》：子固集序，当以此篇为第一，其妙则

---

① 〔清〕刘大櫆著，吴孟复标点：《刘大櫆集》，上海古籍出版社，1990年，第102—103
页。
② 见吴小林编：《唐宋八大家》，齐鲁书社，1991年，第194页。

王遵岩所论尽之。

　　《先大夫集后序》：浑然磅礴。

　　《馆阁送钱纯老知婺州诗序》：子固赠送之序，当以此为第

一，敷陈畅足而蔼然温厚。①

　　从以上点评看，刘大櫆对所评曾巩之文赞赏有加，如称《列女传目录序》"深入理奥"，《范贯之奏议集序》"子固集序，当以此篇为第一"，《馆阁送钱纯老知婺州诗序》"子固赠送之序，当以此为第一"。对曾巩之文的风格特点，亦有自己新的认识，如称《唐论》"淋漓遒逸"，《先大夫集后序》"浑然磅礴"，《馆阁送钱纯老知婺州诗序》"蔼然温厚"。

三、姚鼐对曾巩的接受

　　姚鼐（1731—1815），字姬传，世称惜抱先生，桐城（今属安徽）人。姚鼐师从于刘大櫆，但其为文主张义理、考证、辞章三者并重。姚鼐曾编选《古文辞类纂》，该书编选曾巩之文27篇，对曾巩文的传播产生了积极的影响。

　　对于姚鼐，《清史稿·姚鼐传》称其所为文"高简深古，尤近欧阳修、曾巩"：

　　　　鼐工为古文。康熙间，侍郎方苞名重一时，同邑刘大櫆继之。鼐世父范与大櫆善，鼐本所闻于家庭师友间者，益以自得，所为文高简深古，尤近欧阳修、曾巩。其论文根极于道德，而探原于经训。至其浅深之际，有古人所未尝言，鼐独抉其微，发其蕴，论者以为

────────

① 　以上见吴孟复、蒋立甫主编：《古文辞类纂评注》，安徽教育出版社，2004年，第93、311、316、320、323页。

辞迈于方，理深于刘。三人皆籍桐城，世传以为桐城派。①

就道与技之间的关系，姚鼐比较重道，其在《翰林论》中说：

> 是故君子求乎道，细人求乎技。君子之职以道，细人之职以
> 技。使世之君子，赋若相如、邹、枚，善叙史事若太史公、班固，
> 诗若李、杜，文若韩、柳、欧、曾、苏氏，虽至工犹技也。技之
> 中固有道焉，不若极忠谏争为道之大也。②

在文中，姚鼐虽然以"韩、柳、欧、曾、苏氏"为古文之代表，但在重乎道的指导思想下，他认为文虽"至工犹技也"，尽管技中有道，但不及"极忠谏争为道之大"。

此外，在《复鲁絜非书》中，姚鼐论及曾巩称"宋朝欧阳、曾公之文，其才皆偏于柔之美者也"③，认为曾巩之文偏于柔，但亦有其美。

在《古文辞类纂》中，姚鼐对曾巩之文也多有评论，如在《古文辞类纂序目》中，就称"向、歆奏校书各有序，世不尽传，传者或伪，今存子政《战国策序》一篇，著其概。其后目录之序，子固独优已"，极赞目录序以"子固独优"；评点《筠州学记》称"《宜黄》《筠州》二记，论学之旨皆精甚，然《宜黄记》随笔曲注，而浑雄博厚之气郁然纸上，故最为曾文之盛者。《筠州记》体势方幅，而气脉亦稍弱矣"④。

除姚鼐外，姚永朴对曾巩的论述亦值得关注。姚永朴（1861—1939），字仲实，号蜕私老人，桐城（今属安徽）人，其祖父姚莹乃姚鼐重孙。姚

---

① 赵尔巽等著：《清史稿》卷四百八十五，吉林人民出版社，1998年，第10173—10174页。

② 〔清〕姚鼐著，刘季高标点：《惜抱轩诗文集》卷一，上海古籍出版社，1992年，第4—5页。

③ 〔清〕姚鼐著，刘季高标点：《惜抱轩诗文集》卷六，上海古籍出版社，1992年，第94页。

④ 〔清〕姚鼐选纂，宋晶如、章荣注释：《古文辞类纂》卷首、卷五十五，中国书店，1986年据世界书局1935年版影印，第4、996页。

永朴在《文学研究法》云：

> 书说类……由此推之，欧、曾、苏、王四家，可诵者多不过
> 三四篇，少止一二篇，而苏氏或过驰骋而少余味。

> 典志类莫古于《尚书》之《禹贡》……太史公八《书》，以
> 感时愤俗之怀，运于纵横变化之中，气之雄奇，非班固十《志》
> 所能及；而固之详瞻过之。是后惟欧阳子《唐书》诸《志》、《五
> 代史》诸《考》，差可颉颃。若文家，则自曾子固《越州赵公救
> 灾记》《序越州鉴湖图》二篇外，无闻焉。[①]

从以上论述来看，姚永朴认为，书说类中，曾巩等四家"可诵者多不过三四篇"；而典志类中，以文家来看，曾巩《越州赵公救灾记》《序越州鉴湖图》二文最为著名，除此之外"无闻焉"。

总而言之，作为清代文坛一个重要文学流派，桐城派诸家对曾巩之文以积极评价为主，这对曾巩之文在当时的接受与传播是非常有益的，营造了一个非常好的曾文接受氛围。

第六节　何焯对曾巩的接受

何焯（1661—1722），字润千，江苏长洲（今江苏苏州）人，先世曾以义门旌，故学者称其为义门先生，清代著名学者。何焯通经史百家之学，长于考订，在考据学上很有造诣。对此四库馆臣于《义门读书记提要》云：

> 赠侍读学士焯，文章负盛名，而无所著作传于世。没后，其从

---

① 姚永朴著，许结讲评：《文学研究法》，凤凰出版社，2009 年，第 86—87、89—90 页。

子堂始衰其点校诸书之语，为六卷。维钧益加搜辑，编为此书，凡《四书》六卷、《诗》二卷、《左传》二卷、《公羊》《谷梁》各一卷、《史记》二卷、《汉书》六卷、《后汉书》五卷、《三国志》二卷、《五代史》一卷、《韩愈集》五卷、《柳宗元集》三卷、《欧阳修集》二卷、《曾巩集》五卷、《萧统文选》五卷、《陶潜诗》一卷、《杜甫集》六卷、《李商隐集》二卷。考证皆极精审，其两《汉书》及《三国志》，乾隆五年廷臣奉诏校刊经史，颇采用其说焉。[1]

由上可见，何焯不仅文章负盛名，而且考证也极精审，以致乾隆五年校刊经史，还颇采用其说。就古文来说，在"唐宋八大家"中，其点校有《韩愈集》《柳宗元集》《欧阳修集》《曾巩集》，即对韩、柳、欧、曾四家之集进行了点校。从所点校的卷数来看，其于曾巩费力颇勤，《曾巩集》与《韩愈集》均为五卷，在四人中卷数最多，可见何焯对曾巩之重视。

对何焯在点校方面的贡献，崔高维在《义门读书记·点校说明》中对其有较高评价：

何焯学问渊博，其于经学、史学、诗文等都有深湛的造诣。校勘考订古籍尤其所长，可以说是有清一代考据学开风气的学者。他藏书数万卷，自少至老，口不绝吟，手不停披。得宋、元旧椠，必手加雠校……何焯校勘古籍极为矜慎，从不轻易落笔。苟有所得，必详订再三，而后约言记之。其所考订，咸有义据。当时方苞与何焯论文意见相左，自己有作却必询其友曰："义门见之否？如有言，乞以告我。义门能纠吾文之短者。"阎若璩常与何焯研讨学问，许其为"此君且盖代"。[2]

---

① 〔清〕何焯著：《义门读书记》卷首，清文渊阁四库全书本。
② 〔清〕何焯著，崔高维点校：《义门读书记》，中华书局，1987年，第2页。

这位开"有清一代考据学风气"的何焯，对曾巩诗文不仅有评点，而且还多有校勘，这对当时曾巩的接受具有较强的积极意义。

一、何焯对曾巩诗的校勘与评点

先看何焯对曾巩诗的校订，择要列举如下：

《冬望》："入见奥作何雄魁"，作作怍。

《宿尊胜院》："蔽衣盖苦短"，蔽作敝；"向来雪云端，叶下百仞隍"，一本作"向来云端叶，下飞百仞隍"。

《苦雨》："应有白鬓添数茎"，鬓作须。

《黄金》："道旁白日忽再去"，去作出；"不是九鼎输西邻"，西作诸。

《上翁岭》："濯足行上侧"，上作尚。

《冬暮感怀》："奈至一岁除"，至作此。

《寄舍弟》："我意生侧侧"，侧侧作恻恻；"已期采芝药"，药作乐。

《至荷湖二首》："林林路南山"，路作露；"犹疑拔山秋"，拔作沃，秋作湫。

《送徐竑著作知康州》：竑作纮；"咄嗒令人谋"，人作心。

《茅亭闲坐》："鸟语遍乔林"，遍作变；"岂谁智所拙"，谁作惟。

《靖安幽谷亭》："靖安"下有县字。"地气方以洁"，方作芳。

《青云亭闲坐》：坐作望；"趋荣众所便"，荣作营。

《寄子进弟》：一本作牟弟，牟，子进名也。"颇测隐与微"，隐作幽；"常若去左右"，若作苦。

《江湖》："论迹异惊众"，论作沦。

《答裴煜二首》："相期在觌诲"，觌作规；"相持非郁盎"，持作迟。

《寄王介甫》：宜兴本作介卿。荆公旧字也。甫字谬改。元板已作甫。甫仍宜作卿。"如酝冒炎暑"，醞作酲；"每进意愈塞"，塞作寂；"亦可洗珠壁"，壁作璧；"遇惬每同蛰"，同蛰未详，疑作欶，笑声也。宋本欶；"更得蟾蜍炅"，得作待；"昧者尊恶石"，石，宋本作砨，检《集韵》不见此字；"万窍动谪傲"，傲作激；"烨烨多吏从"，吏作隶；"良已馈藜齸"，馈作匮；"栗密缕机织"，栗作粟；"卷书劳来翰"，翰作幹，幹，仆也；"寸怀良士怿"，士作自；"金绍引柳荑"，绍作缩。

《上人》："坐上一言寒口暖"，口作可。

《初夏有感》："愁勤未老鬓先白"，愁勤作穷愁。

《送人移知贺州》："风露气严花草绯"，绯作腓。

《南丰道上寄介甫》："雨露施土悭"，土作尚，一作何。

《谢章伯益惠砚》："始独俯仰吾坤乾"，吾作模。

《送刘医博》："马蹄所至病历屈"，历作魔；"委曲衰旺肺与脾"，旺作王；"始免未老为枯骸"，骸作骴；"真人四难真可患"，真人作贵人；"去此足以为时规"，去此作去去。

《送钱生》："叩言忽言归"，叩言作叩门。

《雪咏》："谁能比众作，小去笔墨畦"，谁作薛。按，薛太拙有《闲居新雪八韵》，禁体之祖也。"或溺久宛转"，溺作弱；"屋角初渐班"，班作斑；"坳窐一已满"，窐作洼；"阳春谢纂筝"，纂作秦；"万物去复冒"，复作覆。

《送僧晚容》：晚作晓。"飞光无停芳岁闲"，闲作阑。

《送叔延判官》："物物当前若图屏"，物物作物色。

《山茶花》："欲攀更惜长依依"，攀作搴；"五月雾露空芳菲"，露作雨。

《丁亥三月十五日》：丁作辛。按丁亥乃庆历七年，是时公尚少，恐笔力未能至是。若大观元年之丁亥，则公没已久矣。玩末二句，似指熙宁用事之人，意者作于熙宁四年辛亥，讹辛为丁也。又按，王介甫《曾易占墓志》，易占以庆历丁亥卒于南京，时公方侍疾，而诗中云"临川城中三月雨"，则丁亥之为误尤明矣。

《舍弟南源刈稻》："新堂置嵓幽"，嵓作岩；"余滋折丹榴"，折作析；"夜工督春揄"，揄作牏；"送子固自起"，固作因。

《琅琊泉石篆》："初流泉涯俗谁顾"，流作留。

《游琅琊山》："殷勤羞瓮醅"，一作"勤修瓮中醅"。

《琅琊溪》："可忍开时不出游"，开疑作闲。

《庶子亭》：亭作泉。"风翻日炎夏潦尽"，炎作炙。

《游麻姑山九首》："穤稏百顷黄参差"，参差作差参；"天风冷冷吹我襟"，冷冷作泠泠。

《半山亭》："半台亭榭午犹寒"，台作崖。

《颜碑》："碑意少缺谁能镌"，少作小。

《秋怀》："我有愁轮行我觞"，觞作肠；"安能望高邱"，高作嵩。

《答石秀才月下》："更送城筲夜声起"，声作深。

《冬晓书怀》："今日病减真无蝇"，真下疑脱一行，宋本同。

《代书寄赵宏》："日倚东风愁同调"，愁作想；"局西明月过帘白"，局作屋。

《东津归催吴秀才寄酒》："若洗新妆竟妖脸"，竟作竞；"已冷洒屋铺风篁"，冷作令。

《高松》："嫋嫋倚翠蘽"，嫋嫋作偃偃。

《尹师鲁》：一本上有哭字。

《发松门寄介甫》："况闻肥遁须山在"，句疑有讹。

《降龙》："支旛列戟照私第"，旛，宋本作幡；"橐针朴艾恬以愉"，朴作愎。

《湘寇》："伧人操兵快如鹘"，快，宋本作决；"月费空已逾千金"，月作日；"捷如马援不得志"，捷作健。

《多雨》："霖倾潦雨那复止"，雨作汹。

《山水屏》："尘氛见荒林"，林作村；"图屏特自慰"，特作持；"寐寐心思逐"，作心逐逐，以上三字从《声画集》本改正。

《追租》："试起望遗材"，材作村。

《桐树》："泫摧乱繁条"，泫作低。

《听鹊寄家人》："秋风粲粲正可爱"，风作花；"春风千树变颜色"，风作枫。

《读书》：亦云辛卯岁读书。"荏苒岁云暮"，暮作几。

《杂诗五首》：第二首"贫士任固小"，士作仕；第三首"韩公缀文辞"，公，宋本作于；第四首"相去几年今与古"，按，宋本此首在《少年》一首后。"二子引身高不起"，作"二子引身蒿下起"。

《东轩小饮呈坐中》："气酣落日解醉镮"，醉作带。

《明妃曲二首》："几成新曲无人听"，几作度。

《秋夜露坐偶作》："白雪飞向低"，雪作云。

《韩玉汝使归》："光华友原照"，友作及，宋本又作反。

《合酱作》："调浇遵古书"，浇作挠。

《送章婺州》："幽寻足谿山"，谿作溪。

《秋怀一首》："复示仓箱盈"，示作尔。

《送李撰赴举》："风铛拂尘见飞影"，风作锋。

《送韩玉汝》："名园分杂英"，分作纷。

《送丰稷》："之君飘泊动归思"，之作夫。

《游鹿门不果》："鹿门最发秀"，发秀作秀发。

《汉广亭》："北城最频高"，高作登；"局促皆旷逸"，皆作谐。

《蔡州》：州作洲。

《万山》："缥缈出烟云"，云疑作霄，上已有氛霭句也。

《题张伯常汉上茅屋》：屋作堂。

《移守江西先寄潘延之节推》："我系一官尚局促"，尚作常；"早衰瞻气自然薄"，瞻作胆；"旧学抢攘期反覆"，覆作复。

《酬王正仲登岳麓寺阁见寄》：王正仲下补"太常学士"四字。

《和贡甫送元考不至》：不至上叠"元考"二字。"一时惊豪健"，健作捷。

《送陈郎中还京兼过九江新宅》："舣舟金碧照溪沙"，舣作鹢。

《楚泽》："经纶空建与谁论"，建作健。

《胡太傅挽词二首》：第二首"远路参基命"，远路疑作远略。

《送觉祖明上人》：觉祖下有院字。"丰堂环殿起崔嵬"，环作瑰；"钟随秋势金声壮"，随作乘。

《送抚州钱郎中》："名郎元是足风流"，名郎作贤侯，是作自；"得郡东南地更幽"，幽作优；"应与谢公资健笔"，应作只。

《送玉汝使两浙》：作韩玉汝。

《丁元珍挽词二首》："神情玉气温"，情作清。

《送李莘太傅》：傅作博；"冰雪映征事"，映，宋本缺。

《游天章寺》：寺即王右军旧宅。"监舆朝出踏轻尘"，监作篮；"南湖空解照人行"，人行作行人。

《送关远赴江西》：作关彦远。

《西园席上》："海峤经寒酒熟迟"，峤作聚，里聚也；"满足尘埃更有诗"，足作面。

《会稽绝句三首送赵资政》：宋本无"送赵资政"四字，为是。此知越州时寄兴之作也。成化以前刻皆无。

《送任达度支监嵩山崇福宫》：达作逵。"地绝分琳馆"，地绝作北绝；"碧落见鸥驯"，落作洛；"反席正逢辰"，反作仄。

《送赵资政》："觌青遇更隆"，觌作规；"岂独是倥侗"，倥侗作崆峒。

《送沈谏议》："九霄应已梦仪形"，形作刑。

《酬王徽之汴中见寄》：徽作微。

《寄郓州邵资政》：题下原注：蒙郓州知府安抚资政书言，入秋以来，甚有游观之兴，而少行乐之地，因问敝邑山水之景，见索新诗。某荒废文字久矣，惟重意之辱不能自已，谨吟二百字上寄。俗本删节不完，今依宋本改正。

《郡斋即事第一首》：上句注云："时大奸月高投海岛"，一本作周高为是。

《寄致仕欧阳少师》：作"寄致政观文欧阳少师"。原注有"固辞宠禄，归就休闲，进退之宜，四方所仰"十六字。"乐善意谆谆"，谆谆作循循。

《冬夜即事》："月淡千门霭凇寒"，霭音梦，凇音送。

《西湖二首》：第二首"明河槎上更微芒"，芒作茫。

《席上》：一本下有"舞六幺"三字。"两衔散雪夜深时"，作散后雪深时。

《舜泉》："更应此水无休歇"，此水作如此；"余泽人间世世传"，作流泽长令后世传。

《阅武堂》："汉家常隶羽林兵"，隶作肆。

《芍药厅》："恐逐风飞饰室仙"，疑有讹。

《阅武堂下新渠》："不忧待月供诗笔"，供一作乾，乾字佳，方是新渠诗也。

《凝香斋》："沉烟细细临黄卷"，一作两衙放罢闲铃索。

《次道子中书问归期》："窃食东州岁未期"，一作疏懒为州岁未期。

《霜凇》："霜凇花开处处同"，花开，宋本作开花为是。盖惟真花方可云花开也。

《喜雨》："会见瓯窭果满篝"，篝，宋本作簹。

《次李秀才得鱼字韵》："十年方喜梦维鱼"，十作卜。

《孔教授张法曹以曾论荐特示长牋》："高台闲燕属佳篇"，台作斋。

《戏书》：宋本此下有《水西亭书事》一首："一番雨熟林间杏，四面风开水上花。岸尽龙鳞蟠翠篠，溪深鳌背露晴沙。陇头刈麦催行馌，桑下缲丝急转车。总是白头官长事，莫嫌粗俗向人夸。"

《趵突泉》："曾城齐鲁封疆会"，城作成。

《北池小会》："银簧相合鸟声新"，合作答，答字胜。

《送韩廷评》：一作延年。

《寄孙莘老墨妙亭》："壮字碑丰亦易忘"，碑丰作丰碑，忘作亡。

《华不注山》：注：青峰岭望点黛，按，宋本作"青崖翠岭，望同点黛"。"虎牙千仞立巉巉"，巉巉作嶒嶒。

《和孔仲平》：作平仲。

《鲍山》："山中那得叔牙城"，中作前。

《康定军使高秘丞自襄阳司农勾业寺丞自光化相继云云》：业作叶。"更有南阳坐啸名"，更作便。

《雨中王驾部席上》："鸠鸣连日始成阴"，鸣作呼。

《岘山亭置酒》："春归野路梅初白"，初作争。

《韩魏公挽歌词第二首》："御笔新诗在新陇"，新诗作丰碑。

《酬吴仲庶龙图岁春感怀》：春作暮。

《以白山茶寄吴仲庶见贶佳篇依韵和酬》："筠笼封题摘尚新"，摘作色；"玉蕊萧条迹更尘"，尘作陈；"欲分芳种更无因"，更作恨。

《刁景纯挽歌词》："文章十秩更传谁"，秩作帙；"一点青灯照蕙帷"，蕙作缥。

《上元》："人近朱阑送目劳"，近，《律髓》作倚。"自笑弦心逐年少"，弦作低。

《酬柳国博》："须知别后山城寺"，寺作守。

《闰正月十一日吕殿丞寄新茶》："千金一跨过溪来"，跨作胯。

《新旧书报京师盛闻治声》：新作亲。

《蹇磻翁寄新茶二首》："肯分方跨醒衰思"，跨作胯。

《夜出过利涉门》："红纱笼竹过斜桥"，竹作烛，过作照。

《王虞部惠佳篇叙述云云》："更悟知他友最贤"，知作之。

《过灵璧张氏园三首》：灵当作零。《宋史·地理志》云：元祐元年，始割虹之零壁镇为县。其改为灵璧，则在政和七年。曾之作诗，苏之作记，皆在未为县之时，不但零之为灵未改也。

《雪》（亳州）："繁英飞面旋"，面疑便，然前古诗中已有用面旋者。"远冰落涧泉"，远作还。

《集贤殿春燕呈诸同舍》：贤作英。

《上巳日瑞圣园锡燕呈诸同舍》："流者浮金凿落"，作流渚酒浮金凿落，失一酒字，误一渚字。①

　　曾巩常被人们认为"短于韵语"，或者是有感于此，何焯点校曾巩之
诗数量甚多。从这些点校之中，我们也可以看出当时曾巩诗歌在传播过程
中，由于版本的差异而导致的字词句的不同。何焯以其深厚的学养，以及
所占有的丰富的藏本，对曾巩诗歌不仅从字词句上进行了订正，而且还补
充了其缺漏。尤其珍贵的是，在校订时，还使用了宋本的曾巩文集，可让
我们略窥曾巩诗歌在宋代文本中的存在面貌。在校订曾巩诗时，何焯深厚
的学养也非常令人钦佩，如校订《过灵壁张氏园三首》时，称"灵当作
零"，并据《宋史·地理志》以为据。正因如此，后人在校订曾巩诗文时，
多会参照何焯的校订。如一般认为顾崧龄校刊的《元丰类稿》最精，而顾
崧龄就自称尝以何焯所校本进行了参校。

　　再看何焯对曾巩诗歌的点评：

　　　　《冬望》：学韩亦兼有似太白处。

　　　　《南源庄》：发端独妙。

　　　　《豪杰》：诗若此，复何味。

　　　　《山槛小饮》：造句极似韩。

　　　　《上翁岭》："时见崖下雨，多从衣上云"十字，王、孟不
过也。

　　　　《喜寒》：此等诗，正嫌其有造作之劳，欧阳公谓孟韩文虽
佳，不必效之，取其自然耳。学诗何独不然。

　　　　《咏雪》：语奇而意微暗。

　　　　《谢章伯益惠砚》：太迂远。

　　　　《送陈商学士》：生新之语，杂子瞻集中，不能辨其为两手。

① 以上见〔清〕何焯著，崔高维点校：《义门读书记》，中华书局，1987年，第715—
736页。

《雪咏》：亦终不出前人范围。"万物去复冒"四句，极似韩。

《山茶花》：终是没意思。

《游琅琊山》：后半无味。

《慧觉方丈》：恶诗。

《秋怀》：太讦直。

《菊花》：孤淡。

《答石秀才月下》：结处意弱。

《庭木》：篇中颇有似昌黎《病鸱》诗。

《边将》：何减《永贞》《丰陵》。

《九月九日》：句句可人，但只有一层耳。

《麻姑山送南城尉罗君》：不减《庐山高》。

《明妃曲二首》：二篇却参以齐梁风调。此拟老杜《负薪》最能。大抵南丰诗不能细润，只缘直以李、杜、韩三家为法，六朝略不留意故耳。"皎皎丹心欲语谁"，句不类，一句之坏尤在丹字。"黄云塞路乡国远"二句，十八拍中所少。按，曾子固诗过于古直，此篇乃殊委婉曲折。

《七月十四日韩持国直庐同观山海经》：此篇亦简分诗人之意，而尤蕴藉。

《和贡甫送元考不至》：按，公古诗止第五卷。此卷中五言顿有优柔之韵，盖初年止于学韩，至此颇窥小谢之藩也。

《照影亭》："不欺毫发公虽有"二语，得比兴之意。

《胡太傅挽词二首》：前篇虽刘、白何以过。

《闲行》："风出青山送水声"，佳句。

《送任达度支监嵩山崇福宫》：长篇诗稳切有气，后山辈正不能到。

《和孔教授》："敢将颜色在蜚鸿"，虽切孔君，然亦太腐。

《喜雪第二首》："英华倾月窟，光气泻天潢"，名句。

《寄致仕欧阳少师》："龙卧倾时望"四句，语有体，通幅似刘、白。

《和陈郎中》："明月几人非按剑"，直率无味。

《阅武堂》：方是太平之阅武，诗意极高。

《环波亭》：不减元九。

《仁风厅》：此种今人苦不能到。

《凝香斋》：三四仍带感慨而无迹。

《百花台》：第四醒出夹岸皆花，自妙。

《戏书》：次连仅胜农夫背上书军号、贾客船头插战旗矣。收处语太质。

《趵突泉》："曾城齐鲁封疆会"，句拙。

《金线泉》："云依美藻争成缕"，线字刻画。

《甘露寺多景楼》：三四语自佳。

《送程殿丞还朝》：次连未为佳句，而当年喜之。

《赠张伯常之郓云云》："更味阳春白雪篇"，语切，故不嫌陈。

《和张伯常自郓中云云》：三四平语自佳。

《陈君式恭轩》：次连不如腹连佳。

《以白山茶寄吴仲庶见贶佳篇依韵和酬》：落句用梅事，须点破为佳。

《游东山示客》："柳黄微破日边风"，日边风三字，有化工。

《昇山灵岩寺》：公作游佛寺诗，皆以仙山事发之，非独不信奉其法，亦缘本谓之金仙，不是杜撰作此语也。

《王虞部惠佳篇叙述云云》："更悟知他友最贤"，似用孟子尹公佗取友语，可谓拙矣。

《北归三首》：颇似梦得。

《雪》（亳州）：有为言之。水深雪雾为小人，故韩、曾皆
作风刺体。①

何焯对曾巩诗歌的点评，其中最为突出的一个特点就是，喜欢揭示曾
巩诗歌的渊源，并将曾巩与其他诗人相类比。如称《冬望》"学韩亦兼有似
太白处"，《山槛小饮》"造句极似韩"，《雪咏》"极似韩"，《庭木》"篇中颇
有似昌黎《病鸱》诗"，《明妃曲二首》"大抵南丰诗不能细润，只缘直以
李、杜、韩三家为法"，《和贡甫送元考不至》"盖初年止于学韩"，《寄致
仕欧阳少师》"通幅似刘、白"，《北归三首》"颇似梦得"，《雪》(亳州)"故
韩、曾皆作风刺体"。由此可见，曾巩之诗亦颇有渊源。在何焯看来，曾
巩之诗取法韩愈甚多，同时亦兼及李白、杜甫、刘禹锡和白居易。

对曾巩诗歌，何焯有褒有贬，持较为公允的态度。褒者如称《上翁
岭》"王、孟不过也"，《送任达度支监嵩山崇福宫》"长篇诗稳切有气，后
山辈正不能到"，《胡太傅挽词二首》"前篇虽刘、白何以过"，《照影亭》
"得比兴之意"。当然，何焯对曾巩诗的批评之语似乎更多，如称《豪杰》
"诗若此复何味"，其他如"太迂远""终是没意思""后半无味""恶诗""太
讦直""结处意弱""过于古直""太腐""直率无味""句拙""可谓拙矣"等，
时常出现在他的笔下。尽管如此，何焯还是认为曾巩之诗颇有可取之处，
否则也不会花这么多篇幅和精力去校订曾巩诗。

二、何焯对曾巩文的评点

由于曾巩之诗人们以前重视较少、误解过多，所以前面用了不少篇幅
加以论述。曾巩之文一直以来为人们所重视，所以这里我们主要来看何焯

---

① 以上见〔清〕何焯著，崔高维点校：《义门读书记》，中华书局，1987 年，第 715—
736 页。

对曾巩文的评点。现撮要列举如下：

《唐论》：峻洁。此等议论，自曾、王以前无人道来。

《为人后议》：此等文，后惟子朱子能之。

《公族议》：此为荆公裁减宗室恩例而作。其推言亲爱之心，可谓至矣。

《讲官议》：文甚紧洁。结处与发端不合如此，则侍讲之职举当废矣。

《救灾议》：有实用文字，合汉、唐而一之。汉时之文亦不过如此。

《洪范传》：曾氏生平得力于经在是。其言平正通达，有非汉以来俚儒之所及者。

《太祖皇帝总序》：此文不古不今，大失体要。宜乎神宗缘此罢其史职也。

《梁书目录序》：此篇立论原本《中庸》，皆有次序条理可观，下语时或未莹，则不能如周、程之浃洽故也。

《列女传目录序》：三代以后少此议论。词醇气洁，无一冗长之字。此宋文之不愧匡、刘者也。

《礼阁新仪目录序》："古今之变不同"数句，乃一篇大旨。去其十之四，则健而厚矣。子固之文多冗，由道不足而强欲张之也。

《战国策目录序》：二帝三王之治六句，此处文气稍嫌其碎。

《陈书目录序》：诸序中独此篇回顾起处。

《南齐书目录序》：以经正史之失，独举史迁言之，斥子显处只数句。此《春秋》治桓、文之法。

《唐令目录序》：千钧笔，该贯无遗。

《说苑目录序》：中间紧要处说来不透。

《李白诗集后序》：文甚严洁。

《王平甫文集序》：深婉可以为法。

《类要序》：此公通俗酬应之作。求深而腐，启南宋阔远之习。

《相国寺维摩院听琴序》：将内外说作二事，于文章前后关键亦不致密。

《顺济王敕书祝文刻石序》：谨严，简而能赡。

《赠黎安二生序》：地步高，然不曾道着实地处，故不精彩。此文最善学韩。结处暗用范滂语，翻案文势，抑扬反覆，可谓圆健。

《送赵宏序》：峻洁，论亦当。

《送王希序》：碎。

《王无咎字序》："不若于名字乎，勿求胜焉"四句，文气颇涩。

《送蔡元振序》：此文反近李习之，淡古。

《上欧阳学士第一书》：此文定少作。

《上欧阳学士第二书》：不达，亦以少作故也。语太烦絮，患在不能峻洁。少作之不可观如此。

《上欧阳舍人书》：文弱而碎，其论事又格格不吐，此少作故也。

《上范资政书》：其言究无归宿，盖非得之于心，而徒求高于文词者也。

《上齐工部书》：此等何以滥存，大抵编缉者之过。

《与抚州知州书》：多用韩文腔子，是亦少作也。

《与孙司封书》：反复驰骤，于作者为最有光焰之文。殆不减退之《张中丞传后叙》也。

《答范资政书》：虽寻常报书，然自无秋毫流俗。

《谢杜相公书》：卓荦深厚。

《寄欧阳舍人书》：曩不甚爱此文，今复读之，如四瑚八琏，虽欲不宝贵，不可得也。

《与王介甫第二书》：明畅。

《答王深甫论扬雄书》：雄之书，退之仅好其词，而介甫、子固则直以为学问根柢，何其所见之浅也。

《福州上执政书》：和平温润。

《仙都观三门记》：笔力高而非记事正体。

《醒心亭记》：其言之非谀且妄，故后半但觉清新。

《墨池记》：非若今人腔子之文也。此篇如放笔数千言，即无味矣。词高旨远，后人无此雄厚。

《宜黄县县学记》：宏肆。

《鹅湖院佛殿记》：末二句尚似合不上。

《兜率院记》：如此岂求记者之意哉？不作可也。此篇有过于造语之病，必其少作也。

《拟岘台记》，子朱子谓，此篇拟《醉翁亭记》而不似，盖南丰降格为之，以塞流俗之请者也。然亦不失为佳作。

《抚州颜鲁公祠堂记》：此文零星曲折，亦似学《王彦章画像记》。

《归老桥记》：格已少降，然自大雅。前半皆学欧公，末段本色。

《筠州学记》：元元本本之论，子朱子《大学章句序》亦采其意用之。

《广德军重修鼓角楼记》：谨洁。

《齐州二堂记》：核。山川固当考堂之所由名也，然亦太词费矣。使韩、柳为之，必不然。

《徐孺子祠堂记》：此文亦有宋人习气，前半客胜于主。

《江州景德寺新戒坛记》：不侈谈其法，又不以儒者之论杂之，得作记正体。

《洪州东门记》：古雅。

《道山亭记》：陆文裕以为亲至闽中，乃知为工。

《梅福封寿春真人制》：此等制词求新则易失体。

《蔡京起居郎制》：朕恩若此，失体。

《节相制》：虽亦四六体，然非唐人所及。

《赐高丽诏》：谦厚。

《策问一》：起处语太近夸，如此何由得直言之士，曾、苏相去远矣。不征实事，但问大义，失策试之本。

《亳州谢到任表》：此作从昌黎《潮州谢上表》中来，虽非本色，然极有伟句。

《贺熙宁十年南郊礼毕大赦表》：此作从昌黎《幽州平请上尊号表》来，其古直处，兼有班、扬之风，非南宋经句伪体。

《熙宁转对疏》：都无可以开悟人主之要，岂所谓道不足而有言者耳？空架，文法亦絮，何其言之无物也！

《移沧州过阙上殿札子》：以视典引文虽不及，然不事雕饰，自然质雅，宋文中不多得。

《请令长贰自举属官》：言既可用，文亦雅而朴。

《请减五路城堡》：名言。文法率用双行。

《请访问高丽世次》：雅洁，极淡却自文。

《代曾侍中乞退札子》：周尽。

《乞登对状》：为国家明著制度，勒为一经，固曾氏所优也。

《明州拟辞高丽送遗状》：有体有要，西汉之文。

《贺东府启》：一气。

《祭李太尉文》：简重，从昌黎《王用碑》来。

《齐州谒夫子庙文》：二文简质得体，但无警拔语。

《王君俞哀词》：拟《欧阳詹生哀词》。

《刘伯声墓志铭》：无事迹。

《张久中墓志铭》：铭词未免过夸，曾、王皆然。

《赠大理寺丞致仕杜君墓志铭》：简净可法。

《胡君墓志铭》：亦是学韩。

《殿中丞监扬州税徐君墓志铭》：笔力驰骤，何必韩、欧。

《尚书都官员外郎王公墓志铭》：精悍。

《太子右司御率府副率致仕沈君墓志铭》：大抵曾、王于史牒皆疏。

《宝月大师塔铭》：终无一语及其法。

《故高邮主簿朱君墓志铭》：铭外翁，无溢词。

《光禄少卿晁君墓志铭》：铭妇翁，亦无夸词。

《亡弟湘潭县主簿子翊墓志铭》：曾氏兄弟皆笃学，虽欲不名世，得乎？

《二女墓志铭》：公深于经学，而继室二字亦误。

《刑部郎中张府君神道碑》：此篇叙事颇为生色。

《本朝政要策》：读此卷乃知南丰史才。①

何焯对曾巩文的点评，主要围绕以下几个方面展开：一是提示曾巩文的风格特点，如"峻洁"、"紧洁"、"严洁"、"谨洁"、"雅洁"、"平正通达"、"词醇气洁"、"该贯无遗"、"深婉"、"谨严"、"简而能赡"、"圆健"、"淡古"、"卓荦深厚"、"明畅"、"和平温润"、"清新"、"雄厚"、"宏肆"、"古雅"、"质雅"、"极淡"、"简重"、"简质"、"简净"、"精悍"等，其中简、洁、雅常被论及；二是夸赞曾巩之文，如称《唐论》"自曾、王以前无

---

①　以上见〔清〕何焯著，崔高维点校：《义门读书记》，中华书局，1987 年，第 737—845 页。

人道来"，《为人后议》"后惟子朱子能之"，《救灾议》"汉时之文，亦不过如此"，《洪范传》"有非汉以来俚儒之所及者"，《列女传目录序》"此宋文之不愧匡、刘者也"，《墨池记》"词高旨远，后人无此雄厚"，《移沧州过阙上殿札子》"宋文中不多得"，《明州拟辞高丽送遗状》"西汉之文"，《本朝政要策》"读此卷，乃知南丰史才"等；三是指出曾文之不足。虽然何焯对曾巩不乏赞誉之词，但他亦能持论客观，揭示曾巩不足之处也较多，如称《梁书目录序》"不能如周、程之浃洽"，《礼阁新仪目录序》"子固之文多冗，由道不足而强欲张之也"，《说苑目录序》"说来不透"，《类要序》"求深而腐，启南宋阔远之习"，《送王希序》"碎"，《王无咎字序》"文气颇涩"，《上欧阳学士第二书》"不达，亦以少作故也。语太烦絮"，《上欧阳舍人书》"文弱而碎"，《兜率院记》"此篇有过于造语之病"，《齐州二堂记》"然亦太词费矣。使韩柳为之，必不然"，《熙宁转对疏》"空架，文法亦絮，何其言之无物也"，《太子右司御率府副率致仕沈君墓志铭》"大抵曾、王于史牒皆疏"等。我们注意到，曾巩的一些名篇，如《上欧阳舍人书》《熙宁转对疏》等，在何焯看来亦不甚工，其评点确有其独到之处。

第七节　小说中对曾巩的接受

以小说为传播媒介，对曾巩进行接受，这在明代便已肇端。随着清代小说创作的兴盛，小说中对曾巩进行接受的现象也逐渐增多。

《续济公传》第九十一回《听圣旨师生落难　　遇盗船水寇施威》：

> 话说韩府请的一位西席先生姓曾名广益，是仁宗时状元曾巩的侄孙。其人学问渊博，品性端方，家住苏州，家道甚寒，所以

在韩府就馆。①

小说可以虚构，在《续济公传》中，曾巩被称为"状元"，自然与历史相违。不仅如此，小说中还虚构出其有一侄孙，名叫曾广益，则更为无稽之谈。但小说中称曾广益"学问渊博，品性端方"，却与曾巩有其相似之处。小说如此虚构，是为了故事的展开，但这一方面确也与当时人们对曾巩的喜好及曾巩被不断普及相关。反过来，通过小说的普及和传播，曾巩之名亦随之为更多的人所接受。这是一个相辅相成的过程。

《补红楼梦》第四十回《怡红院灯火夜谈书　蘅芜院管弦新学曲》中亦提及曾巩：

> 于是，大家把各人的诗，都互相看过。香菱、宝玉道："妙师的'含露含风形冉冉，疑非疑是影姗姗'，仙姑的'谁方脂肉谁方镜，窃比娇容窃比裳'，林妹妹的'城头明月传哀角，江上秋风送别舟'，这几联实是绝好的警句。我们看了，实是'眼前有景道不出，崔颢题诗在上头'了。"黛玉道："那'最是年年风景好，锦官花发满城红'与那'芙蓉城畔新栽柳，为与芳卿伴寂寥'，这两个结句都典切而摇曳有致的很，我们都不及的。"元妃道："我们只得八个人，他们倒有一半人都不能诗，岂不可恨的很么，怎么就有这些曾子固呢？他们那些不能诗的，然而也不可使之向隅。"便吩咐了宫女，都一起分头去请了来，大家聚会。②

小说主要讲宝玉起芙蓉诗社，大家纷纷赋诗，其中亦利用了曾巩"不会作诗"这一典故来开展小说的叙述。

《淞隐漫录》（又名《后聊斋志异》）卷七《秦倩娘》中云：

---

① 〔清〕坑余生著：《续济公传》，岳麓书社，1998 年，第 362 页。
② 〔清〕瑯嬛山樵著，敕堃点校：《补红楼梦》，内蒙古人民出版社，2016 年，第 340 页。

　　　　李尊秋，名翰思，自号鲈乡，江西之南丰人。工诗词，古文师
　　法曾子固，有名于时。顾性迁谨，绳趋尺步，不敢少逾矩矱。喜售
　　古画。客有以仇十洲仕女求鬻者，高髻淡妆，丰神绝世，生爱不忍
　　释。询其价，索百金，生还其半，客以急需，竟归之。生悬之书室，
　　日夕对之。友至，辄举以夸示。同学友缪仲瘅，佻达子也，好谐谑。
　　稔生素诚实，辄为生话古画通灵，援引真真诸故事，加以粉饰，妙
　　绪纷披。生闻而歆羡之，信以为然，由是时于画前焚香拜祷，且祝曰：
　　"如肯下降尘寰，愿为佳偶，有渝斯盟，明神殛之。"①

　　小说中称李尊秋为江西南丰人，且"古文师法曾子固，有名于时"。
然而其"性迁谨，绳趋尺步，不敢少逾矩矱"，则与曾巩文之风格相似。
小说的出现，似有借李尊秋讥讽曾巩古文之意，当然另一方面也反映了曾
巩古文对当时社会影响之广。

　　《花月痕》第五十回《一枝画戟破越沼吴　　八面威风靖江镇海》则
在小说后的点评中论及曾巩：

　　　　此回上折传果斋，下折传荷生，其实乃传痴珠也。上折怕痴珠
　　笑，不为露布；而下折惜痴珠死，自署穹碑。遥遥一对，自为起结。
　　其论定痴珠，至与明相同为功宗，与柳下惠、曾南丰、杜少陵、苏
　　东坡同一流品，可谓推崇极矣。然则作者于此篇，殆以为痴珠传赞
　　乎！若揄扬果斋之一枝画戟，辅张荷生之八面威风，特其鳞爪耳。②

　　由评点看，评点者将痴珠与"柳下惠、曾南丰、杜少陵、苏东坡"视

---

① 〔清〕王韬著：《淞隐漫录》，见陈志强，董文成主编：《聊斋系列小说集成》，黑龙江人
民出版社，1997年，第251—252页。
② 〔清〕魏秀仁著，〔清〕栖霞居士评，迟崇起校：《花月痕》（评点本），花山文艺出版
社，1997年，第491页。

为"同一流品"，暗含着评点者对曾巩的推崇。

《二刻醒世恒言》第十一回《死南丰生感陈无已》则演绎了曾巩与陈师道之间的师生深情：

> 知己从来倍感恩，钟期能识伯牙琴。
>
> 死生不肯分为二，贵贱何曾有异心。
>
> 失路谁言能荐引，当权下士是何人。
>
> 后山常念师恩重，一瓣香焚古道深。
>
> 从来说师弟情深者，于君臣之道厚。今世情嚣薄，不念师恩教训他成人，指点他文艺，一块砺石，终日琢磨，就生光彩。一段顽木，终日滋培，遂生枝叶。
>
> 到了成人之后，侥幸科第，就把少年时训诲深恩，一旦忘了。既不念着师恩，如何肯尽心去报君父。这都是薄道所为。如今世上，可曾见重报师恩的么？
>
> 如今说一个但蒙一日之知，未受终身之业的，尚然至死不忘者，真个天下少有的。
>
> 却是宋神宗时，有个秀才陈师道，字无已，别号后山。这后山聪明冠世，诗赋俱超，千言立就。与他往来的却是苏东坡、秦少游、黄山谷诸公。
>
> 你道这陈师道，可是下等的才人么！
>
> ……
>
> 后山在家，闷闷不乐，其妻对后山说，"我有姐夫赵挺之，现在朝中为大官，权要倾人。汝若肯去见他一见时，那怕没有官做。也免得受此清苦。"
>
> 后山听了，大发怒道："你看我是甚样之人，那赵挺之贪污狼藉，岂是人类！我若进用时，必须击其去位。我今日虽受清贫，岂肯见那鄙夫之辈！大丈夫恨不能出于一代名流之门耳！赵挺之

小人之尤，何足见哉！"

说了一回，妻子再不敢言。只见一个家僮进来传报道："外面有个曾老爷，说专意来相拜。"

后山想道："我并不曾认得个姓曾的，有何往来，他来拜我？此是何人？"

免不得出来相见了。却是江西南丰县人，姓曾，名巩，乃是欧阳修门下第一个门生，是个当代才子。一向闻得后山的才名，特来拜访。又闻得后山贫窘，袖中怀了白金百两，要来相赠。

却与后山谈论了半日，见后山辞色颇严且正，介节棱棱，确不可犯，略没一些穷态，南丰袖中之物，倒不敢递将出来。

遂索后山平日文章诗赋，尽数带归，说还要拿去敝寓，细细请教。慢慢别了后山。

过了几时，将这些诗文，又修了一本，进到圣上，单荐陈师道："身备道德，胸有史才，乞自布衣召入史馆，褒讥予夺，必有所效。"

本上数日，不幸曾南丰一时就中风死了。因此本就不下。

后山闻知，感曾南丰是萍水的知己，虽是不曾召入史馆，却深感他一段怜才的盛心，遂执了一瓣香，来到曾南丰灵枢前，拜了八拜，焚了瓣香，愿拜在门下为弟子，终身不愿更出他人之门。就在枢前，替南丰料理丧事。

又扶枢为南丰营葬，转托苏东坡，替他请谥。并恳东坡，做了一篇墓志，自己又做了《妾薄命》词，哀挽南丰，以示终身不忘知己之情。

时有宰相王安石，虽只心术不端，行事是权奸所为，却也是个读尽五车，胸有才学的。亦闻得后山诗名，立荐他为秘书少监。

后山决不肯就职，说道："既委身于南丰先生，今又受安石之荐，是以富贵易其心而背师，于身后大不义也。况安石奸臣，我岂肯出他们下。"

安石是何等威势，后山公然抗他，不以为惧。安石大怒，编管后山一千里外，不许在都城居住，限日起身。

后山也不以为怨，又到南丰枢前，拜辞了灵位，一路出来。时秦少游由黄门出知扬州。后山思千里外，不若就到扬州去罢了。

……

后来神宗晏驾，王安石被罪，放归田里去了。苏东坡仍旧复了翰林学士之位。却是真宗当国，苏东坡又荐后山入朝，为礼部仪制郎。后山终不肯往。作书谢东坡曰：

前辱徐州之荐，即日就道。却我之情，铭之于心。后获南丰先生之和（疑为知），实逾于记室无涯矣。因感南丰而昨忤安石，何忍又背南丰而托身于足下哉。生死不负，乃见知己之深谊古心耳。师道宁老牖下，以谢南丰，不愿失初心而奔走门下也。

苏公接书，不以为怪。却是真宗在东宫时，就闻后山之名，忽一日出了一道诏书，特召陈师道为翰林正字。

……

又瞩（疑为嘱）妻子曰："我只因感激曾南丰，忤了安石违了东坡，终身不肯出仕，也只为南丰见知之情。今蒙主上特召为正字，做官未久，病入膏肓，此吾之命也。我死之后，可葬我在南丰先生墓侧，不可有违我志。"

临终又作一诗，以吊南丰。诗曰：

生世何用早，我已后此翁。

颇识门下士，略已闻其风。

向来一瓣香，敬为曾南丰。

斯人日已远，一览涕无从。

后山之于南丰，不过一日之知，比那受业之恩还浅。世人之报恩于受业师者，其视此则又当何如也。诗曰：

　　成我深思生我同，可怜古道弃如蓬。

　　漫将师弟情惧薄，那得君臣恩义隆。[①]

　　小说主要围绕曾巩与陈师道之间的师生之情展开，演义色彩较为浓厚，许多细节也与事实难以相符。但是"向来一瓣香，敬为曾南丰"，其师生之深情却是事实。作者极力演义，主要也是为了弘扬这种被当时社会所遗失的尊师重道传统。

　　总而言之，小说中的曾巩虽然与事实多有不符合之处，但却摇曳生姿，有血有肉，树立了另外一个立体式的"曾巩"。这种传播方式，对于普通大众接受曾巩是非常有益的。

① 〔清〕心远主人著：《二刻醒世恒言》，见李克等编：《明清言情世情小说合集》(第四卷)，中国文联出版公司，1998年，第63—67页。

曾巩的诗词接受

　　相比于曾巩之文的接受，其诗词接受则显得"寂寞"许多。曾巩诗的接受受"短于韵语"说的影响很大，导致后人甚至衍生出曾巩不会作诗的说法，客观上误导了人们对曾巩诗歌接受的深度与广度。尽管后人对"短于韵语"说有所辩驳，但曾巩短于韵语、不会作诗的印象已被先入为主的植入人们的惯性思维之中，曾巩诗歌的接受与传播因之而大受影响。由此可见，一个人的作品受读者、批评者的影响是多么巨大，他们在作家作品的建构中具有多么重要的作用。诗歌之外，由于曾巩词作较少，对其词的接受也非常少。本章，我们将主要围绕曾巩诗歌接受中的"短于韵语"说展开论述，并对其词之接受略加论及。

第一节　曾巩"短于韵语"说

　　这里的曾巩"短于韵语"说，主要是指曾巩不善于作诗（包括词）或不能（会）作诗等所进行的相关评价。在曾巩诗歌接受史上，"短于韵语"说是非常有名的一段文坛"公案"，历代持此说者"不绝如缕"，而与此相对的是，对曾巩"短于韵语"说进行反驳者也时常出现。这构成了曾巩诗歌接受中一个非常有意味的现象。下面我们将首先梳理曾巩"短于韵语"说在历代的发展演变情况。

一、宋元时期

据现有文献记载，最早明确提出曾巩"有韵者辄不工"的应该是北宋的秦观。秦观（1049—1100年），字少游，高邮（今江苏高邮）人，与黄庭坚、张耒、晁补之并为"苏门四学士"。苏轼在《记少游论诗文》中载称：

> 秦少游言："人才各有分限。杜子美诗冠古今，而无韵者殆不可读。曾子固以文名天下，而有韵者辄不工，此未易以理推之也。"①

这里，秦观对曾巩之文是非常肯定的，认为曾巩"以文名天下"，但同时认为曾巩"有韵者辄不工"，其大意亦与"短于韵语"相似。当然，对于为什么会出现曾巩"文名天下"，但"有韵者辄不工"的现象，秦观也只是说"此未易以理推之"。秦观的这一论断被苏轼记载下来，并被流传开来。

比秦观小几岁的陈师道（1053—1102）则在《后山诗话》中引述"世语"称曾巩"短于韵语"：

> 世语云：苏明允不能诗，欧阳永叔不能赋，曾子固短于韵语，黄鲁直短于散语，苏子瞻词如诗，秦少游诗如词。②

据上文来看，作为曾巩学生的陈师道只是引述"世语"所言，并非陈师道之自道。其实，究竟是秦观所云在先，还是陈师道所转述在先，现在已经很难确考，但秦观可以说是已知的第一位明确提出曾巩"有韵者辄不

---

① 〔宋〕苏轼著，孔凡礼点校：《苏轼文集》，中华书局，1986年，第2136页。
② 〔清〕何文焕著：《历代诗话》之《后山诗话》，中华书局，1981年，第312页。

工"的人。另外从语义上看，"短于韵语"要比"有韵者辄不工"程度更严重。可见，曾巩在"韵"体文学创作方面"不工"或有所"短"，这一看法已在当时文坛逐渐流传开了。当然，由于陈师道为曾巩门生，其"短于韵语"之说在后世传播范围更广，影响也更大。

　　除秦观"有韵者辄不工"、陈师道转述世语之"短于韵语"外，彭渊材则提出"曾子固不能作诗"。据惠洪（1071—1128）于《刘渊材迂阔好怪》中记载：

　　　　渊材迂阔好怪，尝畜两鹤，客至，指以夸曰："此仙禽也。凡禽卵生，而此胎生。"语未卒，园丁报曰："此鹤夜产一卵，大如梨。"渊材面发赤，诃曰："敢谤鹤也。"卒去，鹤辄两展其胫伏地，渊材讶之，以杖惊使起，忽诞一卵。渊材嗟咨曰："鹤亦败道，吾乃为刘禹锡《佳话》所误。自今除佛、老子、孔子之语，予皆勘验。"予曰："渊材自信之力，然读《相鹤经》未熟耳。"又尝曰："吾平生无所恨，所恨者五事耳。"人问其故。渊材敛目不言，久之曰："吾论不入时听，恐汝曹轻易之。"问者力请说，乃答曰："第一恨鲥鱼多骨，第二恨金橘太酸，第三恨莼菜性冷，第四恨海棠无香，第五恨曾子固不能作诗。"闻者大笑，而渊材瞠目曰："诸子果轻易吾论也。"[①]

　　需指出的是，文中所说之渊材为惠洪之叔，本姓彭，《冷斋夜话》中所加标题"刘渊材迂阔好怪"，乃误将其作姓刘。彭渊材（一作才）约与饶节（1065—1129）同时，两人有交往，饶节曾作《送彭渊才如北都》诗。彭渊材所说的平生有五恨，其中一恨即为"曾子固不能作诗"，这样就将曾巩的"有韵者辄不工"或"短于韵语"，进一步发展为曾巩"不能作诗"

---

① 〔宋〕惠洪、朱弁、吴沆著，陈新点校：《冷斋夜话·风月堂诗话·环溪诗话》，中华书局，1988年，第69页。

了。如果说秦观和陈师道的转述仅仅是说曾巩不善于诗歌创作的话，那么彭渊材的“曾子固不能作诗”则直称曾巩不能或不会作诗。此后，曾巩"不能作诗"也逐渐传播开来，对曾巩诗歌的接受产生了非常消极的影响。事实上，曾巩创作了大量的诗歌。据统计，曾巩今存诗歌有 457 首，称其"不能作诗"纯属彭渊材的过度阐释或误读，这实与其"迂阔好怪"的本性相符。

以上秦观、陈师道和彭渊材三人对曾巩诗歌所持观点，构成了曾巩"短于韵语"说的主要内容。此后，人们大多是在三者的基础上加以转述、阐发或误读。

（一）关于"有韵者辄不工"

南北宋之交的孙觌（1081—1169）就引述过秦观"有韵者辄不工"的观点。其在给曾憷的《与曾端伯书》中云：

> 秦少游云："曾子固文章妙绝古今，而有韵者辄不工。"此语一出，天下遂以为口实。①

孙觌在《与曾端伯书》中所引述的秦观之语与苏轼所记载的略有不同：苏轼所记为"曾子固以文名天下，而有韵者辄不工"，而孙觌则称"曾子固文章妙绝古今，而有韵者辄不工"，除前面略有不同外，后面"有韵者辄不工"则相同。并且，孙觌还对此附评说，"此语一出，天下遂以为口实"，反映出此说影响之大。

另外，南宋胡仔（1110—1170）在《渔隐丛话·前集》中转引了苏轼的《记少游论诗文》：

> 秦少游云："人才各有分限。杜子美诗冠古今，而无韵者殆不可读。曾子固以文名天下，而有韵者辄不工，此未易以理推之也。"②

---

① 〔宋〕孙觌著：《鸿庆居士集》卷十二，清文渊阁四库全书本。
② 〔宋〕胡仔著：《渔隐丛话·前集》卷九，清文渊阁四库全书本。

胡仔，字元任，绩溪（今安徽绩溪）人，胡舜陟次子。上文胡仔所引与苏轼所记完全相同，可见其仅为转引，未发表自己的看法。类似的还有孙奕在《示儿编》中的转引：

> 杜子美诗冠古今，而无韵者殆不可读。曾子固以文名天下，而有韵者辄不工。秦少游说。[①]

孙奕，宁宗时庐陵（今江西吉安）人，其《示儿编》乃为"示之子孙"而编，其对秦观之语的转引亦与苏轼的记载相同，可见他对此说是较为认同的。

蔡梦弼在《草堂诗话》卷上中亦转引云：

> 秦少游诗话曰：曾子固文章妙天下，而有韵者辄不工。杜子美长于歌诗，而无韵者几不可读。梦弼谓无韵者，若《课伐木诗序》之类是也。[②]

蔡梦弼（生卒年不详），字傅卿，建安（今福建建瓯）人，南宋时人。其所转引秦观之语与苏轼所记及胡仔所引不大相同，另外添出"秦少游诗话"之说，大概是将秦观、陈师道和胡仔三人的记述混杂在了一起。最后他还对所谓"无韵"，举杜甫的《课伐木诗序》加以了说明。

还需指出的是，在转述秦观"有韵者辄不工"这一说法时，南宋时的严有翼还误称其为苏轼所云：

> 《艺苑雌黄》云：东坡尝言，曾子固文章妙天下，而有韵者辄不工。杜子美长于歌诗，而无韵者几不可读。比观《西清诗话》，乃不然此说，云：杜少陵文自古奥，如"九天之云下垂，四海之

---

① 〔宋〕孙奕著：《示儿编》卷十六，清文渊阁四库全书本。
② 〔宋〕蔡梦弼著：《草堂诗话》卷上，清文渊阁四库全书本。

水皆立"，"忽翳日而翻万象，却浮空而留六龙"，"万舞凌乱，
又似乎春风壮而江海波"，其语磊落惊人。或言无韵者不可读，
是大不然。予谓此数语乃出杜陵三赋，谓之无韵，可乎？窃意东
坡所谓无韵者，盖若《课伐木诗序》之类是也。苕溪渔隐曰：少
游尝有此语，《艺苑》以为东坡，误矣。[1]

秦观所说曾巩"有韵者辄不工"最早见于苏轼之《记少游论诗文》，
严有翼在《艺苑雌黄》中却直接说是苏轼"尝言"。对此，胡仔进行了
辩驳，说"少游尝有此语，《艺苑》以为东坡，误矣"，指出了严有翼的
错误。

除转引之外，还有化用秦观"有韵者辄不工"的，如王十朋（1112—
1171）《宋孝先示读自宽集复用前韵》就说：

会心终日雌声读，排闷有时粗气吼。感秋诗集名自宽，雕琢
更惭非妙手。篇章不工如子固，声名敢望星之斗。宋生辄作过情语，
十韵殷勤为跋后。誉之韩柳谁敢当，意古语奇吾岂有。[2]

《自宽集》为王十朋的诗集，录自中秋以前古律诗数十篇。诗中王十
朋自谦其诗"不工如子固"，因此声名不敢望"星之斗"。这里所说的"不
工如子固"，就化用了秦观说曾巩"有韵者辄不工"的观点。而"星之斗"
则化用了王安石对曾巩文章的评价，即"曾子文章众无有，水之江汉星
之斗"。

到了元代，转引秦观之语的尚有王构（1245—1310），他于《修辞鉴
衡》卷一云：

秦少游言：人才各有分限。杜子美诗冠古今，而无韵者殆不

---

[1]〔宋〕胡仔著：《渔隐丛话·后集》卷五，清文渊阁四库全书本。
[2]〔宋〕王十朋著：《梅溪前集》卷五，清文渊阁四库全书本。

可读。曾子固以文名天下，而有韵辄不工，此未易以理推也。①

王构上文所引与苏轼的记载完全相同，为直接引用。而刘埙在引述秦观之语的同时，还糅合了陈师道《后山诗话》中的一些记载。其于《诗文工拙》中云：

> 世言杜子美长于诗，其无韵者辄不可读。曾子固长于文，其有韵者辄不工。东坡词如诗，少游诗如词。此数公者，皆名儒大才，俱不免有偏处。②

上文中，刘埙结合秦观的论述和陈师道的转述，归之为"世言"，并据此提出自己的观点，即不管是名儒还是大才，其诗文均"不免有偏处"。

（二）关于"曾子固短于韵语"

胡仔不仅转引了秦观的"有韵者辄不工"，同时亦转引了陈师道所述的"曾子固短于韵语"，其云：

> 《后山诗话》云：世语云苏明允不能诗，欧阳永叔不能赋，曾子固短于韵语，黄鲁直短于散语，苏子瞻词如诗，秦少游诗如词。茗溪渔隐曰：后山谈何容易，便谓老苏不能诗，何诬之甚？观前二联，岂愧作者！③

胡仔完整的引述了陈师道在《后山诗话》中记载，还误将陈师道转述的"世语云"当做是他所说的原话，称"后山谈何容易，便谓老苏不能诗，何诬之甚"，对陈师道提出了严厉的批评。

另外，王楙（1151—1213）在《野客丛书》之"苏明允不能诗"条

---

① 〔元〕王构编：《修辞鉴衡》卷一，清文渊阁四库全书本。
② 〔元〕刘埙著：《隐居通议》卷十八之《文章六》，清文渊阁四库全书本。
③ 〔宋〕胡仔著：《渔隐丛话·前集》卷三十八之《东坡一》，清文渊阁四库全书本。

中也载:

> 《后山诗话》载世语云:苏明允不能诗,欧阳永叔不能赋,曾子固短于韵语,黄鲁直短于散语,苏子瞻词如诗,秦少游诗如词。苕溪渔隐引苏明允"佳节每从愁里过,壮心还傍醉中来"等语,以谓后山谈何容易,便谓老苏不能诗,何诬之甚。仆谓后山盖载当时之语,非自为之说也。所谓明允不能诗者,非谓其真不能,谓非其所长耳。且如欧公不能赋,而《鸣蝉赋》夫不佳邪?鲁直短于散语,而《江西道院记》脍炙人口,何邪?渔隐云尔,所谓痴儿面前不得说梦也。①

王楙在文中亦转引了陈师道《后山诗话》中记载的"曾子固短于韵语",同时还引了胡仔所说的"便谓老苏不能诗,何诬之甚"。但是,王楙比较清楚地指出,"仆谓后山盖载当时之语,非自为之说也",即指出《后山诗话》所载只是当时人的话,并非陈师道自己所表达的观点。接下来,王楙还解释说"所谓明允不能诗者,非谓其真不能,谓非其所长耳",其所持论较为中肯。

而费衮于《梁溪漫志》卷七"作诗当以学"条中则云:

> 作诗当以学,不当以才。诗非文比,若不曾学,则终不近诗。古人或以文名一世而诗不工者,皆以才为诗故也。退之一出"余事作诗人"之语,后人至谓其诗为押韵之文。后山谓曾子固不能诗,秦少游诗如词者,亦皆以其才为之也。故虽有华言巧语,要非本色。大凡作诗以才而不以学者,正如扬雄求合六经,费尽工夫,造尽言语,毕竟不似。②

---

① 〔宋〕王楙著:《野客丛书》卷六,清文渊阁四库全书本。
② 〔宋〕费衮著:《梁溪漫志》卷七,清文渊阁四库全书本。

费衮（生卒年不详），其所撰《梁溪漫志序》在绍熙三年（1192），则其南宋光宗时尚在世。上文中所说"后山谓曾子固不能诗"，存在两大误读，一是"曾子固不能诗"实乃彭渊材所云，非陈师道所说；二是并非陈师道亲自所说，乃是其转引"世语云"，费衮说是"后山谓"，亦有所误。总之，费衮的记载较为驳杂，"后山谓曾子固不能诗"乃费衮误读之后产生的一种新的变体。

在元代，祝尧在《阿房宫赋》的按语中也引有"曾子固短于韵语"之说：

> 前半篇造句犹是赋，后半篇议论俊发，醒人心目，自是一段好文字，赋之本体恐不如此。以至宋朝，诸家之赋大抵皆用此格。潘子真载曾南丰曰：牧之赋宏壮巨丽，驰骋上下，累数百言，至楚人一炬，可怜焦土，其论盛衰之变判于此。然南丰亦只论其赋之文，而未及论其赋之体。《后山谈丛》云"曾子固短于韵语"，若韵语是其所短，则其以文论赋，而不以赋论赋，毋怪焉。[1]

需指出的是，按语中祝尧称陈师道在《后山谈丛》中说"曾子固短于韵语"，其实《后山谈丛》并无这一记载，实际上应出自于《后山诗话》，祝尧所记有误。这里，祝尧其实是认可"曾子固短于韵语"这一说法的，并认为由此才导致曾巩会"以文论赋"，而不是"以赋论赋"。认识到这一必然，所以祝尧最后说"毋怪焉"。

（三）关于"曾子固不能作诗"

对于彭渊材的"曾子固不能作诗"，南北宋之交的曾慥在其所编《类说》卷四十八"平生恨五事"条中就引《墨客挥犀》云：

> 渊材尝曰：平生所恨者五事耳。一恨鲥鱼多骨，二恨金橘多

---

[1] 〔元〕祝尧著：《古赋辩体》卷七，清文渊阁四库全书本。

酸，三恨莼菜性冷，四恨海棠无香，五恨曾子固不能作诗。[①]

与惠洪《冷斋夜话》中的记载进行比较，曾慥所记与《冷斋夜话》中记载的渊材"五恨"相同。

在陈思的《海棠谱》中，也对彭渊材的"五恨"之说进行了转引，其云：

> 刘渊材谓人曰：平生死无恨，所恨者五事耳。人问其故，渊材欲说，敛目不言，久之曰：吾论不入时听，恐尔曹轻易之。问者力请，乃答曰：第一恨鲥鱼多骨，二恨金橘太酸，三恨莼菜性冷，四恨海棠无香，五恨曾子固不能诗。闻者大笑。渊材瞠目答曰：诸子果轻易吾论也。[②]

陈思所引渊材"五恨"与惠洪《冷斋夜话》中的记载相同，但惠洪记载中只是称"渊材"，而陈思则称"刘渊材"。由前面论述可知，渊材应姓彭，陈思作"刘渊材"不知所据何出？或是以讹传讹所致。

另外，间接受彭渊材之说影响的有陆九渊，其《与沈宰》（其二）云：

> 荐领诗文，皆豪健有力，健美，健美！某乡有《复程帅惠江西诗派书》，曾见之否？其间颇述诗之源流，非一时之说，愚见大概如此。《国风》《雅》《颂》固已本于道。风之变也，亦皆发乎情，止乎礼义，此所以与后世异。若乃后世之诗，则亦有当代之英，气禀识趣不同凡流，故其模写物态、陶冶性情，或清或壮，或婉或严，品类不一，而皆条然，各成一家，不可与众作浑乱。字句音节之间，皆有律吕，此诗家所以自异者。曾子固文章如此，而见谓不能诗。其人品高者，又借义理以自胜，此不能不与古异。

---

① 〔宋〕曾慥编：《类说》卷四十八，清文渊阁四库全书本。
② 〔宋〕陈思著：《海棠谱》卷上，清文渊阁四库全书本。

今若但以古诗为师，一意于道，则后之作者又当左次矣。何时合并，以究此理。①

在《与沈宰》中，陆九渊称"曾子固文章如此，而见谓不能诗"，其说与彭渊材"曾子固不能诗"同。

另外，罗大经（1196—1252）在《鹤林玉露》中载杨长孺称曾巩、苏洵"皆不能作诗"，亦间接受了彭渊材之影响。书中云：

> 杨东山尝谓余曰："文章各有体，欧阳公所以为一代文章冠冕者，固以其温纯雅正，蔼然为仁人之言，粹然为治世之音，然亦以其事事合体故也……其次莫如东坡，然其诗如武库矛戟，已不无利钝，且未尝作史，藉令作史，其渊然之光，苍然之色，亦未必能及欧公也。曾子固之古雅，苏老泉之雄健，固亦文章之杰，然皆不能作诗。"②

杨长孺从文体难全的角度，来看待曾巩的"不能作诗"，较为通达。而喻良能（1120—?）的《再用前韵呈参议李郎中》，则在诗中化用了彭渊材的"五恨"之说：

> 独冷官曹有底忙，经旬不得造门墙。雨添垂柳丝丝碧，风搅飞花片片香。顾我摧颓如病颗，羡公腾踏胜飞黄。新诗迥出南丰右，不是无香似海棠。③

诗中"新诗迥出南丰右，不是无香似海棠"，则化用了彭渊材的第四、

---

① 〔宋〕陆九渊著：《象山集》卷十七，清文渊阁四库全书本。
② 〔宋〕罗大经著，孙雪霄校点：《鹤林玉露》，上海古籍出版社，2012年，第163—164页。
③ 〔宋〕喻良能著：《香山集》卷九，清文渊阁四库全书本。

五恨，即"第四恨海棠无香，第五恨曾子固不能作诗"，以此来称赞李郎中之新诗"迥出南丰右"。

曾巩"短于韵语"说除以上三种主流观点之外，亦出现一些变体，它们也是"短于韵语"说的有机组成部分。如李清照在提到曾巩词时，就说其词不可读：

> 王介甫、曾子固，文章似西汉，若作一小歌词，则人必绝倒，不可读也。[1]

而刘克庄在《退庵居士集序》中则称云"曾子固劣于诗"：

> 自先朝设词科而文字日趋于工，譬锦宫之机锦，玉人之攻玉，极天下之组丽瑰美，国家大典册必属笔于其人焉。然杂博伤正气，缔绘损自然，其病乃在于太工。惟鄱阳三洪，笔力浩大，不窘于记问，不缚于体式，士之得其门者寡矣。退庵居士陈公某，文安公之婿，著名淳熙中。某生也晚，不及识公，得其遗文十五卷读之，叹曰：是提孤军与三洪对垒者。夫文不能皆工，故曾子固劣于诗，温公自言不习四六。[2]

从文意上看，刘克庄所云"曾子固劣于诗"与秦观所说的曾巩"有韵者辄不工"或世语所说的曾巩"短于韵语"意思较为相近。

元末明初的王袆则干脆说"子固不吟诗"，显然有悖事实，为夸饰之语。其《碧梧翠竹堂留别会稽外史》云：

> 梧竹含标接翠葰，秋风又到桂花枝。玉山本是神仙宅，沧海空留汗漫期。自昔太丘能下榻，平生子固不吟诗。牧羊归去金华里，

---

[1] 〔宋〕李清照著，徐培均笺注：《李清照集笺注》之《词论》，上海古籍出版社，2002年，第267页。

[2] 〔宋〕刘克庄著：《后村集》卷二十三，清文渊阁四库全书本。

从此令人贵梦思。①

王祎诗中所称"平生子固不吟诗"，虽是极端之语，但也可见曾巩"短于韵语"说影响的巨大，甚至给人留下曾巩不吟诗的错觉。

二、明清时期

明清两代曾巩"短于韵语"说基本沿袭或转引宋元的观点，只是少有了过去的批评意味，多了诗文、诗词难以"兼工"的认同，具有更加宽容的态度。

明代"短于韵语"说主要体现在安磐与曹安的论述中。安磐在《颐山诗话》中提及曾巩"诗不如文"：

> 刘呆斋以渊博之学，英敏之才，发为文章，抑扬辩博，名盖一时，独于韵语若未解然者。世固有诗不如文，如韩退之、苏子瞻、曾子固者。特其声响格调之间差弱耳，未甚相远也。呆斋往往多累句俗语，与其文若出二手。丘琼台亦然。客有问二公之诗，偶然及此，非敢轻议前辈也。②

安磐称刘呆斋文章"名盖一时"，但却对韵语"若未解然者"。曾巩等人也是如此，存在"诗不如文"的现象。而曹安在《谰言长语》中既说到"曾子固不能作诗"，又说其"短于韵语"，强调诗文不能兼工与作文之难：

> 然诗文不能兼工，故谓曾子固不能作诗。曾尝云：古之作者或能文，不必工于诗；或长于诗，不必有文。有以哉！昔人谓老苏不工于诗，欧阳修不工于赋，曾子固短于韵语，黄鲁直短于散语，东坡词如诗，少游诗如词。数公之文名世，而人犹非之，信矣，

---

① 〔元〕顾瑛编：《玉山名胜外集》，清文渊阁四库全书本。
② 〔明〕安磐著：《颐山诗话》，清文渊阁四库全书本。

作文之难也。①

明末清初的李长祥（1609—1673），则以唐宋文学发展变化，特别是北宋古文运动为背景，认为曾巩等人"皆缘之韩愈以起"，故其诗"总之亡矣"，意犹曾巩诗不如文。其于《李云田文集序》中云：

> 李、杜则专诗矣，骚赋犹诗与！韩愈则诗亡矣。迄于宋，若王、曾、欧、苏，皆缘之韩愈以起，而诗总之亡矣。②

李清照曾说曾巩"若作一小歌词，则人必绝倒，不可读"，而到了清代，尤侗（1618—1704）在《梅村词序》中则直接说曾巩未曾创作词：

> 词者，诗之余也。乃诗人与词人有不相兼者……介甫偶一涉笔，而子固无之。③

曾巩词作不多，今存有《赏南枝》1首，尤侗称曾巩未曾涉足词创作，显然为个人偏见所致。

汪琬（1624—1691）在《愿息斋集序》中，则从"艺之至者，不两能与"的观点，来看待曾巩"不长于诗"这一现象。其云：

> 义理之学一也，经术之学一也，史学一也，辞章之学又一也。学至于辞章，疑若稍易，而世之文士终其身愈精竭神于中，卒未有造其全者。杜子美之诗，举世宗之，号为集大成矣，而无韵之言辄不可读。苏明允、曾子固皆不长于诗，子瞻之于诗若文，雄迈放逸，其天才殆未易几及，而倚声为小词，则不如周、秦远甚。傥犹轮人不能造弓，垿人不能操斧斤以斫栌橼也，惟其愈精竭神于一艺，夫

---

① 〔明〕曹安著：《谰言长语》，清文渊阁四库全书本。
② 李震编：《曾巩资料汇编》，中华书局，2009年，第303页。
③ 李震编：《曾巩资料汇编》，中华书局，2009年，第319—320页。

然后可以尽其变，而入于神且化。所谓艺之至者，不两能与。①

袁枚（1716—1798）以个人性情为切入点，来解读李清照所云曾巩"若作一小歌词，则人必绝倒，不可读"：

> 凡作诗，写景易，言情难……然亦个人性之所近：杜甫长于言情，太白不能也。永叔长于言情，子瞻不能也。王介甫、曾子固偶作小歌词，读者笑倒，亦天性少情之故。②

袁枚在文中所说"王介甫、曾子固偶作小歌词，读者笑倒"，本于李清照《词论》中的观点。但袁枚进一步指出其原因，即曾巩和王安石"天性少情之故"。袁枚主张"性灵说"，其从性情的角度来看曾巩的词创作，既符合其诗学主张，也比较接近曾巩文学创作的本来面目。

最后，李葆恂（1859—1915）在《论诗绝句》中亦说曾巩"只解论文不解诗"："平生齿冷曾子固，只解论文不解诗。"③其"只解"两字值得注意，有曾巩只会作文不会作诗之意，其观点与彭渊材的"曾子固不能作诗"相近。

第二节　对曾巩"短于韵语"说的反驳

自南北宋之交至清末，与曾巩"短于韵语"说不断流传相对应的是，文坛上也不断出现对该说的反驳甚至批评，并试图建构起曾巩不仅会诗而且能诗、善诗的形象。文坛上出现的这一现象，对于人们重视曾巩诗歌、

---

① 〔清〕汪琬著：《尧峰文钞》卷二十九，清文渊阁四库全书本。
② 〔清〕袁枚著，唐婷译注：《随园诗话译注》，北京联合出版公司，2015 年，第 25 页。
③ 李震编：《曾巩资料汇编》，中华书局，2009 年，第 619 页。

挖掘曾巩诗歌价值、提升曾巩诗歌地位等均有重要价值和意义。

一、宋元时期

宋代曾巩"短于韵语"说盛行一段时间后，对其进行反驳的声音也逐渐多起来，并较为集中地出现在南宋时期。南北宋之交的孙觌（1081—1169）在给曾惇的《与曾端伯书》中云：

> 秦少游云：曾子固文章妙绝古今，而有韵者辄不工。此语一出，天下遂以为口实。南丰作《李白引》，以谓闳肆瑰玮，非近世骚人所可及，而连类引义，中法度者寡。荆公屡称郭功父诗，而南丰不谓然。功父疑之，荆公曰：岂非子固所谓功父天才超逸，更当约以古诗之法乎？南丰论诗如此。如《兵间》一诗，指徐得占；《论交》一诗，指吕吉甫；又有《黄金》《颜扬》诸诗，皆卓然有济世之用，而世人便谓不能诗，某所以不喻其言也。①

针对秦观的曾巩"有韵者辄不工"观点，孙觌首先举出曾巩论诗的相关观点，接着列举了曾巩的数首诗，并认为这些诗"皆卓然有济世之用"。在理论与事实的基础上，孙觌对世人所称曾巩"不能诗"的说法提出了委婉的批评，即"某所以不喻其言也"。对于孙觌的《与曾端伯书》，赵与时在《宾退录》中也进行了全文转引。

对于"曾子固短于韵语"这一说法，叶适（1150—1223）在《播芳集序》中发表了自己的看法：

> 昔人谓苏明允不工于诗，欧阳永叔不工于赋，曾子固短于韵语，黄鲁直短于散句，苏子瞻词如诗，秦少游诗如词。此数公者，皆以文字显名于世，而人犹得以非之，信矣，作文之难也。夫作

---

① 〔宋〕孙觌著：《鸿庆居士集》卷十二，清文渊阁四库全书本。

文之难，固本于人才之不能纯美，然亦在夫纂集者之不能去取决择，兼收备载，所以致议者之纷纷也。向使略所短而取所长，则数公之文，当不容议矣。①

叶适认为，造成像曾巩这样"短于韵语"的现象，除了因为"人才之不能纯美"外，"纂集者之不能去取决择"也是一个重要的原因。如果纂集者在编纂文集的时候能够"略所短而取所长"，那就不会出现曾巩"短于韵语"的现象。言外之意即是，"曾子固短于韵语"之说的出现，纂集者去取不精也是其原因之一。叶适从纂集者的角度来审视曾巩的"短于韵语"，角度颇为新颖。

刘克庄对于曾巩"不能诗"的观点颇为不满，并对此多有批评。《后村诗话》卷三云：

曾子固《明妃曲》云"丹青有迹尚如此，何况无形论是非"，诸家之所未发。《哭尹师鲁》云"悲公尚至千载后，况复悲者同其时"，意甚高。《挽丁元珍》云"鹏来悲四月，鹤去遂千年"，尤精切。《北归》绝句云"江海多年似转蓬，白头归拜未央宫。堵墙学士争相问，何处尘埃瘦老翁"，极似半山。谁谓子固不能诗耶！②

文中对曾巩《明妃曲》《哭尹师鲁》《挽丁元珍》及《北归》等诗作给予了较高的评价，并发出了"谁谓子固不能诗耶"的不满。

在《后村诗话》中，他又说：

观诸书经南丰序引者，皆不刊之言。鲍溶诗"清约谨严，违理者少"之评，惟深于诗者知之。世谓子固不能诗，谬矣。③

---

① 〔宋〕叶适著：《水心集》卷十二，清文渊阁四库全书本。
② 〔宋〕刘克庄编：《后村诗话》卷三，清文渊阁四库全书本。
③ 〔宋〕刘克庄编：《后村诗话》卷十四，清文渊阁四库全书本。

这里，刘克庄以曾巩对鲍溶诗的评价为例，来说明曾巩乃"深于诗者"，并直接指出"世谓子固不能诗，谬矣"，对彭渊材所说的"曾子固不能诗"进行了强有力的驳斥和批评。

除此以外，刘克庄还认为，若选古今诗的话，要将曾巩之诗归于"先正"之列，即"先正惟韩、欧、曾、范"，间接肯定了曾巩诗。其云：

> 余尝谓选古今诗，先正惟韩、欧、曾、范，大儒惟周、程、张、邵，及近世朱、张、吕、叶，不可以诗论。①

进入元代，对"短于韵语"说反驳较力者当属方回与刘埙。方回在刘元辉《观渊明工部诗因叹诸家之诗有可憾者二首》之后的评语中说：

> 韩柳以后，元白而下，晚唐渐渐凋零。历五代至于欧阳公，文风始大变革，梅苏诗一扫九僧体，岂可不考？曾南丰谓不能诗，实大有幽深平淡古诗。②

方回将曾巩诗置于北宋诗文革新运动的大背景之下进行考量，并针对曾巩"不能诗"这种观点，提出曾巩"实大有幽深平淡古诗"。这不仅对曾巩"不能诗"进行了反驳，而且还认为曾巩诗大有可取之处。

在曾巩《钱塘上元夜祥符寺陪咨臣郎中丈燕席》与《上元》两诗之后的评语中，方回又说到：

> 洪觉范妄诞，著其兄彭渊才之说，以为曾子固不能诗。学者不察，随声附和。今渊才之诗无传，而子固诗与文终不朽。两上元诗，止是一意。"金地夜寒消美酒，玉人春困倚东风"，岂不能诗者乎？非精于诗者不到此也。"人倚朱栏送目劳"，并上句看，乃见其妙：

---

① 〔宋〕刘克庄著：《后村集》卷一百八十五之《诗话》，四部丛刊景旧钞本。
② 〔元〕方回著：《桐江集》卷五，清嘉庆宛委别藏本。

谓游冶属意者，不胜其注想，而恨夫夜之短也。大抵文名重，足
以压诗名，犹张子野、贺方回以长短句尤有声，故世人或不知其诗。
然二人诗极天下之工也。子固诗一扫"昆体"，所谓斗钉刻画咸无之，
平实清健，自为一家。后山未见山谷时，不惟文学南丰，诗亦学南丰，
既见山谷，然后诗变而文不变耳。①

在以上引文中，方回不仅对彭渊材所说的"曾子固不能诗"进行了批
评，而且还批评了当时"学者不察，随声附和"的现象。对曾巩的两首上元
诗，方回极赞其妙，认为"不能诗"者难以写出这么好的诗歌来。此外，方
回还追溯了曾巩"不能诗"之说出现的原因，认为大抵是曾巩的文名太大，
以致于压过了其诗名。最后，方回不仅认为曾巩之诗"妙"，具有"平实清
健"的风格，更重要的是肯定其诗在文学史上的贡献，即"子固诗一扫'昆
体'"，可"自为一家"，凸显了曾巩在北宋诗文革新运动中的地位。方回的
这些观点，对于扭转人们对曾巩诗歌"短于韵语"说的不良印象，提振曾巩
诗歌地位与影响，都具有非常积极的意义。需指出的是，方回还认为陈师道
"不惟文学南丰，诗亦学南丰"，其说也颇值得关注。

作为老乡，刘埙则在《曾南丰》中对曾巩"不能作诗"之论进行了专
门的反驳，极力回护曾巩之声誉：

自曾子固不能作诗之论出，而无识者遂以为口实，乃不知此
先生非不能诗者也。盖其平生深于经术，得其理趣，而流连光景、
吟风弄月，非其好也。往往宋人诗体多尚赋，而比与兴寡，先生
之诗亦然。故惟当以赋体观之，即无憾矣。唐诗之清丽空圆者，
比与兴为之也。宋诗之典实闳重者，赋为之也。然先生之诗，亦
有不皆出于赋者，如古体有《麻姑山》一首、《送南城罗尉》者，

① 〔元〕方回选评，〔清〕纪昀刊误，诸伟奇、胡益民点校：《瀛奎律髓》，黄山书社，
1994 年，第 358 页。

甚似太白《蜀道难》，其中未尝无比兴也。①

刘埙首先对"无识者"人云亦云的说"曾子固不能作诗"进行了批评，并提出要从唐宋诗的不同来看待曾巩诗歌，认为"当以赋体观之，即无憾矣"。在刘埙看来，宋诗"多尚赋"，不像唐诗那样重比兴，曾巩诗歌亦和宋诗一样，比较注重"赋"，符合宋诗发展的潮流。若从这一点来看曾巩诗歌的话，就不会认为"曾子固不能作诗"了。这样一来，刘埙就不仅驳斥了曾巩"不能作诗"的错误观点，而且还将曾巩诗看作宋诗的有机组成部分。另外，刘埙还从"深于经术，得其理趣"的高度来体认曾巩之诗，大大提升了曾巩诗的品格与地位。对于曾巩一些不出于"赋"的诗歌，刘埙也给予了很高的评价，认为甚似李白《蜀道难》。

此外，刘埙还摘录了曾巩诗歌中的一些佳句，并对曾巩的一些具体诗作进行了点评：

《英宗皇帝挽词》有曰"已应南阳气，犹迟代邸来"句，道壮而事切实，不减少陵。

《秋日寄介甫》有曰"烟云断溪树，风雨入山城"，题曰感事，似有所指，即是兴。

《丁元珍挽词》曰"从军王粲笔，记礼后苍篇。谩有残书在，能令好事传。鹏来悲四月，鹤去遂千年。试想长桥路，昏昏陇隧烟"，盖元珍殁于四月，故用鹏事以对令威，殊切实。

《钱塘元夕宴祥符寺》有曰"金地夜寒消美酒，玉人春困倚东风"，又曰"红云灯火浮沧海，碧水楼台浸远空"，流丽可爱。

《齐州冬夜》有曰"香清一蹋氍毹暖，月淡千门雾凇寒"。

《早起赴行香》曰"枕前听尽小梅花，起见中庭月未斜。微破宿

---

① 〔元〕刘埙著：《隐居通议》卷七之《诗歌二》，清文渊阁四库全书本。

云犹度雁，欲深烟柳已藏鸦。井轳声急推寒玉，笼烛光繁秉绛纱。行到市桥人语密，马头依约对朝霞"。《凝香斋》有曰"一尊风月身无事，千里耕桑岁有秋"。《北渚亭》曰"午夜坐临沧海日，半天吟看泰山云。青徐气接川原秀，常碣风连草木薰"。《次道子》有曰"两印每闲军市静，双旌多偃送迎稀"。《北城闲步》曰"土膏初动麦苗青，饱食城头信意行。便起高亭临北渚，欲乘长日劝春耕"。《华不注山》有曰"高标特起青云近，壮士三周战气酣"。《金山寺》有曰"夜静神龙听咒食，秋深苍鹘起抟风"。《彭城道中》有曰"一时屠钓英雄尽，千里河山战伐余"。

《韩魏公挽诗》曰"堂堂风骨气如春，衮服貂冠社稷臣。天上立谈迎白日，掌中随物转洪钧。忽骑箕尾英灵远，长誓山河宠数新。万里耕桑无一事，三朝功德在斯民"，宏伟尊壮，非曾公之笔力，不足以写韩公之气魄也。

《城南绝句》曰"雨过横塘水满隄，乱山高下路东西。一番桃李花开尽，惟有青青柳色齐"，《夜过利涉门》曰"红纱笼烛照斜桥，复观翚飞入斗杓。人在画船犹未睡，满堤明月一溪潮"，此二诗则又清丽婉熟矣。

《北归》曰"终日思归今日归，著鞭鞭马尚嫌迟。曲台殿里官虽冷，须胜天涯海角时"，此诗虽若直致，然情思深婉，怨而不露。

《迎驾》有曰"锦袍周卫一番新，警跸朝严下紫宸。俗眼望来犹眩日，天颜四处自生春"。《和御制观灯》有曰"翠幰霓旌夹露台，夜深宫扇月中开。龙衔烛抱金门出，鳌负山趋玉坐来"，又曰"天香暗度金貂暖，宫扇双开采凤飞"。《集英殿春宴》有曰"冠剑九重霄汉路，莺花三月帝王州"。

观今所选杰句如此，谓之不能作诗，可乎？《续稿》中更有堪取者，偶无其集，他日别钞。①

从以上引文看，刘埙摘录了曾巩诗中不少的"杰句"，以大量的事实来驳斥曾巩"不能作诗"这一说法的谬误。在点评中，刘埙还提到了曾巩诗歌的一些风格特点："遒壮而事切实"、"切实"、"流丽可爱"、"宏伟尊壮"、"清丽婉熟"、"直致"、"情思深婉"、"怨而不露"等。刘埙还认为，曾巩诗之高处并不弱于杜甫，即"不减少陵"，对曾巩诗歌的评价甚高。可以说，在提升曾巩诗歌地位方面，作为曾巩老乡的刘埙发挥了积极而重要的作用。

二、明清时期

明清两代，对"短于韵语"说的反驳，主要针对曾巩"不能诗"展开的。通过明清两代人对曾巩诗歌的进一步肯定，在人们心目中，曾巩的诗歌地位亦有所提升，其传播范围也有所拓展，甚至传播到了台湾。我们先看明代文人对曾巩"不能诗"说的反驳情况。何乔新（1427—1502）在《书元丰类稿后》不仅高度赞扬了曾巩之文，对其诗歌，亦称其"平实雅健，昌黎之亚"：

> 呜呼！先生之生，当洛学未兴之前，而独知致知、诚意、正心之说。馆阁诸序，蔼然道德之言，其学粹矣。至其发之赋咏，平实雅健，昌黎之亚也。世或谓其不能诗者，非妄邪！②

何乔新将曾巩诗比之韩愈，称其乃"昌黎之亚"，可见对其诗歌评价非常高。在此认识基础上，何乔新认为那些称曾巩"不能诗"的人，实属"妄邪"！在《读曾南丰诗》一诗中，他又说到：

> 韩公殁已久，诗道日陵夷。岂识浑雅作，徒逞妖媚词。有如苔砌螢，

① 以上见〔元〕刘埙著：《隐居通议》卷七之《诗歌二》，清文渊阁四库全书本。
② 〔明〕何乔新著：《椒邱文集》卷十八，清文渊阁四库全书本。

竟夕鸣声悲。又如娼家妇，粉黛饰陋姿。寥寥数百载，夫子起绍之。
一扫西昆陋，力追骚雅遗。峻如登华岳，石磴何崚嶒。壮如雷电惊，
白昼腾龙螭。清如方塘水，风静绿漪漪。澹如空桑瑟，枯桐绾朱丝。
雄拔追李杜，奇涩薄宗师。金陵与六一，嗟赏无异辞。群儿厌黍稷，
相与甘糠糜。黄口恣凌诟，顾谓不能诗。岂知韩公后，何人能庶几。
想当挥翰时，元气盎淋漓。浑涵实天造，顾岂推敲为。我愿写万本，
卑卑喻群儿。千周灿彬彬，大音初可窥。欲造风雅域，斯文乃阶梯。
勖哉追古作，峻途极攀跻。毋为拾红紫，点缀斗妍媸。①

在诗中，何乔新将曾巩的诗歌创作纳入北宋诗文革新运动中，认为曾
巩不仅远绍韩愈，而且还"一扫西昆陋，力追骚雅遗"，在诗文革新运动
中具有重要贡献。对于那些称曾巩"不能诗"的人，何乔新是非常鄙夷和
愤慨的，"黄口恣凌诟，顾谓不能诗"。最后，何乔新再次重申曾巩诗歌所
具有的重要地位，"岂知韩公后，何人能庶几"，即认为韩愈之后，没有几
人能与之相上下。这一定位与评价是极高的，当然也有过于拔高之嫌。另
外，在诗中，何乔新对曾巩诗歌的风格特点亦有所归纳，即峻、壮、清、
澹、雄拔等。

茶陵诗派的代表性人物李东阳对彭渊材所说的"曾子固不能诗"，亦
认为"不足信"。其在《书愧斋倡和诗序后》云：

师召陈先生初以《诗经》名天下，既入翰林，为古文精简有
法，尤捷不容思，日可给数篇；或乘醉纵笔，不复记忆，若有神助。
独于诗虽能而不甚好，人有乞者，不得已应之，朋辈投赠，多不
裁答，领之而已。去年，偶阅杜诗有所得，乃揭其近体篇目于壁，
暇则暗诵，至贯穿无遗。自是下笔滚滚，时出奇句，其锋甚锐。

① 〔明〕何乔新著：《椒邱文集》卷二十一，清文渊阁四库全书本。

回忆曩时不此之好，口虽不言，察其有悔色也。昔黄山谷谓坡老曰：
有文章名一世，诗不逮古人者。而彭渊材恨曾子固不能诗。自今
观之，子瞻豪雄浩瀚，决不出山谷下；子固集所传诸作，当世亦
岂多得？不足信也。夫天下无两似之物，二美相并，必有所掩。
然则人恶以多技为哉。若吾师召殆不欲以诗掩其文，故稍振圭角
而亟自韬晦，乃委于朋友之助，如此序所云者。①

在序文中，针对"曾子固不能诗"这一说法，李东阳认为，曾巩的
诗歌在当时是不可多得的，即"当世亦岂多得"，因此彭渊材说曾巩"不
能诗"简直是无稽之谈，"不足信"。最后，他由陈师召的文学经历加以引
申，认为"二美相并，必有所掩"：曾巩之文过于闻名，大大掩盖了其诗
名，导致其诗名未得以显扬。

符遂（1466—1544）在《曾南丰先生诗注序》中亦对曾巩"不能诗"
及"有韵辄不工"等说法表示怀疑：

筠之彭渊材谓先生不能诗，为江南第五恨。其端一起，至有谓
其有韵辄不工者。某窃疑之，因取先生之诗且读且玩，则见其格调
超逸，字句清新，愈读愈不能释。渊材诸人，何所见而云然也。②

符遂在认真阅读曾巩之诗后，认为其诗"格调超逸，字句清新"，并
且"愈读愈不能释"。然而，彭渊材等人却说曾巩"不能诗""有韵辄不
工"，这种论调真是令人难以置信。

郎瑛（1487—1566）还以具体的上元诗为例，来驳斥曾巩"不能诗"
之说：

曾南丰有《钱塘上元夜祥符寺燕席》诗云："月明如昼露华

① 〔明〕李东阳著：《怀麓堂集》卷四十一，清文渊阁四库全书本。
② 李震编：《曾巩资料汇编》，中华书局，2009年，第294页。

浓，锦帐名郎笑语同。金地夜寒消美酒，玉人春困倚东风。红云灯火浮沧海，碧水楼台浸远空。白发蹉跎欢意少，强颜犹入少年丛。"又云："金鞍驰骋属儿曹，夜半喧阗意气豪。明月满街流水远，华灯入望众星高。风吹玉漏穿花急，人倚朱栏送目劳。自笑低心逐年少，祗寻前事拈霜毫。"僧惠洪觉范亦有《京师上元》诗云："及时膏雨已阑珊，黄道春泥晓未干。白面郎敲金镫过，红妆人揭绣帘看。管弦沸月喧和气，灯火烧空夺夜寒。咫尺风楼开雉扇，玉皇仙仗紫云端。"按：觉范，江西筠州人，姓彭氏，尝妄诞著其叔彭渊才之说，以为曾子固不能诗。学者不察，随声附和。今以三诗较之，高下固已殊矣。且觉范首联，为僧而有此言，无耻甚矣。较之唐僧但愿"鹅生四掌，鳖着双裙"之说，此尤可责，宜其坐罪还俗也。殊不知南丰文名重于诗名，故为之掩耳，犹张子野、贺方回以长短句驰名之故。且如"明月满街流水远，华灯入望众星高"，又曰"金地夜寒消美酒，玉人春困倚东风"，夫岂不能诗者乎？"人倚朱栏送目劳"，并上句看，乃见其妙：谓游冶属意者，不胜其注想，而恨夫夜之短也，惜其诗虽工巧，格律卑弱。此论方虚谷亦略言之，惜未详言如此明白也。①

郎瑛将曾巩的两首上元诗与惠洪的《京师上元》诗进行比较，认为曾诗远超惠洪之诗，并以此来驳斥惠洪所记其叔彭渊材"曾子固不能诗"的说法。在列举了曾巩诗歌中的警句后，郎瑛不禁反问道，"夫岂不能诗者乎"？言下之意，曾巩不仅能诗，而且其诗颇有可取之处。对于为什么会出现"曾子固不能诗"这样的论调，郎瑛也认为其原因是曾巩文名太盛，掩盖了其诗名，即"殊不知南丰文名重于诗名，故为之掩耳"。郎瑛虽然

① 〔明〕郎瑛著：《七修类稿》卷三十《诗文类》之《上元诗》，明刻本。

对曾巩诗歌给予积极评价，但他对待曾巩诗歌还是比较客观，并能指出其诗的一些不足，如"惜其诗虽工巧，格律卑弱"，并非一味地拔高。

清代对曾巩"不能诗"的反驳亦较为有力，如陈讦（1650—1722）就说：

> 南丰诗巉削遒洁，如孤峰天外，卓立万仞，其气格在少陵、昌黎之间。按：彭渊材谓曾子固不能诗，竟与海棠无香同恨。明王元翰著《稗史类编》，博综今古，然据诗话所见，亦止《多景楼》《钱塘》《上元》三诗而已。近世选本亦俱阙略，岂先生诗集昔晦今显耶？按：先生尝云："诗当使人一览语尽而意有余。"固非深于诗者不能道矣。①

陈讦曾辑有《宋十五家诗选》，其中曾巩即为一家，上文就是他在《宋十五家诗选》中对曾巩诗歌的一段评述。陈讦对曾巩诗歌的评价极高，不仅认为其诗"巉峭遒洁，如孤峰天外"，甚至还说"其气格在少陵、昌黎之间"，将曾巩与杜甫和韩愈相提并论，有拔高之嫌。在这样的认识下，陈讦对彭渊材所说的"曾子固不能诗"肯定是否定和批判的。

王士禛（1634—1711）对彭渊材所说的"曾子固不能诗"亦极不认同，他认为曾巩之诗与王安石诗不相上下，即"亦荆公之亚"。在《曾子固诗》中，他就说：

> 彭渊才恨曾子固不能诗，今人以为口实。今观《类稿》中诸篇，亦荆公之亚，但天分微不及耳。若皇甫持正、苏明允、陈同父，乃真不能诗也。②

---

① 〔清〕陈讦著：《宋十五家诗》，见《续修四库全书》编纂委员会编：《续修四库全书》集部第 1621 册，上海古籍出版社，2002 年，第 312 页。
② 〔清〕王士禛著，文益人校点：《池北偶谈》，齐鲁书社，2007 年，第 265 页。

贺裳（约 1681 年前后在世）对俗传的"曾子固不能诗"，更是直接称为"妄语"：

> 俗传曾子固不能诗，真妄语耳。"凭阑到处临清泚，开阁终朝对翠微"，"诗书落落成孤论，耕稼依依忆旧游"，如此风调，不能诗耶！《齐州阅武堂》"柳间自诧投壶乐，桑下方安佩犊行"，不独循良如见，兼有儒将风流之致。

> "侯嬴夷门白发翁，荆轲易水奇节士。偶邀礼数车上足，暂饱腥膻馆中饫。师回拔剑不顾生，酒酣拂衣亦送死。磊落高贤勿笑今，豢养倾人久如此"，说得奇节之士索然意消，不惟竿头进步，亦其识见高处。然太史公云："缓急所时有也。"为士者不可不闻此言，求士者又不可不思此言。

> 子固，介甫执友也。邵子，醇儒也。邵《无酒吟》："自从新法行，常苦樽无酒。每有宾朋至，尽日闲相守。必欲丐于人，交亲自无有。兴来典衣买，焉能得长久！"子固《过介甫偶成》："结交谓无嫌，忠言期有补。直道讵非难，进言竟多迕。知者尚复然，悠悠谁可语？"二诗之佳不必言，新法是非，即此可定矣。余尝谓为人辩谤者，正不当尽护其短，但言拘执而介甫之过自轻。如近世王宗沐辈，事事疏其尽善，议论岂得为公？不公则人不能平，真所谓欲盖弥彰也。[①]

上文中，贺裳列举了曾巩的一些诗作，并称曾巩之诗"如此风调，不能诗耶"？以曾巩诗歌之佳的事实来说明"曾子固不能诗"论调的谬误。

在《陆子余集提要》中，清四库馆臣则认为，"尤未可以篇什无多，遂谓曾子固不能诗也"。这一说法值得商榷。在曾巩文集中，所存诗歌并

---

① 〔清〕贺裳著：《载酒园诗话》，见郭绍虞编、富寿荪校点：《清诗话续编》，上海古籍出版社，1983 年，第 424 页。

非"无多"，实有四百余首之多。尽管四库馆臣对"曾子固不能诗"的说法并不赞同，但以"篇什无多"来反驳"曾子固不能诗"，缺乏说服力。

在《静志居诗话》中，朱彝尊（1629—1709）以宋人所辑《唐宋八家诗韵》来说明曾巩"不得谓非诗家"，以反驳"曾子固不能诗"之说：

> 刘渊材憾曾子固不能诗。予尝见宋人所辑《唐宋八家诗韵》，则子固与焉，不得谓非诗家矣。评明人诗者，不及王道思，然道思五古文理精密，足以嗣响颜、谢，而论者辄言文胜于诗，非知音识曲者也。①

明代王慎中（道思）的遭遇与曾巩相似，均因"文胜于诗"，其诗不为评诗者所重视。在朱彝尊看来，曾巩与王慎中均堪称"诗家"，需"知音识曲者"去挖掘和重视。

方东树（1772—1851），曾师从于姚鼐，著有《昭昧詹言》。他对曾巩之诗评价非常高，其于《通论五古》中云：

> （姜坞先生，即姚范）又曰："宋以后不讲句字之奇，是一大病。"余谓独南丰讲之，而世人不之知。尝论南丰字句极奇，而少鼓荡之气。又篇法少变换、断斩、逆折、顿挫，无兀傲起落，故不及杜、韩。大约南丰学陶、谢、鲍、韩工夫到地，其失在不放，一字一句，有有车之用，无无车之用。然以句格求之，则其至者，直与陶、谢、鲍、韩并有千古，其次者亦非宋以来诗家所梦及。惜乎世罕传诵，遂令玄文处幽，不得与六一、介甫、山谷并耀。岂其文盛而诗晦，亦有命存耶？②

针对姚鼐之叔姚范所说的"宋以后不讲句字之奇"，方东树却说"独

---

① 见〔清〕郑方坤著：《全闽诗话》卷七，清文渊阁四库全书本。
② 〔清〕方东树著，汪绍楹校点：《昭昧詹言》卷一，人民文学出版社，1961年，第16页。

南丰讲之，而世人不之知"。他认为"南丰字句极奇"，且曾巩"学陶、谢、鲍、韩工夫到地"，"其至者，直与陶、谢、鲍、韩并有千古，其次者亦非宋以来诗家所梦及"，对曾巩之诗推之甚高，乃至有太过之嫌。当然，对曾巩诗的不足，方东树也有指出，如称曾巩诗"少鼓荡之气。又篇法少变换、断斩、逆折、顿挫，无兀傲起落"，"其失在不放"。对于曾巩之诗"世罕传诵"的现象，方东树也认为是因为"其文盛而诗晦"的缘故。

在《鲍明远》中，他还称曾巩学鲍照和韩愈：

杜、韩皆常取鲍句格，是其才力能兼之。孟东野、曾南丰专息驾于此，岂曰非工，然门径狭矣。

南丰学鲍学韩，可谓工极；但体平而无其势，转似不逮东野。

南丰学鲍学韩，字字句句，与之同工，无一字不著力，而不如鲍与韩者，只是平漫无势。知南丰之失，则知学诗之利病矣。

南丰似专在句字学，而未深讲篇体。陆士衡颇讲篇体，而于字句又失之流易。然而南丰不可及，其于鲍、韩为嫡派矣。

（鲍照）《登庐山》……虽造句奇警，非寻常凡手所能问津，但一片板实，无款窍章法，又不必定为庐山之景，此恐亦足启后人乱杂无章，作伪体泛诗之病，故不及康乐之精深切题也。曾南丰多似此，岂受末流之病故耶？

（鲍照）《从登香炉峰》……涩炼典实沉奥，至工至佳，诚为轻浮滑率浅易之要药。此大变格也，杜、韩皆祖胎于此。但其体平钝，无雄豪跌宕峥嵘所谓巨刃摩天扬之概。其于汉、魏、曹、王、阮公皆不能及。此杜、韩所以善学古人，兼取其长，而不专奉一家，随人作计也。故此种学之有得，便当舍去。曾南丰不知变，而毕生息肩于此，岂曰非工非佳，而门径狭矣。[①]

---

① 以上见〔清〕方东树著，汪绍楹校点：《昭昧詹言》卷六，人民文学出版社，1961年，第166—167、170—172页。

从以上论述看，方东树认为曾巩为诗学鲍照和韩愈，堪为他们之"嫡派"。此论较为新颖。然而，曾巩"学鲍学韩"，虽然字句上"可谓工极"，但他"专息驾于此"而"不知变"，最终导致门径狭窄，妨碍了曾巩诗歌进一步的发展。

潘德舆（1785—1839）对"曾子固不能诗"之说亦比较愤慨，直斥谓其不能诗者"妄矣"：

> 昔人恨曾子固不能诗，然其五七言古，甚排宕有气。近体佳句如"流水寒更潺，虚窗深自明""宿幌白云影，入窗流水声""一径入松下，两峰横马前""壶觞对京口，笑语落扬州""时见崖下雨，多从衣上云"，颇得陶、谢家法。七言如"泺水飞绡来野岸，鹊山浮黛入晴天""一尊风月身无事，千里耕桑岁有秋""微破宿云犹度雁，欲深烟柳已藏鸦""一川风露荷花晓，六月蓬瀛燕坐凉""娟娟野菊经秋潺，漠漠江潮带雨浑""入陂野水冬来浅，对树诸峰雪后寒"，又七言绝句如"乱条犹未变初黄，倚得东风势便狂。解把飞花蒙日月，不知天地有清霜""红纱笼烛照斜桥，复观飞翚入斗杓。人在画船犹未睡，满堤凉月一溪潮""云帆十幅顺风行，卧听随船白浪声。好在西湖波上月，酒醒还对纸窗明"，皆清深婉约，得诗人之风旨，谓其不能诗者妄矣。①

潘德舆认为曾诗"五七言古，甚排宕有气"，近体则"颇得陶、谢家法"，七言"清深婉约，得诗人之风旨"。曾巩有如此诗作，怎能说"不能诗"呢？

夏荃（1793—1842）在分析《霜凇》这首诗时，亦赞其诗"清婉"，

---

① 李震编：《曾巩资料汇编》，中华书局，2009年，第588页。

对"子固不能诗"之说甚为不满："曾子固在齐州咏霜淞诗云……诗特清婉，孰谓子固不能诗欤？①

杨希闵（1809—1885？）与曾巩同为南丰人，作为老乡，他对曾巩"不能诗"和"有韵辄不佳"之说的驳斥，更是不遗余力：

> 闵案，文定诗有风骨，有韵味，但流澹隐秀之致多，缛采锵音之篇少，故人多忽略耳。刘渊材遽有"子固不能诗"之论，信为知言乎？顷见桐城姚石甫《后湘集·论诗绝句》云："文掩诗名曾子固，论才合与亚欧、王。《南丰类稿》从头读，遗恨何人比海棠。"可见公论垂久定矣。

> 又案，《东坡集》卷六十八题跋云："秦少游言：'人才各有分限，杜子美诗冠古今，而无韵者殆不可读。曾子固以文名天下，而有韵辄不佳，此未易以理推之者也'"云云，此亦不尽然。论杜当，论曾不当也。试观予所钞者可见矣（此指予专钞本）。不可以出东坡少游而信之。

> 曾诗别有专钞本，今不在箧，古体诗全记不得，难举，似止记近体一二。《丁元珍挽词》云："从军王粲笔，记礼后苍篇。谩有残书在，能令好事传。鹏来悲四月，鹤去遂千年。试想长桥路，昏昏陇隧烟。"丁死于四月，故用鹏事以对令威，切其姓，可谓高雅矣。《韩魏公挽词》云："堂堂风骨气如春，衮服貂冠社稷臣。天上立谈迎白日，握中随物转洪钧。忽骑箕尾精灵远，长誓山河宠数新。万里耕桑无一事，三朝功德在斯民。"此诗气象声响肖韩公身份。首句劲节谦光，次句伟仪重望，三句调剂两宫，四句宰割庶务，五句哀挽，六句赠邮，七句功在天下，八句并言受赐非一日也。《早起赴行香》："枕前听尽小梅花，起见中庭月未斜。

---

① 李震编：《曾巩资料汇编》，中华书局，2009年，第633页。

微破宿云犹度雁，欲深烟柳已藏鸦。井辚声急推寒玉，笼烛光繁秉绛纱。行到市桥人语密，马头依约对朝霞。"音节高华，正恐少游辈未知谁后先也。

绝句如《夜过利沙门》云："红纱笼烛照斜桥，复观翚飞入斗杓。人在画船犹未睡，满堤明月一溪潮。"《城南》绝句云："雨过横塘水满堤，乱山高下路东西。一番桃李花开尽，惟有青青草色齐。"《离齐州后》云："文犀刿刿穿林笋，翠罨田田出水荷。正是西亭销暑日，却将离恨寄烟波。"《寄齐州同官》："西湖一曲舞霓裳，劝客花前白玉觞。谁对七桥今夜月？有情千里不相忘。"西湖即齐州明湖，七桥在其上，文定曾通判齐州，此皆去任不能忘情于其地而作。又有云："千里相随是明月，水西亭上一般明。"其挚情如此，此可见其人也。

佳语更略摘一二："壶觞对京口，笑语落扬州""一径入松下，两峰横马前""已应南阳气，犹迟代邸来""金殿夜寒消美酒，玉人春困倚东风""午夜生临沧海日，半天吟看泰山云""两印每闲军市静，双旌多偃送迎稀""一时屠钓英雄尽，千载河山战伐余""冠剑九重霄汉路，莺花三月帝王州""俗眼望来犹眩日，无颜回处自生春"。阅案：以上数联堂皇典丽，少游乃谓"有韵者辄不佳"，此可谓谛论耶？

阅案：吾乡诗文大家欧、曾、王外，当及二刘。[1]

从以上引文可见，杨希闵认为曾巩之诗"有风骨，有韵味"，但因为"流澹隐秀之致多，缛采锵音之篇少"，所以"人多忽略耳"。另外还有就是，曾巩文名太盛，掩盖了其诗名，即所谓"文掩诗名曾子固"，对这一点他是

---

[1]　以上见李震编：《曾巩资料汇编》，中华书局，2009 年，第 601—603 页。

比较认可的。他还摘录了曾巩诗歌中的一些警句与佳语，并认为曾诗高雅、音节高华、挚情，堂皇典丽，有些诗哪怕是秦观也难以与之相比，即"正恐少游辈未知谁后先"。最后，杨希闵还称曾巩为"吾乡诗文大家"，特意标举出其诗的重要性，以反驳曾巩"不能诗"和"有韵辄不佳"这些错误论调。

到了清末民初，胡焕在《论西江诗派绝句十五首》中，对一些于曾巩诗有微词的观点，还发表了自己的反对意见：

> 南丰才笔九州横，坡语流传欠定评。莫谓赣人情韵减，略嫌文字掩诗名。①

在该诗之后，有双行小注曰："东坡语少游曰'子固诗少韵致，惜为文所掩'，赵瓯北亦曰'庐山合似西江人，大抵少肉多骨筋'。"对于"子固诗少韵致"这一观点，胡焕说"莫谓赣人情韵减，略嫌文字掩诗名"，意谓并非是曾巩诗歌"少情韵"，而是其文名掩盖了其诗名，从而导致的一种错觉。

台湾人施士洁（1856—1922）则在《题曾逊臣茂才吟香小筑》中说，"子固谁云不解诗，化工妙手仿仇池"。其诗云：

> 子固谁云不解诗，化工妙手仿仇池。分明雪浪新斋壁，安得髯苏一写之？芥子须弥未足夸，几时缩地到君家？勺泉卷石关经济，始信壶中有九华。旧侣风骚笠屐亲，相看短发老吟身。十年一梦吟香处，零落耆英洛社人！市隐无妨陋室居，重新轮奂美何如！吾非善颂同张老，此是先人旧敝庐。②

① 见郭绍虞、钱仲联、王蘧常等编：《万首论诗绝句》，人民文学出版社，1991年，第1679页。
② 〔清〕施士洁著：《后苏龛合集·后苏龛诗钞》卷十二，见陈庆元主编：《台湾古籍丛编》（第十辑），福建教育出版社，2017年，第289页。

刘声木（1878—1959），原名刘体信，字述之，后改字十枝，庐江（今属安徽）人，清四川总督刘秉璋第三子。其在谈及《唐宋八家诗钞》时就说：

> 唐宋八家，虽诗文皆工，后世选其文者，约有数十家，从无有专选其诗者。华亭姚平山□□培谦，专选《唐宋八家诗钞》五十二卷，雍正五年七月，遂安堂原刊写字本。内分《昌黎诗钞》八卷、《河东诗钞》四卷、《庐陵诗钞》八卷、《老泉诗钞》一卷、《东坡诗钞》十八卷、《栾城诗钞》四卷、《南丰诗钞》三卷、《半山诗钞》六卷。八家之中，惟南丰诗见于古人著录者甚少，俗遂有曾子固不能诗之谬说，流传已久，实则《元丰类稿》中，原有诗集□卷。吕公著尝称其行谊不如政事，政事不如文章，至论亦公论也。惟方回《瀛奎律髓》中，论其诗最为确协。虚谷谓子固诗一扫昆体，所谓铦钉刻画咸无之，平实清健，自成一家云云。此本选其诗三卷，可谓别开生面，独具只眼者矣。[①]

《唐宋八家诗钞》为姚培谦所编，其中选曾巩诗 3 卷，共 203 首诗。所以刘声木在文中指出不仅"曾子固不能诗"为"谬说"，而且还称赞姚培谦选录曾巩诗如此多，乃"别开生面，独具只眼"，对曾巩诗持一种肯定态度。

总之，明清对曾巩"短于韵语"说的反驳，上承宋元，并主要针对曾巩"不能诗"加以展开，它们共同扭转了人们对曾巩诗歌的错误认识，提升了曾巩诗歌在文学史上地位，是曾巩接受史上的重要组成部分。

---

① 〔清〕刘声木著，刘笃龄点校：《苌楚斋随笔续笔三笔四笔五笔》之《续笔》，中华书局，1998 年，第 431 页

第七章

选本中的曾巩诗词文接受

　　自宋以来，除曾巩文集刊刻之外，亦有一些文学选本选录了曾巩的作品，这些选本不仅对于曾巩的传播产生了极大的影响，而且通过选本对曾巩作品的选录情况，也可从侧面反映曾巩在当时被接受的某些情形，更重要的是，由此可以看出曾巩作品逐步被经典化的过程。本章将对选本中曾巩诗词文的选录情况进行具体论述。

第一节　选本中的曾巩诗词

　　受曾巩"短于韵语"说，以及李清照《词论》中所说"若作一小歌词，则人必绝倒，不可读也"的影响，选本中对曾巩诗词的选录，不论是数量还是频率，都难以与曾文相比。这一现状，乃是"文掩诗名曾子固"的真实反映。

一、宋元时期

　　曾巩词作数量极少。宋元时期，选本中收录曾巩词的，目前所见惟有黄大舆所编《梅苑》卷一中，收有其《赏南枝》1首：

　　暮冬天地闭，正木冻折，瑞雪飘飞。对景见（阙）南，岭梅露、几点清雅容姿。丹染萼、玉缀枝。又岂是、一阳有私。大抵是、化工独许，占却先时。

　　霜威莫苦凌持。此花根性，想群卉争知。贵用在和羹，三春里、不管绿是红非。攀赏处、宜酒卮。醉捻嗅、幽香更奇。倚阑干、何人去嘱，羌管休吹。①

　　黄大舆所编《梅苑》，据其自序称始编于"己酉之冬"，应即建炎三年（1129），所录皆唐宋时咏梅之词。曾巩目前所存词作，惟赖此选本而得以流传，只是在字句上略有不同。元代因享国较短，未见有曾词相关的选本。

　　而有关曾巩诗歌的选本，宋元时期主要有裴良甫所汇编的《十二先生诗宗集韵》。该书共 20 卷，主要摘录编选杜甫、李白、高适、韩愈、柳宗元、孟郊、欧阳修、曾巩、苏轼、王安石、黄庭坚、陈师道 12 位诗人之诗，其中唐代 6 人，宋代 6 人，按韵编排。裴良甫在书前自序中说：

　　唐一代诗人为多，圣朝英才接武，视若远过。予尝有志合两朝之诗，以韵集为一编，求之详备，则病其繁夥；□从简省，则又几脱略。曷若探夫宗派，庶见其学之原流……十二先生实当时名流，尾后尘者当亦究其宗原。②

　　裴良甫，字师圣，绛（今山西绛县）人，其生平事迹无考，应为南宋时人。《十二先生诗宗集韵》现有北京图书馆藏宋刻本，书名冠以"诗宗"，盖其自认为 12 位诗人之诗皆有"原流"，并且堪为后学所宗。可见其于曾巩之诗的地位不仅非常认可，而且视之甚高，将其与李、杜、黄庭

---

① 〔宋〕黄大舆编：《梅苑》卷一，清文渊阁四库全书本。
② 〔宋〕裴良甫辑：《十二先生诗宗集韵》，见四库全书存目丛书编纂委员会编：《四库全书存目丛书》子部一七〇，齐鲁书社，1995 年，第 437 页。

坚等放在一起。当然，比较遗憾的是，该书主要是采摘诗句，依韵分载，难以一窥曾诗全貌，且存在"颠倒割裂，又削去原题，使览者茫然"（见《十二先生诗宗集韵提要》）的不足，但在曾巩诗歌的接受史上、特别是抬升曾巩诗歌地位方面有着重要意义。可惜该书流传不是很广，至今都很少有人关注到该书，陈杏珍与晁继周两先生在点校《曾巩集》时应未注意到此书，其实该书对于校勘曾巩诗大有裨益。如陈杏珍曾撰文称："又《凝香斋》诗'沉烟细细临黄卷'，元刻本《元丰类稿》行间注：一作'两衙放罢闲铃索'。清代何焯用徐氏传是楼藏大小两宋本校勘通行本，写下的校语同元刻本注。（见《义门读书记》）但查《元丰类稿》的一些版本，此句均作'沉烟细细临黄卷'，只有在《南丰曾子固先生集》中，此句恰恰作'两衙放罢闲铃索'。"[1] 而在《十二先生诗宗集韵》中，即是作"两衙放罢闲铃索"，与大小两宋本、金刻本《南丰曾子固先生集》及元刻本《元丰类稿》相同。今本多作"沉烟细细临黄卷"，实可据宋、金、元本加以校正。

　　而且，裴良甫在《十二先生诗宗集韵》所摘录曾巩诗与今传本在字词上存在较多不同之处，因其为宋刻本，反映了曾巩诗较早时流传的情形，许多字句可校正今本之误，对曾巩诗歌来说，具有非常重要的版本意义。另外，《十二先生诗宗集韵》中摘录的曾诗共涉及曾巩《送郑秀才》《喜晴》《送关彦远赴江西》等 400 首，占现存曾巩诗歌总数 457 首的 87.75%，数量非常之多。在整个宋代曾巩"短于韵语"说盛行之际，裴良甫摘录如此之多的曾巩诗歌，对于扩大曾巩诗歌传播接受的广度以及提升曾巩诗歌地位等，都具有非常重要的意义。在此后的选本传播中，都未涉及有如此之多的曾巩诗歌。

　　南宋绍兴间眉山人蒲积中编有《岁时杂咏》，该书共 46 卷，书前有绍

---

[1]　陈杏珍：《跋北京图书馆藏金刻本〈南丰曾子固先生集〉》，《文献》1985 年第 1 期，第 151 页。

兴十七年（1147）自序。《岁时杂咏》中选有曾巩诗歌 3 首，分别为《寒食阻风》《初冬道中》《正月六日雪霁》。

《两宋名贤小集》旧题为"宋陈思编、元陈世隆补"，共 380 卷，前有绍定三年（1230）魏了翁之序。《两宋名贤小集》中收曾巩诗作《齐州吟稿》，为 1 卷，共 45 首，分别为：《西湖二十二日》《百花堤》《寄子进弟》《蔡州》《鹊山》《鹊山亭》《环波亭》《芍药厅》《水香亭》《静化堂》《仁风厅》《雾凇》《百花台》《西楼》《鹤林寺》《鲍山》《亲旧书报京师盛闻治声》《芙蓉桥》《凝香斋》《北渚亭》《阅武堂》《阅武堂下新渠》《舜泉》《趵突泉》《金丝泉》《北池小会》《岘山亭置酒》《北渚亭雨中》《到郡一年》《冬夜即事》《郡楼》《郡斋即事二首》《早起赴行香》《戏书》《西湖二首》《西湖纳凉》《游东山示客》《离齐州后五首》《寄齐州同官》。

另外，吕祖谦（1137—1181）主编的《宋文鉴》虽曰"文鉴"，其中亦选有诗歌。该书选录曾巩诗歌 2 首，分别为《过介甫归偶成》《刘景升祠》。

理宗时（1225—1265）的陈景沂，号肥遯，台州（今属浙江）人，仕履未详。其编纂有《全芳备祖》，共 58 卷，其中选录有曾巩诗 4 首，分别为：《咏柳》《荔枝四首》(其一、其二)《尝新茶》①。另外选录的诗句涉及曾巩诗 6 首，分别为《芍药厅》《食梨》《凌霄花》《桐树》《山茶花》《橙子》，具体如下：

> 小碧阑干四月天，露红烟紫不胜妍。（《芍药厅》）
>
> 当春花盛时，雪满山前后。尝期摘秋实，磊磊落吾手。（《食梨》）
>
> 固知臭味非相类，奈有萦缠不自由。（《凌霄花》）

---

① 按，《咏柳》一诗在《全芳备祖·前集》卷十八中收录一次，在《全芳备祖·后集》卷十七中又重复收录了。另外，一首具名曾巩的诗，实为许彦国的《虞美人草行》，此处未计入。

得时花叶鲜，照影清香助。当轩蔽赤日，对卧醒百虑。(《桐树》)

苍然老树昔谁种，照耀万朵红相围。(《山茶花》)

苍然老树昔谁种，照耀万朵红相围。蜂藏鸟伏不得见，东风用力先吹嘘。追思前者叶盖地，万木瘦损徒空枝。(《山茶花》)

黄金球献相摩荡。(《橙子》)

入苞岂数橘柚贱，笔鼎始足盐梅和。(《橙子》)

鲜明百树见秋实，错缀众叶倾霜柯。翠羽流酥出天仗，黄金球戏相荡摩。(《橙子》)

常期橘梨实，穰穰落吾手。(《食梨》)

初尝蜜经齿，久嚼泉垂口。蠲烦慰诸亲，解渴夸众友。肯论故畦瓜，宁齿洗泥藕。(《食梨》)

从以上可见，《全芳备祖》在选录诗人诗句时，存在重复收录，且存在一首诗拆开进行收录的情况。

总的来说，宋元时期选录曾巩诗歌的选本并不多，且除《十二先生诗宗集韵》和《两宋名贤小集》外，所选曾诗数量都非常少。

二、明清时期

明清两代，随着人们对曾巩"短于韵语"论调的反驳，以及对曾巩诗词的不断认可，选本中对曾巩诗词的接受逐渐增多起来。就词来讲，明代陈耀文所辑的《花草粹编》中，就收有曾巩词2首，即《赏南枝》《洞庭春色》。清代《钦定词谱》中有《赏南枝》1首，并称其为曾巩自度曲，此调只有此词，无他首可校。而《御选历代诗余》中亦选曾巩词2首，一为《赏南枝》，一为《沁园春·腊梅》(亦即《洞庭春色》)，与《花草粹编》同。

选本对曾巩诗歌的选录，在明代主要有李蓘编的《宋艺圃集》，共 22 卷。李蓘（1531—1609），字子田，内乡（今属河南）人。《宋艺圃集》主要选录宋人之诗，共选宋代诗人 237 人，末卷附释衲 33 人、宫闺 6 人、灵怪 3 人、妓流 5 人、不知名 4 人，实际共有 288 人。该书收有曾诗 21 首，分别为：《将之江浙延祖子山师柔会别饮散独宿孤亭遂书怀别》《上人》《江上怀介甫》《舞鹤》《戏呈休文屯田》《七月十四日韩持国直庐同观山海经》《李节推亭子》《秋夜露坐偶作》《游金山寺作》《芙蓉台》《招隐寺》《汉阳泊舟》《送郑州邵资政》《钱塘上元夜祥符寺陪咨臣郎中丈席》《寄郓州邵资政》《忆越中梅》《寄致仕欧阳少师》《阅武堂》《鹤山亭》《西楼》《和史馆相公上元观灯》。

曹学佺编的《石仓历代诗选》，一名《十二代诗选》，全书共 506 卷。书中所选历代之诗，上起古初下迄于明，其中选录宋诗共 107 卷。曹学佺（1574—1646），字能始，号石仓居士，福建侯官人，著有《石仓诗文集》《蜀中诗话》等。在《石仓历代诗选》卷一百四十四中，共收曾诗 50 首，分别为：《宿尊胜院》《苦雨》《南轩》《叹嗟》《山槛小饮》《上翁岭》《寄舍弟》《写怀》《靖安幽谷亭》《江湖》《上人》《送陈商学士》《送僧晚容》《游琅琅山》《东津归催吴秀才寄酒》《桐树》《听鹊寄家人》《麻姑山送南城尉罗君》《明妃曲二首》《七月一日休假作》《李节推亭子》《秋夜露坐》《过介甫归偶成》《瞿秘校新授官还南丰》《南湖行二首》《芙蓉台》《送李撰赴举》《送陈郎中还京兼过九江新宅》《遣兴》《盆池》《赠弹琴者》《秋日感事示介甫》《酬材叔江西道中作》《送双渐之汉阳》《赠护仁监院》《西园席上》《过高士坊》《钱塘上元夜祥符寺陪咨臣郎中丈燕席》《酬王徽之汴中见赠》《雪后同徐秘丞皇甫节推孔教授北园晚步》《早起行香》《和陈郎中》《阅武堂》《鹊山亭》《环波亭》《水香亭》《静化堂》《凝香斋》。

到了清代，则主要有陈焯主编的《宋元诗会》。陈焯，字默公，安徽桐城人，顺治九年（1652）进士。《宋元诗会》乃取所见宋元诗人之作辑为一编，共 100 卷，卷一至六十为宋诗，卷六十一至六十五为金诗，卷六十六至一百为元诗。该书虽甄录篇什无多，但撷拾家数却颇为广备。《宋元诗会》中收曾诗 41 首，分别为：《读五代史》《咏史二首》《杂诗二首》《将之江浙延祖子山师柔会别饮散独宿孤亭遂书怀别》《令弟南源刈稻》《庭木》《追租》《秋夜》《过介甫归偶成》《万山》《汉阳泊舟》《初夏有感》《送叔延判官》《地动》《戏书》《芙蓉台》《京师观音院新堂》《晓出》《送英州苏祕丞》《送陈郎中还京兼过九江新宅》《盆池》《简翁都官》《送双渐之汉阳》《送觉祖明上人》《送抚州钱郎中》《简景山侍御》《游天章寺》《钱塘上元夜祥符寺陪咨臣郎中丈燕席》《雪后同徐祕丞皇甫节推孔教授北园晚步》《凝香斋》《次道子中书问归期》《趵突泉》《金山寺》《升山》《沙寺》《送郑州邵资政》《忆越中梅》《霜淞》《咏柳》。

陈讦（1650—1722）于《宋十五家诗选》中选有梅尧臣、欧阳修、曾巩、王安石、苏轼、苏辙、黄庭坚、范成大、陆游、杨万里、王十朋、朱熹、高翥、方岳、文天祥 15 人之诗。据其所撰《叙》称：

> 诗道之由来久矣！昔敝于举世皆唐，而今敝于举世皆宋。举世皆唐，犹不失辞华声调堂皇绚烂之观；至举世皆宋，而空疏率易不复知规矩绳墨与陶铸洗伐为何等事……今十五家之诗具在，皆宋之圣于诗、神于诗者也。[1]

陈讦认为，所选的 15 位宋代诗人皆是"宋之圣于诗"和"神于诗"者，这其中就包括了曾巩。另外，在《发凡》中，他还认为 15 位诗人能够代表宋代"一代眉目"：

> 兹十五家系宋一代眉目，悉从全集选定……十五家诗，每去取俱经数次斟酌，间有四五丹黄者，阅历寒暑，黾勉竣事。至曾

---

① 〔清〕陈讦著：《宋十五家诗》，见《续修四库全书》编纂委员会编：《续修四库全书》集部第 1621 册，上海古籍出版社，2002 年，第 257—259 页。

南丰、苏栾城、王梅溪、文文山暨先菊涧处士，近选绝少，兹悉
购全集采录，表彰散逸，更与日月争光，发潜阐幽为快事。①

在《宋十五家诗选》中，陈讦对曾巩诗评价非常高，认为其气格在
"少陵、昌黎之间"，或许正因如此，他选录了曾巩诗《一鹗》《侯荆》《山
槛小饮》《寄舍弟》等134首，是历代诗歌选本中选曾巩诗歌比较多的。

康熙皇帝（1654—1722）曾组织编撰过《御选宋金元明四朝诗》，据
其所作《御制四朝诗选序》称：

> 近得《全唐诗》，已命儒臣校订刊布海内。由唐以来千有余
> 年之久，流传自昔未见之书，亦可谓斯文之厚幸矣。遂又命博采
> 宋、金、元、明之诗，每代分体各编，自名篇巨集以及断简残章，
> 罔有阙遗。稍择而录之，付之剞劂，用以标诗人之极致，扩后进
> 之见闻。②

该序作于康熙四十八年（1709）。《御选宋金元明四朝诗》乃在《全
唐诗》刊布之后，"用以标诗人之极致，扩后进之见闻"。《御选宋金元明
四朝诗》共292卷，其中宋诗87卷，作者882人；金诗25卷，作者321
人；元诗81卷，作者1197人；明诗128卷，作者3400人。在《御选宋
诗》中，选录曾巩诗共23首，分别为：《七月一日休假作》《瞿秘校新授
官还南丰》《汉阳泊舟》《李节推亭子》《招隐寺》《送李撰赴举》《喜晴》《东
津归催吴秀才寄酒》《送丰稷》《听鹊寄家人》《芙蓉台》《钱塘上元夜祥符
寺陪咨臣郎中丈燕席》《和史馆相公上元观灯》《环波亭》《早起赴行香》
《南轩竹》《甘露寺多景楼》《金山寺》《琅琊溪》《咏柳》《忆越中梅》《西楼》

---

① 〔清〕陈讦著：《宋十五家诗》，见《续修四库全书》编纂委员会编：《续修四库全书》
集部第1621册，上海古籍出版社，2002年，第260—261页。
② 〔清〕康熙御定，〔清〕张豫章等编次：《御选宋金元明四朝诗》，清文渊阁四库全书本。

《出郊》。

另外，康熙皇帝还主持编撰了一系列类书，其中亦选录有曾巩诗歌，如康熙四十五年（1706），由康熙皇帝御定、张玉书等编纂的《御定佩文斋咏物诗选》，共482卷。其中收曾巩诗5首，分别为：《霜凇》《过灵壁张氏园》《上元观灯》《看花》《鸿雁》。

康熙四十六年（1707），由康熙皇帝御定、陈邦彦编纂的《御定历代题画诗类》，共120卷。其中收曾巩诗1首，为《山水屏》。

康熙四十七年（1708），由康熙皇帝御定、汪灏等编纂的《御定佩文斋广群芳谱》，共100卷。其中收曾巩诗18首，分别为：《和张友直城东春日》《闰正月十一日吕殿丞寄新茶》《忆越中梅》《山茶花》《以白山茶寄吴仲庶》《菊花》(菊花秋开只一种)《食梨》《荔支四首》《橙子》《高松》《庭桧呈蒋颖叔》《七星杉》《桐树》《咏柳》《南轩竹》；诗句2首，分别为："固知臭味非相类，其奈萦缠不自由"（《凌霄花》），"小碧栏干四月天，露红烟紫不胜妍"（《芍药厅》）。[①]总共20首。

康熙四十九年（1710），由康熙皇帝御定、张英等所编的《御定渊鉴类函》，共450卷。其中收录曾巩诗8首，分别为：《金线泉》《凝香斋》《送抚州钱郎中》《海棠桥》《荔枝》《舞鹤》《一鹗》《寄孙之翰》。

康熙五十四年（1715），由康熙皇帝御定、李光地等编纂的《御定月令辑要》，共25卷。其中收有曾巩诗4首，分别为：《正月六日雪霁》《正月十一日迎驾》《二月八日北城闲步》《闰正月十一日吕殿丞寄新茶》。

雍正六年（1728），遂安堂刻有姚培谦所编《唐宋八家诗》，共52卷。其中《昌黎诗钞》8卷，374首；《河东诗钞》4卷，142首；《庐陵诗钞》8卷，355首；《老泉诗钞》1卷，28首；《东坡诗钞》18卷，1339首；《栾城诗钞》4卷，156首；《半山诗钞》6卷，303首；《南丰诗钞》3卷，201

---

① 按，另有一首诗句署为曾巩，其实为曾布之诗；另有两首诗句，因《御定佩文斋广群芳谱》中已录有全诗，故未计算入内。

首。该书乃仿茅坤《唐宋八大家文钞》之例汇编而成，以知"唐宋八大家"之诗亦皆可美而传。姚培谦（1693—1766），字平山，松江府娄县（今属上海）人。《唐宋八家诗》中选录曾巩诗《宿尊胜院》《冬暮感怀》《靖安幽谷亭》《青云亭闲坐》等 201 首。

乾隆间，张景星、姚培谦、王永祺合编有《宋诗别裁集》，原名《宋诗百一钞》，共 8 卷，有乾隆二十六年（1761）诵芬楼刊本。该书共收录作者 137 位，诗作 645 首。《宋诗别裁集》的主要编选者张景星，字行之，奉新（今属江西）人，乾隆十年（1745）进士。《宋诗别裁集》中收录曾巩七言律诗 3 首、五言排律 1 首，共 4 首，分别为：《钱塘上元夜祥符寺陪咨臣郎中丈燕席》《甘露寺多景楼》《上元》《寄郓州邵资政》。

另外，《（雍正）江西通志》之《艺文》中，收录有曾巩诗歌 15 首，分别为：《李节推亭子》《南轩》《游麻姑山》《丹霞洞》《发松门寄介甫》《麻姑山送南城尉罗君》《清风阁》《送抚州钱郎中》《酬材叔江西道中作》《游麻姑山六首》（《流杯池》《七星杉》《瀑布泉》《半山亭》《颜碑》《碧莲池》）。

此外，厉鹗（1692—1752）的《宋诗纪事》较为普及，影响也较广，在该书卷二十中，亦选录了曾巩诗歌 12 首，分别为：《麻姑山送南城尉罗君》《金山寺》《钱塘上元夜祥符寺陪咨臣郎中丈燕席》《鲍山》《圣寿院昌山主静轩》《凝香斋》《多景楼》《金线泉》《霜凇》《北归》《将行陪贰车观灯》《赴齐州》。这对于扩大曾巩诗歌的传播与接受，具有积极的作用。

总而言之，明清时期选本对曾巩诗的选录，相较于宋元时期有比较大的扩展，且其中陈讦的《宋十五家诗选》、姚培谦的《唐宋八家诗》以及康熙皇帝均作出了比较大的贡献。

最后，由于曾巩词作较少，可略而不谈。我们可看历代选本选录曾巩诗歌的大致情况，见下表：

历代选本选录曾巩诗歌一览表

时期		选本	选录数量（首/次）
宋元时期	1	《十二先生诗宗集韵》	400
	2	《岁时杂咏》	3
	3	《两宋名贤小集》	45
	4	《宋文鉴》	2
	5	《全芳备祖》	10
		小计	460
明清时期	1	《宋艺圃集》	21
	2	《石仓历代诗选》	50
	3	《宋元诗会》	41
	4	《宋十五家诗选》	134
	5	《御选宋诗》	23
	6	《御定佩文斋咏物诗选》	5
	7	《御定历代题画诗类》	1
	8	《御定佩文斋广群芳谱》	20
	9	《御定渊鉴类函》	8
	10	《御定月令辑要》	4
	11	《唐宋八家诗·南丰诗钞》	201
	12	《宋诗别裁集》	4
	13	《（雍正）江西通志》	15
	14	《宋诗纪事》	12
		小计	539
总计			999

第二节　选本中的曾巩文

　　曾巩以文著于世，与其诗相比，选录曾文的选本更多，特别是茅坤选编《唐宋八大家文钞》以来，许多选本中都选有曾巩之文，有些甚至成为科举考试中的范文。下面我们将主要介绍一些选本选录曾巩文的情况。

一、宋元时期

在北宋，就有无名氏所编的《宋文选》，其中选录有曾巩文 20 篇，分别为：《唐论》《国体辨》《问尧》《论习》《邪正辨》《说势》《说用》《说言》《说非异》《治之难》《读贾谊传》《书魏郑公传》《上田正言书》《上欧蔡书》《代上蒋密学书》《代人上石中允书》《代人上永叔书》《听琴序》《厄台记》《徐孺子祠堂记》。该书共 32 卷，所选皆北宋之文，自欧阳修以下十四人，惟取其有关于经术政治者。四库馆臣说该书，"中无三苏文字，而黄廷坚、张耒之文则录之，岂当时苏文之禁最严，而黄张之类则稍宽欤？又其中无二程文，盖不以文士目之也"，"南丰《外集》《续稿》今并不传，其佚篇惟赖此集以存，是亦不为无功矣。宋人选宋文者，南宋所传尚伙，北宋惟此集存耳"（见《宋文选提要》）。在四库馆臣看来，《宋文选》有功于曾巩之文的传播，且它还是现存唯一的北宋人选北宋文的选集。《宋文选》选文数量的排序情况，见下表：

《宋文选》选文数量排序表

排序	姓名	篇数	排序	姓名	篇数	排序	姓名	篇数
1	张耒	75	6	王安石	27	11	范仲淹	10
2	司马光	64	7	黄庭坚	22	11	余元度	10
3	李清臣	50	8	曾巩	20	13	王禹偁	8
4	石介	35	9	孙复	17	13	陈莹中	8
5	欧阳修	32	10	唐庚	13			

由上表可知，《宋文选》中选录张耒之文最多，为 75 篇；司马光之文次之，为 64 篇；李清臣之文排第三，为 50 篇；而曾巩之文居于黄庭坚之后，排第八，为 20 篇。从《宋文选》选录诸家作品情况来看，作为北宋古文运动领袖与骨干的欧阳修、王安石与曾巩，他们被选录的作品数量并不是很多，这恐怕与编选者"有关于经术政治"的编选标准不无关系。

在南宋，则主要有吕祖谦所编《古文关键》和《宋文鉴》。《古文关键》共 2 卷，具体编选时间不详，取韩愈、柳宗元、欧阳修、曾巩、苏洵、苏轼、张耒之文凡 60 余篇，各标举其命意布局之处，示学者以门径，故谓之"关键"。该书选录曾巩文 4 篇，分别为：《唐论》《救灾议》《战国策目录序》《送赵宏序》。《古文关键》所选诸家之文的具体情况，见下表：

《古文关键》选文数量排序表

排序	姓名	篇数	排序	姓名	篇数
1	苏轼	14	5	苏洵	6
2	韩愈	13	6	曾巩	4
3	欧阳修	11	7	张耒	2
4	柳宗元	8	7	苏辙	2

由上表可见，《古文关键》所选苏轼之文最多，为 14 篇；韩愈之文次之，为 13 篇；欧阳修之文居第三，为 11 篇；曾巩之文居第六，为 4 篇，位于张耒与苏辙之前。

《宋文鉴》，一名《皇朝文鉴》，共 150 卷，乃吕祖谦于淳熙中（1174—1189）所编。该书乃裒辑建隆以后、建炎以前诸贤文集，并精加校正，主要取其辞理之醇、有补治道者，以类编次而成。《宋文鉴》中选录曾巩文 41 篇，分别为：《徐铎张崇翟思太学博士》《徐禧给事中》《吴居厚京东转运副使吕孝廉可转运判官》《王从伾知岢岚军》《崔象先等带御器械》《贺熙宁十年南郊礼毕大赦表》《谢元丰元年历日表》《分宁县云峰院记》《仙都观三门记》《兜率院记》《拟岘台记》《抚州颜鲁公祠堂记》《筠州学记》《齐州二堂记》《道山亭记》《列女传目录序》《战国策目录序》《陈书目录序》《南齐书目录序》《范贯之奏议集序》《相国寺维摩院听琴序》《送周屯田序》《送江任序》《送赵宏序》《唐论》《救灾议》《上杜相公书》《与孙司封书》《杂识二首》《书魏郑公传》《苏明允哀词》《祭欧阳少师文》《祭王平甫文》《诸庙谢雨文》《福州鳝溪祷雨文》《戚舜臣墓志铭》《钱纯老墓志铭》《孙适墓志铭》《沈率府墓志铭》《洪渥传》。《宋文鉴》中收录"宋六家"（指欧阳修、王安石、曾巩、苏洵、苏轼、苏辙，下同）文数量情况，见下表：

《宋文鉴》选录"宋六家"文数量排序表

排序	姓名	篇数	排序	姓名	篇数
1	苏轼	290	4	苏辙	48
2	王安石	197	5	曾巩	41
3	欧阳修	170	6	苏洵	14

从上表看，吕祖谦在《宋文鉴》中选录的"宋六家"文，最多的亦为苏轼，为290篇；第二为王安石，为197篇；欧阳修与《古文关键》中的排序一样，排第三，为170篇；曾巩为41篇，居倒数第二，位于苏洵之前。

赵汝愚（1140—1196），字子直，饶州余干（今江西余干）人。其编有《宋名臣奏议》，共150卷，前有其淳熙十三年（1186）所撰《进宋名臣奏议序》。该书分君道、帝系、天道、百官、儒学、礼乐、赏刑、财赋、兵制、方域、边防、总议十二门，子目一百一十四，所选皆尤切于治道者。《宋名臣奏议》中选录曾巩文3篇，分别为：《上神宗乞兢兢寅畏以保祖宗基业》（即《移沧洲过阙上殿札子》）《上神宗乞六部长贰自举属寮》（即《请令长贰自举属官札子》）《上神宗乞明法度以养天下之财》（即《议经费》）①。《宋名臣奏议》中收录"宋六家"文数量情况，见下表：

《宋名臣奏议》选录"宋六家"文数量排序表

排序	姓名	篇数	排序	姓名	篇数
1	欧阳修	53	4	王安石	6
2	苏轼	24	5	曾巩	3
3	苏辙	23	6	苏洵	0

从上表看，《宋名臣奏议》中选录的"宋六家"文，欧阳修之文最多，为53篇；其次为苏轼之文，为24篇；苏辙之文排第三，为23篇；曾巩之文居末，为4篇；未选录苏洵之文。

魏齐贤、叶棻同编之《五百家播芳大全文粹》，共110卷，前有绍熙元年（1190）许开所撰序。魏齐贤，字仲贤，自署巨鹿（今属河北）人。

---

① 按，《宋名臣奏议》中录有曾巩之《上徽宗乞观贞观政要陆贽奏议》，实为曾肇之文，此未计入。

叶棻，字子宲，自署南阳（今属河南）人。该书皆录宋代之文，骈体居十之六七，题曰五百家，实则五百二十家。《五百家播芳大全文粹》中选录曾巩文 17 篇，分别为：《贺明堂礼成肆赦表》《贺明堂赦表》《圣节进银表》《慰国哀上皇帝表》《辞免进封郡王表》《谢除中书舍人表》《代皇子谢封延安郡王表》《遗表》《贺正字启》《贺赵大资致仕启》《贺秦龙学除帅启》《除中书舍人谢宰执启》《上田正言书》《与俞叔通教授帖》《修城祭土地祝文》《祭欧阳文忠公文》《徐孺子祠堂记》。《五百家播芳大全文粹》中收录"宋六家"文数量情况，见下表：

《五百家播芳大全文粹》选录"宋六家"文数量排序表

排序	姓名	篇数	排序	姓名	篇数
1	苏轼	103	4	苏辙	34
2	王安石	83	5	曾巩	17
3	欧阳修	64	6	苏洵	1

从上表看，《五百家播芳大全文粹》中选录的"宋六家"文，苏轼之文最多，为 103 篇；王安石之文次之，为 83 篇；欧阳修之文居第三，为 64 篇；而所选曾巩之文则倒数第二，为 17 篇，居苏洵之前，大大少于前面数家的选文量。

杜大珪，眉山（今属四川）人，其生平仕履不可考。其编有《名臣碑传琬琰之集》，共 107 卷，分为三集：上集凡 27 卷，中集凡 55 卷，下集凡 25 卷，起自建隆乾德，讫于建炎绍兴。四库馆臣称"序作于绍熙甲寅"（见《名臣碑传琬琰提要》），则该书成于绍熙五年（1194）之前。《名臣碑传琬琰之集》中选录曾巩之文 46 篇，分别为：《种处士放传》《林逋》《王中正传》《苏职方序墓志铭》《孙待制甫行状》《范鲁公质》《魏丞相仁浦》《王文康公溥》《薛文惠公居正》《卢丞相多逊》《李文正公昉》《吕正惠公端》《李文靖公沆》《向文简公敏中》《王文穆公钦若》《丁晋公谓》《李文定公迪》《李处耘》《侍中曹公利用》《李汉超观察》《郭进巡检》《党进节使》《曹翰节使》《符彦卿太师》《参政李公若谷》《学士钱公若水》《包孝肃公拯》《陶翰林穀》

《戚学士纶》《徐常侍铉》《杨文庄公徽之》《王翰林禹偁》《孙学士何》《宋文安公白》《杨文公亿》《柳开》《苏学士易简》《刘羲叟》《吕文靖公夷简》《窦参政偁》《鲁肃简公宗道》《盛文肃公度》《韩忠宪公亿》《宋宣宪公绶》《刘丞相沆》《冲晦处士徐复传》。《名臣碑传琬琰之集》中收录"宋六家"文数量情况，见下表：

《名臣碑传琬琰之集》选录"宋六家"文数量排序表

排序	姓名	篇数	排序	姓名	篇数
1	曾巩	46	4	苏轼	9
2	欧阳修	36	5	苏辙	4
3	王安石	11	6	苏洵	0

从上表看，《名臣碑传琬琰之集》中选录的"宋六家"文，曾巩之文最多，为46篇；其次为欧阳修，为36篇；王安石居第三，为11篇。

楼昉为吕祖谦弟子，为绍熙四年（1193）进士。其所编《崇古文诀》，共35卷，自秦汉而下至于宋朝，录先秦文1卷，两汉、六朝三国文6卷，唐文8卷，宋文20卷，所选古文凡200余篇。其中选录曾巩文6篇，分别为：《相国寺维摩院听琴序》《拟岘台记》《抚州颜鲁公祠堂记》《战国策目录序》《移沧州过阙上殿奏疏》《书魏郑公传后》。《崇古文诀》中所选唐宋诸家文数量情况，见下表：

《崇古文诀》选录唐宋文数量排序表

排序	姓名	篇数	排序	姓名	篇数	排序	姓名	篇数
1	韩愈	25	10	唐庚	5	20	秦观	1
2	欧阳修	18	13	苏辙	4	20	李觏	1
3	苏轼	15	13	胡寅	4	20	钱公辅	1
4	柳宗元	14	15	范仲淹	3	20	王震	1
5	苏洵	11	15	程颐	3	20	刘敞	1
6	张耒	11	17	王禹偁	2	20	李格非	1
7	王安石	9	17	黄庭坚	2	20	何去非	1
8	陈师道	7	17	邓润甫	2	20	胡铨	1
9	曾巩	6	20	李汉	1	20	胡宏	1
10	司马光	5	20	李翱	1	20	赵霈	1
10	李清臣	5	20	宋祁	1			

从上表看，《崇古文诀》中所选录的唐宋诸家之文，已涵盖了后面所

谓的"唐宋八大家"，其中选韩愈之文最多，为25篇；其次为欧阳修之文，18篇；第三为苏轼之文，为15篇；曾巩之文居第九，为6篇，以"唐宋八大家"来看，仅多于所选的苏辙之文数。

真德秀（1178—1235）尝编有《文章正宗》和《续文章正宗》。《文章正宗》共20卷，主要分辞命、议论、叙事、诗歌四类，选《左传》《国语》以下至于唐末之作，其持论甚严，大意主于论理而不论文。该书所选因止于唐末，故未选有曾巩之文。其《续文章正宗》亦为20卷，所选皆北宋之文，仅有叙事、议论，而末一卷议论之文又有录无文，盖未成之本。《续文章正宗》中选录有曾巩文53篇，分别为：《新序目录序》《梁书目录序》《列女传目录序》《礼阁新仪目录序》《战国策目录序》《徐幹中论目录序》《说苑目录序》《相国寺维摩院听琴序》《王无咎字序》《翰林侍读学士钱公墓志铭》《虞部郎中戚公墓志》《都官员外郎陈君墓志铭》《刑部郎中致仕王公墓志铭》《司封郎中孔君墓志铭》《赠职方员外郎苏君墓志铭》《库部知临江军范君墓志铭》《殿中丞监扬州税徐君墓志铭》《都官员外郎王公墓志铭》《太子司御副率致仕沈君墓志铭》《王容季墓志铭》《张久中墓志铭》《寿安县君钱氏墓志铭》《仁寿县太君吴氏墓志铭》《夫人周氏墓志铭》《永安县君谢氏墓志铭》《寿昌县太君许氏墓志铭》《徐复传》《洪渥传》《筠州学记》《宜黄县学记》《学舍记》《齐州二堂记》《繁昌县兴造记》《瀛州兴造记》《洪州新建县厅壁记》《醒心亭记》《道山亭记》《拟岘台记》《洪州东门记》《墨池记》《广德湖记》《襄州宜城县长渠记》《仙都观三门记》《分宁县云峰院记》《菜园院佛殿记》《兜率院记》《滁州龙蟠山寿圣寺佛殿记》《阆州张侯庙记》《徐孺子祠堂记》《抚州颜鲁公祠堂记》《越州赵公救灾记》《熙宁转对疏》《移沧州过阙上殿疏》。《续文章正宗》中收录"宋六家"文数量情况，见下表：

《续文章正宗》选录"宋六家"文数量排序表

排序	姓名	篇数	排序	姓名	篇数
1	欧阳修	77	4	王安石	46
2	苏轼	55	5	苏辙	16
3	曾巩	53	6	苏洵	2

从上表看，《续文章正宗》中选录的"宋六家"文，欧阳修之文最多，为 77 篇；其次为苏轼之文，为 55 篇；曾巩之文居第三，为 53 篇。

汤汉，字伯纪，号东涧，饶州安仁（今江西余江）人，淳祐四年（1244）进士。其编有《妙绝古今》，共 4 卷，书前有其淳祐二年（1242）所作之序。该书所选凡 21 家，共 79 篇，其中选录曾巩之文 4 篇，分别为：《新序目录序》《南齐书目录序》《云峰院记》《徐孺子祠堂记》。《妙绝古今》中收录"唐宋八大家"文的情况，见下表：

《妙绝古今》选录"唐宋八大家"文数量排序表

排序	姓名	篇数	排序	姓名	篇数
1	欧阳修	7	5	苏洵	3
2	韩愈	6	6	王安石	2
2	苏轼	6	7	柳宗元	1
4	曾巩	4	8	苏辙	0

从上表看，《妙绝古今》中选录"唐宋八大家"义，欧阳修之文最多，为 7 篇；韩愈、苏轼之文次之，并居第二，均为 6 篇；曾巩位居第四，为 4 篇；苏辙无文被收录。

题为庐陵王霆震所编的《古文集成》，共 78 卷，所录自春秋以逮南宋，计文 522 篇，而宋文居十之八。四库馆臣称该书殆为理宗时所刊。《古文集成》中选录曾巩之文 5 篇，分别为：《战国策目录序》《梁书目录序》《抚州颜鲁公祠记》《移沧州过阙上殿札子》《救灾议》。《古文集成》中收录"唐宋八大家"文的情况，见下表：

《古文集成》选录"唐宋八大家"文数量排序表

排序	姓名	篇数	排序	姓名	篇数
1	韩愈	26	5	苏洵	6
2	柳宗元	16	6	曾巩	5
2	欧阳修	16	7	苏辙	4
4	苏轼	12	8	王安石	3

从上表看，《古文集成》中选录"唐宋八大家"文，韩愈之文最多，为26篇；柳宗元、欧阳修并居第二，均为16篇；曾巩居倒数第三，为5篇。

综上，宋元时期选录曾巩之文的选本主要出现在宋代，元代相关选本极少，目前尚未见及。另外，整体上看，各选本选录曾巩之文的数量并不多，在"宋六家"及"唐宋八大家"中，也往往居于倒数，仅在《名臣碑传琬琰之集》选录的"宋六家"中居于第一。

二、明代

较之宋元，明代选本中选录曾巩之文的数量有所增加，朱右的《六先生文集》、唐顺之的《六家文略》，尤其是茅坤《唐宋八大家文钞》的出现，大大提升了曾巩的知名度和影响力。明代一些选本选录曾巩文的情况，详述如下。

元末明初的朱右编有《六先生文集》(后更名为《唐宋六家文衡》)，该书乃首次仅编选韩愈、柳宗元、欧阳修、曾巩、王安石、"三苏"之文，虽名为"六先生文集"，实际却为八家，开此后"唐宋八大家"之滥觞。在宋代，各选本中虽早就有选录"八大家"之文的，如《崇古文诀》《妙绝古今》和《古文集成》等，但均同时还选录了其他作家之文，非单选"八大家"之专集。据目前所知，单选"八大家"之专集，始于朱右的《六先生文集》。四库馆臣也说朱右："尝选韩、柳、欧阳、曾、王、三苏为《八先生文集》(应为《六先生文集》)，八家之目，实权舆于此。"(见《白云稿提要》) 此后，唐顺之的《六家文略》与茅坤的《唐宋八大家文钞》或皆受其影响。

朱右（1314—1376），字伯贤，一字序贤，自号邹阳子，临海章安（今浙江椒江）人。《六先生文集》今已不存，我们已难以知晓其所编选的八家文的具体情况，好在朱右所撰《新编六先生文集序》中透露了一些情况："右编《六先生文集》，总一十六卷，唐韩昌黎文三卷，六十一篇；柳河东文二卷，四十三篇；宋欧阳子文二卷，五十五篇，见五代史者不与；曾南丰文三卷，六十四篇；王荆公文三卷，四十篇；三苏文三卷，五十七篇。"并称："六先生之文，断断乎足为世准绳，而不可尚矣！"（朱右《白云稿》卷五）另外，据贝琼所作《唐宋六家文衡序》可知，《六先生文集》大约刊刻于洪武九年（1376）。《六先生文集》中选录诸家文数量的具体情况，可见下表：

《六先生文集》选文数量排序表

排序	姓名	篇数	排序	姓名	篇数
1	曾巩	64	4	欧阳修	55
2	韩愈	61	5	柳宗元	43
3	三苏	57	6	王安石	40

从上表看，《六先生文集》中选录曾巩之文最多，为64篇；韩愈之文次之，为61篇；三苏之文居第三，为57篇；欧阳修之文居第四，为55篇。所选曾巩之文不仅多于韩愈、欧阳修，而且多于三苏之和，可见朱右对曾巩之文的推崇。

在明初，王行所编的《墓铭举例》，则选取韩愈、李翱、柳宗元、欧阳修、尹洙、曾巩、王安石、苏轼、朱熹、陈师道、黄庭坚、陈瓘、晁补之、张耒、吕祖谦十五家之文所载碑志，录其目而举其例，以补元潘昂霄《金石例》之遗。王行（1331—1395），字止仲，长洲（今江苏苏州）人。《墓铭举例》中选录曾巩之文18篇，分别为：《试祕书省校书郎李君墓志铭》《虞部郎中戚公墓志铭》《张久中墓志铭》《胡君墓志铭》《刘伯声墓志铭》《殿中丞监扬州税徐君墓志铭》《王容季墓志铭》《都官员外郎胥君墓志铭》《光禄寺丞通判太平州吴君墓志铭》《寿安县君钱氏墓志铭》《永安县君谢氏墓志铭》《永兴尉章佑妻夫人张氏墓志铭》《江都县主簿王君夫人曾氏墓志》《亡妻宜兴县君文柔晁氏墓志铭》《二女墓志铭》《太子宾客致仕陈公神道碑铭》《刑部郎中张府君神道碑》《宝月大师塔铭》。该书所选录诸家之文情况，见下表：

《墓铭举例》选文数量排序表

排序	姓名	篇数	排序	姓名	篇数	排序	姓名	篇数
1	韩愈	66	6	曾巩	18	11	晁补之	4
2	王安石	33	7	李翱	9	12	陈师道	3
3	欧阳修	31	7	苏轼	9	12	张耒	3
4	柳宗元	27	9	尹洙	7	12	吕祖谦	3
5	朱熹	20	9	陈瓘	7	15	黄庭坚	2

从上表看，《墓铭举例》中选录韩愈之文最多，为66篇；王安石之文次之，为33篇，欧阳修之文居第三，为31篇；而曾巩之文居第六，为18篇。

永乐十四年（1416），杨士奇（1366—1444）、黄淮等奉敕编《历代名臣奏议》，共350卷，汇编自商周迄金元之奏议为一书，被称为"古今奏议之渊海"（《历代名臣奏议提要》）。《历代名臣奏议》中选录曾巩之文10篇，分别为：《移沧洲过阙上殿札子》《熙宁转对疏》《奏乞与潘兴嗣子推恩状》《乞赐唐六典状》《请令长贰自举属官札子》《请西北择将东南益兵》《救灾议》《议经费》《申明保甲巡警盗贼》《存恤外国人请著为令》。[①]《历代名臣奏议》中收录"唐宋八大家"文情况，见下表：

《历代名臣奏议》选录"唐宋八大家"文数量排序表

排序	姓名	篇数	排序	姓名	篇数
1	欧阳修	43	5	韩愈	9
2	苏辙	42	6	王安石	8
3	苏轼	30	7	苏洵	3
4	曾巩	10	8	柳宗元	1

① 按，《历代名臣奏议》中所录奏议无篇名，此处篇名为笔者所加。另外，所录《上徽宗乞观贞观政要陆贽奏议》《上哲宗乞复转对》实为曾肇之文，误作曾巩之作，此未计入。

从上表看,《历代名臣奏议》选录"唐宋八大家"文,欧阳修之文最多,为43篇;苏辙次之,为42篇;苏轼居第三,为30篇;曾巩排第四,为10篇,选文数量远少于前三位。

吴讷编有《文章辨体》50卷,《外集》5卷。该书采辑前代至明初诗文,分体编录,各为之说。内集凡49体,大旨以真德秀《文章正宗》为蓝本。外集凡5体,皆骈偶之词。书前有天顺八年(1464)彭时所作之序,则该书刊刻于天顺八年左右,成书应在此之前。吴讷(1372—1457),字敏德,号思庵,常熟双溪(今江苏吴市)人。《文章辨体》选录曾巩之文17篇,分别为:《寄欧阳舍人书》《拟岘台记》《道山亭记》《学舍记》《醒心亭记》《列女传目录序》《战国策目录序》《陈书目录序》《南齐书目录序》《新序目录序》《梁书目录序》《相国寺维摩院听琴序》《送周屯田序》《送江任序》《唐论》《书魏郑公传后》《寿安县君钱氏墓志铭》。《文章辨体》中收录"唐宋八大家"文情况,见下表:

《文章辨体》选录"唐宋八大家"文数量排序表

排序	姓名	篇数	排序	姓名	篇数
1	韩愈	97	5	曾巩	17
2	柳宗元	49	6	王安石	15
3	欧阳修	37	7	苏洵	7
4	苏轼	35	8	苏辙	2

从上表看,《文章辨体》选录"唐宋八大家"文,韩愈之文最多,为97篇;柳宗元之文次之,为49篇;欧阳修之文居第三,为37篇;曾巩之文排第五,为17篇。

作为唐宋派重要人物的唐顺之(1507—1560),编有多部文选集,如《文编》《稗编》《六家文略》,这三部文选集中均选录有曾巩之文,尤以《六家文略》影响较大。其《文编》共64卷,主要选取由周迄宋之文,分体排纂,主于论文,并强调为文之法,唐顺之在《原序》中就说"是编者，文之工匠，而法之至也"①。该书对于人们学习唐宋文有较大帮助，四库馆臣就称："学秦汉者当于唐宋求门径，学唐宋者固当以此编为门径矣。"（见《文编提要》）至于该书成书时间，据其嘉靖三十五年（1556）所撰自序，知其成于嘉靖三十五年左右。

《文编》中选录曾巩之文有25篇，分别为：《谢元丰元年历日表》《移沧州过阙上殿札子》《讲官议》《公族议》《为人后议》《说用》《上蔡学士书》《上欧蔡书》《福州上执政书》《太祖皇帝总叙》《列女传目录序》《礼阁新仪目录序》《范贯之奏议后序》《徐幹中论目录序》《听琴序》《叙盗》《送周屯田序》《送江任序》《送蔡元振序》《赠黎安二生序》《送赵宏序》《道山亭记》《拟岘台记》《分宁县云峰院记》《祭欧阳少师文》。该书选录唐宋之文的情况，见下表：

《文编》选录唐宋文数量排序表

排序	姓名	篇数	排序	姓名	篇数
1	欧阳修	196	7	苏洵	34
2	苏轼	193	8	曾巩	25
3	韩愈	151	9	骆宾王	1
4	柳宗元	68	9	李翱	1
5	苏辙	58	9	白居易	1
5	王安石	53			

从上表看，《文编》选录的唐宋文中，欧阳修之文最多，为196篇；苏轼之文次之，为193篇；韩愈之文居第三，为151篇；曾巩之文居第八，倒数第二，为25篇，但远比倒数第一者多。

唐顺之所编《稗编》，共120卷，义例略仿章如愚《山堂考索》，荟萃群言，区分类聚。其大旨欲使万事万物毕贯通于一书，故巨细兼陈，门目浩博，始之以六经，终之以六官。《稗编》中选录曾巩文2篇，为《唐论》《徐孺子》。该书选录"唐宋八大家"文情况，见下表：

---

① 〔明〕唐顺之编：《文编》，清文渊阁四库全书本。

《稗编》选录"唐宋八大家"文数量排序表

排序	姓名	篇数	排序	姓名	篇数
1	欧阳修	39	5	柳宗元	7
2	苏轼	23	5	苏洵	7
3	苏辙	20	7	王安石	4
4	韩愈	8	8	曾巩	2

从上表看，《稗编》选录"唐宋八大家"文，欧阳修之文最多，为39篇；苏轼之文次之，为23篇；苏辙之文居第三，为20篇；曾巩之文最少，为2篇，居倒数第一。

唐顺之纂《六家文略》，共12卷，附《六家始末》1卷，"独取韩、欧诸名家所作，纂为六大家文，以定万世作古文者之准矣"(《辑六家文略引》)①。可见唐顺之对该书视之甚高，甚至要以其"定万世作古文者之准"。该书虽名为"六家"，实际乃韩愈、柳宗元、欧阳修、曾巩、王安石、苏洵、苏轼、苏辙八家，与朱右《六先生文集》相似。而据蔡瀛所撰《辑六家文略引》及蔡望卿撰《镌六家文略小引》可知，该书约成于嘉靖四十二年（1563），而刻于万历三十年（1602）。《六家文略》中选录曾巩文18篇，分别为：《送周屯田序》《送江任序》《送蔡元振序》《相国寺听琴序》《送赵宏序》《新序目录序》《梁书目录序》《礼阁新仪目录序》《南齐书目录序》《赠黎安二生序》《宜黄县学记》《筠州学记》《新建县厅壁记》《清心亭记》《阆州张侯庙记》《颜鲁公祠堂记》《拟岘台记》《仙都观三门记》。《六家文略》收录诸家文的具体情况，见下表：

《六家文略》选文数量排序表

排序	姓名	篇数	排序	姓名	篇数
1	苏轼	81	5	曾巩	18
2	欧阳修	80	6	苏洵	11
3	韩愈	46	7	王安石	6
4	苏辙	45	8	柳宗元	3

从上表看，《六家文略》中选苏轼文最多，为81篇；欧阳修次之，为

---

① 〔明〕唐顺之纂，〔明〕蔡瀛辑：《六家文略》，美国国会图书馆藏万历本。

80 篇；韩愈居第三，为 46 篇；曾巩居第五，为 18 篇，位于中后。

  茅坤（1512—1601）所编《唐宋八大家文钞》，是目前现存最早的冠名"唐宋八大家"的选本。全书共 164 卷，选录韩愈文 16 卷，柳宗元文 12 卷，欧阳修文 32 卷（附《五代史抄》20 卷），王安石文 16 卷，曾巩文 10 卷，苏洵文 10 卷，苏轼文 28 卷，苏辙文 20 卷，每家各为之引。该书影响巨大，四库馆臣就说"此集为世所传习"，"坤所选录尚得烦简之中，集中评语虽所见未深，而亦足为初学之门径，一二百年以来，家弦户诵，固亦有由矣"（见《唐宋八大家文钞提要》）。《唐宋八大家文钞》选录曾巩文 87 篇，分别为：《熙宁转对疏》《移沧州过阙上殿疏》《议经费札子》《请减五路城堡札子》《明州拟辞高丽送遗状》《请令州县特举士札子》《上范资政书》《上欧阳学士第二书》《上蔡学士书》《上欧蔡书》《福州上执政书》《谢杜相公书》《上杜相公书》《与杜相公书》《与孙司封书》《与抚州知州书》《与王介甫第二书》《寄欧阳舍人书》《答范资政书》《答王深甫论扬雄书》《答孙都官书》《战国策目录序》《南齐书目录序》《梁书目录序》《陈书目录序》《太祖皇帝总序》《新序目录序》《列女传目录序》《说苑目录序》《徐幹中论目录序》《礼阁新仪目录序》《李白诗集后序》《范贯之奏议集序》《强几圣文集序》《王子直文集序》《王深父文集序》《王平甫文集序》《齐州杂诗序》《先大夫集后序》《相国寺维摩院听琴序》《类要序》《送傅向老令瑞安序》《送丁琰序》《送周屯田序》《送赵宏序》《送江任序》《馆阁送钱纯老知婺州诗序》《赠黎安二生序》《送蔡元振序》《叙盗》《序越州鉴湖图》《送李材叔知柳州序》《筠州学记》《宜黄县学记》《瀛州兴造记》《繁昌县兴造记》《洪州新建县厅壁记》《齐州二堂记》《广德湖记》《襄州宜城县长渠记》《徐孺子祠堂记》《阆州张侯庙记》《抚州颜鲁公祠堂记》《尹公亭记》《墨池记》《饮归亭记》《广德军重修鼓角楼记》《归老桥记》《越州赵公救灾记》《清心亭记》《醒心亭记》《拟岘台记》《道山亭记》《学舍记》《南轩记》《鹅湖院佛殿记》《仙都观三门记》《分宁县云峰院记》《菜园院佛殿记》《洪渥传》《唐论》《讲官议》《公族议》《为人后议》《救灾议》《书魏郑公传》

《苏明允哀词》。茅坤《唐宋八大家文钞》选文情况，见下表：

《唐宋八大家文钞》选文数量排序表

排序	姓名	篇数	排序	姓名	篇数
1	欧阳修	279	5	苏辙	166
2	苏轼	251	6	柳宗元	130
3	王安石	211	7	曾巩	87
4	韩愈	192	8	苏洵	60

从上表看，茅坤在《唐宋八大家文钞》中选录八家之文的数量，均有较大增加。其中，欧阳修之文最多，为279篇；苏轼之文次之，为251篇；王安石之文居第三，为211篇；曾巩之文排倒数第二，为87篇，大大少于前面数家所选文数。

徐师曾（1517—1580），字伯鲁，号鲁庵，苏州吴江（今江苏吴江）人。其编有《文体明辨》61卷、《纲领》1卷、《目录》6卷、《附录》14卷、《目录》2卷。《文体明辨》撰述始于嘉靖三十三年（1554），迄于隆庆四年（1570），凡十七年而成书。该书大抵以吴讷《文章辨体》为主，而损益之。书前有徐师曾万历元年（1573）所撰之序，则其书刊刻于万历元年左右。《文体明辨》选录曾巩之文49篇，分别为：《上欧蔡书》《与孙司封书》《公族议》《救灾议》《新序目录序》《列女传目录序》《战国策目录序》《南齐书目录》《陈书目录序》《礼阁新仪目录序》《送丁琰序》《送江任序》《送赵宏序》《相国寺维摩院听琴序》《读贾谊传》《齐州二堂记》《宜黄县学记》《学舍记》《阆州张侯庙记》《抚州颜鲁公祠堂记》《墨池记》《仙都观三门记》《分宁县云峰院记》《筠州学记》《徐孺子祠堂记》《繁昌县兴造记》《广德军重修鼓角楼记》《醒心亭记》《襄州宜城县长渠记》《越州赵公救灾记》《菜园院佛殿记》《刘伯声墓志铭》《赠职方员外郎苏君墓志铭》《戚元鲁墓志铭》《寿安县君钱氏墓志铭》《都官员外郎胥君墓志铭》《虞部郎中戚公墓志铭》《殿中丞监扬州税徐君墓志铭》《亡兄墓志铭》《洪渥传》《徐复传》《苏明允哀辞并序》《仲秋告祭诸庙文》《秋赛文》《亳州明堂后祭庙文》《洪州诸庙文》《福州谒诸庙文》《齐州到任谒舜庙文》《福州谒夫子庙文》。《文体明辨》

中选录"唐宋八大家"文情况，见下表：

《文体明辨》选录"唐宋八大家"文数量排序表

排序	姓名	篇数	排序	姓名	篇数
1	欧阳修	228	5	苏轼	114
2	韩愈	132	6	曾巩	49
3	柳宗元	124	7	苏辙	22
4	王安石	122	8	苏洵	18

从上表看，《文体明辨》选录"唐宋八大家"文，欧阳修之文最多，为 228 篇；韩愈次之，为 132 篇；柳宗元居第三，为 124 篇；曾巩排倒数第三，为 49 篇，亦大大少于前面数家所选文数。

冯琦、冯瑗所编《经济类编》，共 100 卷。是书为冯琦手录之稿，粗分门类，琦没之后，其弟瑗与其门人稍为排纂，且删其重复，定为 23 类，大致与《册府元龟》互相出入。编内所收，皆义存正大。冯琦（1558—1604），字用韫，号琢庵，益都（今山东青州）人，明万历五年（1577）进士。《经济类编》收有曾巩文 5 篇，分别为：《唐论》《救灾议》《战国策目录序》《新序目录序》《抚州颜鲁公祠堂记》。《经济类编》收录"唐宋八大家"文情况，见下表：

《经济类编》选录"唐宋八大家"文数量排序表

排序	姓名	篇数	排序	姓名	篇数
1	苏轼	40	5	韩愈	11
2	苏洵	18	6	欧阳修	10
3	苏辙	17	7	王安石	7
4	柳宗元	12	8	曾巩	5

从上表看，《经济类编》选录"唐宋八大家"文，苏轼之文最多，为 40 篇；其次为苏洵，为 18 篇；第三为苏辙，为 17 篇；曾巩居最末，为 5 篇。《经济类编》中前三位均为"三苏"，这在诸选本中较为少见。

王志庆所编《古俪府》，共 12 卷，以六朝、唐、宋骈体足供词藻之用者，采摭英华，分类编辑。该书大概仿欧阳询《艺文类聚》之例，或载全篇，或存节本。王志庆，字与游，昆山（今属江苏）人，天启七年（1627）举人。《古俪府》中收录曾巩文 3 篇，分别为：《谢除中书舍人表》《贺熙宁十年南郊礼毕大赦表》《谢赐唐六典表》。《古俪府》选录"唐宋八大家"文情况，见下表：

《古俪府》选录"唐宋八大家"文数量排序表

排序	姓名	篇数	排序	姓名	篇数
1	柳宗元	21	5	曾巩	3
2	苏轼	14	6	韩愈	2
3	欧阳修	6	7	苏洵	0
4	王安石	5	7	苏辙	0

从上表看，《古俪府》选录"唐宋八大家"文，柳宗元之文最多，为21篇；苏轼之文次之，为14篇；欧阳修之文第三，为6篇；曾巩之文倒数第三，为3篇。

贺复征所编《文章辨体汇选》，共780卷，乃以吴讷《文章辨体》所收未广，因别为搜讨，上自三代，下逮明末，经、史、诸子百家、山经地志靡不收采，分别各体为132类，甄录之繁富，为从来总集所罕见。贺复征（生卒年不详），字仲来，丹阳（今属江苏）人，明末时在世。《文章辨体汇选》中选录曾巩文63篇，分别为：《除徐铎张崇翟思太学博士诰》《秋赛文》《上蔡学士书》《上欧蔡书》《谢杜相公书》《寄欧阳舍人书》《陈书目录序》《战国策目录序》《新序目录序》《列女传目录序》《李白诗集后序》《王子直文集序》《王深甫文集序》《王平甫文集序》《先大夫集后序》《范贯之奏议集序》《相国寺维摩院听琴诗序》《序越州鉴湖图》《王无咎字序》《赠黎安二生序》《送周屯田序》《送蔡元振序》《送江任序》《书魏郑公传》《读贾谊传》《讲官议》《公族论》《为人后议》《救灾议》《说用》《洪渥传》《徐复传》《徐孺子祠堂记》《抚州颜鲁公祠堂记》《尹公亭记》《洪州新建县厅壁记》《重修御史台记》《墨池记》《道山亭记》《拟岘台记》《醒心亭记》《广德湖记》《襄州宜城县长渠记》《瀛州兴造记》《越州赵公救灾记》《宜黄县学记》《筠州学记》《兜率院记》《分宁县云峰院记》《菜园院佛殿记》《仙都观三门记》《南轩记》《学舍记》《齐州二堂记》《识狄青破侬智高语》《东岳庙碑》《虞部郎中戚公墓志铭》《都官员外郎胥君墓志铭》《殿中丞监扬州税徐君墓志铭》《戚元鲁墓志铭》《苏明允哀辞》《杂识二首》。《文章辨体汇选》收录"唐宋八大家"文情况，见下表：

《文章辨体汇选》选录"唐宋八大家"文数量排序表

排序	姓名	篇数	排序	姓名	篇数
1	苏轼	314	5	王安石	113
2	欧阳修	217	6	苏辙	64
3	韩愈	161	7	曾巩	63
4	柳宗元	145	8	苏洵	44

从上表看，《文章辨体汇选》选录"唐宋八大家"文，苏轼之文最多，为 314 篇；欧阳修之文次之，为 217 篇；韩愈之文居第三，为 161 篇；曾巩之文倒数第二，为 63 篇。

明代是"唐宋八大家"定型的重要时期，在明代诸选本选录"唐宋八大家"之文中，选录曾巩之文的数量大多排在中后，《稗编》与《经济类编》还居于倒数第一。但在朱右《六先生文集》中，选录曾巩之文的数量则在"唐宋八大家"中排第一，这在当时比较少见。由此可见，虽然明代对曾巩的接受程度有所提升，但其文被选家选录的数量，还是不如"唐宋八大家"中的韩愈、欧阳修和苏轼。

三、清代

到了清代，除有关"唐宋八大家"选本继续面世外，康熙、乾隆两位皇帝"御选"的选本中，亦选录有曾巩之文。通过最高统治者的推行，曾巩之文亦成为清朝统治者推行文化建设中的重要一环，其普及度得以进一步扩大。当然，其他选录有曾巩之文的选本亦琳琅满目，层出不穷，在此难以一一枚举，我们将主要介绍以下几种选本。

康熙二十年（1681），孙琮编选有《山晓阁选古文全集》，共 32 卷，自《左传》起至明代止。据卷首载其康熙二十年自序称，该书"尊八家而后先伟制，兼为遴择。即精核之中，自有博该之意"[1]。孙琮（生卒年不详），字执

---

[1]　见卞孝萱：《整理韩文各树一帜——〈韩集书录〉十三则》，中国唐代文学学会、广西师范大学中文系、广西师范大学出版社主编：《唐代文学研究》（第五辑），广西师范大学出版社，1994 年，第 719 页。

升，号寒巢，嘉善（今属浙江）人，以隐士自居。《山晓阁选古文全集》选录曾巩文 15 篇，分别为：《移沧州过阙上殿疏》《福州上执政书》《与孙司封书》《寄欧阳舍人书》《战国策目录序》《范贯之奏议集序》《送赵宏序》《送江任序》《赠黎安二生序》《宜黄县学记》《墨池记》《拟岘台记》《归老桥记》《抚州颜鲁公祠堂记》《书魏郑公传》。《山晓阁选古文全集》选"唐宋八大家"文情况，见下表：

《山晓阁选古文全集》选录"唐宋八大家"文数量排序表

排名	姓名	篇数	排名	姓名	篇数
1	苏轼	74	5	苏洵	25
2	韩愈	56	6	苏辙	21
3	欧阳修	55	7	曾巩	15
4	柳宗元	42	8	王安石	11

从上表看，《山晓阁选古文全集》选"唐宋八大家"文，苏轼之文最多，为 74 篇；韩愈之文次之，为 56 篇；欧阳修之文居第三，为 55 篇；曾巩之文排倒数第二，为 15 篇。

康熙二十四年（1685），由康熙皇帝（1654—1722）御选、徐乾学等编注的《御选古文渊鉴》，共 64 卷，所录上起《春秋左传》，下迄于宋，用真德秀《文章正宗》例。该书考证明确，详略得宜，备载前人评语。《御选古文渊鉴》选录曾巩之文 39 篇，分别为：《劝学诏》《劝农诏》《正长各举属官诏》《赐高丽诏》《贾昌衡知邓州制》《王制二首》《相制二首》《尚书左右丞制》《吏部尚书制》《户部尚书制》《秘书监制》《将军制》《熙宁转对疏》《自福州召判太常寺上殿札子》《移沧州过阙上殿札子》《救灾议》《寄欧阳舍人书》《福州上执政书》《新序目录序》《列女传目录序》《南齐书目录序》《梁书目录序》《礼阁新仪目录序》《范贯之奏议集序》《先大夫集后序》《送丁琰序》《筠州学记》《宜黄县学记》《越州赵公救灾记》《抚州颜鲁公祠堂记》《徐孺子祠堂记》《书魏郑公传》《邪正辨》《说用》《读贾谊传》《上田正言书》《上欧蔡书》。《御选古文渊鉴》中选录"唐宋八大家"文情况，韩愈、苏轼均为 2 卷，曾巩近 2 卷，柳宗元、欧阳修、苏辙均为 1 卷，王安石、苏洄均近 1 卷，其选文数量的具体情况，见下表：

《御选古文渊鉴》选录"唐宋八大家"文数量排序表

排名	姓名	篇数	排名	姓名	篇数
1	苏轼	50	4	欧阳修	29
2	曾巩	39	6	王安石	21
3	苏辙	30	7	柳宗元	19
4	韩愈	29	8	苏洵	11

从上表看，《御选古文渊鉴》选录"唐宋八大家"文，苏轼最多，为50篇；其次为曾巩，为39篇；苏辙居第三，为30篇。

康熙四十九年（1710），由康熙皇帝御定、张英等所编的《御定渊鉴类函》，共 450 卷，乃因《唐类函》广其条例，增宋以来之书，补唐以前之所缺，荟而成编。该书卷帙浩繁，四库馆臣称："自有类书以来，如百川之归巨海，九金之萃鸿钧矣，与《佩文韵府》《骈字类编》皆亘古所无之巨制，不数宋之四大书。"（《御定渊鉴类函提要》）《御定渊鉴类函》选录曾巩之文 6 篇，分别为：《贺熙宁十年南郊礼毕大赦表》《礼阁新仪目录序》《福州鳝溪祷雨文》《南齐书目录》《福州上执政书》《徐孺子记》。《御定渊鉴类函》选录"唐宋八大家"文情况，见下表：

《御定渊鉴类函》选录"唐宋八大家"文数量排序表

排名	姓名	篇数	排名	姓名	篇数
1	苏轼	88	5	苏辙	19
2	柳宗元	77	6	王安石	11
3	韩愈	70	7	苏洵	10
4	欧阳修	40	8	曾巩	6

从上表看，《御定渊鉴类函》选录"唐宋八大家"文，数量最多的为苏轼，88篇；其次是柳宗元，77篇；第三是韩愈，为70篇；曾巩居倒数第一，为6篇。

康熙三十三年（1694），吴楚材、吴调侯编选《古文观止》，共 12 卷，收录自先秦至明末文 222 篇，以散文为主，间收骈文。康熙三十四年（1695），该书刊刻行世。吴楚材（1655—1719），名乘权，字子舆，号楚材，浙江山阴（今浙江绍兴）人。吴调侯，康熙年间人，吴楚材之侄。吴楚材、吴调侯叔侄二人长期设馆授徒,《古文观止》乃为学生所编教材,是当时读书人的启蒙读本,深受人们欢迎,普及度很高,其影响一直延续至今。吴兴祚在《序》中就称:"以此正蒙养而裨后学,厥功岂潜鲜哉。"[1]

《古文观止》选录曾巩文 2 篇,分别为:《寄欧阳舍人书》《赠黎安二生序》。其中选录"唐宋八大家"文情况,见下表:

《古文观止》选录"唐宋八大家"文数量排序表

排名	姓名	篇数	排名	姓名	篇数
1	韩愈	27	5	王安石	4
2	苏轼	17	5	苏洵	4
3	欧阳修	13	7	苏辙	3
4	柳宗元	11	8	曾巩	2

从上表看,《古文观止》选录"唐宋八大家"文,韩愈之文最多,为27 篇;苏轼次之,为 17 篇;欧阳修居第三,为 13 篇;曾巩排倒数第一,为 2 篇。

康熙四十四年(1705),储欣因不满茅坤所选《唐宋八大家文钞》之抱匮守残,故仿其例,增选李翱、孙樵两家,编为《唐宋十大家全集录》,共 52 卷(含卷首 1 卷)。储欣(1631—1706),字同人,宜兴(今属江苏)人。其于《唐宋大家全集录总序》中称:

> 唐宋大家之录,因也,非创也。余成童时,读《诗》《书》《春秋》四传及先秦两汉之文,颇成诵。先君子因授以八大家文,名曰《文钞》,归安茅鹿门先生所撰次也。循序渐进,至十八骎骎遍诸家矣……所谓取科第足了一生者,归安之世也。今日圣天子在上,钦明文思,日月光华,自非成学治古文之士,虽取高第,官近臣,将何以备顾问、承明试,称上崇儒重道、化成天下意哉!彼一时也此一时也,其不可同类而并语之亦明矣。予欲破学者抱匮守残之见,适当旧刻图新于八先生文,所录加倍焉。然其规模大段,一奉《文钞》为

---

① 〔清〕吴楚材、〔清〕吴调侯选:《古文观止》,中华书局,1959 年,第 2 页。

准，而稍稍变通之，故曰因也非创也。①

　　《唐宋十大家全集录》录韩愈文8卷，柳宗元文6卷，李翱文2卷，孙樵文2卷，欧阳修文7卷，苏洵文5卷，苏轼文9卷，苏辙文6卷，曾巩文2卷，王安石文4卷。其中，选录曾巩文48篇，分别为：《唐论》《为人后议》《公族议》《讲官议》《救灾议》《进太祖皇帝总序》《新书目录序》《列女传目录序》《礼阁新仪目录序》《战国策目录序》《陈书目录序》《南齐书目录序》《徐幹中论目录序》《说苑目录序》《先大夫集后序》《范贯之奏议集序》《序越州鉴湖图》《馆阁送钱纯老知婺州诗序》《齐州杂诗序》《赠黎安二生序》《送江任序》《送赵宏序》《上欧阳学士第二书》《上蔡学士书》《与孙司封书》《答范资政书》《谢杜相公书》《寄欧阳舍人书》《与王介甫第二书》《福州上执政书》《墨池记》《拟岘台记》《抚州颜鲁公祠堂记》《归老桥记》《齐州二堂记》《越州赵公救灾记》《特进观文殿大学士除节度使开府仪同三司制》《敕监司考核州县治迹诏》《相制二》《节相制》《左右正言制》《移沧州过阙上殿札子》《议经费札子》《明州拟辞高丽送遗状》《祭王平甫文》《苏明允哀词》《都官员外郎胥君墓志铭》《赠职方员外郎苏君墓志铭》。《唐宋十大家全集录》选录诸家文情况，见下表：

《唐宋十大家全集录》选文数量排序表

排名	姓名	篇数	排名	姓名	篇数
1	韩愈	253	6	苏辙	86
2	苏轼	241	7	苏洵	81
3	欧阳修	162	8	李翱	69
4	柳宗元	149	9	曾巩	48
5	王安石	119	10	孙樵	35

　　从上表看，《唐宋十大家全集录》选韩愈之文最多，为253篇；苏轼之文次之，为241篇；欧阳修之文居第三，为162篇；曾巩居倒数第二，

① 〔清〕储欣辑：《唐宋十大家全集录》卷首，见四库全书存目丛书编纂委员会编：《四库全书存目丛书》集部第404册据康熙刻本，齐鲁书社，1997年，第236—237页。

为 48 篇。

康熙四十八年（1709），张伯行编有《唐宋八大家文钞》，共 19 卷。张伯行（1651—1725），字孝先，号恕斋，又号敬庵，河南仪封（今河南兰考）人。据张伯行所撰《原序》称："夫立言之士，自成一家为难；其得称为大家，抑尤难也！是故巧言丽辞以为工者，非大家也；钩章棘句以为奥者，非大家也；取青妃白，骈四俪六，以为华者，非大家也；繁称远引，搜奇抉怪，以为博者，非大家也。大家之文，其气昌明而伟俊，其意精深而条达，其法严谨而变化无方，其词简质而皆有原本；若引星辰而上也，若决江河而下也；高可以佐佑六经，而显足以周当世之务。此韩、柳、欧、苏、王诸公，卓然不愧大家之称，流传至今而不朽者，夫岂偶然也哉……虽然，道者，文之根本；文者，道之枝叶；圣贤非有意于文也，本道而发为文也……余故选其文而论之，不特以资学者作文之用，而穷理格物之功，即于此乎在。"（张伯行《唐宋八大家文钞》卷首）则张伯行《唐宋八大家文钞》主要以"道"为编选根本，其编选目的不仅是"资学者作文之用"，更在于"穷理格物"。

《唐宋八大家文钞》中选韩愈之文 3 卷，柳宗元之文 1 卷，欧阳修之文 2 卷，苏洵之文 1 卷，苏轼之文 1 卷，苏辙之文 2 卷，曾巩之文 7 卷，王安石之文 2 卷。其中选录曾巩文 128 篇，分别为：《熙宁转对疏》《请令州县特举士札子》《自福州召判太常寺上殿札子》《请令长贰自举属官札子》《奏乞与潘兴嗣子推恩状》《乞出知颖州状》《再乞登对状》《辞中书舍人状》《授中书舍人举刘放自代状》《劝学诏》《劝农诏》《正长各举属官诏》《上范资政书》《上欧阳学士第一书》《上欧阳学士第二书》《上蔡学士书》《上欧蔡书》《福州上执政书》《上杜相公书》《与杜相公书》《与抚州知州书》《与王介甫第一书》《与王介甫第二书》《与王介甫第三书》《上欧阳舍人书》《寄欧阳舍人书》《上齐工部书》《答范资政书》《与王深甫书》《答李沿书》《谢章学士书》《答袁陟书》《谢曹秀才书》《谢吴秀才书》《与王向书》《回傅权书》《战国策目录序》《南齐书目录序》《新序目录序》《列女传目录序》《说苑目录序》《徐幹中论目录序》《礼阁新仪目录序》《王子直文集序》《王深甫文集序》《王平甫文集序》《齐州杂诗序》《送傅向老令瑞安序》《馆阁送钱纯老知婺州诗序》《赠黎安二生序》《送蔡元振序》《送李材叔知柳州序》《筠州学记》《宜黄县县学记》《洪州新建县厅壁记》《徐孺子祠堂记》《阆州张侯庙记》《抚州颜鲁公祠堂记》《尹公亭记》《墨池记》《归老桥记》《越州赵公救灾记》《清心亭记》《醒心亭记》《拟岘台记》《学舍记》《南轩记》《鹅湖院佛殿记》《思政堂记》《仙都观三门记》《分宁县云峰院记》《菜园院佛殿记》《应举启》《谢杜相公启》《回傅侍讲启》《代人谢余侍郎启》《与刘沆龙图启》《谢解启》《回李清臣范百禄谢中贤良启》《回人谢馆职启》《与北京韩侍中启》（二）《回许安世谢馆职启》《贺韩相公启》《襄州与交代孙颀启》《洪州到任谢两府启》《贺东府启》《贺蹇周辅授馆职启》《回泉州陈都官启》《明州到任谢两府启》《贺赵大资致政启》《亳州到任谢两府启》《到亳州与南京张宣徽启》《回陆佃谢馆职启》《与定州韩相公启》《贺韩相公赴许州启》《授中书舍人谢启》《贺提刑状》《太平州回转运状》《太平州与本路转运状》《越州贺提刑夏倚状》《贺转运状》《贺杭州赵资政冬状》《贺北京留守韩侍中正旦状》《贺郓州邵资政改侍郎状》《襄州回相州韩侍中状》《回枢密侍郎状》《回亳州知府谏议状》《回运使郎中状》《到任谢职司诸官员状》《福州回曾侍中状》《移亳州回人贺状》《东府贺冬状》《西府贺冬状》《回人贺授史馆修撰状》《回人贺授舍人状》《唐论》《佛教》《讲官议》《为人后议》《救灾议》《洪渥传》《书魏郑公传》《祭王平甫文》《祭宋龙图文》《苏明允哀词》《王君俞哀词》《虞部郎中戚公墓志铭》《戚元鲁墓志铭》。张伯行《唐宋八大家文钞》所选诸家文情况，见下表：

《唐宋八大家文钞》选文数量排序表

排名	姓名	篇数	排名	姓名	篇数
1	曾巩	128	4	苏辙	27
2	韩愈	60	6	柳宗元	18
3	欧阳修	38	7	王安石	17
4	苏轼	27	8	苏洵	2

从上表看，《唐宋八大家文钞》选文，曾巩之文最多，远远超过其他诸

家，比韩愈、欧阳修、苏轼三家之和还多，为 128 篇；韩愈次之，为 60 篇；欧阳修居第三，为 38 篇。张伯行如此重视曾巩之文，与其"道者，文之根本"的思想不无关系。因为曾巩"文章本原六经"，与张伯行的思想较为契合，故其在《唐宋八大家文钞》中选录曾巩之文远远多于其他诸家。

蔡世远（1682—1733）所编《古文雅正》，共 14 卷，选录自汉至元之文凡 236 篇。据其书前自序，可知该书编于康熙五十四年（1715）自京师回闽家居期间，约刊刻于雍正元年（1723）。蔡世远，字闻之，号梁村，漳浦（今属福建）人，从学于李光地，与方苞交往甚密。《古文雅正》中选录曾巩文 6 篇，分别为：《列女传目录序》《先大夫集后序》《宜黄县学记》《抚州颜鲁公祠堂记》《越州赵公救灾记》《书魏郑公传》。《古文雅正》选录"唐宋八大家"文情况，见下表：

《古文雅正》选录"唐宋八大家"文数量排序表

排名	姓名	篇数	排名	姓名	篇数
1	韩愈	21	5	柳宗元	4
2	曾巩	6	6	欧阳修	3
2	王安石	6	7	苏洵	1
4	苏轼	5	7	苏辙	1

从上表看，《古文雅正》选录"唐宋八大家"文，韩愈之文最多，为 21 篇；曾巩、王安石之文次之，均为 6 篇；苏轼之文居第四，为 5 篇。

乾隆三年（1738），由乾隆皇帝（1711—1799）御选、允禄校对的《御选唐宋文醇》，共 58 卷。乾隆在其所撰《御选唐宋文醇序》中称：

> 明茅坤举唐、宋两朝中昌黎、柳州、庐陵、三苏、曾、王八大家，荟萃其文各若干首行世，迄今操觚者脍炙之。本朝储欣谓茅坤之选便于举业，而弊即在是，乃复增损之，附以李习之、孙可之为十大家，欲俾读者兴起于古，毋只为发策决科之用，意良美矣。顾其识之未衷，而见之未当，则所去取与茅坤亦未始径庭。朕读其书，嘉其意，而亦未尝不惩其失也。夫十家者，谓其非八代骈体云尔。骈句固属文体之病，然若唐之魏郑公、陆宣公，其文亦多骈句，而辞达理诣，足为世用，则骈又

羙病……敕几之暇，偶取储欣所选十家之文，录其言之尤雅者若干首，合而编之，以便观览。夫唐宋以来名儒硕士，有序有物之嘉言，固不第十人已矣。虽然，尝鼎一脔亦足以知道腴之可味，况已斟其雄膏哉！①

　　从序言中我们知道，乾隆《御选唐宋文醇》是在储欣《唐宋十大家全集录》的基础上编选而成，其目的在于"以便观览"和"知道"。另外，该书中还有康熙和乾隆两位皇帝的"御评"，以及古今人的"评跋"。对于《御选唐宋文醇》，四库馆臣认为"洵足为万世学者之正鹄"（《御选唐宋文醇提要》）。

　　《御选唐宋文醇》中选录曾巩文 32 篇，分别为：《书魏郑公传》《与孙司封书》《谢杜相公书》《寄欧阳舍人书》《福州上执政书》《新序目录序》《列女传目录序》《礼阁新仪目录序》《战国策目录序》《徐幹中论目录序》《先大夫集后序》《范贯之奏议序》《馆阁送钱纯老知婺州诗序》《送李材叔知柳州序》《送江任序》《送赵宏序》《序越州鉴湖图叙盗》《唐论》《墨池记》《南轩记》《思政堂记》《宜黄县学记》《筠州学记》《抚州颜鲁公祠堂记》《徐孺子祠堂记》《越州赵公救灾记》《熙宁转对疏》《为人后议》《讲官议》《救灾议》《赠职方员外郎苏君墓志铭》。《御选唐宋文醇》选录诸家文情况，见下表：

《御选唐宋文醇》选文数量排序表

排名	姓名	篇数	排名	姓名	篇数
1	韩愈	105	6	苏洵	27
2	柳宗元	88	7	苏辙	23
3	苏轼	85	8	王安石	18
4	欧阳修	81	9	李翱	12
5	曾巩	32	10	孙樵	10

　　从上表看，《御选唐宋文醇》中选韩愈之文最多，为105篇；柳宗元次之，为88篇；苏轼居第三，为85篇；曾巩排第五，为32篇。

---

① 〔清〕乾隆御选，〔清〕允禄校对：《御选唐宋文醇》卷首，清文渊阁四库全书本。

乾隆十五年（1750），沈德潜编《唐宋八大家古文》，共30卷。沈德潜（1673—1769），字确士，号归愚，长洲（今江苏苏州）人。据其在《叙》中所述，该书编选的目的，主要是方便古文初学者入门之用。

《唐宋八大家古文》中选韩愈文6卷，柳宗元文3卷，欧阳修文5卷，苏洵文3卷，苏轼文7卷，苏辙文2卷，曾巩文2卷，王安石文2卷。其中选录曾巩之文20篇，分别为：《移沧州过阙上殿疏》《福州上执政书》《寄欧阳舍人书》《与孙司封书》《战国策目录序》《列女传目录序》《陈书目录序》《礼阁新仪目录序》《先大夫集后序》《范贯之奏议集序》《送江任序》《送李材叔知柳州序》《宜黄县学记》《抚州颜鲁公祠堂记》《越州赵公救灾记》《思政堂记》《墨池记》《道山亭记》《分宁县云峰院记》《书魏郑公传》。《唐宋八大家古文》选诸家文情况，见下表：

《唐宋八大家古文》选文数量排序表

排名	姓名	篇数	排名	姓名	篇数
1	韩愈	94	5	苏洵	33
2	苏轼	75	6	苏辙	22
3	欧阳修	63	7	曾巩	20
4	柳宗元	49	8	王安石	18

从上表看，《唐宋八大家古文》选文，韩愈之文最多，为94篇；苏轼之文次之，为75篇；欧阳修之文居第三，为63篇；曾巩之文排倒数第二，为20篇。

乾隆三十五年（1770），刊刻有高嵣所编的《唐宋八家钞》，共8卷，书中有高嵣之集评。该书编纂的目的在于寻"制艺之渊源"，为科举考试的士子们提供"有益时文"。高嵣，字梅亭，直隶顺德府南和（今属河北）人，乾隆二十五年（1760）举人。《唐宋八家钞》选录曾巩文12篇，分别为：《移沧州过阙上殿疏》《寄欧阳舍人书》《书魏郑公传》《列女传目录序》《战国策目录序》《礼阁新仪目录序》《赠黎安二生序》《宜黄县学记》《抚州颜鲁公祠堂记》《越州赵公救灾记》《思政堂记》《墨池记》。《唐宋八家钞》选诸家文情况，见下表：

《唐宋八家钞》选文数量排序表

排名	姓名	篇数	排名	姓名	篇数
1	韩愈	64	5	王安石	16
2	欧阳修	59	6	苏洵	15
3	苏轼	43	7	曾巩	12
4	柳宗元	33	8	苏辙	7

从上表看，《唐宋八家钞》选文最多者是韩愈，为64篇；其次是欧阳修，为59篇；苏轼居第三，为43篇；曾巩排倒数第二，为12篇。

乾隆四十四年（1779），姚鼐编成《古文辞类纂》，共74卷。该书选录战国至清代古文，依文体分为论辨、序跋、奏议、书说、赠序、诏令、传状、碑志、杂记、箴铭、颂赞、辞赋、哀祭等十三类。其所选文章，代表着"桐城派"散文观点，一度颇为流行，《广注古文辞类纂序》中就说"其选辑不能不谓之精当，古今文体之流变，历代文章之精萃，已大备于此矣。自清乾隆间发刊以来，转相印刻，风行至今，国内文士，莫不众口交誉，谓足与六经并传，其价值可想见矣"[1]

《古文辞类纂》收录曾巩文27篇，分别为：《唐论》《战国策目录序》《新序目录序》《列女传目录序》《徐幹中论目录序》《范贯之奏议集序》《馆阁送钱纯老知婺州诗序》《书魏郑公传后》《移沧州过阙上殿疏》《与尹师鲁书》《寄欧阳舍人书》《谢杜相公书》《送周屯田序》《赠黎安二生序》《送江任序》《送傅向老令瑞安序》《宜黄县学记》《筠州学记》《徐孺子祠堂记》《襄州宜城县长渠记》《越州赵公救灾记》《拟岘台记》《广德军重修鼓角楼记》《学舍记》《齐州二堂记》《墨池记》《序越州鉴湖图》。《古文辞类纂》选录"唐宋八大家"文情况，见下表：

---

① 〔清〕姚鼐选纂，宋晶如、章荣注释：《古文辞类纂》卷首，中国书店，1986年据世界书局1935年版影印，第1—2页。

《古文辞类纂》选录"唐宋八大家"文数量排序表

排名	姓名	篇数	排名	姓名	篇数
1	韩愈	131	5	柳宗元	36
2	欧阳修	65	6	曾巩	27
3	王安石	60	7	苏洵	24
4	苏轼	50	8	苏辙	15

从上表看,《古文辞类纂》选录"唐宋八大家"文,韩愈之文最多,为131篇;欧阳修之文次之,为65篇;王安石之文居第三,为60篇;曾巩之文排倒数第三,为27篇。

咸丰十年(1860),曾国藩编成《经史百家杂钞》,共26卷。该书的编纂始于咸丰元年(1851),所选文章上起先秦两汉,下迄明清,按体裁分类编排,是继《古文观止》《古文辞类纂》之后,一部流传较广、影响甚远的古文选本,《广注经史百家杂钞序》就称:"但姚氏所辑之《古文辞类纂》一书,曾氏独嫌其取材狭隘,选文不及六经,是数典忘祖,末流必见其空疏浅陋之弊,遂本其所学所见,另纂《经史百家杂钞》26卷。分类固较姚氏为精,取材又镕经史子集为一炉,后之学者,欲入国学之门,必以此为阶梯也。清季吴汝纶认姚氏《古文辞类纂》为二千年高文所具,六经可不尽读,而此书决不能废。余读曾氏《经史百家杂钞》一书,又取姚氏之长而矫其弊,其足珍贵,又当远过之矣。"①

曾国藩(1811—1872),初名子城,字伯涵,号涤生,为文学桐城派方苞、姚鼐,但能自立风格,创晚清古文之"湘乡派"。《经史百家杂钞》选录曾巩文18篇,分别为:《先大夫集后序》《徐幹中论目录序》《战国策目录序》《新序目录序》《列女传目录序》《贾昌衡知邓州制》《梅福封寿春真人制》《王中正种谔降官制》《张知均州制》《谢杜相公书》《越州赵公救灾记》《序越州鉴湖图》《宜黄县学记》《筠州学记》《徐孺子祠堂记》《襄州宜城县长渠记》《齐州二堂记》《广德军重修鼓角楼记》。《经史百家杂钞》选录

---

① 〔清〕曾国藩选纂,宋晶如、章荣注释:《广注经史百家杂钞》,世界书局,1936年,第1—2页。

"唐宋八大家"文情况，见下表：

《经史百家杂钞》选录"唐宋八大家"文数量排序表

排名	姓名	篇数	排名	姓名	篇数
1	韩愈	109	5	曾巩	18
2	欧阳修	53	6	苏轼	14
3	柳宗元	32	7	苏洵	10
4	王安石	31	8	苏辙	3

从上表看，《经史百家杂钞》选录"唐宋八大家"文，韩愈之文最多，为109篇；欧阳修之文次之，为53篇；柳宗元之文居第三，为32篇；曾巩排倒数第四，为18篇。

另外，还有《粤西文载》，乃清初汪森所辑，为广西历代文章总集，共75卷。汪森（1653—1726），字晋贤，号碧巢，浙江桐乡人。《粤西文载》中选录曾巩文4篇，分别为：《广西转运制》《送李材叔知柳州序》《与孙司封书》《杂识》。《粤西文载》选录"唐宋八大家"文情况，见下表：

《粤西文载》选录"唐宋八大家"文数量排序表

排名	姓名	篇数	排名	姓名	篇数
1	柳宗元	30	4	欧阳修	2
2	曾巩	4	6	王安石	1
3	苏辙	3	7	苏轼	0
4	韩愈	2	7	苏洵	0

从上表看，《粤西文载》选录"唐宋八大家"文，柳宗元之文最多，为30篇；曾巩之文次之，为4篇；苏辙之文居第三，为3篇。《粤西文载》作为区域性的选本，其选录作品多与本区域相关，因此其所选录的"唐宋八大家"文数量会存在较大差异，如柳宗元之文就极多。

而《（雍正）江西通志》之《艺文》中，选录曾巩文11篇，分别为：《洪州谢到任表》《筠州学记》《宜黄县学记》《墨池记》《拟岘台记》《徐孺子祠堂记》《洪州东门记》《抚州颜鲁公祠堂记》《菜园院佛殿记》《兜率院记》《洪州诸寺观祈晴文》。其中选录"唐宋八大家"文情况，见下表：

《（雍正）江西通志》选录"唐宋八大家"文数量排序表

排名	姓名	篇数	排名	姓名	篇数
1	曾巩	11	5	韩愈	6
2	欧阳修	10	6	王安石	4
3	苏辙	8	7	柳宗元	3
4	苏轼	7	8	苏洵	0

从上表看，《（雍正）江西通志》选录"唐宋八大家"文，曾巩文数量最多，为11篇；欧阳修次之，为10篇；苏辙居第三，为8篇。从某种程度上说，在江西这一区域内，曾巩之文还是颇受重视的。

最后整体上看，历代选本选录曾巩文的大致情况，见下表：

历代选本选录曾巩文一览表

时期		选本	选录数量（篇／次）
宋元时期	1	《宋文选》	20
	2	《古文关键》	4
	3	《宋文鉴》	41
	4	《宋名臣奏议》	3
	5	《五百家播芳大全文粹》	17
	6	《名臣碑传琬琰之集》	46
	7	《崇古文诀》	6
	8	《续文章正宗》	53
	9	《妙绝古今》	4
	10	《古文集成》	5
		小计	199
明代	1	《墓铭举例》	18
	2	《历代名臣奏议》	10
	3	《文章辨体》	17
	4	《文编》	25
	5	《稗编》	2

续表

明代	6	《六家文略》	18
	7	茅坤《唐宋八大家文钞》	87
	8	《文体明辨》	49
	9	《经济类编》	5
	10	《古俪府》	3
	11	《文章辨体汇选》	62
		小计	296
清代	1	《山晓阁选古文全集》	15
	2	《御选古文渊鉴》	39
	3	《御定渊鉴类函》	6
	4	《古文观止》	2
	5	《唐宋十大家全集录》	48
	6	张伯行《唐宋八大家文钞》	128
	7	《古文雅正》	6
	8	《御选唐宋文醇》	31
	9	《唐宋八大家古文》	20
	10	《唐宋八家钞》	12
	11	《古文辞类纂》	27
	12	《经史百家杂钞》	18
	13	《粤西文载》	4
	14	《江西通志》	11
		小计	367
		总计	862

再看各时期各选本选录"唐宋八大家"文的对比情况,首先看宋元时期的情况,见下表:

宋元时期选本中选录"唐宋八大家"文对比表

书名＼篇数＼姓名	曾巩	韩愈	柳宗元	欧阳修	苏轼	苏洵	苏辙	王安石
《宋文选》	20	0	0	32	0	0	0	27
《古文关键》	4	13	8	11	14	6	2	0
《宋文鉴》	41	0	0	170	290	14	48	197
《宋名臣奏议》	3	0	0	53	24	0	23	6
《五百家播芳大全文粹》	17	0	0	64	103	1	34	83
《名臣碑传琬琰之集》	46	0	0	36	9	0	4	11
《崇古文诀》	6	25	14	18	15	11	4	9
《续文章正宗》	53	0	0	77	55	2	16	46
《妙绝古今》	4	6	1	7	6	3	0	2
《古文集成》	5	26	16	16	12	6	4	3

从上表可见，宋元时期选本中选录"唐宋八大家"之文，曾巩大多居于中后，仅在《名臣碑传琬琰之集》《续文章正宗》中排位靠前，其中《名臣碑传琬琰之集》选录曾巩之文最多，居第一。

其次，明代的情况，见下表：

明代选本中选录"唐宋八大家"文对比表

书名＼篇数＼姓名	曾巩	韩愈	柳宗元	欧阳修	苏轼	苏洵	苏辙	王安石
《六先生文集》	64	61	43	55		57		40
《墓铭举例》	18	66	27	31	9	0	0	33
《历代名臣奏议》	10	9	1	43	30	3	42	8
《文章辨体》	17	97	49	37	35	7	2	15
《文编》	25	151	68	196	193	34	58	53
《稗编》	2	8	7	39	23	7	20	4
《六家文略》	18	46	3	80	81	11	45	6
茅坤《唐宋八大家文钞》	87	192	130	279	251	60	166	211
《文体明辨》	49	132	124	228	114	18	22	122
《经济类编》	5	11	12	10	40	18	17	7
《古俪府》	3	2	21	6	14	0	0	5
《文章辨体汇选》	63	161	145	217	314	44	64	113

从上表可见，明代选本中选录"唐宋八大家"之文，曾巩也大多居于中后，仅在《六先生文集》中选录曾巩之文最多，居第一。

再次，清代的情况，见下表：

清代选本中选录"唐宋八大家"文对比表

书名＼姓名／篇数	曾巩	韩愈	柳宗元	欧阳修	苏轼	苏洵	苏辙	王安石
《山晓阁选古文全集》	15	56	42	55	74	25	21	11
《御选古文渊鉴》	39	29	19	29	50	11	30	21
《御定渊鉴类函》	6	70	77	40	88	10	19	11
《古文观止》	2	27	11	13	17	4	3	4
《唐宋十大家全集录》	48	253	149	162	241	81	86	119
张伯行《唐宋八大家文钞》	128	60	18	38	27	2	27	17
《古文雅正》	6	21	4	3	5	1	1	6
《御选唐宋文醇》	32	105	88	81	85	27	23	18
《唐宋八大家古文》	20	94	49	63	75	33	22	18
《唐宋八家钞》	12	64	33	59	43	15	7	16
《古文辞类纂》	27	131	36	65	50	24	15	60
《经史百家杂钞》	18	109	32	53	14	10	3	31
《粤西文载》	4	2	30	2	0	0	3	1
《（雍正）江西通志》	11	6	3	10	7	0	8	4

从上表可见，清代选本中选录"唐宋八大家"之文，曾巩也大多居于中后，仅《御选古文渊鉴》、张伯行《唐宋八大家文钞》及《（雍正）江西通志》所选曾巩之文排位靠前，其中张伯行《唐宋八大家文钞》及《（雍正）江西通志》选录曾巩之文最多，居第一。

第三节 从历代选本看曾巩诗文的经典化

在曾巩的接受中，选本的接受与传播是其中重要的组成部分。选本中选录作品的多少，不仅反映了编选者的选录思想和趣味，也是当时文坛好尚的一种间接反映。当然，作者的作品在反复的选录及选本的层叠传播中，有些作品反复出现、反复传播，于是一些作品便被人们广为接受，并逐渐被经典化。对此，明代的李东阳就说："文章如精金美玉，经百炼历万选而后见。今观昔人所选，虽互有得失，至其尽善极美，则所谓凤凰芝草，人人皆以为瑞，阅数千百年几千万人而莫有异议焉。如李太白《远别离》《蜀道难》、杜子美《秋兴》《诸将》《咏怀古迹》《新婚别》《兵车行》，终日诵之不厌也。苏子瞻在黄州夜诵《阿房宫赋》数十遍，每遍必称好，非其诚有所好，殆不至此。"[①] 曾巩作品的经典化也经历了这样一个过程。

由于曾巩词的创作不多，选本也非常有限，因此本节将不就此展开论述。在本节中，我们将主要从上文历代选本的选录情况，来看曾巩诗文的经典化过程。有必要说明的是，我们所选取的选本都是随机抽取的，既有选录曾巩诗文比较多的选本，也有选录曾巩诗文较少的选本。总之，我们将尽可能让选取的样本具有广泛性与客观性。

一、从历代选本看曾巩诗歌的经典化

由于受"短于韵语"说的影响，人们对曾巩诗歌的接受远不如对其文的接受，选录曾巩诗歌的选本也比较少。当然，也有少数选本选录曾巩诗歌较多，如《十二先生诗宗集韵》《宋十五家诗选》等。在此，我们选取 19 个选本，其中宋元时期 5 个、明清时期 14 个，来看曾巩诗歌经典化的过程。

（一）宋元时期曾巩诗歌的经典化

宋元时期，曾巩"短于韵语"之说甚嚣尘上，选录曾巩诗歌的选本非常少。在该时期，我们选取了 5 个选录有曾巩诗歌的选本，分别为：《十二先生诗宗集韵》《岁时杂咏》《两宋名贤小集》《宋文鉴》及《全芳备祖》。以此为样本，来看宋元选本中曾巩诗歌传播与接受情况，特别是看曾巩的哪些诗歌在选本中选录比较多。

经统计，在 5 个选本中，曾巩共有 51 首诗歌被选录 2 次及以上，具

---

① 丁福保辑：《历代诗话续编·麓堂诗话》，中华书局，1983 年，第 1378 页。

体情况见下表：

宋元时期选本选录曾巩诗歌频次（2次及以上）表

诗名	选录频次	诗名	选录频次
《芍药厅》	3	《尝新茶》	2
《凝香斋》	2	《北池小会》	2
《霜淞》	2	《郡斋即事二首》其二	2
《西楼》	2	《到郡一年》	2
《早起赴行香》	2	《西湖纳凉》	2
《咏柳》	2	《岘山亭置酒》	2
《荔枝四首》其二	2	《离齐州后五首》其四	2
《鹊山亭》	2	《蔡州》	2
《过介甫归偶成》	2	《百花堤》	2
《山茶花》	2	《食梨》	2
《寄子进弟》	2	《桐树》	2
《正月六日雪霁》	2	《戏书》(集贤自笑文章少)	2
《趵突泉》	2	《阅武堂下新渠》	2
《北渚亭》	2	《鹊山》	2
《冬夜即事》	2	《西湖二月二十日》	2
《金线泉》	2	《刘景升祠》	2
《水香亭》	2	《依韵和酬提刑都官寒食阻风见寄》	2
《离齐州后五首》其三	2	《北渚亭雨中》	2
《西湖二首》其一	2	《鹤林寺》	2
《离齐州后五首》其一	2	《舜泉》	2
《鲍山》	2	《初冬道中》	2
《郡楼》	2	《橙子》	2
《芙蓉桥》	2	《仁风厅》	2
《静化堂》	2	《寄齐州同官》	2
《游东山示客》	2	《百花台》	2
《离齐州后五首》其五	2		

从上表看，宋元时期的5个选本中，选录曾巩的《芍药厅》次数最多，为3次；其他诗歌选录次数均为2次。其次，《离齐州后五首》选录也比较多，5首选录有4首。由此可见，在宋元时期，上表中曾巩的这些

诗歌比较受选家及读者欢迎，其中《芍药厅》诗受欢迎程度更高。

（二）明清时期曾巩诗歌的经典化

明清时期，随着对曾巩"短于韵语"说正确认识的人越来越多，人们对曾巩诗歌的接受也逐渐增多，选录曾巩诗歌的选本相应有所增加。本时期，我们选取了14个选录有曾巩诗歌的选本，分别为：《宋艺圃集》《石仓历代诗选》《宋元诗会》《宋十五家诗选》《御选宋诗》《御定佩文斋咏物诗选》《御定历代题画诗类》《御定佩文斋广群芳谱》《御定渊鉴类函》《御定月令辑要》《唐宋八家诗·南丰诗钞》《宋诗别裁集》《（雍正）江西通志》《宋诗纪事》。以这些选本为样本，来看明清选本中曾巩诗歌的传播与接受，以及曾巩的哪些诗歌选录比较多。

经统计，在14个选本中，曾巩共有52首诗歌被选录3次及以上，具体情况见下表：

明清时期选本选录曾巩诗歌频次（3次及以上）表

诗名	选录频次	诗名	选录频次
《钱塘上元夜祥符寺陪咨臣郎中丈燕席》	7	《读五代史》	3
《凝香斋》	6	《听鹊寄家人》	3
《李节推亭子》	6	《次道子中书问归期》	3
《忆越中梅》	6	《送郑州邵资政》	3
《甘露寺多景楼》	5	《看花》	3
《麻姑山送南城尉罗君》	5	《闰正月十一日吕殿丞寄新茶》	3
《芙蓉台》	5	《游天章寺》	3
《霜松》	4	《简景山侍御》	3
《西楼》	4	《七月一日休假作》	3
《早起赴行香》	4	《酬材叔江西道中作》	3
《咏柳》	4	《靖安县幽谷亭》	3
《金山寺》	4	《游麻姑山九首》其三《丹霞洞》	3
《和史馆相公上元观灯》	4	《赠弹琴者》	3

续表

《寄郓州邵资政蒙问敝邑山水之景见索新诗重意之辱谨吟二百字上寄》	4	《一鹗》	3
《招隐寺》	4	《遣兴安州》	3
《送陈郎中还京兼过九江新宅》	4	《南轩竹》	3
《送李撰赴举》	4	《初夏有感》	3
《雪后同徐秘丞皇甫节推孔教授北园晚步》	4	《舍弟南源刈稻》	3
《汉阳泊舟》	4	《发松门寄介甫》	3
《送抚州钱郎中》	4	《盆池》	3
《东津归催吴秀才寄酒》	4	《秋夜露坐偶作》	3
《环波亭》	4	《上人》	3
《荔枝四首》其二	3	《送陈商学士》	3
《鹊山亭》	3	《晓出》	3
《过介甫归偶成》	3	《戏呈休文屯田》	3
《山茶花》	3	《戏书》（家贫故不用筹算）	3

从上表看，明清时期选取的 14 个选本中，选录曾巩的《钱塘上元夜祥符寺陪咨臣郎中丈燕席》次数最多，为 7 次；《凝香斋》《李节推亭子》《忆越中梅》次之，均为 6 次；《甘露寺多景楼》《麻姑山送南城尉罗君》《芙蓉台》居第三，均为 5 次；《霜淞》《西楼》《早起赴行香》《咏柳》《金山寺》《和史馆相公上元观灯》《寄郓州邵资政蒙问敝邑山水之景见索新诗重意之辱谨吟二百字上寄》《招隐寺》《送陈郎中还京兼过九江新宅》《送李撰赴举》《雪后同徐秘丞皇甫节推孔教授北园晚步》《汉阳泊舟》《送抚州钱郎中》《东津归催吴秀才寄酒》《环波亭》排第四，均为 4 次；其他诗歌选录均为 3 次。从以上选录频次看，明清时期比较受选家和读者欢迎的曾巩诗主要有《钱塘上元夜祥符寺陪咨臣郎中丈燕席》《凝香斋》《李节推亭子》《忆越中梅》《甘露寺多景楼》《麻姑山送南城尉罗君》《芙蓉台》等。

（三）历代曾巩诗歌的经典化

正如李东阳所说的那样，作家作品的经典化需要一个长时段的淘洗与选择，前面所述宋元时期与明清时期曾巩诗歌的经典化，只能代表这些诗歌在该时期的流行或受欢迎程度，难以全面反映曾巩诗歌经典化的整个过程。若从历代选本选录曾巩诗歌的频次来看，将更能反映曾巩哪些诗歌比较受欢迎，从而知道曾巩的哪些诗歌较为经典。

经统计，历代选本选录曾巩诗歌 4 次及以上的有 68 首，具体情况见下表：

历代选本选录曾巩诗歌频次（4 次及以上）表

诗名	选录频次	诗名	选录频次
《凝香斋》	8	《西湖二首》其一	4
《钱塘上元夜祥符寺陪咨臣郎中丈燕席》	8	《离齐州后五首》其一	4
《李节推亭子》	7	《鲍山》	4
《忆越中梅》	6	《郡楼》	4
《甘露寺多景楼》	6	《芙蓉桥》	4
《麻姑山送南城尉罗君》	6	《静化堂》	4
《芙蓉台》	6	《食梨》	4
《雺淞》	6	《酬材叔江西道中作》	4
《西楼》	6	《靖安县幽谷亭》	4
《早起赴行香》	6	《桐树》	4
《咏柳》	6	《读五代史》	4
《金山寺》	5	《听鹊寄家人》	4
《和史馆相公上元观灯》	5	《次道子中书问归期》	4
《寄郓州邵资政蒙问敝邑山水之景见索新诗重意之辱谨吟二百字上寄》	5	《送郑州邵资政》	4
《招隐寺》	5	《看花》	4
《送陈郎中还京兼过九江新宅》	5	《闰正月十一日吕殿丞寄新茶》	4
《送李撰赴举》	5	《游天章寺》	4
《雪后同徐秘丞皇甫节推孔教授北园晚步》	5	《简景山侍御》	4
《汉阳泊舟》	5	《七月一日休假作》	4
《送抚州钱郎中》	5	《游麻姑山九首》其三《丹霞洞》	4

续表

《东津归催吴秀才寄酒》	5	《上人》	4
《环波亭》	5	《芍药厅》	4
《荔枝四首》其二	5	《赠弹琴者》	4
《鹊山亭》	5	《一鹗》	4
《过介甫归偶成》	5	《遣兴安州》	4
《山茶花》	5	《南轩竹》	4
《寄子进弟》	4	《初夏有感》	4
《正月六日雪霁》	4	《舍弟南源刈稻》	4
《趵突泉》	4	《发松门寄介甫》	4
《北渚亭》	4	《盆池》	4
《冬夜即事》	4	《秋夜露坐偶作》	4
《金线泉》	4	《送陈商学士》	4
《水香亭》	4	《晓出》	4
《离齐州后五首》其三	4	《戏呈休文屯田》	4

从上表看，在 19 个选本中，《凝香斋》《钱塘上元夜祥符寺陪咨臣郎中丈燕席》被各选本选录次数最多，为 8 次；其次为《李节推亭子》，被各选本选录 7 次；《忆越中梅》《甘露寺多景楼》《麻姑山送南城尉罗君》《芙蓉台》《霜凇》《西楼》《早起赴行香》《咏柳》居第三，被各选本选录 6 次；《金山寺》《和史馆相公上元观灯》《寄郓州邵资政蒙问敝邑山水之景见索新诗重意之辱谨吟二百字上寄》《招隐寺》《送陈郎中还京兼过九江新宅》《送李撰赴举》《雪后同徐秘丞皇甫节推孔教授北园晚步》《汉阳泊舟》《送抚州钱郎中》《东津归催吴秀才寄酒》《环波亭》《荔枝四首》（其二）《鹊山亭》《过介甫归偶成》《山茶花》排第四，被各选本选录 5 次；其他 42 首诗排第五，被各选本选录 4 次。以上这些诗歌，受到历代各选家的普遍关注，是曾巩比较受欢迎、较为经典的诗歌，也是其名篇。

二、从历代选本看曾巩文的经典化

曾巩以古文著名，在历代各古文选本中，往往会选录曾巩之文，如

《名臣碑传琬琰之集》《六先生文集》(今已佚，具体选录篇目不详)《唐宋八大家文钞》选录曾巩文的数量就比较多，对曾巩之文的传播发挥了重要的作用。本节中，我们选取了 35 个选录有曾巩古文的选本，其中宋元时期 10 个、明代 11 个、清代 14 个，以此考察曾巩之文的经典化历程。

（一）宋元时期曾巩文的经典化

宋元时期，选录曾巩之文的选本主要是宋代，元代尚未见及，因此我们主要选取了宋代 10 个选录有曾巩文的选本，分别为：《宋文选》《古文关键》《宋文鉴》《宋名臣奏议》《五百家播芳大全文粹》《名臣碑传琬琰之集》《崇古文诀》《续文章正宗》《妙绝古今》《古文集成》。以这些选本为样本，来看宋元时期选本中曾巩文的经典化。

经过统计，在选取的 10 个选本中，曾巩共有 28 篇文被选录 2 次及以上，具体情况见下表：

宋元时期选本选录曾巩文频次（2 次及以上）表

篇名	选录频次	篇名	选录频次
《战国策目录序》	5	《仙都观三门记》	2
《抚州颜鲁公祠堂记》	4	《洪渥传》	2
《徐孺子祠堂记》	4	《虞部郎中戚公墓志铭》	2
《移沧州过阙上殿札子》	4	《道山亭记》	2
《书魏郑公传》	3	《兜率院记》	2
《拟岘台记》	3	《徐复传》	2
《救灾议》	3	《送赵宏序》	2
《分宁县云峰院记》	3	《南齐书目录序》	2
《相国寺维摩院听琴序》	3	《梁书目录序》	2
《唐论》	3	《上田正言书》	2
《列女传目录序》	2	《赠职方员外郎苏君墓志铭》	2
《新序目录序》	2	《祭欧阳少师文》	2
《筠州学记》	2	《故翰林侍读学士钱公墓志铭》	2
《齐州二堂记》	2	《太子右司御率府副率致仕沈君墓志铭》	2

从上表看，宋元时期选取的 10 个选本中，《战国策目录序》选录的次数最多，为 5 次；其次为《抚州颜鲁公祠堂记》《徐孺子祠堂记》《移沧州过阙上殿札子》，为 4 次；《书魏郑公传》《拟岘台记》《救灾议》《分宁县云峰院记》《相国寺维摩院听琴序》《唐论》居第三，为 3 次；其他 18 篇排第四，为 2 次。总之，宋元时期，上表中选录的曾巩之文都比较受关注，其中《战国策目录序》《抚州颜鲁公祠堂记》《徐孺子祠堂记》《移沧州过阙上殿札子》受关注度更高。

（二）明代曾巩文的经典化

明代，我们主要选取了 11 个选录有曾巩文的选本，分别为：《墓铭举例》《历代名臣奏议》《文章辨体》《文编》《稗编》《六家文略》、茅坤《唐宋八大家文钞》《文体明辨》《经济类编》《古俪府》《文章辨体汇选》。我们将以这些选本为样本，以考察明代选本中曾巩文的经典化。

经统计，在选取的 11 个选本中，曾巩共有 47 篇文被选录 3 次及以上，具体情况见下表：

明代选本选录曾巩文频次（3 次及以上）表

篇名	选录频次	篇名	选录频次
《送江任序》	6	《南齐书目录序》	4
《新序目录序》	6	《唐论》	4
《抚州颜鲁公祠堂记》	5	《寄欧阳舍人书》	3
《战国策目录序》	5	《范贯之奏议集序》	3
《拟岘台记》	5	《书魏郑公传》	3
《列女传目录序》	5	《墨池记》	3
《救灾议》	5	《越州赵公救灾记》	3
《送周屯田序》	5	《为人后议》	3
《相国寺维摩院听琴序》	5	《讲官议》	3
《宜黄县学记》	4	《苏明允哀辞》	3
《赠黎安二生序》	4	《上蔡学士书》	3
《徐孺子祠堂记》	4	《齐州二堂记》	3

《筠州学记》	4	《都官员外郎胥君墓志铭》	3
《上欧蔡书》	4	《菜园院佛殿记》	3
《陈书目录序》	4	《洪渥传》	3
《公族议》	4	《洪州新建县厅壁记》	3
《分宁县云峰院记》	4	《虞部郎中戚公墓志铭》	3
《学舍记》	4	《襄州宜城县长渠记》	3
《仙都观三门记》	4	《殿中丞监扬州税徐君墓志铭》	3
《醒心亭记》	4	《移沧州过阙上殿札子》	3
《送蔡元振序》	4	《梁书目录序》	3
《道山亭记》	4	《阆州张侯庙记》	3
《送赵宏序》	4	《寿安县君钱氏墓志铭》	3
《礼阁新仪目录序》	4		

从上表看，明代选取的 11 个选本中，《送江任序》《新序目录序》选录次数最多，为 6 次；其次为《抚州颜鲁公祠堂记》《战国策目录序》《拟岘台记》《列女传目录序》《救灾议》《送周屯田序》《相国寺维摩院听琴序》，为 5 次；《宜黄县学记》《赠黎安二生序》《徐孺子祠堂记》《筠州学记》《上欧蔡书》《陈书目录序》《公族议》《分宁县云峰院记》《学舍记》《仙都观三门记》《醒心亭记》《送蔡元振序》《道山亭记》《送赵宏序》《礼阁新仪目录序》《南齐书目录序》《唐论》居第三，为 4 次；其他 21 篇排第四，为 3 次。上表中所列之曾巩文，在明代比较受人们关注，其中《送江任序》《新序目录序》《抚州颜鲁公祠堂记》《战国策目录序》《拟岘台记》《列女传目录序》《救灾议》《送周屯田序》《相国寺维摩院听琴序》等尤为人们所关注。

（三）清代曾巩文的经典化

清代，我们主要选取了 14 个选录有曾巩文的选本，分别为：《山晓阁选古文全集》《御选古文渊鉴》《御定渊鉴类函》《古文观止》《唐宋十大家全集录》、张伯行《唐宋八大家文钞》《古文雅正》《御选唐宋文醇》《唐宋八大家古文》《唐宋八家钞》《古文辞类纂》《经史百家杂钞》《粤西文载》《（雍正）江西通志》。我们将以上选本为样本，来考察清代选本中曾巩文的经典化。

经统计，在选取的 14 个选本中，曾巩共有 35 篇文被选录 3 次及以上，具体情况见下表：

清代选本选录曾巩文频次（3次及以上）表

篇名	选录频次	篇名	选录频次
《宜黄县学记》	10	《送江任序》	5
《寄欧阳舍人书》	9	《与孙司封书》	5
《抚州颜鲁公祠堂记》	9	《徐幹中论目录序》	5
《列女传目录序》	9	《救灾议》	4
《越州赵公救灾记》	9	《谢杜相公书》	4
《书魏郑公传》	8	《越州鉴湖图序》	4
《战国策目录序》	8	《南齐书目录序》	4
《墨池记》	8	《唐论》	4
《徐孺子祠堂记》	7	《馆阁送钱纯老知婺州诗序》	4
《福州上执政书》	7	《思政堂记》	4
《礼阁新仪目录序》	7	《送李材叔知柳州序》	4
《范贯之奏议集序》	6	《为人后议》	3
《赠黎安二生序》	6	《讲官议》	3
《新序目录序》	6	《齐州二堂记》	3
《先大夫集后序》	6	《归老桥记》	3
《筠州学记》	6	《送赵宏序》	3
《移沧州过阙上殿札子》	6	《熙宁转对疏》	3
《拟岘台记》	5		

从上表看，清代选取的 14 个选本中，《宜黄县学记》选录的次数最多，为 10 次；《寄欧阳舍人书》《抚州颜鲁公祠堂记》《列女传目录序》《越州赵公救灾记》次之，为 9 次；《书魏郑公传》《战国策目录序》《墨池记》居第三，为 8 次；《徐孺子祠堂记》《福州上执政书》《礼阁新仪目录序》排第四，为 7 次；《范贯之奏议集序》《赠黎安二生序》《新序目录序》《先大夫集后序》《筠州学记》《移沧州过阙上殿札子》排第五，为 6 次；《拟岘台记》《送江任序》《与孙司封书》《徐幹中论目录序》排第六，为 5 次；《救灾议》《谢杜相公书》《越州鉴湖图序》《南齐书目录序》《唐论》《馆阁送钱纯

老知婺州诗序》《思政堂记》《送李材叔知柳州序》排第七，为4次；其他6篇排第八，为3次。上表中所列的曽巩文，在清代关注度较高，其中《宜黄县学记》《寄欧阳舍人书》《抚州颜鲁公祠堂记》《列女传目录序》《越州赵公救灾记》《书魏郑公传》《战国策目录序》《墨池记》关注得更多。

（四）历代曽巩文的经典化

在所选取的历代35个选本中，经统计，选录曽巩文5次及以上的有55篇，其具体情况可见下表：

历代选本选录曽巩文频次（5次及以上）表

篇名	选录频次	篇名	选录频次
《抚州颜鲁公祠堂记》	18	《仙都观三门记》	7
《战国策目录序》	18	《上欧蔡书》	7
《列女传目录序》	16	《陈书目录序》	7
《宜黄县学记》	15	《学舍记》	7
《徐孺子祠堂记》	15	《送周屯田序》	7
《书魏郑公传》	14	《道山亭记》	7
《新序目录序》	14	《讲官议》	6
《越州赵公救灾记》	13	《襄州宜城县长渠记》	6
《移沧州过阙上殿札子》	13	《为人后议》	6
《拟岘台记》	13	《越州鉴湖图序》	6
《寄欧阳舍人书》	12	《谢杜相公书》	6
《礼阁新仪目录序》	12	《醒心亭记》	6
《墨池记》	12	《洪渥传》	6
《送江任序》	12	《熙宁转对疏》	6
《救灾议》	12	《苏明允哀辞》	6
《筠州学记》	12	《菜园院佛殿记》	6
《唐论》	11	《虞部郎中戚公墓志铭》	6
《范贯之奏议集序》	10	《梁书目录序》	6
《赠黎安二生序》	10	《送李材叔知柳州序》	5
《南齐书目录序》	10	《馆阁送钱纯老知婺州诗序》	5
《福州上执政书》	9	《洪州新建县厅壁记》	5

续表

《分宁县云峰院记》	9	《上蔡学士书》	5
《送赵宏序》	9	《公族议》	5
《先大夫集后序》	8	《送蔡元振序》	5
《齐州二堂记》	8	《赠职方员外郎苏君墓志铭》	5
《与孙司封书》	8	《阆州张侯庙记》	5
《徐幹中论目录序》	8	《广德军重修鼓角楼记》	5
《相国寺维摩院听琴序》	8		

从上表看，在35个选本中，《抚州颜鲁公祠堂记》《战国策目录序》选录次数最多，为18次，即一半多的选本都选录了这2篇文章；《列女传目录序》次之，为16次；《宜黄县学记》《徐孺子祠堂记》居第三，为15次；《书魏郑公传》《新序目录序》排第四，为14次；《越州赵公救灾记》《移沧州过阙上殿札子》《拟岘台记》排第五，为13次；《寄欧阳舍人书》《礼阁新仪目录序》《墨池记》《送江任序》《救灾议》《筠州学记》排第六，为12次；《唐论》排第七，为11次；《范贯之奏议集序》《赠黎安二生序》《南齐书目录序》排第八，为10次；《福州上执政书》《分宁县云峰院记》《送赵宏序》排第九，为9次；《先大夫集后序》《齐州二堂记》《与孙司封书》《徐幹中论目录序》《相国寺维摩院听琴序》排第十，为8次；《仙都观三门记》《上欧蔡书》《陈书目录序》《学舍记》《送周屯田序》《道山亭记》排第十一，为7次；《讲官议》《襄州宜城县长渠记》《为人后议》《越州鉴湖图序》《谢杜相公书》《醒心亭记》《洪渥传》《熙宁转对疏》《苏明允哀辞》《菜园院佛殿记》《虞部郎中戚公墓志铭》《梁书目录序》排第十二，为6次；《送李材叔知柳州序》《馆阁送钱纯老知婺州诗序》《洪州新建县厅壁记》《上蔡学士书》《公族议》《送蔡元振序》《赠职方员外郎苏君墓志铭》《阆州张侯庙记》《广德军重修鼓角楼记》排第十三，为5次。表中所列之文，可以说均为曾巩的名篇佳作，有些更是堪称曾文之经典，如《抚州颜鲁公祠堂记》《战国策目录序》《列女传目录序》《宜黄县学记》《徐孺子祠堂记》《书魏郑公传》《新序目录序》《越州赵公救灾记》《移沧州过阙上殿札子》《拟岘台记》《寄欧阳舍人书》《礼阁新仪目录序》

《墨池记》《送江任序》《救灾议》《筠州学记》《唐论》《范贯之奏议集序》《赠黎安二生序》《南齐书目录序》等，便反复被各选本所选录。

　　以上这些作品堪称曾巩的经典之作，一些论者也常常会对其加以赏评，如储欣就说，"《先大夫集后序》，精思极构，曾序第一"①；吴楚材、吴调侯说，"《寄欧阳舍人书》，其文纡徐百折，转入幽深，在南丰集中推为第一"②；乾隆皇帝说，"《书魏郑公传》，巩文以此篇为第一"③；刘大櫆说，"《范贯之奏议集序》，子固集序，当以此篇为第一"，"《馆阁送钱纯老知婺州诗序》，子固赠送之序，当以此为第一"④；等等。需指出的是，他们所提到的曾巩经典名篇，在上表中均有出现：《先大夫集后序》排第十，《寄欧阳舍人书》排第六，《书魏郑公传》排第四，《范贯之奏议集序》排第八，《馆阁送钱纯老知婺州诗序》排第十三。然而，这些被认为是曾巩文第一的名篇，各选家选录频次并非是最高的。由此可见，个人评点更具有较强的主观色彩，代表的仅仅是个人的文章审美趣味，难以反映整个文坛和社会的整体审美取向。而选本除个人意志之外，往往还需考虑社会、文坛及接受者等诸多因素。因此，个人认为第一的文章，在选本中往往并非排在首位。

　　另外，在上表所列的55篇曾巩文中，从文体上看，选录最多的为序文，共19篇；其次为记文，共18篇。这两种文体总共为37篇，占55篇的67.27%。可见，在曾巩诸种文体中，序文与记文最为著名，也最受人们欢迎和关注。茅坤在《南丰文钞引》中就曾说"曾之序记为最，而志铭稍不及"，所论甚是。

① 〔清〕储欣辑：《唐宋十大家全集录》卷首，见四库全书存目丛书编纂委员会编：《四库全书存目丛书》集部第404册据康熙刻本，齐鲁书社，1997年，第674页。
② 〔清〕吴楚材、〔清〕吴调侯选：《古文观止》，中华书局，1959年，第525页。
③ 〔清〕乾隆御选，〔清〕允禄校对：《御选唐宋文醇》卷五十四，清文渊阁四库全书本。
④ 　以上见〔清〕姚鼐选纂，宋晶如、章荣注释：《古文辞类纂》卷首，中国书店，1986年据世界书局1935年版影印，第175、178页。

第八章

曾巩文集的流传与刊刻

通过对文集刊刻与流传历史的考察，也能从侧面一窥曾巩在历代接受的状况。本章中，我们将主要论述曾巩文集在历代的流传和刊刻情况。

第一节　宋元时期

曾巩文集在北宋最早结集的情况，据曾肇在为曾巩所撰《行状》中云：

> 又集古今篆刻，为《金石录》五百卷。公未尝著书，其所论述，皆因事而发。既殁，集其稿为《元丰类稿》五十卷，《续元丰类稿》四十卷，《外集》十卷。①

由此可见，在曾巩生前，其文集并未公开出版，只是逝世后，有人将其书稿加以了整理。其文集的具体情况是："《元丰类稿》五十卷，《续元丰类稿》四十卷，《外集》十卷。"至于当时有没有进行公开刊刻出版，现

---

① 〔宋〕曾巩著，陈杏珍、晁继周点校：《曾巩集》，中华书局，1984 年版，1998 年重印，第 796 页。

难以知晓。

元丰八年（1085）三月，王震撰有《南丰先生文集序》，云：

> 南丰先生以文章名天下久矣。异时齿发壮，志气锐，其文章
> 之慓骛奔放，雄浑瑰伟，若三军之朝气，猛兽之抉怒，江湖之波涛，
> 烟云之姿状，一何奇也。方是时，先生自负要似刘向，不知以韩
> 愈为何如尔。中间久外徙，世颇谓偃蹇不偶。一时后生辈锋出，
> 先生泊如也。晚还朝廷，天下望用其学，而属新官制，遂掌书命。
> 于是更置百官，旧舍人无在者。已试即入院，方除自填委，占纸
> 肆书，初若不经意，午漏尽，授草院吏上马去。凡除节御史数十
> 人，所以本法意，原职守，而为之训敕者，人人不同，咸有新趣，
> 而衍裕雅重，自成一家。予时方为尚书郎，掌待制吏部。一日得
> 尽观，始知先生之学，虽老不衰，而大手笔自有人也。呜呼！先
> 生用未极其学已矣，要之名与天壤相弊，不可诬也。客有得其新
> 旧所著而裒录之者，予因书其篇首云。宋元丰八年季春三月朔日，
> 中书舍人王震序。①

这篇序文非常清楚的交待了曾巩文集刊刻于元丰八年，距曾巩逝世两
年，这应该是曾巩集的首次刊刻，公开出版流传。后来，曾谒见过曾巩、
且被曾巩褒奖过的张耒，作有《书曾子固集后》，所谓"曾子固集"，应即
王震所序之《南丰先生文集》，该文也应撰于元丰八年或稍后。遗憾的是，
序文中未提及主持编撰的人是谁，也没说总共多少卷，只是笼统的说为
"客"所"裒录"。这里所说的"客"，应该是曾巩的某位门人。然而，清
乾隆二十八年（1763）南丰查溪刻本《元丰类稿》五十卷，右上径题"门
人陈师道编辑"。此说颇令人怀疑。陈师道为北宋著名诗人，若真是陈师

---

① 〔宋〕曾巩著，陈杏珍、晁继周点校：《曾巩集》，中华书局，1984 年版，1998 年重
印，第 810 页。

道所编辑，应不至于隐其姓名而不传，且陈师道及其同时代或后代人也不可能均对此隐而不说。可能的解释是，此"客"或另有所指。但可以肯定的是，元丰八年刊刻的《南丰先生文集》，应是曾巩最早刊刻流传的文集。

南渡后，《续元丰类稿》四十卷、《外集》十卷多有散佚。陈振孙《直斋书录解题》就说，朱公为谱时，《类稿》之外但《别集》六卷，以为散逸者五十卷，而《别集》所存者什一也。可见到朱熹时，曾巩文集散佚就比较严重。到了南宋后期的开禧元年（1205），建昌守赵汝砺曾有刊刻。此次刊刻为《元丰类稿》五十卷、《续》四十卷、《年谱》一卷。据陈振孙《直斋书录解题》卷十七记载：

> 中书舍人南丰曾巩子固撰。王震为之序。《年谱》，朱熹所辑也。案：韩持国为巩《神道碑》，称《类稿》五十卷，《续》四十卷，《外集》十卷，本传同之。及朱公为《谱》时，《类稿》之外，但有《别集》六卷，以为散逸者五十卷，而《别集》所存其什一也。开禧乙丑建昌守赵汝砺、丞陈东得于其族孙滩者，校而刊之，因碑传之旧，定著为四十卷。然所谓《外集》者，又不知何当，则四十卷亦未必合其旧也。①

可见，此次刊刻，除《元丰类稿》卷数不变外，凑足了《续》四十卷，且增加了朱熹所编之《年谱》一卷。清四库馆臣在《元丰类稿提要》中就云：开禧中，建昌郡守赵汝砺始得其本于巩族孙滩，缺误颇多，乃同郡丞陈东合《续稿》《外集》校定之，而删其伪者，仍编定为四十卷，以符原数。四库馆臣就认为，此次编定的《续元丰类稿》四十卷乃是合《续稿》和《外集》并加以校定而成，以符合原来之数。

南宋年间，曾巩九世孙曾文受、曾文忠也刊刻有《元丰类稿》，编次

---

① 〔宋〕陈振孙著，徐小蛮、顾美华点校：《直斋书录解题》，上海古籍出版社，1987年，第504页。

与元丰本迥异，为不同的版本系统。刊刻时间约在南宋理宗淳祐年间，即曾巩被追谥为文定公前后。其后明万历年间曾敏才刻本王玺序中提及此本：先时，《元丰类稿》九世孙居查溪讳文受、文忠者，已经校刊。历代书目都不曾提及此本，散佚久矣。[①]

另外，南宋时还曾出现过《欧曾文粹》，据称为朱熹所选。王柏（1197—1274）在《跋欧曾文粹》称："右欧阳文忠公南丰曾舍人文粹，合上下两集六卷，凡四十有二篇，得于考亭门人，谓朱子之所选。观其择之之精，信非他人目力所能到。"[②] 此本今已不存。

曾巩文集之宋代刊本，大多已亡佚不存。傅增湘《藏园群书经眼录》卷十三中记载了宋刊本残卷的版式，即：半页十二行，每行二十至二十五字不等，白口，左右双栏，版心上记字数，下鱼尾下记页数，下方记刊工人名。文中有夹注，行间异文旁注。据《现存宋人别集版本目录》记载，在北京文物局存有曾巩《元丰类稿》的宋刻本四页，其卷数不详。[③]

曾巩之集，在金代亦有刻本。据《宋人别集叙录》称，"曾巩诗文集，现存完帙者以宋椠《曾南丰先生文粹》十卷及金刻本《南丰曾子固先生集》三十四卷为最古，两本俱藏北京图书馆"[④]。但《曾南丰先生文粹》后被考证实为明初人所编。

元代曾巩文集，主要有丁思敬大德八年（1304）所刊之本《元丰类稿》五十卷、《续附》一卷。据其《元丰类稿后序》称：

> 仆尝读舍人王公所著《南丰先生文集序》，喜其有波涛、烟云、三军朝气之语，足以摹写斯文之妙。及观紫阳夫子序公家谱，甚恨世之知公者浅，而后未敢以前言为可喜也。

---

① 见吴芹芳《〈元丰类稿〉版本考略》，《江西图书馆学刊》2003年第4期，第80页。
② 〔宋〕王柏著：《鲁斋集》卷十一，清文渊阁四库全书本。
③ 见四川大学古籍所编：《现存宋人别集版本目录》，巴蜀书社，1990年，第57页。
④ 祝尚书著：《宋人别集叙录》，中华书局，1999年，第284页。

公先世亦鲁人，尝欲抽瓣香，修桑梓，敬而未能。大德壬寅春，假守是邦。既拜公墓，又获展拜祠下，摩挲石刻，知为魁枢千峰陈公名笔。至品藻曾、苏二公文，则独以金精玉良许曾文之正。信乎！曾文定之文价，至陈文定而后论定也。公余进学，官诸生访旧本，谓前邑令黄斗斋尝绣诸梓，后以兵毁。夫以先生文献之邦，而文竟无传，后守乌得辞其责。乃致书云仍留耕公，得所刻善本，亟捐俸倡僚属及寓公、士友协力鸠工摹而新之，逾年而后成，其用心亦勤矣。后必有不汲汲于它务者，悯其勤而寿其传，斯无负雪楼先生品题云。大德甲辰良月，东平丁思敬拜手书于卷尾。[①]

该本为《元丰类稿》五十卷，《续附》一卷，现藏于北京图书馆。从序文中可知，在丁氏刊刻之前，前邑令黄斗斋也曾进行过刊刻，但后来毁于兵火，难知其详。

第二节　明清时期

明代是曾巩接受的一个重要时期，其文集的刊刻也比较多，但大多源于元大德本。

首先是明正统十二年（1447）宜兴令邹旦所刊刻之本《元丰类稿》，据邹旦《重刻元丰类稿附录》载：

闻刻南丰文集，喜而赋诗，以促其成。录似大尹邹侯乡契："曾子文章世稀有，水之江汉星之斗。"吾闻先儒有此言，盛事至今传不朽。南丰刻本兵燹余，内阁所藏天下无。世儒欲见不可得，

谁是世南行秘书？义兴茂宰江西彦，两度鸣琴宰花县。首捐官俸
再刊行，要使流传天下遍。昼长公退亲校雠，良工铁笔重雕镂。
更烦精鉴正亥豕，使有文光冲斗牛。知君此举非小补，书成速寄
争先睹。名姓长留天地间，千古清风播旴汝。乡生大年稿呈。

　　右常州郡学司训、临川聂君大年闻予重刻《类稿》，以诗促
其成。予爱其首称先辈，谓"曾子文章世稀有，水之江汉星之斗"。
以"江汉"喻先生之文，则其雄放闳深可知。继喻以"斗"，则
其正大高明、芒寒丽天可见。夫以七字说尽先生文章之妙，可谓
简约有法矣。孰不爱之乎？况司训此诗，亦通篇清丽，盖才子之
杰作也。且欲予亲校雠，正亥豕，不致讹谬，是又有益于予者也。
书成，谨附于篇末云。

　　时正统丁卯（1447）夏六月望日，文林郎、知宜兴县事、乐
安邹旦谨识。①

邹旦为江西乐安人，该本刻于正统十二年夏天的六月，且临川人聂大
年闻讯后，还赋诗以促其成。

书前尚有江西乐安人姜洪之《重刊元丰类稿序》：

　　文章与气运之隆替相关，信不偶然也。宋兴，五星聚奎，文
运大盛。然犹至于六七十年而后，欧阳公卓然以古文振起于天下。
当是时，又有如苏老泉父子、王介甫、曾南丰诸贤相与和之，故
能丕变五代之陋，上追西汉、先秦之古雅也，斯岂偶然哉？

　　南丰先生天资高，学力超诣，其所得宏博无津涯，所趋则约
守而恕行之，其言之而为文，亦雄伟奔放，不可究极。要其归，
则严谨醇正，推其所从来，实尝师友于欧公之门，而其所自负，

---

① 〔宋〕曾巩著，陈杏珍、晁继周点校：《曾巩集》，中华书局，1984年版、1998年重
印，第813—814页。

则先正谓其要似刘向，不知韩愈氏为何如。于戏！先生所际如是，所学、所行如是，所从来、所抱负又如是，其文足以鸣世，而并称欧、苏、王、曾四大家，又岂偶然哉？

洪家食时，尝睹先生《元丰类稿》于邑之元氏，欲手钞之而未暇，及期则已为有力者所取去矣。其后宦游京师，阅馆阁，虽有此书目，而其帙皆留玩于他所。因又窃叹不独其文不偶然，虽读之亦不可偶得也。岁之四月，洪疾，得告南归。过宜兴，访友人邹大尹孟旭，宿留累日，为洪道其始得《类稿》写本于国子司业、毗陵赵公琬，谋刻之，继又得节镇南畿、工部左侍郎、庐陵周公忱示以官本，彼此参校，刻梓成矣，试为我序之。

洪曰：嗟夫！是书之行，亦岂偶然哉？有数存焉耳。盖唐自韩、柳至宋三百余年，始有欧、苏、王、曾出而继之。自宋欧、苏、王、曾至今大明，又三百余年矣，而我列圣诞布文命于四海，亦八十年，于兹所谓文运与气运正当会合，亨嘉之日也，得无名世者出以继欧、苏、王、曾歟？此先生之文所以始于周、赵二公而刻成于大尹，以盛行于世，而为世学者之楷模也，岂复有区区不得读斯文之叹哉？洪不能序斯文，亦有不待序而行者，独惟大尹之刻本，不为无补于世，无功于学者，不可使其无闻也，故忘其浅陋，为僭书此于篇端焉。

大尹名旦，孟旭字也，世为乐安故家，知砀山、宜兴二县事，所至多惠爱及民，而律己尤严，若大尹可谓贤也矣。时正统十二年岁舍丁卯夏五月辛亥，赐进士、翰林修撰、乐安姜洪序。[1]

另有赵琬《重刊元丰类稿跋》：

---

[1] 〔宋〕曾巩著，陈杏珍、晁继周点校：《曾巩集》，中华书局，1984年版、1998年重印，第811—812页。

昔南丰曾氏之文，与庐陵欧阳氏、眉山苏氏、临川王氏并称名家，而皆有集，板行于世。顾今欧、苏、王三集世有印本，独曾集散逸无传，近世士大夫家盖少得见其全集者。予钞录此本，藏之巾笥久矣，尝议重刻诸梓，与三集并传，而力不逮。比宜兴县尹、乐安邹旦孟旭考秩来京，访予太学，间论及曾文，而孟旭亦以世不多见为憾。予因出所藏以相示，孟旭阅之而喜曰："宜广其传。"遂属其回任所梓刻焉。板成，征言以识其后。

嗟乎！曾氏之文，粲然如日星之丽天，而光耀不可掩焉者，固无俟乎予言。然后之君子不为古文则已，苟欲为之，要不可不取法于此，犹离娄、公输子之欲成方圆，而必以规矩也。孟旭尊崇先正，笃意斯文，而为此义举，其好善懿德，何可以不书哉？庸题末简以识其成云。正统十二年七月七日，毗陵后学赵琬识。[1]

该本现存于北京图书馆及上海图书馆等地，日本宫内厅书陵部亦存有卷一至二十九。

成化六年（1470）南丰县令杨参以正统邹旦本为底本，重新翻刻，是为成化本。据王一夔《元丰类稿序》称：

昔濂溪周子曰：文以载道也，不深于道而文焉，艺焉而已。圣贤者，深于道者也。六经之文，所以载道也。为天地立心，为生民立极，为万世开太平也。必如是而后可以谓之文焉。第以文辞为能，而不深于道，虽奔放如迁、固，高古如柳、韩，沈着纵肆如欧、苏，亦不免周子"艺焉"之讥，尚得谓之文哉？若南丰曾先生之文，其庶几于道者欤！

先生讳巩，字子固，鲁国复圣公之裔，远祖徙吾江右之南丰

---

[1] 〔宋〕曾巩著，陈杏珍、晁继周点校：《曾巩集》，中华书局，1984年版、1998年重印，第813页。

邑。先生生而警敏，读书过目辄成诵，年十二即能文，日草数千言，多惊人语。甫冠游太学，欧阳并斋一见其文，即大奇之。登嘉祐进士第，历官外郡居多，最后始擢中书舍人。不逾年，丁内艰以卒。所至文章政事，卓卓为人所传诵欣慕。惜时不能大用，而徒昌其文。先生之文，虽未始六经之袭，而未尝不与六经合也。善乎！宋潜溪评先生之文，谓如姬、孔之徒复出于今世，信口所谈，无非三代礼乐，此可谓知先生之深者。彼三军、朝气、猛兽、江湖、烟云譬者，尚得谓之知先生哉？

先生所著文，有《元丰类稿》五十卷，已板行于世。属者南靖杨君参来令南丰，乃先生故邑，因求全集，正其讹漏，将锓梓以广其传，乃介教谕句容王铎，求予文以引其端。于戏！一夔何敢序先生文哉？昔欧阳公作《五代史》，陈师锡序之，而半山诮焉。以一夔而序先生之文，其蹈师锡之诮必矣。一夔何敢序先生文哉？虽然，师锡之序《五代史》，固不能免半山之诮，师锡之名，亦藉是以有闻于今日。先生文在天地间，如景星，如庆云，如麒麟、芝草，而天下之人争睹之者唯恐或后，一夔之名，诚得藉之以有闻于后世，亦何幸欤！为是不拒其请，而僭序之首简。

成化六年庚寅岁冬十月望日，赐进士及第、奉训大夫、左春坊、左谕德、经筵官、兼修国史、后学豫章王一夔序。[1]

后又有谢士元所撰《重刻元丰类稿跋》：

南丰曾先生所著《元丰类稿》诗凡五十卷，宜兴原有刻本传于世。知南丰事杨君参谓先生邑人也，流风余韵犹有存焉，况文乎？乃以宜兴旧本命工翻刊以传，盖欲邑之学者人人有而诵之。

---

① 〔宋〕曾巩著，陈杏珍、晁继周点校：《曾巩集》，中华书局，1984年版、1998年重印，第814—815页。

孟轲氏所谓诵其诗，读其书，不知其人可乎？学者诵先生之文，
则知先生矣。知先生则于感发也，特易易焉耳。参身任师帅，欲
学者景行乡之先哲，可谓善于教欤！书之末简，岂徒识乎岁月，
亦著参所存所施异于人云。后学长乐谢士元书于思政堂，时成化
壬辰六月也。①

另外，罗伦亦为该本撰写过《南丰文集序》，并称"南靖杨君参来令
南丰，刻宜兴板于县学，属伦序之"(《一峰文集》卷二)。该本在多家图书
馆现均有庋藏，如北京图书馆、北大图书馆等。

嘉靖二十三年(1544)，又有王忬刻本《南丰先生元丰类稿》五十一
卷，据陈克昌所作《南丰先生文集后序》称：

南丰先生曾氏之文，与庐陵欧阳氏、眉山苏氏、临川王氏并
称名家，而皆有集行于世。先生之集，盖刻自元大德甲辰。此为《元
丰类稿》。宜兴有刻，为乐安邹君旦。丰学重刻，为南靖杨君参。
缙绅章缝，遂有善本争相摹印，人人得而观之。邹孟氏所谓诵其
诗，读其书，不知其人可乎？学者观先生之文，则知先生矣，知
先生则于感发也，特易易耳。历岁兹远，板画多磨，虽尝正于谢
簿普，再补于莫君骏，顾旋就湮至不可读。予谪盰于之再稔，公
暇辄留意于斯。而郡斋所存，若《李盰于江先生集》《养生杂纂》
《耕织图》《和唐诗》，昔所残缺，悉为增定。既又取是集雠校焉，
易其敝朽，剔其污漫，更新且半，庶几全录，阅三月始就绪。

呜呼！先生之文何事于予，顾诚有不容己者，而亦学者诵法所
在，高山仰止，景行行止，愿相与勉之。若徒以其文焉尔也，浅之

---

① 〔宋〕曾巩著，陈杏珍、晁继周点校：《曾巩集》，中华书局，1984 年版、1998 年重
印，第 816 页。

乎求先生者矣。嘉靖甲辰仲春，前参议、仁和后学陈克昌识。①

该本在大陆及台湾均有庋藏，日本内阁文库等也有收藏。

嘉靖四十一年（1562），黄希宪曾重刻成化本《南丰先生元丰类稿》。另外，嘉靖间尚有曾巩九世孙曾文受刻本，今唯有辽宁省图书馆收藏。

隆庆五年（1571），邵廉又曾加以重刻，其《序刻南丰先生文集》称：

> 南丰先生之自叙文云尔，其言以一道德、同风俗为盛，由当理故无二，由不当理故二。后之评赞者亡虑十百，其不知者风影形似，知之者厄言无当，蔓衍而反盖厥指，读者辄病。叙南丰曾氏者，孰与其自叙文甚确也？故今揭而论叙。

> 夫曾氏之文，盖庶几乎孔门之文章也。《中庸》曰："喜怒哀乐之未发谓之中，发而皆中节谓之和。"和也者，中也，天下之达道也。孔子曰："辞达而已矣。"辞，喜怒哀乐之成章也。达，达其由中出也。辞达而道达也，故通之天地万物无二也。曾氏当理故无二，以此，夫子之文章，可得而闻。

> 自七十子丧而微言绝，其可得而闻者，卑弱者溺近，诐邪者荒远，百家舛错，如亡羊迷珠，即可得而闻者犹然，况不可得而闻者乎？

> 汉兴，庶几乎道者，得一董仲舒。论政则明教化而重礼乐，论学则崇道谊而诎功利，而其指曰：道之大原出于天，天不变，则道亦不变。天即天命之中，道惟达故不变也，当理无二非欤？诸不在六艺之科、孔氏之术者，请绝勿通，非一德同俗欤？是孔门文章之支流也。

> 由汉而宋，数百年而后得南丰曾氏，反约以阐其指，详整以

---

① 〔宋〕曾巩著，陈杏珍、晁继周点校：《曾巩集》，中华书局，1984年版、1998年重印，第816—817页。

明其法。《叙战国策》言道以立本，法以适变。《叙听琴》详五礼六乐其用，至于养才德、合天地而后已。《筠州学记》则详次《大学》诚正修身，而本之致知。《新序》之作，又深明学有统，道有归，而斥众说，大较以一德同俗、当理无二为旨趣。

盖二子者之文章，可谓至正矣。夫董仲舒之明一统，学海者也。仲尼日月也，水则海也。南丰子亦水之江汉乎？海之支委也；星之斗乎？是借日之光也。是故偏全者智识，醇驳者造诣，其辞指一也，未见大原之叹，非文王、孔子之文之评，则所谓道德礼乐教化者皆非欤？噫！谅哉难矣。廉非敢以乡曲后生与知公文事，而深有慨于知之者难也。序而刻之。隆庆五年（1571）辛未秋八月之吉，南丰后学邵廉谨题。①

至于该本所据何本而刻，《宋人别集叙录》称"其底本当即成化本"，可备一说。该本今江西师范大学图书馆等有藏。另据《现存宋人别集版本目录》载，隆庆间亦有查溪曾氏刻本，该本为谁所刻，今已不详，此乃据宋本校，复旦大学图书馆有藏。

万历二十五年（1597），有裔孙曾敏才等重刊本。该本前有多人所撰之序，宁瑞鲤《重刻曾南丰先生文集序》称：

余不佞，亦尝诵先生之文矣。顷释褐承乏丰土，私窃幸溯前哲徽音，获寄仰止。入境久之，复耳三文公之迹为详，盖相国文肃公子宣、史馆文昭公子开，皆先生季仲，而先生讳巩，字子固，则世所推文定公者。先生文旧刻县署，存者陶阴亥豕，阙者首尾决衡。余怅然欲一新诸梨，而簿书倥偬，居鲜暇日。会邑痒士曾敏才、敏道、国彦、敏行、国祚、育秀、能先等诣余，请曰："祖

---

① 〔宋〕曾巩著，陈杏珍、晁继周点校：《曾巩集》，中华书局，1984 年版、1998 年重印，第 817—818 页。

南丰先生倡道宋嘉祐间，为时儒宗，所著文集若干卷，学士大夫交传诵之。兹欲仰承雅意，摹刻佳本，藏之祖庙，以志不朽。乞赐一言之辱，弁之首简，幸甚。"余维凤昔向往之勤，孜孜诵法，其可以不文辞？

盖先生之文至矣，乃六经之羽翼，人治之元龟，自孟轲氏以来，未有臻斯盛者也。夫其矢口成误，摛词树帜，彼曷尝雕镂锻炼，字栉句比，规规然矜一隅，工累黍哉！辟之三垣九野，向夕而光章；万壑群川，归虚而沛艾。至错经纬而涣沦漪，天地不为文而不能使之不文，亦其势然也。先生生昆体浸淫之后，洛学未兴之前，识抱灵珠，神超象帝，致知诚意之说，率先启钥，功良伟矣。尝试取先生书详读之，张皇幽渺，则天地万汇靡遁其情；商订运代，则襄畴风俗曲尽其变。条国家盈缩灾眚，随计蠹耗图回之安在；规官守刑名法度，壹令钱谷狱讼之兼筹。旁至篇什赋咏，罔不温润春容，可弦可诵。盖先生于义理，茧丝牛毛，于学，贯道与器，故文章卓绝若此。

考神宗时，属新官制，除目填委，先生下马口占敕词，日除数十人，各极命官法意，神宗简注特隆，有史学见称士类之许。践更中外，所至有声。即父兄鼎贵，中朝故人，舒国秉均轴，先生进止泊如也。则先生自任，实贞且重，独以文章致大名耶？故观先生者，于道不于文，政以文论，亦自岿然诸名家中。何者？昌黎贻论于格致，柳州谬称于罗侯。舒国新经字说之见疵，眉山纵横习气之未遣。唯是六一纡余典重，先生并之。至《为人后议》一出，六一且有当时未见此论之叹，盖追忆濮议云。然则先生在诸公间，有过之无弗及也。倪所谓六经羽翼，人治元龟，直接孟氏之传，岂虚也哉？

它时文昭公裔思孔氏为余言：厥先祖世藏先生《隆平集》数

十卷，别无副本，未敢轻示人，丰人士即不知先生复有是书。雅欲手写全编，传之好事，以困公交车未能也。则并梓以垂示来者，非兹邑一快书与？诸生祖讳忠，先生再世孙，死金将之难于越，遗子宓，事闻，以恩泽补将仕郎，终南安军守，由抚转徙桑梓之查溪，世建庙貌，瞰溪流数武，余道盱舟次，往往为之低回而谒其祠焉。思孔氏业古辞赋，已卓登作者之坛，而诸痒士英奕济济，咸质有其文，可谓能世其家者，余故乐为之序，并致《隆平集》遗之。明万历丁酉岁季夏月谷旦，赐进士出身、知南丰县事、桐沩宁瑞鲤撰。[①]

而王玺《重刻南丰先生文集序》又云：

文以载道，道管于性，性定于一。六经以一为宗，圣人以一为极，先师之一贯，宗圣之一唯，立言经世，万古不磨。下此诸子百家，樊言不一，凿性畔道，不可以训，则文实未易言也。

吾丰据西江上游，人文代有，特竞词章，而性学不明，敝也久矣。南丰曾先生讳巩者，其文章根自性学，远追乃祖宗圣，一贯忠恕大学格致心法，以六经缮性，抱真守一，盖接乎参而达乎孔者也。其有关道统，岂浅鲜哉？当时读其文者，或世数相悬，或壤地相隔，皆猎其词而未罄其行，夸其文而未得其性，是采花而忘实者也。予生先生数百年之后，尤幸得近先生之居，其性学渊源，忠孝廉节，满著乡评，超于文章之表者，得稔知而缕数。先生早负英敏，日记数千言，而博学详说，反约之乎一心。善养祖姑，本于纯孝，以经术课子弟，使知其一以定其性，会其道，以故诸弟以文学显，冢孙以忠义名。历任六州，所在料理，弭盗

---

① 〔宋〕曾巩著，陈杏珍、晁继周点校：《曾巩集》，中华书局，1984年版、1998年重印，第819—820页。

戢奸，惠政四溢，民风鼓鬯。两迁史馆，编次实录，断自独心，不以贵倨迁就。奈忠直忤时，挠于新法，相业未就，遂解组归田，结兴鲁书院，与欧、苏诸君子发明一贯定性之旨。所著《元丰类稿》《隆平》《金石》《群史》诸书，总皆发自性灵，真得孔门心法，克绍宗圣家学者乎！迄今子姓蔓延，抚、建各设庙祀，而查溪后裔彬彬，人文称盛，始信道脉所流也。

先时《元丰类稿》，九世孙居查溪讳文受、文忠者已经校刻，第原本存县久，多残缺。予方扪心感慨，俟裔孙才、行、道、思、秀、先等谋修先业，来属予言。予虽不敏，尝怪世之毁道灭性，专以定性主一之训，私心向慕，而踵芳之志未逮也，辄起而言曰：尔诸士此举甚盛心也，然克振箕裘者，不在浮慕其迹，要在远契其心，诚以道为型轨，心为严师，则定性中自是法祖也。宗圣之一，先生衍之，先生之一，后胤当宗之，则兹集为传心令典可也。不尔无以畅明性道，何以光昭祖德哉？不佞为先生后学，愧未能尽性至道，漫以一自持，朝夕乾乾，亦以此属尔后士云。大明万历丁酉岁季夏月上浣之吉，赐进士、嘉议大夫、广东提刑按察司按察使、前钦差抚苗、两奉敕提督学政、知直隶太平府事、户礼二科左右给事中、使朝鲜国、赐一品服、侍经筵官、题准纂修世宗实录、翰林院庶吉士、乾乾道人、南丰里东后学见竹王玺撰。[①]

赵师圣《曾南丰先生文集序》亦云：

予自束发受书，长而策名登朝，海内升平，天下乂安，读书中秘，于今二十有余年，凡古今文章升降之变，窃尝窥之矣。

自东汉以来，道丧文敝，虽以唐贞观致治，几于隆盛，而文

---

① 〔宋〕曾巩著，陈杏珍、晁继周点校：《曾巩集》，中华书局，1984 年版、1998 年重印，第 821—822 页。

章不能革五代之衰。昌黎韩子起布衣麾之，天下翕然复归于正。愈之后二百有余年而得欧阳子，其学推韩愈，以达于孟子。士无贤不肖，不谋而同曰：欧阳子，宋之韩愈也。时予乡曾文定公橐其文数十万言来京师，京师之人无知之者，欧阳公见而独异之，初骇其文，复壮其志，由是而子固之名动天下。嗟乎！彼文公者，岂徒以其文章哉？方其迎骨于凤翔也，王公士庶奔走膜呗，而文公冒死极谏，撄万乘之怒而不悔。则文公卫道之严，正气所磅礴，固已参天地，关盛衰，浩然而独存矣。其手扶云汉，章分裳锦，岂偶然哉？欧阳公立朝谠直不回，至其论文，则曰：道胜者文不难而自至，若道之充焉，虽行乎天地，入于渊泉，无不之也。不然，以欧公之才，岂不能争裂绮绣，若子云、仲淹辈，诚卫道之心严耳。

曾子固、子开伯仲皆以文名于时，而子固文尤著。其《元丰类稿》言近指远，大者衷于谟训，而小者中于尺度。至论古今治乱得失、是非成败、人贤不肖，以及弥纶当世之务，斟酌损益，必本六经。卫道之心，实与昌黎、永叔相表里，非仅以文章名后世也。后之君子读子固之文，而得欧阳子之志，与韩子当年抵排异端、张皇幽眇之深心，以上溯于子舆氏知言之教，则斯稿之传，不为无补于天下后世，乃足以明吾乡之学，障百川而回狂澜，以庶几于邹鲁之遗业也，有如是尔。同邑后学赵师圣题。[①]

该本今北京图书馆等有藏。另外，据《现存宋人别集版本目录》载，明代曾巩集刊本还有：万历二十五年澄雪亭刻本，现存江西省图书馆；明刻清印本，清顺治十七年邵睿明跋，现存于美国国会；明谭锴刻本，现存湖南图书馆等；明崇祯曾懋爵刻本，现存北京图书馆等；另有《南丰先生

---

① 〔宋〕曾巩著，陈杏珍、晁继周点校：《曾巩集》，中华书局，1984年版、1998年重印，第822—823页。

元丰类稿》五十卷《首》一卷，明万历梅峰公刻本，现存安徽师大图书馆；等等。

而《南丰先生文粹》前已述其实为明初刊本，《万卷精华楼藏书记》中著录明何乔新的评论，阐明《南丰先生文粹》十卷本的来历："国初惟《类稿》藏于秘阁，士大夫鲜得见之。永乐初，李文毅公为庶吉士，读书秘阁，日记数篇，休沐日辄录之。今书坊所刻《南丰文粹》十卷是也。"①嘉靖二十八年（1549）安如石曾重刊刻《南丰先生文粹》十卷本。嘉靖间黄平宪、刘士瑗则刻有《南丰先生文粹》四卷。

从以上可见，明代曾巩文集虽然刊刻比较频繁，但主要是以元大德本为主，在版本上没有太大的突破，但这些版本的刊刻，为曾巩接受提供了源源不断的阅读文本，使其接受面得到进一步的扩大。刊本前的序言，也为人们接受曾巩提供了很好的导引作用。

虽然清代晚期曾巩接受有所回落，但之前的初期与中后期，亦是曾巩接受的一个重要时期。曾巩文集在此期间亦多有刊刻。

康熙三十二年（1693），南丰彭期七业堂曾将《类稿》五十卷分类重新编排，为《曾文定公全集》二十卷，补集外文数篇。今江西省图书馆有藏。

康熙四十九年（1710），有南丰长岭西爽堂刻本《元丰类稿》五十卷，为曾氏后裔曾国光所刻，北京大学图书馆等有藏。

康熙五十六年（1717）顾崧龄刻有《南丰先生元丰类稿》五十卷、《南丰先生集外文》二卷、《续附》一卷，今北京图书馆、江西省图书馆等有藏。据其《曾南丰全集跋》称：

　　南丰先生《元丰类稿》五十卷，前明递刻以传，宜兴令邹氏乃刻于正统间，最先出，其中讹谬已多，况后焉者乎？崧龄喜诵

---

① 见吴芹芳《〈元丰类稿〉版本考略》，《江西图书馆学刊》2003 年第 4 期，第 80 页。

先生文，苦无善本，又虑其愈久愈失其真，于是参相校雠，佐以《宋文鉴》《南丰文粹》诸书，手自丹黄，谋重刻之有年矣。

侧闻屺瞻何太史焯每慨藏书家务博而不求精，故即近代通行之书多所是正，而先生集亦尝假昆山传是楼大小字二宋本相参手定，其副墨在同年友子遵蒋舍人杲所，因请以归，于是复参相校雠。凡宋本与诸本异同者，僭以鄙意折衷其间。如第七卷脱《水西亭书事》诗一首，第四十七卷《太子宾客陈公神道碑铭》脱四百六十八字，诸本皆然，则据宋本补入。类此颇多，未易悉数。至于先生《续稿》及《外集》，南渡后已散轶，见于吴曾《能改斋漫录》、庄绰《鸡肋编》与《文鉴》《文粹》中者得十三首，拟附于后。舍人闻而题之，因又出《圣宋文选》见示，复得七首。共二十首，分为上下卷，题曰《南丰先生集外文》。刻既成，乃喟然而叹。盖叹舍人不吝之雅意与太史是正之苦心，俾是刻得免踵讹承谬之诮，抑且搜取遗珠，幽而复光，以遂崧龄修瓣香之敬，于先生宁非厚幸哉？

先生之文，自宋以来，序而颂扬者众矣，以崧龄荒陋，即欲置喙，宁有加焉？因次王震以下序十二首，总冠简端，唯自述其重刻缘起如此。康熙五十六年丁酉夏四月日，长洲后学顾崧龄谨跋。①

该本以宋本为底本，参校《宋文鉴》《南丰文粹》等，收有王震以下十二家之序，方便读者了解曾巩文集之源流。后来，四库全书本即以此为底本。今该本藏于江西省图书馆、江西师范大学图书馆等处。

另有清初重刻本《元丰类稿》五十卷，今藏吉林省图书馆。

---

① 〔宋〕曾巩著，陈杏珍、晁继周点校：《曾巩集》，中华书局，1984年版、1998年重印，第823—824页。

乾隆二十八年（1763）有查溪曾氏祠堂刻本，为《元丰类稿》五十卷，今江西省图书馆有藏。

乾隆四十六年（1781）四库全书本，为《元丰类稿》五十卷，乃据顾崧龄刻本，并据何焯点勘，订正其脱误。由于四库全书影响甚大，故该本传播亦比较广泛。

光绪十六年（1890），慈利渔浦疏远有刻本《元丰类稿》五十卷，今存南京图书馆等处。

此外，还有《曾文定公文抄》三十八卷，为清刊本，今陕西图书馆有藏；《宋大家曾文定公文抄》十卷，有朝鲜旧抄本，今复旦大学有藏；陆心源《元丰类稿补》二卷，见《潜园总集群书·校补》；《曾南丰文集》四卷，为宣统二年（1910）上海会文堂粹记石印本，张孝锡校订；等等。

综之，与明代相比，清代曾巩文集刊刻虽不是非常频繁，但其影响和传播的范围更为广泛，特别是顾崧龄本及四库全书本的出现，对后世影响甚大。可以说，清代亦是曾集刊刻与传播的一个重要时期。

以上是我们对曾巩文集在历代的流传与刊刻进行的粗略的梳理。文集作为一种重要文本，对作家作品的传播与接受具有重要的价值和意义。而为文集刊刻所撰写的序跋，不仅反映了文集流传的历史过程、刊刻的缘由等，也回应着当时文坛的审美走向，以及刊刻者自身的文学主张和审美趣味。因此，曾巩文集的流传与刊刻情况，亦反映了曾巩接受的诸多侧面，值得我们关注。

参考文献
（以作者姓氏拼音排序）

一、古代著述

1.〔明〕安磐著:《颐山诗话》,清文渊阁四库全书本。

2.〔明〕艾南英著:《天傭子集》,清光绪重刊本。

3.〔清〕包世臣著:《艺舟双楫》,清道光安吴四种本。

4.〔明〕贝琼著:《清江文集》,清文渊阁四库全书本。

5.〔宋〕蔡梦弼著:《草堂诗话》,清文渊阁四库全书本。

6.〔清〕蔡世远著:《二希堂文集》,清文渊阁四库全书本。

7.〔明〕曹安著:《谰言长语》,清文渊阁四库全书本。

8.〔宋〕晁说之著:《景迂生集》,清文渊阁四库全书本。

9.〔宋〕车若水著:《脚气集》,清文渊阁四库全书本。

10.〔清〕储欣辑:《唐宋十大家全集录》,济南:齐鲁书社,1997年。

11.〔宋〕陈长方著:《步里客谈》(丛书集成初编本),北京:中华书局,1991年。

12.〔清〕陈弘绪著:《寒夜录》,清钞本。

13.〔宋〕陈耆卿著:《筼窗集》,清文渊阁四库全书本。

14.〔宋〕陈思著:《海棠谱》,清文渊阁四库全书本。

15.〔宋〕陈师道著：《后山集》，清文渊阁四库全书本。

16.〔宋〕陈襄著：《古灵集》，宋刻本。

17.〔清〕陈衍著：《宋十五家诗》，上海：上海古籍出版社，2002 年。

18.〔清〕陈衍撰，陈步编：《陈石遗集》，福州：福建人民出版社，2001 年。

19.〔宋〕陈振孙著，徐小蛮、顾美华点校：《直斋书录解题》，上海：上海古籍出版社，1987。

20.〔元〕程端礼著：《读书分年日程》，清文渊阁四库全书本。

21.〔明〕程敏政编：《明文衡》，清文渊阁四库全书本。

22.〔宋〕戴复古著，吴茂云校注：《戴复古全集校注》，北京：中国文史出版社，2008 年。

23.〔清〕方苞著，刘季高校点：《方苞集》，上海：上海古籍出版社，1983 年。

24.〔清〕方东树著，汪绍楹校点：《昭昧詹言》，北京：人民文学出版社，1961 年。

25.〔清〕方东树著：《考槃集文录》，上海：上海古籍出版社，2002 年。

26.〔清〕方楘如著：《偶然欲书》，上海：上海书店出版社，1994 年。

27.〔元〕方回选评，〔清〕纪昀刊误，诸伟奇、胡益民点校：《瀛奎律髓》，合肥：黄山书社，1994 年。

28.〔元〕方回著：《桐江集》，清嘉庆宛委别藏本。

29.〔元〕方回著：《桐江续集》，清文渊阁四库全书本。

30.〔明〕方孝孺著：《逊志斋集》，清文渊阁四库全书本。

31.〔清〕方以智著：《文章薪火》，清昭代丛书本。

32.〔宋〕费衮著：《梁溪漫志》，清文渊阁四库全书本。

33.〔明〕冯梦龙编著，杨桐注：《警世通言》，武汉：崇文书局，2015 年。

34.〔元〕顾瑛编：《玉山名胜外集》，清文渊阁四库全书本。

35.〔清〕顾有孝编:《明文英华》,清康熙传万堂刻本。

36.〔明〕归有光著,周本淳校点:《震川先生集》,上海:上海古籍出版社,1981 年。

37.〔明〕归有光编:《文章指南》,济南:齐鲁书社,1997 年。

38.〔清〕归庄著:《归庄集》,上海:上海古籍出版社,1984 年。

39.〔宋〕韩淲、陈鹄著,孙菊园、郑世刚点校:《涧泉日记·西塘集耆旧续闻》,上海:上海古籍出版社,1993 年。

40.〔明〕何乔新著:《椒邱文集》,清文渊阁四库全书本。

41.〔清〕何文焕著:《历代诗话》,北京:中华书局,1981 年。

42.〔清〕何焯著,崔高维点校:《义门读书记》,北京:中华书局,1987 年。

43.〔明〕贺复征编:《文章辨体汇选》,清文渊阁四库全书本。

44.〔明〕胡俨著:《颐庵文选》,清文渊阁四库全书本。

45.〔明〕胡应麟著:《少室山房笔丛》,上海:上海书店,2001 年。

46.〔明〕胡应麟著:《少室山房集》,清文渊阁四库全书本。

47.〔宋〕胡仔著:《渔隐丛话》,清文渊阁四库全书本。

48.〔宋〕黄大舆编:《梅苑》,清文渊阁四库全书本。

49.〔宋〕黄庭坚著,郑永晓整理:《黄庭坚全集辑校编年》,南昌:江西人民出版社,2011 年。

50.〔宋〕黄震著:《黄氏日抄》,清文渊阁四库全书本。

51.〔清〕黄宗羲著:《黄宗羲全集》,杭州:浙江古籍出版社,1985 年。

52.〔清〕黄宗羲著:《南雷文定前后三四集》,清康熙刊本。

53.〔清〕黄宗羲编:《明文海》,清文渊阁四库全书本。

54.〔宋〕洪迈著,鲁同群、刘宏起点校:《容斋随笔》,北京:中国世界语出版社,1995 年。

55.〔宋〕惠洪、朱弁、吴沆著,陈新点校:《冷斋夜话·风月堂诗话·环溪诗话》，北京：中华书局，1988 年。

56.〔清〕侯方域著：《壮悔堂集》，光绪四年旧学山房藏刻板印本。

57.〔宋〕江端礼编：《节孝语录》，清文渊阁四库全书本。

58.〔宋〕金君卿著：《金氏文集》，清文渊阁四库全书本。

59.〔清〕金圣叹点评，袁定基、易泉源、黄世礼译注：《金圣叹选批才子古文》，成都：四川大学出版社，1997 年。

60.〔清〕康熙著：《圣祖仁皇帝御制文》，清文渊阁四库全书本。

61.〔清〕康熙御选，徐乾学等编注：《御选古文渊鉴》，清文渊阁四库全书本。

62.〔清〕康熙御定，〔清〕张豫章等编次：《御选宋金元明四朝诗》，清文渊阁四库全书本。

63.〔清〕坑余生著：《续济公传》，长沙：岳麓书社，1998 年。

64.〔明〕郎瑛著：《七修类稿》，明刻本。

65.〔清〕嫏嬛山樵著，敖堃点校：《补红楼梦》，呼和浩特：内蒙古人民出版社，2016 年。

66.〔宋〕黎靖德编，王星贤点校：《朱子语类》，北京：中华书局，1986 年。

67.〔清〕李慈铭著，由云龙辑，上海书店出版社重编：《越缦堂读书记》，上海：上海书店出版社，2000 年。

68.〔明〕李东阳著：《怀麓堂集》，清文渊阁四库全书本。

69.〔清〕李绂著：《穆堂初稿》（续修四库全书本），上海：上海古籍出版社，2002 年。

70.〔清〕李绂著：《穆堂别稿》（续修四库全书本），上海：上海古籍出版社，2002 年。

71.〔宋〕李弥逊著：《筠溪集》，清文渊阁四库全书本。

72.〔宋〕李清照著，徐培均笺注：《李清照集笺注》，上海：上海古籍出版社，2002 年。

73.〔宋〕李之仪著：《姑溪居士前集》，清文渊阁四库全书本。

74.〔明〕李贽著：《续藏书》，明万历三十九年王惟俨刻本。

75.〔宋〕楼昉编：《崇古文诀》，清文渊阁四库全书本。

76.〔宋〕林希逸著：《竹溪鬳斋十一稿续集》，清文渊阁四库全书本。

77.〔清〕刘大櫆著，吴孟复标点：《刘大櫆集》，上海：上海古籍出版社，1990 年。

78.〔清〕刘开著：《刘孟涂集》，清道光六年姚氏檗山草堂刻本。

79.〔宋〕刘克庄著：《后村集》，清文渊阁四库全书本。

80.〔宋〕刘克庄著：《后村集》，四部丛刊景旧钞本。

81.〔宋〕刘克庄著：《后村先生大全集》，四部丛刊初编本。

82.〔宋〕刘克庄编：《后村诗话》，清文渊阁四库全书本。

83.〔元〕刘诜著：《桂隐文集》，清文渊阁四库全书本。

84.〔清〕刘声木撰，刘笃龄点校：《苌楚斋随笔续笔三笔四笔五笔》，北京：中华书局，1998 年。

85.〔清〕刘熙载著：《艺概》，上海：上海古籍出版社，1978 年。

86.〔元〕刘埙著：《隐居通议》，清文渊阁四库全书本。

87.〔元〕刘埙著：《水云村稿》，清文渊阁四库全书本。

88.〔宋〕刘弇著：《龙云集》，清文渊阁四库全书本。

89.〔元〕刘因著：《静修续集》，清文渊阁四库全书本。

90.〔宋〕刘宰著：《漫塘集》，清文渊阁四库全书本。

91.〔宋〕刘挚著，裴汝诚、陈晓平点校：《忠肃集》，北京：中华书局，2002 年。

92.〔元〕柳贯著：《待制集》，清文渊阁四库全书本。

93.〔元〕鲁贞著：《桐山老农集》，清文渊阁四库全书本。

94.〔宋〕陆佃著：《陶山集》，清文渊阁四库全书本。

95.〔宋〕陆九渊著：《象山集》，清文渊阁四库全书本。

96.〔宋〕陆游著：《陆游集》，北京：中华书局，1976 年。

97.〔宋〕罗大经著，孙雪霄校点：《鹤林玉露》，上海：上海古籍出版社，2012 年。

98.〔明〕罗伦著：《一峰文集》，清文渊阁四库全书本。

99.〔宋〕吕南公著：《灌园集》，清文渊阁四库全书本。

100.〔宋〕吕祖谦编：《古文关键》，清文渊阁四库全书本。

101.〔元〕马祖常著：《石田文集》，清文渊阁四库全书本。

102.〔明〕茅坤著：《茅鹿门先生文集》（续修四库全书本），上海：上海古籍出版社，2002 年。

103.〔明〕茅坤著：《唐宋八大家文钞》，清文渊阁四库全书本。

104.〔清〕毛奇龄著：《西河集》，清文渊阁四库全书本。

105.〔宋〕梅尧臣著，朱东润编年校注：《梅尧臣集编年校注》，上海：上海古籍出版社，1980 年。

106.〔元〕牟巘著：《陵阳集》，清文渊阁四库全书本。

107.〔宋〕欧阳修著，李逸安点校：《欧阳修全集》，北京：中华书局，2001 年。

108.〔宋〕潘自牧著：《记纂渊海》，清文渊阁四库全书本。

109.〔宋〕裴良甫辑：《十二先生诗宗集韵》，济南：齐鲁书社，1995 年。

110.〔清〕乾隆御选，〔清〕允禄校对：《御选唐宋文醇》，清文渊阁四库全书本。

111.〔清〕钱谦益著，〔清〕钱曾笺注，钱仲联标校：《牧斋初学集》，上海：上海古籍出版社，1985 年。

112.〔宋〕强至著：《祠部集》，清文渊阁四库全书本。

113.〔宋〕释道潜著：《参寥子诗集》，清文渊阁四库全书本。

114.〔宋〕释觉范著：《石门文字禅》，清文渊阁四库全书本。

115.〔清〕沈德潜选纂，宋晶如注释：《广注唐宋八大家古文》，上海：世界书局，1937 年。

116.〔宋〕沈辽著：《云巢编》，清文渊阁四库全书本。

117.〔明〕帅机著：《阳秋馆集》，北京：北京出版社，1997 年。

118.〔宋〕司马光著：《涑水记闻》，清文渊阁四库全书本。

119.〔明〕苏伯衡著：《平仲文集》，清文渊阁四库全书本。

120.〔宋〕苏轼著，孔凡礼点校：《苏轼文集》，北京：中华书局，1986 年。

121.〔宋〕苏颂著，王同策、管成学、颜中其等点校：《苏魏公文集》，北京：中华书局，1988 年。

122.〔宋〕苏籀记：《栾城遗言》，清文渊阁四库全书本。

123.〔宋〕孙觌著：《鸿庆居士集》，清文渊阁四库全书本。

124.〔宋〕孙奕著：《示儿编》，清文渊阁四库全书本。

125.〔清〕孙诒让著：《温州经籍志》，民国十年刻本。

126.〔明〕汤显祖著，徐朔方笺校：《汤显祖全集》，北京：北京古籍出版社，1998 年。

127.〔明〕唐桂芳著：《白云集》，清文渊阁四库全书本。

128.〔明〕唐顺之纂，〔明〕蔡瀛辑：《六家文略》，美国国会图书馆藏万历本。

129.〔明〕屠隆著：《由拳集》，明万历刻本。

130.〔元〕脱脱等著：《宋史》，北京：中华书局，1977 年。

131.〔宋〕王安石著，中华书局上海编辑所编辑：《临川先生文集》，北京：中华书局，1959 年。

132.〔宋〕王柏著：《鲁斋集》，清文渊阁四库全书本。

133.〔明〕王偶著：《虚舟集》，清文渊阁四库全书本。

134.〔明〕王夫之撰，船山全书编辑委员会编：《船山全书》，长沙：岳麓书社，2011 年。

135.〔清〕王夫之撰，傅云龙、吴可主编：《船山遗书》，北京：北京出版社，1999年。

136.〔元〕王构编：《修辞鉴衡》，清文渊阁四库全书本。

137.〔元〕王恽著：《秋涧集》，清文渊阁四库全书本。

138.〔宋〕王令著：《广陵集》，清文渊阁四库全书本。

139.〔宋〕王楙著：《野客丛书》，清文渊阁四库全书本。

140.〔宋〕王苹著：《王著作集》，清文渊阁四库全书本。

141.〔金〕王若虚著：《滹南集》，摛藻堂四库全书荟要本。

142.〔宋〕王十朋著：《梅溪前集》，清文渊阁四库全书本。

143.〔明〕王世贞著：《读书后》，清文渊阁四库全书本。

144.〔明〕王世贞著，罗仲鼎校注：《艺苑卮言校注》，济南：齐鲁书社，1992年。

145.〔清〕王士禛撰，湛之点校：《香祖笔记》，上海：上海古籍出版社，1982年。

146.〔清〕王士禛著，文益人校点：《池北偶谈》，济南：齐鲁书社，2007年。

147.〔明〕王绅著：《继志斋集》，清文渊阁四库全书本。

148.〔明〕王慎中著：《遵岩集》，清文渊阁四库全书本。

149.〔宋〕王莲编：《清江三孔集》，清文渊阁四库全书本。

150.〔清〕王文诰辑注，孔凡礼点校：《苏轼诗集》，北京：中华书局，1982年。

151.〔元〕王义山著：《稼村类稿》，清文渊阁四库全书本。

152.〔宋〕王应麟著，栾保群、田松青校点：《困学纪闻》，上海：上海古籍出版社，2015年。

153.〔宋〕王应麟著：《玉海》，清文渊阁四库全书本。

154.〔清〕汪琬著：《汪尧峰集》，上海：商务印书馆，1924年。

155.〔清〕汪琬著:《尧峰文钞》,清文渊阁四库全书本。

156.〔宋〕汪晫著:《康范诗集》,清文渊阁四库全书本。

157.〔宋〕卫宗武著:《秋声集》,清文渊阁四库全书本。

158.〔清〕魏秀仁著,〔清〕栖霞居士评,迟崇起校:《花月痕》,石家庄:花山文艺出版社,1997 年。

159.〔清〕魏禧著,胡守仁、姚品文、王能宪校点:《魏叔子文集》,北京:中华书局,2003 年。

160.〔宋〕文天祥著,熊飞等校点:《文天祥全集》,南昌:江西人民出版社,1987 年。

161.〔元〕吴澄著:《吴文正集》,清文渊阁四库全书本。

162.〔清〕吴楚材、〔清〕吴调侯选:《古文观止》,北京:中华书局,1959 年。

163.〔明〕吴敬所编辑,白春平、杨春爽点注:《国色天香》,北京:华夏出版社,2012 年。

164.〔清〕吴伟业著,李学颖集评标校:《吴梅村全集》,上海:上海古籍出版社,1990 年。

165.〔宋〕吴泳著:《鹤林集》,清文渊阁四库全书本。

166.〔明〕解缙著:《文毅集》,清文渊阁四库全书本。

167.〔明〕谢肃著:《密庵集》,清文渊阁四库全书本。

168.〔清〕谢旻等纂:《(雍正)江西通志》,清文渊阁四库全书本。

169.〔清〕心远主人著:《二刻醒世恒言》,北京:中国文联出版公司,1998 年。

170.〔明〕杨荣著:《文敏集》,清文渊阁四库全书本。

171.〔明〕杨慎著:《升庵集》,清文渊阁四库全书本。

172.〔明〕杨士奇著:《东里续集》,清文渊阁四库全书本。

173.〔宋〕杨万里著,王琦珍整理:《杨万里诗文集》,南昌:江西人民出版社，2006 年。

174.〔元〕杨维桢著：《东维子集》，清文渊阁四库全书本。

175.〔清〕姚鼐选纂，宋晶如、章荣注释：《古文辞类纂》，北京：中国书店，1986 年。

176.〔清〕姚鼐著，刘季高标点：《惜抱轩诗文集》，上海：上海古籍出版社，1992 年。

177.〔宋〕叶适著：《水心集》，清文渊阁四库全书本。

178.〔宋〕叶适著：《习学记言》，清文渊阁四库全书本。

179.〔清〕袁枚著，唐婷译注：《随园诗话译注》，北京：北京联合出版公司，2015 年。

180.〔明〕袁宏道著，钱伯城笺校：《袁宏道集笺校》，上海：上海古籍出版社，1981 年。

181.〔元〕袁桷著：《清容居士集》，清文渊阁四库全书本。

182.〔宋〕袁燮著：《絜斋集》，清文渊阁四库全书本。

183.〔宋〕喻良能著：《香山集》，清文渊阁四库全书本。

184.〔元〕虞集著：《道园学古录》，清文渊阁四库全书本。

185.〔金〕元好问著：《遗山集》，摛藻堂四库全书荟要本。

186.〔清〕章学诚著：《文史通义》，上海：上海古籍出版社，2015 年。

187.〔清〕张伯行选编，萧瑞峰导读、萧瑞峰标点、张星集评：《唐宋八大家文钞》，上海：上海古籍出版社，2007 年。

188.〔宋〕张洪、齐熙同编：《朱子读书法》，清文渊阁四库全书本。

189.〔清〕张泰来著：《江西诗社宗派图录》，北京：中华书局，1999 年。

190.〔清〕张廷玉等著：《明史》，北京：中华书局，1974 年。

191.〔清〕张文虎著：《舒艺室杂箸》，清光绪刻本。

192.〔宋〕张孝祥著，彭国忠校点：《张孝祥诗文集》，合肥：黄山书社，2001 年。

193.〔宋〕张镃著:《仕学规范》,清文渊阁四库全书本。

194.〔宋〕赵抃著:《清献集》,清文渊阁四库全书本。

195.〔元〕赵汸著:《东山存稿》,清文渊阁四库全书本。

196.〔宋〕真德秀著:《西山文集》,清文渊阁四库全书本。

197.〔清〕郑方坤著:《全闽诗话》,清文渊阁四库全书本。

198.〔元〕郑玉著:《师山遗文》,清文渊阁四库全书本。

199.〔宋〕周必大著:《文忠集》,清文渊阁四库全书本。

200.〔明〕周忱著:《双崖文集》,清光绪四年山前崇恩堂刻本。

201.〔清〕周亮工著,朱天曙编校整理:《周亮工全集》,南京:凤凰出版社,2008 年。

202.〔宋〕朱弁著:《曲洧旧闻》,上海:商务印书馆,1936 年。

203.〔宋〕朱熹著:《晦庵集》,清文渊阁四库全书本。

204.〔宋〕朱熹集注:《楚辞后语》,清文渊阁四库全书本。

205.〔清〕朱彝尊著:《曝书亭集》,上海:商务印书馆,1936 年。

206.〔明〕朱右著:《白云稿》,清文渊阁四库全书本。

207.〔元〕祝尧著:《古赋辩体》,清文渊阁四库全书本。

208.〔宋〕曾巩著,陈杏珍、晁继周点校:《曾巩集》,北京:中华书局,1984 年。

209.〔清〕曾国藩选纂,宋晶如、章荣注释:《广注经史百家杂钞》,上海:世界书局,1936 年。

210.〔清〕曾国藩著:《曾国藩全集》,长沙:岳麓书社,2011 年。

211.〔宋〕曾慥著:《类说》,清文渊阁四库全书本。

212.〔明〕邹元标著:《愿学集》,清文渊阁四库全书本。

二、现代论著

1. 陈庆元主编:《台湾古籍丛编》,福州:福建教育出版社,2017 年。

2. 陈玉刚著：《中国古代散文史》，北京：人民日报出版社，1998 年。

3. 陈志强，董文成主编：《聊斋系列小说集成》，哈尔滨：黑龙江人民出版社，1997 年。

4. 陈柱著：《中国散文史》，上海：上海书店，1984 年。

5. 丁福保辑：《历代诗话续编》，北京：中华书局，1983 年。

6. 方祖猷、梁一群、[韩]李庆龙、潘起造、罗伽禄编校整理：《罗汝芳集》，南京：凤凰出版社，2007 年。

7. 高海夫主编：《唐宋八大家校注集评》（九册），西安：三秦出版社，1998 年。

8. 高洪岩著：《元代文章学》，北京：生活·读书·新知三联书店，2014 年。

9. 郭绍虞编、富寿荪校点：《清诗话续编》，上海：上海古籍出版社，1983 年。

10. 郭绍虞、钱仲联、王蘧常等编：《万首论诗绝句》，北京：人民文学出版社，1991 年。

11. 郭绍虞主编：《中国历代文论选》，上海：上海古籍出版社，2001 年。

12. 郭预衡著：《历代散文丛谈》，太原：山西人民出版社，1986 年。

13. 郭预衡著：《中国散文史长编》，太原：山西教育出版社，2008 年。

14. 黄强著：《八股文与明清文学论稿》，上海：上海古籍出版社，2005 年。

15. 黄毅著：《明代唐宋派研究》，上海：上海古籍出版社，2008 年。

16. 侯文正辑注：《傅山文论诗论辑注》，太原：山西人民出版社，1956 年。

17. 江西省社联、江西省文学艺术研究所、抚州地区社联、抚州地区文联、南丰县纪念曾巩办公室合编：《曾巩纪念集》（内部资料），1987 年。

18. 江西省文学艺术研究所编：《曾巩研究论文集》，南昌：江西人民出版社，1986。

19. 李逸侯著：《宋宫十八朝演义》，北京：北京古籍出版社，1998 年。

20. 李震著：《曾巩年谱》，苏州：苏州大学出版社，1997 年。

21. 李震编：《曾巩资料汇编》，北京：中华书局，2009 年。

22. 梁启超著：《王安石传》，上海：上海人民出版社，2016 年。

23. 林纾著，范先渊校点：《春觉斋论文》，北京：人民文学出版社，
1959 年。

24. 林纾著：《畏庐论文·文集·续集》，台北：文津出版社，1978 年。

25. 刘小枫选编：《接受美学译文集》，北京：三联书店，1989 年。

26. 刘师培著，万仕国点校：《国学发微》(外五种)，扬州：广陵书社，
2013 年。

27. 刘师培著，万仕国点校：《中国文学讲义》，扬州：广陵书社，
2013 年。

28. 刘云、黄南南著：《散文名家曾巩》，南昌：江西人民出版社，
1986 年。

29. 罗月霞主编：《宋濂全集》，杭州：浙江古籍出版社，1999 年。

30. 马茂军著：《宋代散文史论》，北京：中华书局，2008 年。

31. 钱穆著：《朱子学提纲》，北京：生活·读书·新知三联书店，
2002 年。

32. 四川大学古籍所编：《现存宋人别集版本目录》，成都：巴蜀书社，
1990 年。

33. 四川大学中文系唐宋文学研究室编：《苏轼资料汇编》，北京：中华书
局，1994 年。

34. 上海师范大学古籍管理研究所编：《全宋笔记》，郑州：大象出版社，
2013 年。

35. 尚学锋、过常宝、郭英德著：《中国古典文学接受史》，济南：山东教

育出版社，2000 年。

36. 宋友贤著：《曾巩传》，广州：广东高等教育出版社，2000 年。

37. 唐圭璋编：《全宋词》，北京：中华书局，1965 年。

38. 王伯敏、任道斌、胡小伟主编：《书学集成》，石家庄：河北美术出版社，2002 年。

39. 王更生著：《曾巩散文研读》，台北：文史哲出版社，2006 年。

40. 王琦珍著：《曾巩评传》，南昌：江西高校出版社，1990 年。

41. 王琦珍：《曾巩传》，长春：吉林文史出版社，1998 年。

42. 王炜编校：《＜清实录＞科举史料汇编》，武汉：武汉大学出版社，2009 年。

43. 王英志编纂校点：《袁枚全集新编》，杭州：浙江古籍出版社，2015 年。

44. 魏王妙樱著：《曾巩文学与北宋诗文革新运动》，台北：花木兰文化出版社，2007 年。

45. 吴孟复著：《桐城文派述论》，合肥：安徽教育出版社，2001 年。

46. 吴孟复，蒋立甫主编：《古文辞类纂评注》，合肥：安徽教育出版社，2004 年。

47. 吴小林编：《唐宋八大家》，济南：齐鲁书社，1991 年。

48. 夏汉宁著：《曾巩》，北京：中华书局，1993 年。

49. 杨怀志、潘忠荣著：《清代文坛盟主桐城派》，合肥：安徽人民出版社，2002 年。

50. ［德］姚斯、［美］霍拉勃合著，周宁、金元浦译：《接受美学与接受理论》，沈阳：辽宁人民出版社，1987 年。

51. 姚永朴著，许结讲评：《文学研究法》，南京：凤凰出版社，2009 年。

52. 张梦新著：《茅坤研究》，北京：中华书局，2001 年。

53. 张思齐著：《中国接受美学导论》，成都：巴蜀书社，1988 年。

54. 章士钊著:《章士钊全集》,金华:文汇出版社,2000 年。

55. 章太炎著:《国故论衡》,上海:上海古籍出版社,2006 年。

56. 赵伯陶选注:《袁伯修小品》,北京:文化艺术出版社,1996 年。

57. 赵尔巽等著:《清史稿》,长春:吉林人民出版社,1998 年。

58. 周楚汉著:《唐宋八大家文化文章学》,成都:巴蜀书社,2004 年。

59. 周中明著:《桐城派研究》,沈阳:辽宁大学出版社,1999 年。

60. 祝尚书著:《宋人别集叙录》,北京:中华书局,1999 年。

61. 朱立元著:《接受美学》,上海:上海人民出版社,1989 年。

后　记

作为"唐宋八大家"之一的曾巩，在生前及身后很长一段时间内，都享有很高声誉，誉之高者甚至称其为"儒宗""首明理学""昌黎之亚"。但随着新文化运动和白话文运动的开展，古文逐渐式微，曾巩接受经历了一段较长的沉寂期。这种前后对比强烈的文学现象，对于接受史的研究来说具有特殊的意义，值得我们去深入探究。

对曾巩接受史开始关注，还是在十一年前。那时，我刚进入江西省社会科学院工作，恰好院里推行导师带培制度，我选择的论文方向就是曾巩接受史的研究。当时，我就注意到了曾巩接受中的这一特殊现象，并着手搜集了相关的文献资料。通过对相关资料的研读，我认为对曾巩接受史的研究是具有学术意义的。历代对曾巩文学的接受，不仅是其文学传播、影响的过程，更是各个时期文学发展演变诸多因素对曾巩文学接受的一种投射。对曾巩接受历史的梳理也是对各个时期文学发展过程的再认识。遗憾的是，后来转向宋代江西文学家族的研究，曾巩接受史的研究就暂时被搁置了下来，当时搜集的相关资料也被自己"封存"了起来。

揭开"封存"，让曾巩接受史研究再次来到我们的学术视野，这得要感谢华南师范大学的闵定庆教授与江西高校出版社的毛静先生。记得去年年初的时候，闵定庆教授联系我们说，为庆祝江西先贤曾巩诞辰一千周年，江西高校出版社准备出版一套"曾巩研究书系"，希望我与刘双琴共同承担《曾巩接受史研究》的撰写工作。因为前面有一定的前期积累，刘双琴也出版过专著《〈六一词〉接受史研究》，因此我们有点"不知深浅"地允诺下来。接下来，就是艰难的资料再搜集和写作过程。

本书首先分朝代对曾巩的接受历史进行了大致梳理，交代其在历代的接受演变进程。针对曾巩以文闻名的历史事实，我们主要对其散文接受进行了较为详细的论述。当然，我们也同时兼顾到其诗词的接受，专门设置"曾巩的诗词接受"一章。此外，我们还对曾巩诗文的经典化问题，小说中的曾巩接受以及曾巩文集的流传与刊刻等进行了一定的论述，希望能从多侧面加以呈现，让曾巩接受史显得更加丰满。

需要说明的是，尽管呈现在大家面前的《曾巩接受史研究》已初具雏形，但在学术研究上，特别是对曾巩研究，我们还处于成长阶段，需不断提高自己的理论水平和学术素养。毫无疑问，本书中肯定还存在这样或那样的不足，敬请各位方家、读者朋友们不吝批评指正。对此，我们表示真诚的感谢！也特别感谢本书编辑过程中的几位编辑，正因为有他们的辛苦付出，才使书稿不断得到完善。

说到感谢，借此机会，我们还要真诚感谢给予过我们帮助的各位师友，他们的无私帮助，是我们不断前行的动力。

黎清

2019 年 7 月